목회상황과 리더십

"인자가 온 것은 섬김을 받으려 함이 아니라 도리어 섬기려 하고
자기 목숨을 많은 사람의 대속물로 주려 함이니라"
- 마태복음 20장 28절 -

목회상황과 리더십

초판발행 2014. 2. 20.

지은이 | 양 병 모
발행인 | 배 국 원
등록번호 | 출판 제6호(1979. 9. 22)
발행처 | 침례신학대학교출판부(하기서원)

대전광역시 유성구 북유성대로 190 (305-358)

전　　화 | (042)828-3255, 257
홈페이지 | http://www.kbtus.ac.kr
E-mail | public@kbtus.ac.kr
F A X | (042)828-3256

값 18,000원
ISBN 978-89-93630-50-3 93230

Situational Pastoral Leadership
목회상황과 리더십

양병모 지음

침례신학대학교출판부

차례

서장: 목회리더십의 중요성과 현주소
　1. 목회리더십의 중요성/　12
　2. 리더십의 사회적 상황/　14
　3. 리더십의 교회적 상황/　21

제 I 부 목회리더십의 이론

제1장 목회리더십의 정의와 유형
　1. 리더십의 일반적 정의/　26
　2. 목회리더십의 정의/　31
　3. 목회리더십의 유형/　40

제2장 리더십 이론과 목회리더십
　1. 전통적 리더십 이론/　54
　2. 신경향 리더십 이론/　61
　3. 상황적 리더십 이론/　69

제 II 부 목회리더십의 기초

제3장 목회리더십의 원천(I): 목회자의 내적자질
　1. 소명과 목회리더십/　90
　2. 성품과 목회리더십/　105
　3. 영성과 목회리더십/　110

제4장 목회리더십의 원천(II): 목회자의 자기이해

  1. 목회자의 자기이해의 중요성/ 119

  2. 성서와 기독교 전통에 나타난 목회자의 정체성/ 123

  3. 목회자의 기질과 성격유형/ 127

제III부 목회리더십과 자기관리

제5장 목회리더십과 자기관리(I): 시간관리

  1. 시간관리의 이해/ 170

  2. 시간관리 문제의 원인/ 174

  3. 시간관리 계획/ 181

제6장 목회리더십과 자기관리(II): 탈진의 예방과 관리

  1. 탈진의 이해/ 198

  2. 목회탈진의 주요원인/ 203

  3. 탈진의 예방 및 관리/ 211

제7장 목회리더십과 자기관리(III): 자기개발

  1. 지도자의 자기개발 과정/ 221

  2. 목회지도자의 자기개발 핵심 과제/ 226

  3. 목회지도자의 자기개발 지향점과 방안/ 247

  4. 목회지도자의 계속적인 자기개발 능력과 하나님의 인도하심/ 256

제 V 부 목회리더십과 목회상황

제8장 목회리더십과 교회적 상황(I): 교회의 규모, 생애주기 및 지역사회 상황

1. 교회규모와 리더십/ 268
2. 교회의 생애주기와 리더십/ 279
3. 지역사회 상황과 리더십/ 285

제9장 목회리더십과 교회적 상황(II): 교회갱신과 목회리더십

1. 교회갱신의 필요성/ 291
2. 교회갱신에 필요한 리더십/ 295
3. 리더십의 실행을 통한 교회갱신 방안/ 301

제10장 목회리더십과 교회적 상황(III): 작은 교회 목회리더십

1. 작은 교회의 특성 이해/ 314
2. 작은 교회가 극복해야 할 과제/ 327
3. 작은 교회에 필요한 목회리더십/ 329
4. 작은 교회 성장 방안/ 332

제11장 목회리더십과 교회적 상황(IV): 교회 개척과 목회리더십

1. 한국 개척교회의 현주소/ 341
2. 교회개척의 주요 요소 및 개척교회 성장 요인들/ 343
3. 교회개척을 위한 단계별 목회리더십/ 347
4. 교회개척 시 주의해야 할 일과 대처방안/ 366

제12장 목회리더십과 교회적 상황(V): 교회갈등과 목회리더십

 1. 갈등의 일반적 이해/ 375

 2. 갈등의 해결과정과 방안/ 390

 3. 교회규모에 따른 갈등의 특징과 해결방안/ 400

 4. 갈등 해결을 위한 리더십/ 406

제13장 목회리더십과 커뮤니케이션

 1. 커뮤니케이션의 이해/ 415

 2. 커뮤니케이션의 기능과 유형/ 420

 3. 커뮤니케이션 과정 및 장애 요인과 해결방안/ 425

 4. 목회사역에서의 커뮤니케이션/ 434

제14장 미래목회와 리더십

 1. 미래사회의 변화/ 448

 2. 미래교회의 도전과 과제/ 453

서장 목회상황과 리더십

목회상황과 리더십

「목회상황과 리더십」은 현장 목회를 접하고 있는 목회자 및 예비목회자들을 위한 책이다. 리더로서 섬기고 있는 이들이 리더십을 배우는 이유는 자신의 현재 리더십을 조망하고 성찰하는 기회를 가짐으로써 더 효과적인 리더십을 수행하기 위해서이다. 이는 마치 무용수가 무대에서 끊임없이 연습하지만, 때로는 더 큰 그림을 그리고 더 나은 선택을 하기 위해 객석에서 자신의 무대를 바라보는 것과 같은 이치이다.1) 즉, 「목회상황과 리더십」은 현재 목회현장에서 리더십을 실행하고 있는 목회자들이나 미래 목회를 준비하는 예비목회자들이 자신들이 속해 있는 현재 목회현장의 상황을 여러 각도에서 볼 수 있도록 도와줌으로써, 이전에 미처 생각하지 못했던 새로운 통찰과 방법을 발견하여 좀 더 효과적으로 리더십을 발휘할 수 있도록 돕고자 준비되었다.

오늘날과 같이 유기적이고 상호관계적인 특성이 강조되는 후기정보화시대에 목회를 둘러싸고 있는 여러 상황을 살펴보고 그에 적합한 목회리더십을 모색하는 일은 교회의 성장과 성숙을 위해서도 중요할 뿐만 아니라 '뜻이 하늘에서 이루어진 것 같이' 땅에서도 이루어지게 해야 하는 교회의 사명을 위해서도 필요하다. 특히 상황에 직접적인 영향을 받는 리더십은 반드시 해당 조직이나 집단의 상황을 고려

---

1) Cynthia A. Montgomery, 「당신은 전략가입니까」, 이현주 역 (서울: 리더스북, 2013), 27.

해야 한다.2) '리더십과 상황'의 관계에 대한 필자의 관심은 유학시절 박사과정 세미나에서 허시(Paul Hersey)의 「상황적 지도자」(The Situational Leader)와 데일(Robert Dale)의 「목회리더십」(Pastoral Leadership)에 커다란 영향을 받으면서 시작되었다. 비록 상황적 리더십 이론이 현실에 적용하기에 명확하지 않은 부분이 없지 않지만, 변화의 정도와 속도가 매우 빠르고 조직의 구조가 복잡해진 오늘날과 같은 시대에 상황에 적합한 리더십의 필요성을 강조하는 상황적 리더십의 기본 전제는 목회리더십에 매우 적절한 접근방향이라고 할 수 있다. 특히 상황요소는 이전의 전통적 리더십 모델이 따라올 수 없는 변화속도를 지닌 후기정보화시대에 매우 중요한 고려대상이며, 이에 대응하는 리더십을 발휘하는 것 역시 매우 중요하다고 할 수 있다.

이런 차원에서 「목회상황과 리더십」은 급변하는 오늘의 목회상황 속에서 교회의 건강한 성장과 성숙뿐만 아니라 더 나아가서 하나님 나라를 실현하는 데 일조하기 위한 조그마한 바람으로 준비되었다. 본 저서의 도입부에 해당하는 제1장은 오늘날의 목회상황과 그에 따른 리더십을 본격적으로 논의하기에 앞서 교회의 성장과 성숙에 직접적인 영향을 미치고 있는 목회리더십의 중요성을 살펴보고 목회리더십을 둘러싸고 있는 교회의 내적 외적 상황을 살펴봄으로써 상황에 적합한 목회리더십의 필요성을 제시하고 있다.

---

2) Michael Maccoby, 「우리는 왜 리더를 따를까」, 권오열 역 (서울: 비전과 리더십, 2010), 21-2. 특정한 상황과 시대에 추앙받던 리더들이 시대와 상황의 변화에 따라 그 자리에서 물러나거나 제대로 인정받지 못하는 경우가 있다. 예를 들면, 처칠(Winston Churchill)은 제2차 세계대전 때 영국의 수상으로서 국민적 지도자였으나 제2차 세계대전 전후에는 국민으로부터 외면당했다. 또한 싱가포르의 전 수상 이광요는 유교적 지도자였기 때문에 민주적 서방세계에서는 좋은 지도자로 인정받지 못했다.

서장: 목회리더십의 중요성과 현주소

1. 목회리더십의 중요성

하나님께 속하지 않은 모든 것은 시간적 제약으로 인해 한시적이고 유한하다 (사 40:8; 벧전 1:24-5). 그렇기에 모든 시대와 역사를 통틀어 볼 때, 국가나 민족을 포함한 집단이나 조직의 흥망성쇠는 생애주기의 과정을 겪으면서 진행된다. 이러한 생애주기과정에서 특정 집단에 속한 사람들의 삶을 개선하는 동시에 하나님께서 원하시는 방향으로 이끄는 일련의 행위를 리더십이라고 부를 수 있다. 각각의 집단은 유사한 상황에 처해 있더라도 리더십에 따라 구성원들의 삶의 질의 개선 정도가 달라지며 집단 자체의 생애주기 또한 현저히 달라진다. 오늘날은 폐허로 변했지만 옛적의 영화를 부분적으로나마 보여주는 소아시아와 유럽의 초기 기독교 시대의 교회 유적들은 이러한 조직으로서의 특성을 지닌 교회의 생애주기를 보여준다. 주님의 몸된 교회(the Church)는 영원하지만 시대와 지역에 따라 세워진 교회들(churches)은 유한(有限)하다. 1세기부터 시작된 소아시아의 유명한 일곱 교회3)와 초기 기독교 시대에 세워졌던 동유럽의 여러 지역교회들이 오늘날 폐허로

---

3) 이들 교회는 "에베소, 서머나, 버가모, 두아디라, 사데, 빌라델비아, 라오디게아"이다(계 1:4 이하).

변한 채 관광 유적지로만 남아 있다는 사실은 '교회'(the Church)는 영원하지만 '지역교회들'(churches)은 흥망성쇠(興亡盛衰)를 겪는다는 사실을 단적으로 보여준다.

교회의 역사뿐만 아니라 시대와 상황에 따라 다른 특성을 지닌 지도자들이 세워지고, 그들을 통해 하나님의 뜻이 성취된 성서의 기록들은 오늘날 하나님 백성들의 공동체인 교회를 섬기고 이끄는 지도자들이 얼마나 중요한지를 보여주고 있다. 또한 성서와 교회의 역사뿐만 아니라 가까운 과거의 경우를 돌아보더라도 목회리더십이 교회에서 얼마나 중요한지를 쉽게 알 수 있다.

한 때 융성했던 교회들과 지역의 이름난 교회들이 지역 사회의 변화와 목회지도자의 변동으로 인해 부침(浮沈)을 거듭하였던 경우들을 볼 수 있으며, 오늘날의 교회성장 관련 문헌들에서 찾아볼 수 있는 수많은 사례들 역시 목회자의 리더십이 교회의 흥망성쇠에 중요한 역할을 한다는 사실을 보여주고 있다. 물론 목회자의 리더십 이외에도 교회의 성장과 쇠락에 영향을 주는 중요한 요인들이 있다. 하지만 목회자의 리더십이 교회의 성쇠(盛衰)에 가장 큰 영향을 미치는 요인 중의 하나라는 데는 거의 이견(異見)이 없다. 목회리더십은 그 리더십이 행사되는 교회의 내적 외적 상황과 매우 밀접한 관계를 가지고 상호영향을 주고받는다. 그리고 교회를 둘러싼 상황은 끊임없이 변화하며 목회리더십 역시 이에 따라 적합하게 변화해야 한다. 하지만 상황적 목회리더십에 대해 본격적으로 살펴보기 전에, 목회리더십에 영향을 미치는 상황, 그 중에서도 목회자와 교인들 모두가 속해 있기 때문에 의식적 또는 무의식적으로 영향을 받는 사회문화적 상황에 대하여 우선 살펴볼 필요가 있다.

---

4) '패러다임'(paradigm)은 1962년 버클리 대학교의 젊은 교수였던 쿤(Thomas S. Kuhn)이 자신의 저서 「과학혁명의 구조」(The Structure of Scientific Revolution)에서 최초로 학문세계에 소개했다. 패러다임은 희랍어 '파라디그마'(paradigma)에서 유래한 말로서 "어떤 한 시대 사람들의 견해나 사고를 근본적으로 규정하고 있는 테두리로서의 인식의 체계 또는 사물에 대한 이론적인 틀이나 체계" 또는 "실재의 어떤 측면을 이해하고 설명하기 위한 패턴 또는 지도"라는 의미이다. 네이버 국어사전, "패러다임," http://krdic.naver.com/detail.nhn?docid=40252800, 2012년 4월 21일 접속.

2. 리더십의 사회적 상황

효과적인 리더십은 사회변화 패러다임에 적합하게 변화한다.4) 다른 사회 영역의 지도자와 마찬가지로 교회지도자 역시 사회적 상황의 영향력 아래 있기 때문에 목회지도자에게 영향을 미치는 사회적 상황의 특징과 변화를 먼저 살펴봄이 필요하다.

사회적 변화는 "가치의 변화와 경제적 필요성이 만날 때 발생한다."5) 즉, 한 시대의 사회적 패러다임의 변화는 그 시대가 소중하게 생각하는 가치가 변하고, 그러한 변화가 실제적인 경제적 필요를 불러올 때 발생한다. 역사적으로 인류사회의 시대적 패러다임은 '농경사회', '산업사회', '정보화 사회'로 변화해왔다.6) 농경사회의 리더는 곡물의 대량생산 능력과 관련된 토지 소유 능력, 토지 단위당 생산 능력, 곡물저장 및 매매교환 능력 등에 의해 결정되었다. 토지를 소유하였던 일부 파워엘리트들이 권력을 점유했던 농경사회 패러다임의 리더십의 특징은 카리스마를 지닌 절대적 권위의 리더십이었다.

이후 18세기 뉴코먼(Thomas Newcomen)은 말 50마리가 하던 일을 한 번에 할 수 있는 증기기관을 발명함으로 인해 산업사회 패러다임이 등장했으며, 이러한 패러다임의 변화는 이전의 토지소유를 위한 경쟁을 상품의 생산과 판매 및 자본을 중심으로 한 경쟁으로 변화시켰다. 또한 산업사회 패러다임은 생활수준의 향상과 함께 교육의 기회를 확대했다. 이로 인해 일반인들도 권력과 지위를 얻을 수 있게 되면서 계층의 변화와 민주화가 진행되었다. 이러한 산업사회 패러다임 리더십의 특징은 한 마디로 관료주의형 리더십이라고 할 수 있다.

---

5) Patricia Aburdene, 「메가트렌드 2010」, 윤여중 역 (서울: 청림출판, 2006), 16.
6) 김광웅, 「창조! 리더십」(서울: 생각의 나무, 2009), 28. 물론 농경시대 이전에는 '수렵채취의 시대'가 있었으며 수렵채취의 시대는 정보와 아울러 신체적 조건이 리더십의 중요한 요인이었다.

산업사회 패러다임은 1937년 애이큰(Howard Aiken)이 초기 컴퓨터를 발명함으로 인하여 정보화 사회 패러다임으로 바뀌게 되었다. 초기 컴퓨터는 단시간에 많은 양의 정보를 처리하는 자동계산기 형태를 지니고 있었다. 이러한 산업사회 패러다임에서 정보화 사회 패러다임으로의 변화를 예측했던 미래학자 내이스빝(John Naisbitt)은 산업사회에서 정보화 사회로의 패러다임 변화로 인한 열 가지 변화추세와 21세기 정보화 사회의 특징을 다음과 같이 제시하고 있다.[7]

* 패러다임 변화의 내용

#1: 산업사회 => 정보화 사회

#2: 노동력의존 산업 => 고도기술집약산업(High tech)

#3: 국가경제 => 세계경제

#4: 단기적 변화 => 장기적 변화

#5: 중앙집중화 => 분산화

#6: 기관/조직의 도움/치유 => 자가 치유/돌봄

#7: 대의민주주의 => 참여민주주의

#8: 상하계급조직 => 수평적 관계조직

#9: 북 => 남

#10: 양자택일 => 다양한 선택

---

7) John Naisbitt, *Megatrends 2000* (New York: William Morrow & Company, 1990), 12-3. 한국사회의 미래 변화에 관한 자세한 내용은 다음을 참조하시오. 김난도 외 5명, 「트렌드 코리아 2012」(서울: 미래의 창, 2011); LG경제연구원, 「2010 대한민국 트렌드」(서울: 한국경제신문, 2007); 김경훈 외 2인, 「한국인 트렌드」(서울: 책바치, 2004).

* 21세기 정보화 사회의 특징

#1: 세계경제(Global Economy)의 번영 – 전자통신 및 교통기술의 발달로 의존성이 증대됨

#2: 문화예술의 부흥: 국가나 지방 공연예술의 기회 증대, 고유문화에 대한 관심 고조(박물관, 유적지 등의 발굴 보존)

#3: 자유시장 사회주의의 출현 – 중국과 러시아, 동구 등 구 공산권의 시장경제 체재로의 변환과 성공

#4: 세계화된 라이프스타일과 문화적 국가주의(Cultural Nationalism) – 음식, 패션, 오락, 심지어 종교 등의 세계화

#5: 공공부문 영역의 사유화 – 공기업의 사유화, 공적부조의 사유화 등

#6: 환태평양권의 약진 – 경제 및 문화 영역의 발전(중국, 홍콩, 싱가포르, 대만, 일본, 한국, 미국, 호주 등)

#7: 여성지도력의 부상 – 여성성의 리더십이 주요관심으로 떠오름, 주요 기업이나 국가의 중요포지션에 여성 비율의 증가

#8: 물리학의 시대에서 생물학의 세대 – 에너지, 기계, 하드웨어로 대표되던 것에서 정보, 미세화, 통전적 적응성 등의 시대로

---

8) Aburdene, 「메가트렌드 2010」, 21-2. 내이스빌(John Naisbitt)과 「메가트렌드」를 함께 저술한 에버딘(Patricia Aburdene)은 그녀의 저서 「메가트렌드 2010」에서 21세기의 변화를 이끄는 일곱 개의 메가트렌드를 소개한다. 1) 영성의 발견-영성 혹은 깨달음이 기업 창조와 혁신의 바탕이 되고 있다, 2) 새로운 자본주의의 탄생-기업들이 이해관계자와 주주들을 존중하는 자유기업체제를 지향한다, 3) 중간계층의 부상-카리스마를 지닌 CEO가 아닌 전문가들이 가치와 영향력, 도덕적 권위를 통해 기업에 영향을 미친다, 4) 영혼이 있는 기업의 승리-영적가치를 인정하고 존중하는 기업들이 늘어난다, 5) 가치를 추구하는 소비자 시대-친환경, 유기농 등의 자신의 가치에 따른 소비패턴의 증가, 6) 기업 내에 깨달음을 얻는 방법의 도입이 증가-요가, 명상, 용서프로젝트 등, 7) 사회책임투자(Socially Responsible Investment)의 시대-의식 있는 자본가들이 가치를 두는 곳에 투자하는 것, 즉 기업의 환경 및 사회적 기준이 자신의 가치에 맞는 곳에 투자하는 시대.

#9: 종교부흥의 세기 – 신흥종교나 영성에 대한 관심 고조. 깨달음, 영적인 변화가 기업과 조직을 변화시키고 있음[8]

#10: 개인주의의 전성기 – 전체주의나 집단주의의 퇴조, 지구화와 함께 개인화의 극전성기

이상에서 살펴보았듯이 사회의 변화와 변동은 사람들의 인식을 변화시켰으며, 리더십에 대한 일반인의 의식 역시 변화를 가져왔다. 이러한 리더십에서의 변화의 대표적인 현상은 다음과 같이 산업화와 세속화로 인한 3C 현상으로 요약해 볼 수 있다: '헌신(Commitment)의 약화', '복잡성(Complexity)의 증가', '신뢰성(Credibility)의 약화/실종 현상의 심화.'[9] 리더십을 둘러싼 이들 변화에서 헌신의 약화로 인하여 새로운 시대는 무엇보다도 인적자원의 극대화를 가져올 수 있는 새로운 유형의 지도력이 필요하다. 그리고 복잡성의 증가로 대표되는 시대에는 일의 효율성을 위해 과정을 단순화하고 일반화하여 유기적으로 연결해야 할 필요가 등장했으며, 이에 적합한 리더십의 융통성이 요구된다. 즉, 이제까지 산업사회에서 요구되던 카리스마적 또는 관료적 리더십으로는 복잡해지고 급변하는 후기정보화 사회에 제대로 반응할 수 없게 되었다. 그리고 정보통신매체와 다양한 SNS 발달 그리고 민주적인 제도 등은 여러 분야에서 리더의 신뢰성의 약화를 가져왔으며, 이로 인해 이전까지 용인되었고 수용되었던 지도자의 권위가 약화되었다.

미국 심리학자이자 경영학자인 맥그레거(Douglas McGregor)[10]는 이전까지 사람들은 'X이론', 즉 인간을 수동적이고 이기적이며 무책임한 존재라는 인간이해를 바탕으로 지도자들이 리더십을 행사하여 왔다고 설명한다. 맥그레거의 주장에

---

9) 이와 관련된 더 자세한 내용은 Warren Bennis and Burt Nanus, *Leaders: The Strategies for Taking Charge* (New York: Harper and Row, 1985), 6-12를 참조하시오.

따르면 이러한 X이론에 입각한 전통적 리더십 형태의 특징은 다음과 같다: 1) 조화로운 화합이나 조직보다는 통제; 2) 표현보다는 억압/억제; 3) 진보/진화보다는 구속과 속박. 이러한 인간이해로 인한 리더십의 문제점은 과도한 관리이다. 많은 비효율적 조직들이 범하는 잘못은 리더가 지도(leading)하기보다는 관리하려는 (overmanaging) 경향을 보이는 것이다. 사실 리더의 조직 관리에는 지도와 관리 이 두 가지의 균형이 필요하다.

관리자와 리더의 특징을 비교하여 살펴보면 다음과 같다: i) 관리 또는 경영 (management)은 성취하려고 하는 것, 책임을 맡아 시도하는 것이다. 이때 관리자는 사람들로 하여금 일을 하게 하는 사람이지만 지도자는 사람들이 하고자 하는 일을 하게 하는 사람이다. ii) 리더십은 일종의 영향력이며, 바른 방향으로 사람들을 인도하는 것이다. 지도자는 비전 중심의 사람으로 가치나 영적자원에 관심을 가지고 있으며, 방법이나 기법보다는 올바른 일을 하는데 관심이 있다. 반면, 관리자는 물리적이고 외적인 자원들에 관심을 가지고 맡겨진 또는 해야 할 일을 바른 방법으로 하려는 사람이라고 할 수 있다. 즉, 관리자는 (맡겨진, 주어진) 일을 바르게 하려고 노력하는 사람이며, 지도자는 바른 일을 하는 사람이다.11)

---

10) 미국의 심리학자이자 경영학자로 인간관계론 학파의 중심 인물이다. 조직에서의 인간완성과 자기실현의 가능성을 주장한 X·Y이론을 제창하였다. 대표적 저서로는 *The Human Side of Enterprise* (New York: McGraw Hill, 1960)가 있다. 맥그레거의 X, Y이론은 다음과 같다: 경영자나 관리자는 종업원을 대하는 관점이 경험을 통하거나 또는 타성적인 속단에서 보통 다음과 같은 인간관을 가지고 있다. ① 인간은 선천적으로 일을 싫어하며, 가능한 한 일을 하지 않고 지냈으면 한다. ② 기업 내의 목표달성을 위해서는 통제·명령·상벌이 필요하다. ③ 종업원은 대체로 평범하며, 자발적으로 책임을 지기보다는 명령받기를 좋아하고 안전제일주의의 사고 행동을 취한다. 맥그레거는 이 3가지를 X이론이라 하고, 이는 명령통제에 관한 전통적 견해이며 낡은 인간관이라고 비판하였다. 그는 또 이러한 인간관에 입각한 조직원칙·관리기법으로는 새로운 당면문제나 목표달성을 위해 조직의 총력을 결집하는 행동을 바라기 어렵다고 하면서, X이론을 대신할 새로운 인간관으로서 다음과 같은 'Y이론'을 제창하였다. Y이론의 인간에 대한 이해는 다음과 같다: ① 오락이나 휴식과 마찬가지로 일에 심신을 바치는 것은 인간의 본성이다. ② 상벌만이 기업목표 달성의 수단은 아니다. 조건에 따라서 인간은 스스로 목표를 향해 전력을 기울이려고 한다. ③ 책임의 회피, 야심의 결여, 안전제일주의는 인간의 본성이 아니다. ④ 새로운 당면문제를 잘 처리하는 능력은 특정인에게만 있는 것은 아니다. ⑤ 오히려 현재 기업 내에서 인간의 지적 능력이 제대로 활용되지 않고 있을 가능성이 많다. "더글러스 맥그리거," "X이론, Y이론," 「두산백과」, 2013년 3월 9일 접속.
11) Bennis and Nanus, *Leaders*, 21.

이러한 X이론에 근거한 산업사회가 정보화 사회로 변화하면서 리더십에도 변화가 일어났다. 정보통신기술의 발달과 정보의 접근성이 증가하면서 정보영향력을 지닌 지식근로자와 소비자의 반응에 상호작용하는 상호주의적 리더, 의미와 자아성취를 도와주는 동기유발적 리더, 코칭 리더, 팀 리더 등이 정보화시대, 특히 후기정보화시대가 요구하는 리더십이 되었다.12) 특히 이전 시대와 비교할 수 없을 정도의 변화와 혁신을 특징으로 하는 후기정보사회인 오늘날은 이에 적절한 대응을 위해 유기적이고 기능적인 조직과 이러한 조직에 적합한 리더십이 요구된다. 13)

이러한 후기정보화시대에 요구되는 리더십의 특징은 다음의 세 가지로 요약할 수 있다: 첫째, 급변하는 시대에 요구되는 리더는 사람들을 긍정적인 미래로 인도해줄 리더이다. 기술의 발달은 많은 일자리를 기술이나 기능보다는 뛰어난 지적 능력과 대인관계 능력을 요구하는 일로 바꿔 버렸다. 따라서 리더는 사람들의 내적 동기유발 등을 통하여 구성원들이 자발적으로 일할 수 있도록 하는 사람이어야 한다. 둘째, 새로운 환경과 사회적 성격이 급변하는 상황에서 사람들이 리더에게 원하는 것이 바뀌었다. 사람들이 리더를 자발적으로 따르는 것은 리더 개인의 뛰어난 자질 때문만이 아니라 그의 사회적 성격이 특정한 환경의 요구에 부응하기 때문이다. 따라서 전통적인 권위주의적 리더가 아니라 상호주의적이며 민주적인 리더의 태도가 필요하다. 셋째, 관료적 위계체제는 복잡한 시스템으로 확대됐다. 복잡해지는 지식산업 시대의 조직에서는 더 이상 복잡한 결재과정을 필요로 하는 관료주의자형 리더십으로는 구성원들을 이끌 수 없다. 변화에 빨리 적응하여야 하는 후기정보화시대의 지식근로자들은 현장에 있는 자신들의 의견이 즉각적으로 받아

---

12) Maccoby, 「우리는 왜 리더를 따를까」, 6-9.
13) 김광웅, 「창조! 리더십」, 37. 한국의 경우, 여러 다양한 견해가 있지만 대체로 근대 한국사회의 시대 구분을 해 보면 다음과 같다: 산업화 세대(1940-54), 베이비붐 세대(1955-1963), 386세대(1960-69), X세대(1970-79).
14) Maccoby, 「우리는 왜 리더를 따를까」, 54.

들여지고 실행되는 상호주의자형 리더십을 원한다.14) 이러한 관료주의 리더십과 상호주의형 리더십이 지니는 특징을 비교하여 살펴보면 다음과 같다:

<관료주의형 리더십과 상호주의형 리더십의 비교>15)

관료주의형 리더십:
  i) 피라미드식 구조에 따라 직원들을 획일적 역할로 배치한다.
  ii) 비순응적, 강박적, 부성(父性)지향적, 충성과 안정, 전문지식을 지니고 있다.
  iii) 통제력을 잃을 위험이 있다고 생각하는 리더들은 때로 직원들을 두렵게 만들기도 한다.
  iv) 보스를 무의식적으로 아버지 같은 인물로 이상화하는 경향이 있다.

상호주의형 리더십:
  i) 의미 있는 목적을 제시한다. 지식근로자들은 자신들의 삶을 더 의미 있게 만들어 줄 리더와 협력하기 원한다.16)
  ii) 투명하게 소통하며 대화와 진실을 말하기를 장려한다.
  iii) 추종자들을 아랫사람이 아닌 동료와 협력자로 대한다.
  iv) 자신의 일을 이기려는 게임으로 생각한다.
  v) 자신을 마케팅하는 특성을 지닌다.
  vi) 보스를 이상화하지 않고 리더십 필요성 자체에 의문을 제기한다.

---

15) Ibid., 55.
16) Ibid., 60, 62.

3. 리더십의 교회적 상황

　이상에서 일반 리더십에 영향을 미치는 사회적 상황을 살펴보았다. 그렇다면 목회리더십과 일반리더십의 차이는 무엇인가? 이 차이는 아마도 우선적으로 각 리더가 속해 있는 집단이 지닌 특성의 차이에서 찾을 수 있을 것이다. 즉, 영리집단과 비영리집단이란 차이, 비자발적 집단과 자발적 집단이란 차이 등이 그것이다. 그렇다면 앞서 살펴본 일반 리더십에 영향을 미치는 사회적 변화와 마찬가지로 오늘날 교회 리더십에 영향을 주고 있는 교회적 상황을 파악하는 일은 오늘날 교회가 필요로 하는 목회리더십을 이해하는데 도움이 될 것이다. 따라서 오늘날 목회리더십을 둘러싸고 있는 교회적 현재적 상황을 간략하게 살펴보면 다음과 같다:

　첫째, 교회성장의 부재/한계이다. 교회성장에 영향을 미치는 요소들은 다양하고 복잡하다. 그러나 건강한 성장을 하고 있는 교회들의 공통된 특징은 유능한 지도력을 바탕으로 하고 있다는 것이다.[17]

　둘째, 교회의 양극화이다. 교회 간의 빈익빈 부익부 현상이 발생하였으며, 초대형교회의 출현은 이를 더욱 심화시키고 있다. 이로 인해 한국 교회는 연합과 상호 돌봄 그리고 하나됨의 정신을 점점 잃어가고 있다.

　셋째, 종교의 형식화이다. '기독교'의 가장 무서운 적은 '기독교적인 것'이라고 키에르케고르는 말한바 있다. 오늘날 교회가 사회의 주도 세력으로 등장하면서 정치적 영향력을 포함하여 사회의 여러 영역에서 교회가 '십자가'가 아닌 '힘'(또는 '권력')을 행사하고 있다. 즉, 신자 개개인의 신앙의 종교화를 포함하여 이러한 교회의 세속화에 대응하기 위한 영적 갱신과 교회의 본질 회복 사역에 필요한 지도력이 요구된다.

---

[17] James E. Means, *Leadership in Christian Ministry* (Grand Rapids: Baker, 1989), 18-9.

넷째, 신뢰의 상실이다. 많은 목회지도자들이 깊은 영성과 인격으로 모본의 삶을 살고 있으나 그렇지 않은 목회자들로 인해, 사회적으로 기독교계는 물론이고 이를 대표하는 목회자들에 대한 불신, 회의, 권위의 상실이 증가하고 있다. 이는 교회지도자들의 올바르지 못한 처신들이 주원인이라고 할 수 있다. 오늘날 예수는 믿으나 교회에 나오지 않겠다는 사람들의 대다수는 바로 이러한 목회자에 대한 불신이 중요한 원인의 하나가 되고 있다.18)

다섯째, 목회 자체에서 오는 어려움과 탈진이다. 목회자에게 요구되는 자질과 업무는 때때로 한 사람이 감당하기에 과도한 경우가 많다. 교회의 관리, 현상유지, 외로움, 교우들의 요구, 시간 관리의 어려움, 갈등, 성장강박감 등에 의해 목회자는 쉽게 지치고 탈진에 이르게 된다. 사실 많은 교회에서 목회자들이 습관적으로 또는 일상적으로 하는 일들이, 오늘날 목회자로 하여금 지도자가 되게 하기보다는 '관리자'(매니저)의 일을 하도록 만들고 있다. 잘못된 위임, 잘못된 기획, 잘못된 자기이해, 자기 능력이나 특성의 이해부족으로 인한 자기 돌봄의 부족 그리고 잘못된 목회사역관 등이 탈진을 일으키는 원인이 되고 있다.

여섯째, 교인들의 고학력화와 세속화이다. 교인들의 고학력화로 인해 미국의 목회자들은 1960년 후반부터 목회학 박사를 취득하려는 "D.Min-ization"이 시작되었다. 물론 목회자들의 고학력화가 부정적인 현상만은 아니다. 목회자의 끊임없는 자기개발은 필요하며 교육은 이를 위한 중요한 하나의 방안이라고 할 수 있다. 하지만 목회자의 학력 콤플렉스로 인한 고학력화는 바람직하지 않다. 사실 많

---

18) 나우웬(Henri J. Nouwen)은 이러한 현상을 "오늘날 종교지도자들이 지닌 가장 큰 아이러니는 가장 낮은 곳으로 임한 예수 그리스도를 따른다고 하는 사람들이 저지르는 권력싸움과 권력의 남용"이라고 한다. 사실 모든 지도자들이 실제 힘을 가지고 있거나 가질 가능성이 있지만, 그렇다고 힘을 지닌 사람 모두가 지도자인 것은 아니다. 남가주대학교의 철학교수인 윌라드(Dallas Willard)는 기독교적 지도력이란, 세상과는 달리 지위를 차지하지 않는 힘이라고 말한다. 예수님의 리더십은 '섬기는 자'로서의 리더십이었다. 목자로서의 지도자인 목회자의 진정한 권위는 지위나 계급에서 나오는 것이 아니라 사람 그 자체로부터 나오는 힘에 근거해 있다. 지도자의 가장 큰 불행은 그 사람이 차지하고 있는 지위와 그 사람의 권위가 불일치한 경우이다.

은 목회신학자들은 오늘날 목회자를 위협하는 심각한 요소들 중의 하나로 목회자의 열등감을 꼽고 있다. 이러한 열등감이 건강하지 않은 목회자의 권위주의나 사역에서의 독선적 태도를 낳는 경우가 있다. 그러므로 목회자는 소명과 목회에 대한 새로운 이해를 바탕으로 건강한 자기 이해와 자존감을 지닐 필요가 있다.

제1부 목회리더십의 이론

제1장 목회리더십의 정의와 유형

1. 리더십의 일반적 정의

1) 리더/지도자의 정의

'목회리더십이란 무엇인가?'에 대한 이해를 돕기 위해 먼저 '리더'(지도자)가 어떤 존재이며 리더십이란 어떤 것인지에 대해 알아보자. 지도자/리더는 사회적 존재로 창조된 인간이 집단을 구성하면서부터 존재했다. 신체적 조건의 월등함을 요구하는 집단에서 리더는 그러한 요구에 합당한 사람이 리더가 될 것이며, 정보나 관계적 능력이 요구되는 조직의 경우는 조직의 특성과 목적에 적합한 사람을 리더로 세울 것이다. 시대와 상황에 따라 지도자에 대한 정의는 다양하다. 고대 그리스 철학자 플라톤은 리더를 '철학자 왕'(Philosopher King)이라고 했으며, 소크라테스는 리더란 '자신의 이익이 아니라 추종자의 이익을 찾기 위해 노력하는 사람'이라고 했다.[1] 미국 경제학자 울프(Richard D. Wolff)는 지도자란 "길을 알고 앞에 설 수 있으며 다른 사람들로 하여금 따라오게 만들 수 있는 사람이다. 지도자란 어떤 일을 먼저 실행하는 사람, 먼저 이루는 사람을 의미한다. 지도자는 자신이 속한

---

[1] 김광웅, 「창조! 리더십」, 17.

집단에 앞장서서 걸어가는 사람으로서 그 집단에 영향을 끼치는 사람이다"라고 정의한다.2) 트리니티 신학교의 실천신학 교수였던 페리(Lloyd Perry)는 "지도자란 자신이 생각하고 있는 신념과 집단 전체의 공동 목표를 달성할 수 있도록 앞장서서 이끌어가는 사람"이라고 설명한다.3)

이러한 리더와 관련된 유사한 용어로는 '관리자'(manager)가 있다. 베니스(Warren Bennis)와 내누스(Burt Nanus)는 자신들의 저서 Leaders에서 리더는 '옳은 일을 하는 사람'인 반면, 관리자는 '일을 옳게 하는 사람'으로 구분하고 있다 ("Mangers are people who do things right and leaders are people who do the right things").4) 이들은 리더는 장기적 미래지향적 태도를 지니는 반면, 관리자는 단기적이고 현실에 안주(적응)하는 태도를 지닌다고 차이를 설명하고 있다. 이 둘의 차이를 조명해보면 산업사회의 리더와 새로운 시대의 리더에 대한 통찰을 얻을 수 있다.5)

<리더>	<관리자>
혁신주도	책임수행
창조	모방
개발	유지
인간에 초점	시스템과 구조에 초점
신뢰에 기초	통제에 기초
장기적	단기적
'무엇을', '왜'에 관심	'언제', '어떻게'에 관심
수평적 관점	수직적 관점
현 상태에 도전	현 상태 수용
독자적 인간	종속적 인간

---

2) Richard Wolff, *Man at the Top* (Wheaton: Tyndale, 1969), 19-20.
3) Lloyd Merle Perry, *Getting the Church on Target* (Chicago: Moody Press, 1977), 30.
4) Benis and Nanus, *Leaders*, 21.
5) 강정애 외 4인, 「리더십론」(서울: 시그마프레스, 2011), 6.

2) 리더십의 정의

이같이 리더에 대한 여러 가지 견해가 있듯이 리더십에 대한 정의 역시 매우 다양하다. 오하이오 주립대학교의 명예교수였던 스톡딜(Ralph M. Stogdill)이 말하기를 리더십에 대한 정의는 연구하는 학자들의 숫자만큼이나 다양하다고 했다.6) 또한 '변혁적 리더십'으로 잘 알려진 번즈(James McGregor Burns) 역시 리더십을 이 세상에서 가장 흔하게 관찰할 수 있는 것이지만 가장 이해하기 힘든 현상이라고 했다.7) 이처럼 리더십의 이론이 다양한 이유는 리더십이 펼쳐지는 장(場)인 조직이나 집단의 특성이나 리더가 처해 있는 위치에 따라 리더십에 대한 이해가 다르기 때문에 발생한다.

휴스턴 대학교의 야고(Arthur Jago) 교수는 이러한 다양한 리더십의 정의들은 특성과 과정의 차원으로 구분하여 볼 수 있다고 설명한다. 특성의 차원에서 리더십을 이해하는 관점은 리더십을 특정한 사람에게만 나타나는 특성으로 보면서 이러한 리더십 자질이나 특성은 특별한 사람에 한해서 제한적으로 주어진다고 보는 반면, 과정의 차원으로 리더십을 이해하는 입장은 리더십을 상황 속에서 나타나는 현상이고, 리더십 발휘는 누구나 가능하고 관찰할 수 있으며 후천적으로 학습하여 개발이 가능하다고 본다.8)

이러한 관점을 염두에 두고, 리더십의 정의 가운데서 대표적인 몇 가지를 살펴보면 다음과 같다. 스탠포드 대학교의 교수였던 가드너(John W. Gardner)는 "리

---

6) Ralph M. Stogdill, *Handbook of Leadership: A Survey of Theory and Research* (New York: The Free Press, 1974), 259. 스톡딜(Ralph M. Stogdill)은 리더의 특성으로 다음의 다섯 가지를 들고 있다: 1) 능력(지능이나 판단력), 2) 소양(체력, 경험), 3) 책임성(신뢰성, 인내력), 4) 참가태도(활동성, 사교성), 5) 지위(인기, 사회적 세력).

7) James M. Burns, *Leadership* (New York: Harper & Row Torchbooks, 1978), 2.

8) Arthur. G. Jago, "Leadership: Perspectives in Theory and Research," *Management Science*, vol. 28, no. 3 (1982): 315-36, 강정애 외 4인, 「리더십론」, 4에서 재인용.

더십이란 개인(또는 팀 리더십)이 자신의 목표나 아랫사람과 공유된 목표를 추구하기 위해 설득이나 모본을 통해 한 단체를 유도하는 과정"이라고 정의한다.9) 즉, 리더십을 설득의 과정으로 규정하면서 지도자가 모본을 보임으로써 구성원들로 하여금 그 집단의 공통된 목적에 부합되는 행동을 하게 만드는 것이 리더십이라고 설명하고 있다. 미국 리치먼드 대학교와 윌리엄스 대학 교수였던 번즈는 리더십이란 "특정 동기와 목표를 지닌 사람들이 경쟁이나 충돌상황에서 추종자들의 동기를 유발하고 만족시키기 위해 제도적, 정치적, 심리적 및 기타 자원들을 동원할 때 수행되는 것"이라고 설명한다.10) 허쉬(Paul Hersey)와 블랜차드(Ken Blanchard)는 리더십이란, "어떤 상황에서 행사되고, 의사소통의 과정을 통하여 특별한 목적을 성취하는 방향으로 이끄는 인간 상호간의 영향력"으로 보았다.11) 또한 성 요한 대학교의 경영학 교수인 크리빈(James J. Cribbin)은 "지도력이란 행동지향적으로 인간 상호 간에 영향력을 끼치는 과정"으로 정의하면서, 리더십의 궁극적 목표는 일의 성취이며 리더십의 본질은 변화와 움직이게 만드는 힘인 영향력이며, 그 특징은 역동적, 상황적, 상호적인 과정(process)이라고 설명한다.12)

이 밖에 「영적리더십」으로 잘 알려진 샌더스(Oswald Sanders)는 리더십이란 "영향력, 즉 한 사람이 다른 사람들에게 영향을 미치는 능력이다"라고 정의하며,13) 로빈슨(Jerry Robinson)과 클리포드(Roy Clifford)은 "리더십이란 사람들이 개인적 혹은 팀의 구성원으로서 자신의 능력을 발휘하도록 도울 수 있는 학습된 행

---

9) John W. Gardner, *On Leadership* (New York: The Free Press, 1990), 1.
10) Burns, *Leadership*, 18.
11) Paul Hersey and Kenneth H. Blanchard, *Management of Organizational Behavior* (Englewood Cliffs: Prentice Hall, 1982), 84.
12) James J. Cribbin, *Leadership: Strategies for Organizational Effectiveness* (New York: AMACOM, 1981), v.
13) Oswald Sanders, *Spiritual Leadership* (Chicago: Moody, 1967), 31.
14) Jerry Robinson and Roy Clifford, *Leadership Roles in Community Groups* (Urbana-Champaign: University of Illinois, 1975), 2.

동기법"으로, 14) 쿤츠(Harold Koontz)와 오도넬(Cyril O'Donnell)은 리더십을 "공동의 목표를 달성하는데 있어서 사람들로 하여금 따라오도록 영향력을 행사하는 것"으로 정의하고 있다. 15) 웨스턴 미시건 대학교의 커뮤니케이션 스쿨의 명예교수인 노스하우스(Peter G. Northouse)는 리더십을 "공동목표를 달성하기 위하여 한 구성원이 조직이나 그룹의 다른 구성원들에게 영향력을 미치는 과정"으로 정의한다. 16)

이상의 여러 리더십에 대한 정의에서 발견할 수 있는 공통적인 요소를 요약하면, 리더십이란 '어떤 조직의 목표를 달성하기 위하여 그 구성원들을 움직이게 영향력을 미치는 일련의 과정'이라고 할 수 있다. 이러한 과정에서 지도자는 사람들과 더불어 그들에게 힘을 불어넣어서(empowered) 일하는 것이 필요하다. 17) 이와 관련하여 미국의 유명한 가구업체 허먼 밀러(Herman Miller)사의 명예회장이자 풀러 신학교 이사인 드프리(Max DePree)는 모든 조직의 리더에게 요구되는 필수적 리더십 세 가지를 다음과 같이 제시하고 있다: i) 리더십의 수탁적(受託的) 본질에 관한 이해 – 리더십은 지위가 아니라 수탁적 소명이기에 신뢰가 중요하며, 맡은 지식, 재능, 자산들을 확장하고 개인적 기회와 공동체 책임의 균형을 소중하게 여긴다; ii) 리더십은 모든 사람들의 재능을 활용하여 현실에 대처하도록 리더십의 역량을 확장해야 한다; iii) 리더의 행동에 걸맞은 뚜렷한 도덕적 목적을 지녀야 한다. 18)

---

15) Harold Koontz and Cyril O'Donnell, *Management: A Systems and Contingency Analysis of Managerial Functions* (New York: McGraw-Hill, 1976), 578.
16) Peter G. Northouse, *Leadership-Theory and Practice*, 4th ed., (London: Sage, 2007), 5.
17) Bennis and Nanus, *Leaders*, 44
18) Max De Pree, "리더십의 3가지 필수사항," Steven Covey, et al.,「리더십」, 김윤창 역 (서울: 베이스캠프 미디어, 2008), 135-45.

2. 목회리더십의 정의

이상에서 살펴본 리더와 리더십에 관한 여러 가지 설명들을 바탕으로 목회리더십 또는 기독교리더십에 대하여 살펴보도록 하자. 사실 목회리더십과 기독교리더십은 학문적으로 매우 많은 부분을 함께 공유하고 있다. 그리고 모든 기독교인이 하나님의 사역자라는 성서적 가르침에 비추어 볼 때, 목회리더십과 기독교리더십은 상호호환적으로 사용해도 무리가 없다고 볼 수 있다. 단지 교회의 역사적 발전과정에서 형성된 목회사역자에 대한 교회적 기능의 구분이 이 두 영역의 리더십을 구분하는 기준이 된다고 할 수 있겠다. 이러한 견해에 입각하여 목회리더십의 정의에 앞서 목회리더/지도자에 대하여 간략하게 살펴보자.

1) 목회/기독교 지도자의 정의

일반 리더십의 이해에서와 마찬가지로 목회리더십 정의에 대한 이해를 돕기 위해 목회리더 혹은 기독교 리더, 즉 목회/기독교 지도자에 대하여 알아보자. 목회사역현장의 (기독교)지도자에 대하여 풀러 신학교 목회리더십 교수인 클린톤(Robert Clinton)은 기독교인 지도자란, "하나님께로부터 능력을 부여받아 영향력을 행사하기 위해 하나님께서 주신 사명을 가지고 하나님의 백성들을 하나님의 뜻대로 나아가게 만드는 사람"으로 정의한다.[19] 기독교와 미국사회 현상의 시장조사 기관인 바나 그룹(The Barna Group)의 창업자인 바나(George Barna)는 기독교 지도자란, "사람을 이끌도록 하나님께 부름 받은 자(소명), 그리스도의 성품으로 이끄는 자(성품), 리더십을 위해 기능적 능력을 발휘하는 자(능력)"라고 설명한다.[20] 이러한 학자와 전문가의 기독교지도자에 대한 정의와 함께 교회의 지도자에 대해

---

19) J. Robert Clinton, *The Making of a Leader* (Colorado Springs: NavPress, 1988), 197.
20) George Barna, *Leaders on Leadership* (Ventura: Regal Books, 1997), 25.

성서, 특히 그중에서도 오늘날 교회의 시작과 발전을 기록하고 있는 신약성서가 이러한 목회/기독교 지도자에 대해 어떻게 말하고 있는지를 살펴보는 것 역시 매우 중요하다.

2) 신약성서에서의 목회/기독교 지도자

지도자/리더는 조직의 목적 달성을 위해 영향력을 발휘하는 사람이다. 목회지도자에게 있어서는 교회의 목적이 목회사역의 목적이기에 교회의 사역이 목회사역이라고 할 수 있다.21) 성서에서 목회란 하나님이 자기 백성을 돌보는 방식을 은유적으로 묘사하는 표현에서 유래했다.22) 이러한 사랑의 돌봄의 절정이 바로 예수 그리스도의 십자가에서의 대속의 죽음이다(요 10:14-15). 즉, 예수 그리스도의 십자가 대속에 나타난 하나님의 구원사역이 목회의 원형이자 교역(敎役, the ministry for the church)의 궁극적 모본이며, 그리스도께서 전체 교회에 부여한 목회사역의 실천이다.23)

(1) 목회사역과 목회지도자

교회를 예수 그리스도의 몸이라 명시한 성서적 가르침에 기초한 가장 적절한 실천적 목회사역의 성서적 의미는 다음과 같다: "그가 어떤 사람은 사도로, 어떤 사람은 선지자로, 어떤 사람은 복음 전하는 자로, 어떤 사람은 목사와 교사로 삼으셨으니 이는 성도를 온전하게 하여 봉사의 일을 하게 하며 그리스도의 몸을 세우려 하심이라"(엡 4:11-2). 에베소 교회에 보낸 편지에서 사도 바울은 여러 종류의 교

---

21) Ibid.
22) 구약에서는 성부 하나님을 목자로 그 백성을 양으로 표현하고 있으며, 신약에서는 예수 그리스도를 선한 목자로 그의 돌봄을 받는 백성들을 양무리로 표현하고 있다(시 80:1; 사 40:10-11; 요 10:11; 21:15-17).
23) 김순성, "Calvin의 목회원리와 실천: 송영으로서의 목회," 「복음과 실천신학」, 20권 (2009 가을): 188.

회 사역자를 언급하고 난 후 이러한 목회자들이 하는 목회사역이 바로 "성도를 온전하게 하여 봉사의 일을 하게 하며 그리스도의 몸"을 세우는 일이라고 가르치고 있다.

'그리스도의 몸으로서의 교회'라는 성서적 가르침에 바탕을 둔 목회에 대한 탁월한 정의 중의 하나는 미국 남침례교의 저명한 신학자 힌슨(E. Glenn Hinson)이 내린 정의이다. 그는 목회를 "예수 그리스도의 몸인 교회를 통한, 세상 안에서 그리고 세상을 향한 예수 그리스도의 사역"이라고 정의하고 있다.24) 그럼 예수 그리스도의 사역이란 무엇인가? 그것은 바로 하나님이시자 인간이신 예수께서 하시고자 한 사역이라고 할 수 있다. 그리고 그것은 한 마디로 하나님을 사랑하고 사람을 사랑하는 일을 증진시키는 것(마 22:36-40)이라고 말할 수 있다.25) 즉, 목회란 교회가 주축이 되어 '세상에 있지만'(in), '세상에 속하지 않으면서'(not of), '세상을 향하여'(to) 행하는 하나님을 사랑하고 사람을 사랑하는 모든 종류의 일이라고 힌슨은 설명하고 있다.26)

(2) 목회지도자의 역할, 소명, 권위, 대상

교회역사를 통하여 볼 때 목회자의 사역과 관련되어 항상 고려되었던 네 가지 사항은, 첫째, 목회자의 우선적인 사역이 무엇이며 모든 역할과 기능의 목적이 무엇인가? 둘째, 사역으로의 부르심은 어떻게 이루어지는가? 셋째, 목회자의 권위의 원천은 무엇인가? 넷째, 목회사역의 대상은 누구인가이다.27) 이러한 필수적인

---

24) E. Glen Hinson, "The Church and Its Ministry," in Formation for Christian Ministry, eds. Anne Davis and Wade Rowatt, Jr. (Louisville: Review and Expositor, 1988), 15.
25) H. Richard Niebuhr, The Purpose of the Church and Its Ministry (New York: Harper & Row, 1956), 27, 31.
26) "내가 진실로 진실로 너희에게 이르노니 나를 믿는 자는 내가 하는 일을 그도 할 것이요 또한 그보다 큰 일도 하리니 이는 내가 아버지께로 감이라"(요 14:12).
27) Niebuhr, The Purpose of the Church and Its Ministry, 58.

목회자의 사역과 관련된 사항을 살펴보면 다음과 같다.

첫째, 목회자의 우선적인 과업/일은 초대교회에서 찾아볼 수 있듯이 다음과 같다: 말씀의 선포와 가르침, 예배와 예전의 집전, 모든 행정의 감독과 주재, 어려움과 문제를 지닌 교우들의 돌봄. 비록 시대에 따라 강조의 차이는 있었을지언정 이 네 가지 목회자의 주요 사역은 늘 유지되어 왔다. 이러한 시대를 초월한 교회의 주요 목회사역을 목회신학자 힐트너(Seward Hiltner)는 치유(Healing), 지탱/유지(Sustaining), 인도(Guiding), 의사소통(Communicating), 조직(Organizing)의 다섯 가지로 보았다.[28]

둘째, 사역과 관련된 또 하나의 중요한 영역은 목회사역으로의 목회자의 부르심, 즉 소명이다. 소명은 어떻게 그리고 누구에 의해 주어지는가 그리고 어떻게 분별하는가의 문제이다. 이 부분과 관련된 자세한 내용은 목회자의 소명과 관련해 자세하게 살펴보겠지만, 우선적으로 알아야 할 사항은 소명 역시 시대에 따라 그 방법과 확증 그리고 분별하는 법 등이 달라져 왔다는 사실이다. 교회는 시대를 초월하여 언제나 하나님의 일을 하는 사람에게 명확한 부르심의 자각과 확증을 요구했다.

셋째, 목회자와 목회사역에서 중요한 또 하나의 요소는 목회자의 권위의 원천이다. 즉 "무슨 권위로 이러한 일을 하는가?"와 관련된 내용이다. 목회의 의미가 분명하고 그에 따른 목회자의 권위가 확실할 경우 목회자의 권위의 원천을 파악하는 일은 비교적 쉽다. 하지만 오늘날처럼 기존의 가치 체계와 인정된 질서들이 불확실하고 불안정해지는 상황에서 목회자의 권위 역시 이전과는 다른 도전에 처해 있다. 예외적으로 간혹 어떤 신앙지도자들은 "주께서 내게 말씀하시기를"이라는 방식으로 자신들이 하나님으로부터 직접 계시를 받았고 그 부르심에 근거하여 자신들의 권위를 내세우는 경우가 있다. 하지만 몇몇 경우를 제외하고는 이러한 자

---

28) 힐트너(Seward Hiltner)의 다섯 가지 사역에 대한 자세한 설명은 그의 저서 *Preface to Pastoral Theology* (Nashville: Abingdon Prss, 1958), 3부와 4부를 참조하시오.

의적 인식에 근거한 권위는 건강하지 못한 종교집단이나 이단들에서 찾아볼 수 있는 현상이라고 할 수 있다. 일반적으로 목회지도자가 권위를 필요로 하는 경우는 성서와 교회가 가르치고 있는 목회사역의 역할 수행과 관련된 경우가 대부분이다. 그러므로 목회자의 권위는 성서와 교회, 이 두 가지 원천에 근거해 있다고 할 수 있다.29) 그리고 이 두 가지 목회자 권위의 원천은 오늘날 대체로 교회 회중의 인정과 안수함을 통하여 공적으로 뒷받침된다. 이러한 사실이 의미하는 바는 목회자가 자신의 권위의 원천이 지니는 무게에 걸맞은 윤리적 도덕적 영적 책임을 다하도록 최선을 다해야 한다는 사실이다.

넷째, 목회사역의 대상이다. 이는 목회자는 하나님으로부터 하나님의 자녀에게 우선적으로 보내심을 받았는가 아니면 세상을 향해 보내심을 받았는가와 관련된 내용이기도 하다. 목회의 사역의 대상은 목회자의 신앙적 배경과 훈련의 과정 그리고 하나님의 소명에 대한 자각에 따라 다를 수 있다. 성서는 하나님의 사역자들이 이 둘 다를 향하여 사역하였다는 사실을 보여준다. 대부분의 사역자들이 이스라엘, 즉 하나님의 백성들을 위해 보내심을 받아 사역하였지만, 간혹 어떤 경우는 하나님의 백성이 아닌 다른 세상의 사람들을 향해 보내심을 받은 사실을 볼 수 있다. 구약에서 대표적으로 보편적인 하나님의 사랑을 보여주는 요나의 경우와 드로아에서 본 마케도니아 사람의 환상으로 인하여 유럽 대륙에 발을 디뎠던 사도 바울의 예(행 16:7-12)가 대표적인 경우이다. 사회를 향한 섬김에 있어서 비교적 소극적이라 여겨지고 있는 침례교의 목회자 가운데 사회복음의 주창자인 신학자 라우센부쉬(Walter Rauschenbusch)가 있음은 목회사역의 대상에 대한 우리의 이해를 돕기도 한다.

---

29) Niebuhr, *The Purpose of the Church and Its Ministry*, 69.

(3) 목회/기독교 지도자의 분류와 침례교의 교회 내 직분

신약성서에서 명확하게 드러나 있는 목회/기독교 지도자는, 집사와 감독(목사)으로 간단하게 분류하여 말할 수 있다(빌 1:1). 하지만 초대 교회의 이러한 목회 사역 지도자의 구분은 기능적 구분에 불과함을 교회의 역사가 말해준다. 그러나 성서만이 신앙행태의 최종적 권위로 받아들이는 침례교회는 신약성서에서의 가르침에 비추어, 교회의 공식적 직분을 목사와 집사 두 직분만을 인정한다. 사실 오늘날과 같은 의미의 목회자와 평신도의 구분은 신약성서에서 나타나지 않고 사도시대 이후에 나타난다. 교회 역사를 보면 평신도란 용어는 A.D. 98년경 로마의 클레멘트가 처음 사용한 것으로 소개된다. 즉, 1세기 말엽에서야 비로소 목회지도자와 평신도의 구분이 조금씩 시작됨을 알 수 있다.

i) 목사의 직분

요즈음 현대교회에는 이 목사와 집사의 두 직분 이외에도 많은 직분이 있으며, 성서에도 이 밖의 은사에 따른 지체로서의 역할을 설명하면서 다른 직분도 소개하고 있음을 볼 수 있다(롬 12:6-7; 고전 12:8-11, 28; 엡 4:11). 초대 예루살렘 교회의 첫 번째 종류의 지도자들은 사도들이었으나 그들은 교회가 위임한 직분을 맡은 자들이 아니라, 하나님의 말씀을 전하기 위해 특별히 하나님의 택함을 받은 사람들이었지 교회에 의해서 뽑힘을 받은 사람들은 아니었다. 전도자, 교사, 능력 받은 자, 방언하는 자 등도 특별한 일을 감당하기 위해 하나님께 은사와 능력을 받은 사람들이지만 직분을 맡은 자들은 아니었다. 초대교회 이후 교회가 점차 성장해 감에 따라 두 가지 직분이 확정되었는데, 그것이 곧 목사와 집사의 직분이다.

성서에 따르면, 초대교회에서 목사는 장로 또는 감독이라 불리웠다. 목사와 장로와 감독은 한 가지 직분의 각각 다른 기능을 설명하는 말이다.

장로: 경험이 많고 존경받을 만한 연장자를 의미
감독: 교회 전체를 맡아서 돌보는 사람을 의미
목사: 목자를 의미하는 말로서 그리스도인들에게 영의 양식을 공급하고 바른길로 인도하는 직분이나 사람을 뜻함

이를 정리하면, 하나님의 교회는 경험과 지도력이 있는 나이 많은 사람(장로)이 교회를 다스리고(감독) 양떼를 먹이고 그들을 바른길로 인도한다(목사)는 의미이다.

따라서 침례교인들은 장로, 감독, 목사 이 세 용어가 하나의 직분을 일컫는다는 사실을 사도행전 20장 17, 28절의 말씀에서 확신한다. "바울이 밀레도에서 사람을 보내어 교회장로들을 청하니(17절) 너희는 자기를 위하여 온 양떼를 위하여 삼가라. 성령이 저들 가운데 너희를 감독자로 삼고 하나님이 자기 피로 값주고 사신 교회를 치게(목사)하셨느니라"(28절).

이 말씀에서 바울은 장로들을 불러 감독자로 삼고 교회를 치게(poimainein은 동사로서 현재 능동태 부정사로 쓰이고 있으며, 이 단어의 명사형은 목자, 양치기를 의미하는 poimen이다), 즉 "성령이 (하나님께서 자기 피로 값주고 사신) 교회를 치리하기 위해 감독자인 너희들을 세웠다"고 설명하고 있다. 사도 바울은 사도행전에서 결국 이 세 가지 단어를 한 직분을 가리키는 것으로 이해하고 사용하고 있음을 볼 수 있다.

또한 초대교회의 수제자 사도 베드로 역시 장로들을 불러 양무리를 치라고 명령하고 있다. 베드로전서 5장 1-2절은 다음과 같이 기록하고 있다. "너희 중 장로들에게 권하노니… 너희 중에 하나님의 양무리를 치되"(poinamate은 동사 2인칭 복수 능동태 명령형으로 '계속해서 끊임없이 치라'는 의미로서 목사의 역할 의미한다).

침례교회는 이러한 말씀을 토대로 장로, 감독, 목사 이 세 가지 명칭이 하나의 직분, 즉 오늘날 교회를 치는 목사의 직분에 대한 다른 명칭이었음을 확신하고 교회행정에서 장로제도를 채택하고 있지 않다. 다만 한국침례교회는 호칭장로제도

를 허용하고 있다.30) 신약성경에는 사실, 장로(행 15:2, 4, 6, 23; 14:23; 약 5:14; 딛 1:5)라는 말과 감독(빌 1:1)이란 말이 여러 번 나오지만 목사라는 말은 단 한 곳, 에베소서 4장 11절에만 나온다(poimenas는 남성 복수 명사로서 목적격으로 사용된다).

그러면 왜, 이 교회를 치는 직분을 장로나 감독이라 부르지 않고 목사라고 부르게 되었는가? 아마, 목사(목자)란 말 자체가 보다 친근하고 민주적이며, 성서에서 언급하고 있는 성도들을 양떼로 비유한 부분들과 잘 어울리며 동시에 예수께서 자신을 가리켜 칭하신 "나는 선한목자"(요 10:11, 14)라는 말씀에서 예수 그리스도를 닮은 하나님의 일꾼들의 사역의 내용을 좀 더 포괄적으로 나타내고 있기 때문이라고 할 수 있다.

ii) 집사(執事)의 직분

신약성서 교회의 두 번째 직분은 집사이다. 여기에서 말하는 집사는 안수받은 집사를 의미한다. 신약에서 집사라는 말로 사용된 헬라어 'diakonos'는 모두 28번 사용되고 있다. 이중 25번은 다른 의미, 즉 남을 섬기는 자(마 20:26; 막 9:35; 요 12: 26), 수종자(롬 15:8 등), 사자(롬 13:4), 일꾼(롬 16:1; 고후 3:6), 사역자(고전 3:5), 짓게 하는 자(갈 2:17), 하인(요 2:5, 9), 사환(마 22:13) 등이며, 나머지 3번(빌 1:1; 딤전 3:8, 12)만이 집사의 직분을 가리키는 말로 사용되고 있다. 그리고 집사라는 뜻으로 사용된 "diakonos"의 여러 가지 의미로 미루어, 이 직분은 어떤 특별한 봉사를 하기 위해 선택된 것임에 틀림없다.

집사직분의 성서적 유래는 사도행전 6장 1-6절에 나타난 바대로 초대 예루살렘교회의 사역적 필요에 의해서 유래되었다. 집사직분의 자격에 대해 예루살렘교회는 '성령 충만한 사람', '지혜가 충만한 사람', '칭찬 듣는 사람'으로, 바울서신에

---

30) 기독교한국침례회는 2009년 제99차 기독교한국침례교총회에서 호칭장로제를 허용하기로 결정했다.

서는 디모데전서 3장 8-12절에서 "이와 같이 집사들도 단정하고… 자녀와 자기 집을 잘 다스리는 자라야 할지니"로 규정하고 있다. 이러한 말씀에서 보면, 경제적 능력이나 사회적 지위는 집사직분의 수임과는 아무런 관계가 없다는 사실을 기억해야 한다. 또한 이 직분의 표준이 감독(목사)의 표준과 버금갈 만큼 높은 것을 명심해야 한다. 아울러 성서에서 언급된 여자 집사들은 다른 남자 집사들과 모든 면에서 평등하다고 가르치고 있다(예: 갈 3:28, 29; 롬 16:1의 뵈뵈는 일꾼(diakonos)으로, 딤전 3:11에서는 "여자들도 이와 같이"). 직분이란 것이 교회의 필요에 따라 생긴 것이므로, 성서적 원리에 어긋나지 않는 범위 내에서 교회의 필요에 따라 세울 수 있다(서리집사, 구역장 등의 제도). 하지만 집사를 세울 때는 앞에서 언급한 자격과 함께 디모데전서 3장 10절의 말씀처럼 "먼저 시험하고 책망할 것이 없으면" 안수하는 신중함이 필요하다.

집사의 임무에 대한 신약성서의 명확한 기록은 없다. 단지 예루살렘교회의 전례를 참조해 볼 때, 재정관리, 구제, 복음전도(스데반, 빌립) 등의 직무를 수행한 것으로 보인다.

집사의 선출방법과 임기에 관한 사도행전의 기록을 보면, 사도들이 임명하지 않고 교인들이 선출(행 6:2, 공동회의나 다수의 추천 등의 방법)하고 사도들은 뽑힌 자들을 교회 앞에 세워 안수하므로 공적인 직분 수임(행 6:6)을 하도록 하고 있음을 알 수 있다.

집사의 임기는 특별한 언급이 없는 것으로 미루어 안수받은 집사의 직분은 종신직이었던 것으로 보인다. 교회의 상황에 따라 안식년 혹은 윤번제의 제도가 있다. 미국 남침례교회의 경우 개교회주의에 따라, 한 교회에서 안수받은 집사라고 할지라도 다른 교회에서 바로 시무집사가 될 수는 없다. 안수받은 집사라도 그 옮긴 교회에서 회중들이 시무집사로서의 자격을 부여하기까지는 휴무집사가 되어야 마땅하다.

2) 목회/기독교 리더십의 정의

기독교 혹은 목회지도자에 대한 이해를 바탕으로 기독교 사역자의 리더십에 대하여 살펴보면 다음과 같다. 클린톤은 자신의 저서 *The Making of a Leader* 에서 "(기독교) 리더십이란, 하나님께서 주신 능력/은사를 사용하여 어떤 하나님의 백성으로 이루어진 집단이 특정집단을 향한 하나님의 목적을 향하여 나아가도록 영향을 주는 역동적인 과정이다"[31]라고 정의하고 있다. 「하나님을 경험하는 삶」의 저자로 잘 알려진 침례교 목사 블랙카비(Henry Blackaby)는 목회사역자의 영적 리더십에 대하여 "사람들을 움직여 하나님의 일을 하게 하는 것"이라고 간략하게 정의한다.[32] 이와 함께 블랙카비는 목회사역자의 영적 리더십에는 다음의 다섯 가지 특징적 요소가 있다고 설명한다: i) 영적 리더는 사람들을 움직여 현재의 자리에서 하나님이 원하시는 자리로 가게 한다. ii) 영적 리더는 성령께 의존한다. iii) 영적 리더는 하나님께 책임진다. iv) 영적 리더는 하나님의 사람들뿐만 아니라 불신자에게도 영향을 미친다. v) 영적 리더는 하나님의 계획에 따라 일한다.[33]

3. 목회리더십의 유형

기독교 교육과 행정 분야 대표적 학자 중의 한 사람인 갱글(Kenneth Gangel, 1935-2009)은 리더십 유형을 연구할 때 고려할 사안들에 대해 다음과 같이 언급하고 있다.[34] 첫째, 균형 있는 리더십의 이해가 요구된다. 특정 영역에서의 리더의 능력이 아니라 말씀사역과 행정관리 그리고 돌봄의 요소들이 리더십 유형의 연구

---

31) Clinton, *The Making of a Leader*, 14.
32) Henry Blackaby and Richard Blackaby, 「영적 리더십」, 윤종석 역 (서울: 두란노, 2002), 35.
33) Ibid., 35-9.
34) Kenneth O. Gangel, *Feeding & Leading* (Grand Rapids: Baker Books, 2000), chapter 3.

에 균형 있게 고려되어야 한다. 둘째, 리더십의 유형을 개념화하는데 있어서 개인별, 문화별, 사회적 상황별, 조직의 특성 등으로 인해 지도력의 유형을 파악하고 분류하기가 쉽지 않음을 고려해야 한다. 셋째, 세상적인 또는 외형적 성공의 기준에 따라 리더십을 평가하지 않도록 유의해야 한다. 즉, 사역에서의 성공적인 지도력에 대한 질적 측면의 이해가 필요하다. 예를 들면, 전도가 용이한 지역에서의 전도의 열매와 사우디아라비아/아프가니스탄에서의 사역의 결과의 차이의 비교가 한 예이다(고후 10:4, "우리의 싸우는 것은 혈과 육의 싸움이 아님"). 넷째, 지도력의 무조건적 모방을 조심해야 한다. 상황에 따른 리더십의 유형이 다를 수밖에 없음을 이해해야 한다. 즉, 안디옥교회와 예루살렘교회의 지도력 유형의 다른 점을 이해해야 하는 것과 같다. 다섯째, 리더십 유형을 배우는 것은 자신이 미처 알지 못하고 있던 자신의 유형을 개념화하는 도움을 준다.

1) 일반적 리더십의 유형[35]

지도자 개인의 리더십 유형은 그 지도자가 속한 조직에 매우 중대한 영향을 미친다. 지도자가 어떤 리더십 유형으로 그 조직을 이끌어 가느냐에 따라 조직의 목표달성이 직접적 영향을 받는다. 리더십 유형에 대한 이론은 학자들에 따라 다양하다. 의사결정 행동을 기준으로 하여 전제적, 민주적, 자유방임적 유형으로 분류하기도 하고, 지도자의 목표지향성을 기준으로 하여 조직의 목표달성을 중시하는 과업 중심적 유형과 조직원과의 관계를 중시하는 관계 중심적 유형으로 분류하기도 한다. 하지만 리더십 유형에서 기억해야 할 사실은 다른 리더십 유형과 비교해서 우월한 리더십 유형은 없다는 사실이다. 즉, 상황에 알맞은 최적의 리더십은 존재할지라도 절대적으로 우월하거나 월등한 최고의 리더십 유형은 존재하지 않는

---

[35] 다음을 참고하라. Robert D. Dale, *Pastoral Leadership* (Nashville: Abingdon, 1986), Chapter 5; Hersey, Blanchard, and Johnson. *Management of Organizational Behavior*, Chapter 5 & 8.

다.36) 목회리더십 이론가인 민즈(James Means)는 중요한 교리나 분명한 성경 말씀 및 객관적 증거가 있을 때, 논리적으로 명료한 근거가 있을 때, 즉각적이고도 일방적인 결정이 필요할 때, 집단 내의 리더십이 부족할 때, 미성숙한 집단일 때 리더십은 명령형이 바람직하나, 많은 사람들의 의견 수렴이 필요할 때, 정책 수립이 요구될 때, 오랜 시간 동안 상의할 문제가 있을 때 다른 유능한 지도자가 있을 때, 응집력이 결여된 집단일 때 지도력은 보다 민주적인 유형을 선택하는 것이 바람직하다고 말한다.37)

2) 현대 기독교 리더십의 유형의 예

기독교 리더십 연구에 커다란 영향을 끼쳤던 World Vision International 명예총재이자 YFC 총재를 역임하였던 엥스트롬(Ted W. Engstrom, 1916-2006)은 그의 저서 The Making of a Christian Leader에서 기독교 리더십의 유형으로 자유방임형, 민주-참여형, 조종-감독형, 온정-독재형, 독재-관료형을 제시했다.38) 화이트(Earnest White)는 그리스도인 리더십 도표(grid)를 통하여 거룩-권위주의 유형, 복종적 종의 유형, 수동적-무기력 유형, 사람을 기쁘게 하는 유형, 그리스도의 몸을 세우는 유형 등으로 분류한다.39) 존스(Bruce W. Jones)는 리더십 유형의 전통적 모델을 독재형(관료적 독재형), 자애로운 독재형(아버지 성격을 지닌 독재자), 민주형(참여형), 자유방임형(허용형)으로 분류한다.40) 모든 사람들이 자신의 고유한 혹은 자신이 선호하는 리더십의 유형이 있다. 이 밖에 사우스이스턴 침례

---

36) Andrew S. Grove, *High Output Management* (New York: Random House, 1983), 175.
37) Means, *Leadership in Christian Ministry*, 82-3.56) Ted W. Engstrom, *The Making of a Christian Leader* (Grand Rapids: Zondervan, 1976), 70-8.
38)
39) Ernest O. White, *Becoming a Christian Leader* (Nashville: Convention Press, 1985), 29-33.
40) Bruce W. Jones, 「목회 리더십과 경영」, 주상지 역 (서울: 생명의 말씀사, 1994), 117-24

신학원 교수를 지낸 데일은 상황에 따라 리더십의 유형을 촉매형, 격려형, 지휘관형, 은둔형으로 나누어 설명하고 있기도 하다.41)

이상에서 보듯이 리더십 유형은 어떠한 관점과 요소에 중점을 두느냐에 따른 다양한 분류가 있다. 이러한 리더십의 유형의 분류에서 발견되는 사실은 리더십이 적절히 효과적으로 발휘되기 위해서는 다음의 4가지 요소가 고려되어야 한다는 것이다. 첫째, 지도자의 성격을 포함한 특성, 둘째, 구성원(따르는 사람들)의 태도, 필요 그리고 특성, 셋째, 조직의 목적과 구조 및 업무의 성격 등으로 나타나는 조직의 특성, 넷째, 사회적, 경제적, 정치적 상황이 그것이다. 이러한 현대 리더십 유형들과 함께 살펴봐야 하는 목회리더십의 내용은 성서에 나타나는 리더십의 유형들이다. 즉, 성서에 나타난 리더십 유형들을 살펴봄으로써 오늘날의 목회리더십을 위한 '온고지신'(溫故知新)의 지혜를 배울 수 있을 것이다.

3) 성서에 나타난 리더십 유형들

샌더스는 성서적 리더십을 이해하는데 도움을 주기 위해 '자연적 리더십'과 '영적 리더십'을 구분하여 아래와 같이 설명하고 있다.42)

<자연적 리더십> vs. <영적 리더십>

자기 확신이 기초 vs. 하나님 안에서의 확신이 기초
사람들을 알고 있다 vs. 하나님을 알고 있다
자기 스스로 결정한다 vs. 하나님의 뜻을 알려고 애쓴다
야심적이다 vs. 자기를 내세우지 않는다

---

41) Dale, *Pastoral Leadership*, Chapter 5.
42) Sanders, *Spiritual Leadership*, 29-41.

자기 스스로가 방법을 창안한다vs. 하나님의 방법을 구하고 따른다

다른 사람 지휘함을 좋아한다vs. 하나님께 순종하기를 기뻐한다

개인적 이유의 동기형성vs. 하나님과 사람을 향한 사랑에 근거한 동기형성

독립적이다vs. 하나님께 의존적이다

    영적 리더십, 즉 성서에서 보여주는 리더십의 특징은 대체로 다음과 같이 요약할 수 있다: 1) 섬기는 리더십, 2) 협동해서 일하는 리더십(팀 사역의 리더십, 고전 12:7-27; 롬 12:3-8; 벧전 4:8-11; 엡 4:7-16), 3) 다른 사람을 세우는 리더십(엡 4:11-13), 4) 영적이며 성장하는 리더십, 5) 비전을 계발하고 실천하는 리더십.

    하지만 이러한 성서적 리더십의 가장 핵심적인 요소는 한 마디로 '섬기는 지도자'의 원리에 따른 모습들이다. 즉, 성서적 리더십의 우선적이고도 일반적인 유형은 '관계를 통해 섬기는 리더십'(종으로서의 리더십, Servanthood Leadership)이라고 할 수 있다. 그 이유는 성서에 여러 지도자 유형이 있으나 기본적이고도 가장 우선된 지도자 유형이 바로 예수님의 삶과 사역에 나타난 섬기는 이로서의 삶과 사역의 모습이었기 때문이다.43) 성서에 나타난 이러한 섬기는 리더십의 예들을 구약과 신약의 경우로 나누어서 살펴보기로 하자.

    (1) 구약에서의 섬기는 리더십 유형

    구약성서시대 당시 하나님의 백성들을 돌보고 지도했던 사람들은 고대 이스라엘의 지도자들이었다. 이들 지도자들은 왕이나 사사 등의 정치군사 지도자 그리

---

43) 예수님은 자신의 가르침에서 세상의 지도자와 섬기는 지도자를 비교해서 설명하고 있다(마 20:20-28; 막 10:35-44; 눅 22:24-27).

44) John T. McNeil, *A History of the Cure of Souls* (New York: Harper & Row, 1951), 2. 구약성서에서 이 가운데 후자의 세 부류를 한 구절에 담고 있는 것은 예레미야 18장 18절이다. "… 제사장에게서 율법이, 지혜로운 자에게서 모략이, 선지자에게서 말씀이 끊어지지 아니할 것이니…."

고 제사장, 예언자, 현자(지혜자, the wise man)들이었다.⁴⁴⁾

  i) 왕: 하나님의 대리인으로서 섬기는 자. 왕의 임무는 하나님이 자신의 일꾼으로 택한 백성/나라로 하여금 하나님의 사역을 감당하도록 인도하는 일(사 49:5-6)이다. 왕들은 하나님과 자기 백성을 돌보고 섬기는 목자로 묘사된다(겔 34; 사 44:28; 렘 23:1-4). 이스라엘 왕들은 다른 사람들과 마찬가지로 하나님의 지배를 받는 대상이었다. 그렇기 때문에 선지자들이 왕들을 견책하였음을 볼 수 있다(삼상 12:14, 24-25; 삼하 12장, 다윗의 밧세바 취함을 나단이 견책함; 왕상 21장, 엘리야의 견책, 아합이 나봇의 포도원을 빼앗았을 때).

  ii) 사사: 하나님의 백성들의 한 시대적 군사지도자로서 섬기는 자. 이스라엘이 농경문화의 신과 유목문화의 신 사이에서 우상숭배의 죄를 짓고(삿 6:25-6), 이와 같은 범죄의 양식(범죄 -> 고통 -> 구원 -> 신실함 -> 범죄, 삿 2:11-19)이 반복되었는데, 이때 필요한 지휘관 형의 리더십 유형이다.

  iii) 제사장 및 남/여 선지자: 국가의 종교적/영적 필요를 위해 섬기는 자. 제사장들은 세습적 계층으로 예배와 의례를 담당했고, 선지자(예언자)들은 공적으로 도덕적 문제와 관련해 하나님의 말씀을 대언하는 일을 주로 담당했다. 때때로 선지자들은 공동체와 공동체의 정치적 지도자들을 책망하기도 했으며, 사람들의 회개와 근본적인 삶의 변화를 일으키는 정서적 영역에서 공헌했다.

  iv) 지혜자(Sages): 영적인 삶을 가르치는 역할을 통해 섬기는 자. 선지자들이 사회와 국가의 공적인 영역에 관련된 가르침과 조언, 회개를 촉구하는 일을 한 반면, 현자들은 개인적 차원에서의 선한 삶과 대인관계에서의 처신과 관련된 조언을 해주는 기능을 했다. 현자들은 일반 사람들로 하여금 그들의 삶을 의미 있게 하고, 대인관계에서의 어려움이나 인생에서의 여러 가지 고통 등에 잘 대처하도록 가르침을 줌으로써 사람들을 돌보았다. 현자들은 사람들 간의 관계나 가족 간의 책임과 문제에 대해 가르침을 주거나 조언했지만, 나중에는 공익과 관련된 사회적 문제들에 대하여도 가르침과 조언을 하게 되었다(잠 1:21).45) 이후 이스라엘이 쇠퇴함에 따라 이스라엘과 유다 왕국이 멸망하게 되었으며, 포로 후에는 현자와 제사장이 담당했던 기능들이 '서기관'과 '랍비'에 의해 계승 유지되었다.46)

(2) 구약에 나타난 섬기는 리더십 유형의 예

i) 모세: 믿음의 지도자이면서 위임에 뛰어난 지도자의 모형. 모세는 40년간의 광야생활 기간 동안 수백만의 사람들을 인도했으며, 하나님의 음성에 귀 기울임, 순종, 담대한 믿음 등이 지도자로서의 귀감이 된다. 출애굽기 18장을 보면, 사람들의 요구는 많으나 충족되지 않음(18:13), 모세 일인에게 집중된 사역(14절), 사람들의 좌절감(18절), 지도자의 탈진, 성경에 나타난 최초의 경영자문자 이드로(18-22절) 등의 모습이 나타나고 있다. 모세의 리더십 유형을 요약하면, 첫째, 모세는 배우려는 자세가 되어 있는 지도자(learning person)였고, 둘째, 자신의 우선순위에 대한 명확한 이해를 지닌 지도자였으며(18:20), 셋째, 자신이 해야 할 것을 제외한 것들을 효과적으로 위임하는 지도자였다.

ii) 느헤미야: 조직에 능하고 동기부여를 잘한 지도자. 느헤미야의 리더십 유

---

45) McNeil, *A History of the Cure of Souls*, 6, 10. 초기 이스라엘의 대표적 지혜자인 네 사람의 이름이 솔로몬과의 비교를 위해 열왕기상 4장 30-31절에 나타나 있다. 예스라 사람 에단, 마홀의 아들들인 헤만, 갈골, 다르다가 바로 초기 이스라엘의 대표적인 현자들이었다. James M. Burns, *Leadership* (New York: Harper & Row Torchbooks, 1978), 2.
46) Charles V. Gerkin, 「목회적 돌봄의 개론」, 유영권 역 (서울: 은성, 1999), 28; McNeil, *A History of the Cure of Souls*, 11. 이들 서기관들은 아마도 제사장계급에서 갈라져 나온 것으로 보인다(스 7:11, 12; 느 8:1).

형은 전형적인 촉매형의 지도자라 할 수 있다. 즉, 그는 세움의 지도자였다. 사람들을 세움으로 성벽을 세웠고, 눈물로 시작하여 기쁨의 함성으로 생을 끝낸 지도자였다. 느헤미야서는 성경의 책들 중에서 지도력의 원리와 가르침을 가장 분명하게 보여주는 책들 중의 하나로 여겨진다. 특히 어떻게 위험한 반대파들이 있는 상황에서 어려운 과업을 실망하고 좌절한 사람들을 통해 성취해 나가는가를 보여주는 교과서적인 책이다. 느헤미야서를 통해 발견할 수 있는 느헤미야의 리더십 유형의 특징은 다음과 같다: i) 기도의 지도자(1:1-2:8)이며 지도자로서 위험을 감수(느 2:2), ii) 철저한 계획과 준비의 지도자(2:9-20) - 철저한 계획(느 2:7-8), 재료의 준비(2:11-16), 사람의 준비(3:3-32, 4:13-23), 방어계획(13:4-29), 예배의 부활준비, 달성 가능한 목적설정, iii) 조직(경영)의 기법들(3:1-32), iv) 외부의 반대와 내부의 갈등을 해결하는 능력(4-6장), v) 끊임없는 격려와 동기부여를 통해 과업달성 - 비전을 발견하고 그것을 명확히 하고 전달하는 능력, 비전의 제시와 그것의 전달 및 본보기가 됨, 사람들을 계발시키고 위임하고 격려함(3; 4:15-23). 적절한 격려와 긍정적인 태도. 구약에는 이밖에도 긍정적인 모델들과 부정적인 모델들이 있다.[47]

(3) 신약에서의 섬기는 리더십 유형

신약에 나타난 섬기는 리더십은 무엇보다 우선적으로 예수님의 삶과 사역에서 찾아볼 수 있다.

i) 예수 그리스도(요 15:13; 빌 2:1-11)

나우웬(Henri Nouwen)은 누가복음 4장 1-21절에 있는 예수님의 광야시험을 통하여 섬기는 자로서 현대 목회리더들이 빠지기 쉬운 위험을 세 가지로 설명하고

---

47) 성서의 리더십 모델들에 대한 더 자세한 내용은 다음을 참고하라. Kenneth Gangel, *Lessons in Leadership from the Bible* (Winona Lake: BMH Books, 1980), 24 ff.

있다.48) 첫째 위험은 세상적인 필요의 충족에만 매달리는 지도자이다. 세상적인 필요의 충족은 궁극적으로 자신의 만족을 위함이 될 위험이 있다. 지도자는 자선사업가나 사회사업가는 아니다. 둘째 위험은 카리스마/신비/초능력 등을 통해 지배하고자 하는 유혹이다. 셋째 위험은 힘으로 리더십을 발휘하려 하는 유혹이다. 섬기는 지도자는 자신의 힘으로 통치하지 않는다. 지도자로서 힘을 사용하는데 따르는 위험이 가장 극명하게 드러난 곳이 바로 예수님이 잡히시기 전 베드로에게 하신 말씀이다. "사탄아 내 뒤로 물러가라 너는 나를 넘어지게 하는 자로다 네가 하나님의 일을 생각하지 아니하고 도리어 사람의 일을 생각하는도다"(마 16:23). 그러므로 진정한 목회리더십은 성공, 위대함, 능력, 힘 등이 아니라 오직 섬김을 통하여 이루어질 수 있고 평가받을 수 있다.

이러한 예수 그리스도의 삶과 사역 및 가르침에서 발견할 수 있는 섬기는 리더십의 중요한 두 가지 특성은 '온유'와 '겸손'이다. 다른 말로 표현하면 섬기는 리더가 지녀야 하는 두 가지 요소가 바로 온유와 겸손함이라는 사실이다(마 11:29, "나는 마음이 온유하고 겸손하니"). 그리고 예수 그리스도의 삶을 통해 배울 수 있는 섬기는 지도자가 지녀야 할 대표적인 태도 네 가지는 (i) 사람들을 섬김, (ii) 사명을 가지고 섬김, (iii) 예언자적인 자세로 섬김(견책, 도전), (iv) 하나님이 주시는 능력으로 섬김이다.

ii) 사도들: 위기극복의 리더십

섬기는 리더로서 사도들의 리더십 특징은 바로 위기극복의 리더십이다. 사도들의 위기극복 리더십의 특징은 다음의 경우에 잘 나타나 있다.

(i) 사도행전의 예

a) 사도행전 6장: 구제문제로 교회의 어려움이 왔을 때 사도들은 결코 자신

---

48) Henri Nouwen, 「예수님의 이름으로」, 윤종석 역 (서울: 두란노, 1999).

들의 지위를 이용해 명령하지 않았다(6:2-6). 사도들은 교회 앞에 문제를 내어 놓고 약한 자의 입장에서 함께 의논해 해결했다. 사도들은 즉각적으로 우선순위에 따라서 그 결과에 영향을 받을 사람(교회)들과 협의하여 자격을 갖춘 사람들을 세워 그 일을 위임했다. 결과적으로 이 일로 인해 교회가 더욱 발전하게 되었다(7절). 어떤 이들은 성서적 리더십 유형은 민주적인 것이 아니라고 하나 베드로의 예를 볼 때 성서적인/성령께서 역사하시는 지도력은 모든 사람들이 참여하여 함께 일하는 참여적 리더십임을 확인할 수 있다.

b) 사도행전 15장: 야고보를 중심한 첫 번째 예루살렘공의회는 이방인 기독교인들에게 유대파 기독교인들과 동일하게 모세의 율법에 따를 것을 요구할 것인가를 의논했다. 유대파 기독교인들과 이방인 기독교인들의 문제로 인해 교회분열의 위기가 찾아왔을 때 사도들(베드로와 야고보)은 다음과 같이 위기를 극복했다: 첫째, 문제를 회피하지 않았다. 위기 상황에서 즉각적이고도 확실한 조치를 했다. 둘째, 다른 사람들의 조언을 구하고 현명한 조언에 비중을 두었다. 셋째, 문제해결에 있어서 성서적인 가르침을 고려했다. 넷째, 어떤 문제해결을 위해서는 난상토론도 받아들였다. 다섯째, 결과에 대해 합의하고 그것을 효과적으로 분명하게 전달했다.

(ii) 바울서신의 예: 목회자/복음전도자로서의 사도 바울

신약에서 예수님 다음으로 리더십의 중요한 모본을 보여준 인물은 사도 바울이라고 할 수 있다. 바울은 목회지도자로서 자기 자신을 육아하는 어머니, 참을성 있는 교사, 사랑의 아버지로 설명하고 있다(살전 2:7-11). 이와 달리 갈라디아서 2장 11-14절에서는 섬기는 지도자의 또 다른 면이라고 할 수 있는 책망을 통한 직면을 보여주기도 한다.

4) 교회사에 나타난 목회리더십

(1) 세계교회사에 나타난 리더십
교회사에 나타난 목회리더십은 교회의 발전과정에서 확인할 수 있다. 이를 아주 간략하게 살펴보면 다음과 같다.

i) 고대 교회(초대-중세): 초대교회 이후 교회의 제도화가 진행되면서 교회의 리더십 모델들이 당시 로마 제국의 리더십과 행정 모델을 수용했다(황제 - 교황, 원로원 - 추기경회의). 이러한 목회리더십 유형은 이후 중세에까지 이어져 내려왔다.

ii) 종교개혁 이후의 모델: 만인제사장의 기치 하에 교회에서 회중적/민주적 목회리더십 모델들이 등장하기 시작했다. 이 과정에서 개신교의 각 교파마다 신학적 특성에 따라 조금씩 다른 교회정치제도가 발전했다. 장로교는 노회를 중심한 대의제도, 과두정치체제, 감리교는 감독제를 채택한 연회중심정치제도, 침례교/회중교회는 민주적 회중제도, 성공회는 제왕적 모델을 채택하였다. 이러한 개신교 교파에 따른 목회 리더십의 특징과 유형은 오늘날에까지 유지 계승되고 있다.

(2) 한국교회의 목회리더십
한국 기독교의 목회리더십을 살펴보면 대략적으로 다음과 같이 구분하여 그 특징을 찾아볼 수 있다.

i) 복음전파 후(1910년 이전): 토착적인 시작과 함께 선교사들의 리더십 영향이 매우 컸다. 이 시기에는 교회가 지역사회 리더십의 중심에 위치했다(3·1운동과 교회와 목회자의 역할이 그 대표적인 예라 할 수 있다). 이 시기에 교회에 영향을 끼친 대

표적인 목회자를 살펴보면 다음과 같다: 길선주 목사(새벽기도의 효시), 김익두 목사(치유, 감성적 부흥회의 효시), 이용도 목사(신비적인 체험적 신앙 특징).

ii) 일제 강점기(1910-1945): 선교사와 국내 목회리더십 간의 갈등이 심화되었던 시기이다. 한국교회가 목회리더십을 상실한 시기이며, 신사참배, 이주, 투옥과 박해로 인해 고난을 겪었다. 일본식민지 통치 하에서 국내 목회리더십이 상실되거나 왜곡되었던 시기이다. 이 시기의 대표적 목회자로는 "예수천당"으로 유명한 최봉석(권능) 목사를 들 수 있다. 그의 영향력으로 인해 만주에 30개 교회, 국내 100개 교회가 세워졌다. 산기도의 효시인 박재봉 목사는 1,552곳에서 부흥회를 인도했으며, 52,000번의 설교, 315,700명의 구원영접이 있었다. 이외에도 주기철 목사가 있다.

iii) 1945-1960대 중반: 해방 후 한국전쟁을 겪으면서 만주와 북한의 교회를 상실했던 시기이다. 이 시기의 대표적 목회자로는 손양원 목사, 이성봉(성결교) 목사를 들 수 있다.

iv) 1960 중반-20세기 말: 한국의 산업화와 도시화에 힘입어 교회가 급속하게 성장한 시기이다. 이 시기는 한경직 목사, 조용기 목사 등 대형교회 목회자들과 유명한 부흥사들의 카리스마적 목회리더십이 대표적이라고 할 수 있다.

v) 2000년대-현재: 카리스마적 목회리더십이 교체되는 시기이다. 사회적 민주화 및 경제적 발전과 평등, 정보화의 시대적 추세에 발맞추어 다양한 리더십을 지닌 목회자들이 현재 한국 목회리더십의 특징이라고 할 수 있다.

제2장 리더십 이론과 목회리더십

리더십이론은 조직의 효과성을 높이는데 적합한 리더십 유형이나 형태를 파악하려는 시도이다. 이러한 리더십 이론 형성에는 세 가지 요소, 즉 리더의 특성, 따르는 사람들(조직 구성원)의 준비와 능력 그리고 상황 요소가 고려된다. 오스트레일리아의 사회심리학자 깁(C. A. Gibb) 역시 리더십을 리더, 추종자, 과업, 상황의 함수적 관계로 보고 있으며,[1] 허시와 블랜차드(Ken Blanchard)는, 리더십 이론이란 이러한 요소들 중 어떤 요소에 더 큰 비중을 두느냐에 따라 달라진다고 한다.[2] 20세기 전반까지 리더의 특성이나 행동 등 리더중심의 리더십 이론들이 관심을 끌었으나, 1950년대에 들어 리더보다는 따르는 사람의 행동, 즉 조직 구성원의 준비와 능력 그리고 리더의 행동유형에 반응하는 조직 구성원들의 행동의 변화가 새로운 관심의 대상이 되었다. 이후 리더십이론의 관심은 리더의 영향력/권력의 연구, 상황요인의 중요성에 대한 관심 등으로 옮겨갔다. 오늘날 리더십이론의 경향은 보다 세부적으로 특성접근, 행동접근, 영향력접근, 상황접근, 통합접근 등으로 구분되어 연구되고 있으며 대체로 리더십을 이루는 이러한 요소들을 통합적으로 고려하여 접근하는 추세이다.[3]

---

1) C. A. Gibb, *Leadership: Psychological Aspects* (New York: MacMillan, 1974), 91-3
2) J. Richard Love, *Liberating Leaders from the Superman Syndrome* (Lanham: University Press of America, 1994), 29-65.
3) 강정애 외 4인, 「리더십론」, 13, 23.

오늘날 우리에게 익숙한 리더십 이론의 상당부분은 관료조직으로 특징 지워지는 산업사회 패러다임에서 어떻게 조직 구성원에게 일할 의욕, 즉 동기를 고취시킬 것인가와 관련된 이론들이다. 하지만 산업사회 패러다임을 전제로 한 리더십 이론들은 지식기반 근로자들로 이루어진 21세기의 지식정보화 사회의 급격한 변화와 변동 및 이에 대응하기 위한 다양한 유형의 조직과 역할 및 구성원들로 이루어진 상황을 설명하기에는 상당부분 미흡하다.4) 리더십이 사회적 상황 변화에 직접적인 영향을 받기에 리더십이론 역시 특정 시대의 사회적 환경과 여건을 고려하여 가장 적합하다고 여겨지는 이해의 틀(frame) 안에서 만들어진다. 따라서 리더십이론을 연구할 때는 반드시 그 이론이 생겨난 시대와 사회적 상황에 대한 이해가 고려되어야 한다. 이러한 전제들을 바탕으로 현재까지 소개된 대표적인 리더십이론들을 살펴보면 다음과 같다.

리더십유형이론 가운데서 대표적인 초기 리더십이론에는 '리더십 특성이론', 즉 선천적–특성(Trait-based)에 따른 리더십, '리더십 행동 이론', 즉 행태적 리더십(Behavior) 이론이 있다. 이후 산업사회가 무르익은 20세기 후반에 이르러 '상황적(Situational) 혹은 변환적(Contingency) 리더십'을 비롯하여 70년대 후반에 미국경제의 후퇴와 일본경제의 경이로운 성장의 배경을 연구하여 발표된 오우치(William Ouchi)의 저술명에서 나온 'Z이론'(Theory Z),5) 번즈(James MacGregor Burns)가 주창한 리더의 특성이론을 좀 더 정교화시킨 '변혁적(Transformational) 리더십', 오늘날 교회현장에서 주목을 받고 있는 그린맆(Robert Greenleaf)의 '서번트 리더십' 등으로 발전해 왔다. 최근에는 수평적, 쌍방적, 감성적, 윤리적 리더

---

4) Maccoby, 「우리는 왜 리더를 따를까」, 64, 101.
5) 오우치(William G. Ouchi)는 하와이 태생의 일본인 3세 출신의 UCLA 경영 대학원 교수였다. 그는 당시 세계경제의 강자로 떠오른 일본의 경영의 특징을 서구경영에 접목시키기 위해, 경영에도 신뢰·배려·치밀함과 같은 인간 존중주의의 공동체 집단이 필요하며, 이런 타입의 인간이해에 기초한 이론을 맥그리거의 X, Y 이론을 참고해 Z 타입의 기업이라고 하였다. 이 Z타입의 기업은 직원의 장기간의 고용, 승진 속도의 완만함, 참여적 의사결정, 집단적 결정에 대한 개인적 책임 부담, 직원 복지에 대한 광범위한 관심을 특징으로 한다.

십 이론들이 정보화와 지식근로자의 등장에 발맞추어 등장하고 있다. 이러한 이해를 바탕으로 우선 20세기 전반부까지 유행하였던 전통적 리더십과 최근 이론들을 간략하게 살펴본 다음, 본서의 핵심 이론인 상황적 목회리더십 이론을 소개한다.

1. 전통적 리더십 이론

1) 리더십 특성이론/선천적(Trait-based) 자질이론

리더십 특성이론은 20세기 전반 1940대까지 학자들의 관심대상이 되었던 이론으로서 리더십연구를 위한 최초의 체계적인 시도라고 할 수 있다. 지도자는 만들어지는 것이 아니라 타고난다고 주장하는 이론으로, 일명 '위인론'(a Great Man Theories)이라고도 하고 '고전적 카리스마 리더십'이라고도 한다.6) 리더십특성이론을 간략히 살펴보면 다음과 같다.7)

리더십 특성이론의 기본 가정은 지도자는 다른 사람과는 무엇인가 다른 심리적, 신체적 혹은 기타 자질적인 특성을 지니고 있다는 전제에 기초해 있다. 즉, "크게 될 나무는 떡잎부터 다르다"는 속담이 이와 관련된 사람들의 일반적 생각이라고 할 수 있다. 이러한 리더십 이론의 목적은 타고난 지도자의 자질을 알게 하고 이것의 발견을 바탕으로 그에 알맞은 지위를 획득하도록 하는 것이라 할 수 있다.

이 이론에 대한 본격적 연구는 스톡딜(Ralph M. Stogdill)8)과 만(Floyd C.

---

6) Peter G. Northous, 「리더십 이론과 실제」, 5판, 김남현 역 (서울: 경문사, 2011), 24.
7) Love, *Liberating Leaders from the Superman Syndrome*, 35-6.
8) 리더십 특성이론의 대표적 학자인 스톡딜(Ralph M. Stogdill)은 리더에게 나타나는 특성으로서, i) 지능이나 판단력), ii) 소양(체력, 경험), iii) 책임성(신뢰성, 인내력), iv) 참가태도(활동성, 사교성), v) 지위(인기, 사회적 세력)의 5가지가 있으며 이들 요인들은 상황의 요구에 따라 달라진다고 주장한다. 스톡딜의 이론에 대한 더 자세한 설명은 다음을 참고하라. '리더십', 「21세기 정치학대사전」(서울: 한국사전연구사, 2010).

Mann)을 비롯한 여러 학자들에 의해서 1940년대에 활발히 진행되었으며, 오늘날에는 좀 더 정교화되고 발달된 기법들을 사용하여 '카리스마적 리더십', '비전적 리더십' 등의 이름으로 다시금 관심의 대상이 되고 있는 이론이다.9) 이 이론을 주장하는 학자들은 리더의 특성 혹은 자질을 발굴함으로써 효과적인 리더를 선발하고 훈련할 수 있다고 주장한다.

  리더십특성이론의 고전으로는 16세기 이탈리아의 끊임없는 전란의 시기에 모략과 배신이 일상사였던 정치상황을 배경으로 하여 기록된 마키아벨리(Niccolo Machiavelli)의 「군주론」이 있다. 마키아벨리는 자기 시대의 역사적 상황을 보면서 리더인 군주는 상황을 통제하고 사람들에게 자비심을 보이지 말고 두려워하는 존재가 되어야만 효과적인 리더십을 발휘할 수 있다고 주장한다.10) 그는 혼란과 불확실성의 시대에는 성격적으로 격렬하고 성급한 리더가 성공할 가능성이 높으며, 어느 정도 안정되고 평화로운 시기에는 신중하고 인내심 있는 리더가 성공할 가능성이 높다고 주장한다.11) 또 하나의 고전적 리더십특성이론은 1841년 카알라일(Thomas Carlyle)의 「영웅과 영웅숭배」란 책에서 소개되었던 '위인론'이다. 위인론은 지도자는 선천적으로 태어나며 사회적 요청에 의해 드러나게 된다고 주장하는 이론이다. 그리고 뒤이어 등장한 베버(Max Weber)의 '카리스마 리더십' 역시 지도자는 "보통 사람들과 구별되는 어떤 자질 또는 초자연적이거나 초인간적인 힘, 어떤 예외적인 특별한 자질"을 지닌 사람으로 간주한다.12)

  오늘날 리더십 특성이론을 주장하는 학자들의 연구에서 집약된 리더들의 성격 특성을 요약하면, 다음의 다섯 가지 특성으로 나타낼 수 있다: i) 활력 및 활동수준으로 표현되는 '사교성'(sociability), ii) 신뢰성, 도덕성, 성취욕구로 표현되는 '성

---

9) Northous, 「리더십 이론과 실제」, 26-7.
10) Northous, 「리더십 이론과 실제」, 25.
11) Maccoby, 「우리는 왜 리더를 따를까」, 86에서 재인용.
12) Maccoby, 「우리는 왜 리더를 따를까」, 88.

실성'(integrity), iii) 자기 주장성(권력욕구)으로 나타나는 '결단력'(determination), iv) 호기심/탐구성, 개방성, 학습지향으로 나타나는 '지능'(intelligence), v) 정서 안정성, 자존심, 자기통제로 나타나는 '자신감'(self-confidence).13)

이 밖에 오늘날 지능지수와 전문기술과 더불어 리더의 특성으로 관심이 높아지고 있는 리더의 특성으로 새롭게 부각되고 있는 요소가 '감성지능'(emotional intelligence)이다. 감성지능은 자신의 기분과 정서를 이해하고, 시간이 지남에 따라 그것이 어떻게 변화하는지 이해하여, 목표달성과 대인관계에 어떤 영향을 끼치는지 이해하는 능력인 '자기인식'(self-awareness), 부정적 충동을 통제하고 방향을 긍정적으로 수정하는 능력인 '자기관리'(self-regulation), 내재적 동기부여를 통해 자신이 세운 목표달성을 추구하는 성향인 '자기 동기화'(self-motivation), 다른 사람의 기분과 정서를 인식하고 자신 정서에 상대방이 어떻게 반응하는지 이해하는 '감정이입'(empathy), 네트워크를 구축하고 관계를 관리하는 능력인 '사회적 기술'(social skill) 등의 요소로 이루어진다.14) 본 장의 끝 부분에 감성지능을 측정할 수 있는 EQ-지수 간이검사가 있다.15)

리더십특성이론은 가장 오래되고 연구의 깊이와 넓이가 있는 이론으로서 리더가 되는 조건과 현상을 잘 설명해주고 있다고 평가할 수 있다. 또한 리더십특성이론은 사람들에게 직관적으로 흥미를 유발한다. 그러나 초기의 몇몇 이론들이 위인들의 공통적 특성을 찾아내고, 여러 가지 경험적 연구들이 훌륭한 지도자들이 공유하고 있는 특징을 부정하지는 않지만, 이러한 것들이 선천적이라는 사실을 증명하지는 않는다. 즉, 상황적 요인들의 영향을 고려하지 않고 리더의 특성인 성격특성만을 분리하여 측정하기는 어렵다. 그리고 리더십 특성이론은 중요한 특성이 확

---

13) 진재혁,「리더가 죽어야 리더십이 산다」,(서울: 더난출판사, 2002), 19.
14) Northous,「리더십 이론과 실제」, 30; 신응섭 외 5인,「리더십의 이론과 실제」, 2판 (서울: 학지사, 2005), 87-9.
15) 강정애 외 4인,「리더십론」, 34-5.

인되었더라도 쉽게 변하지 않는 속성 때문에 그것을 갖도록 훈련하기가 쉽지 않아 리더십훈련이나 개발에 유용하게 사용할 수 없다. 또한 이 이론은 시기적으로 남성 리더십이 지배적인 시기에 이루어졌다는 한계점을 고려해야 한다.16)

리더십 특성이론은 1950년대 이후 관심이 멀어졌다가 카츠(Robert Katz)의 초기연구를 기점으로 1990년대 초기에 '리더십역량연구'와 결합되어 오늘날 많은 관심을 끌고 있다. 초기의 특성이론이 선천적이기에 리더십의 개발과 훈련에 제한이 있는 것과는 달리 '리더십 역량이론'은 리더의 기본적 관리기술인 '전문적 기술'(technical skill), '인간관계기술'(human skill), '개념적 기술'(conceptual skill)을 중심으로 리더의 개발과 훈련을 통하여 리더십 특성이론의 한계를 극복하고 있다.17) 따라서 리더십 특성연구는 여러 가지 다른 형태, 즉 잠재된 지도자의 자질을 개발/깨우는 법 등의 모양으로 오늘날에도 여전히 카리스마적 리더십, 변혁적 리더십을 통해 발전되어 사용되고 있다. 오늘날 기독교계에서는 이러한 리더의 특성이론이 섭리와 은사론 등과 결합되어 사용되고 있다.

2) 리더십 행태/행동/유형 이론(Behavioral Theory/Leadership Style Approach)

리더십 행동연구에 대한 이론은 1950년와 1960년대에 미시간대학과 오하이오 주립대학 등을 중심으로 발달했다. 선천적 자질이론이 "누가 효과적인 리더인가?"에 초점을 두었다면, 리더십 행동이론은 "효과적인 리더는 어떻게 행동하는가?"로 연구의 초점이 옮겨졌다. 초기의 리더십행동이론은 효과적인 리더의 행동방향을 두 가지, '과업 지향적 행동'과 '관계 지향적 행동'으로 요약하여 설명하고

---

16) EQ(Emotional Quotient 감성지수 또는 감정적 지능지수)는 심리학 저술가인 골맨(D. Goleman)의 저서 감성지능(Emotional Intelligence)에 의해 대중화되었고, 미국 예일대학교 심리학 교수 샐로비(Peter Salovey)와 뉴햄프셔대학교 심리학 교수 메이어(John D. Mayer)가 이론화한 개념이다. "EQ,"「두산백과」.
17) Northous,「리더십 이론과 실제」, 28, 38-41; 진재혁,「리더가 죽어야 리더십이 산다」, 36.

있다. 이후 3차원적 행동 유형인 '변화 지향적 행동'이 발견되어 추가되었다. 이 이론은 겉으로 드러난 리더의 지도력 행동에 따른 추종자들의 변화를 관찰하여 이론화함으로써 특정 리더십방향이 부족한 리더가 그 부분을 훈련 개발할 수 있도록 했다. 오늘날 리더의 행동이론은 '경로-목표이론'(the Path-Goal Theory)과 결합되어 발전되고 있다. 최근에는 변화의 속도와 폭이 커짐에 따라 불확실성이 높아짐으로 인해 이러한 상황에 대처하고 주도하는 리더의 변화지향적 행동 역시 관심의 대상이 되고 있다.18)

리더십 행동이론은 선천적 자질론을 거부하고, 복잡하지만 "지도자의 행태와 따르는 사람들의 만족과 성취와의 관계"를 바탕으로 이루어진 이론으로, 지도자의 타고난 자질이 아닌, 지도자가 그 조직에 영향을 미치는 행동(또는 리더십스타일)을 연구하는데 주안점을 둔다. 지도자의 행위가 따르는 사람들의 작업 성취에 미치는 효과를 평가하는데 집중하므로 지도력의 행태유형이 관심의 대상이 된다. 1938년에 시작된 초기 아이오와대학교의 연구는 '리더가 어떻게 자신의 권한을 사용하는가?'를 근거로 다음의 세 가지 기본 유형(스타일)을 파악하고, 그에 따른 목표달성의 효과를 관찰하고 측정해 이론화하였다: i) 독재적 리더: 권위적/문자적이어서 자신의 결정이 최고라고 생각하는 독단적 태도와 그것을 실행하도록 부하직원에게 통보하고 그 결과를 파악하는데 관심을 집중한다. 대화가 적음; ii) 자유방임적 리더: 방임적/신사적 태도. 직원과 리더 간의 관계가 상호 독립적이며 자율적이어서 직원이 독립적이고 자율적인 의사결정을 하게 한다. 지도자는 직원들의 움직임, 의견, 결정 등을 기다린다. 지도자가 아닌 지도자; iii) 민주적 리더: 참여적/민주적 절충형태로서 직원들을 의사결정에 참여시키고 목표를 분명하게 밝히며 직원의 의견을 반영하여 지도한다. 이러한 리더십 행동연구의 한계점은 특정 상황에 효과

---

18) Northous,「리더십 이론과 실제」, 56-7.

적인 보편적 리더십 유형을 찾지 못하는 것이라고 할 수 있다.

초기 오하이오 주립대학교와 미시간 대학교의 리더십행동이론에서 파악한 두 가지 리더의 행동요인은 '과업지향적'(task-oriented) 행동과 '관계(인간)지향적'(people-oriented) 행동이다. 1960년대 블레이크(Robert R. Blake)와 모우튼(Jane Mouton)은 리더의 행동유형을 관리격자이론으로 제시한 후 이를 통해 리더의 행동유형을 파악 보완할 수 있도록 했다.[19]

<과업지향적(task-oriented) 행동의 특징(수평축)>
> 하루일과를 자세하게 계획함
> 업무수행의 정확한 기준을 유지함
> 사람들로 하여금 자신들이 무엇을 해야 하는지를 알게 함
> 일을 제일 먼저 해내는데 항상 앞장섬
> 모임의 시간엄수를 강조함
> 일의 진척 속도를 강조함
> 조직의 지휘/계통을 따르라고 요구함
> 조직원들의 일이 잘 협조되는지에 관심
> 일을 잘 하지 못할 때 비판적임
> 조직원들이 자신들의 능력이 닿는 데까지 최고로 일할 것을 기대함

<관계(인간)지향적(people-oriented) 행동의 특징(수직축)>[20]
> 다른 사람의 의견 반영
> 구성원 개개인의 삶에 관심

---

19) 강정애 외 4인, 「리더십론」, 52.
20) 블레이크와 마우튼의 '리더십 그리드'(리더십 관리격자모형)에 대한 더 자세한 설명은 Northous, 「리더십 이론과 실제」, 99-104을 참조하라.

> 친근하며 친해지기가 쉬움

> 조직원들 개인의 전체업무에 대한 비판을 금함

> 구성원들을 기쁘게 하기 위해 조그만 일들에 관심을 가짐

> 다른 구성원들의 말을 듣기 위한 시간을 할애함

> 친근한 호칭으로 부르기를 즐겨함

> 일을 진행하기 전 동의를 받고자 함

> 모임에서 격의 없는 농담이나 이야기를 즐겨함

> 이견이 있을 경우 중립을 지킴

　각 특징을 양축 스케일 1-9로 나누어서 볼 때 9-9 지도자가 이상적인 팀 지도자라 할 수 있다. 구성원에 대한 배려와 관심은 높지만 업무에 대한 관심도는 낮은 1-9는 컨트리 클럽형, 업무와 사람에 대한 관심이 없는 1-1은 방관형(무기력형), 업무에 대한 관심은 높지만 구성원에 대한 배려와 관심은 낮은 9-1은 과업지향형(권한-순응형), 업무의 성취와 구성원의 상호관계를 동시에 추구하는 9-9은 팀워크형이라고 한다.21) 미시간대학교의 리더십 연구 역시 관계/인간 중심적 리더가 상대적으로 더 높은 생산성과 구성원들의 직무만족도를 만들어낸다는 사실을 보여준다.

　성서에서 발견할 수 있는 예수님의 균형모델(요 15:17, 서로 사랑하라 + 요 17:4; 요 9:4; 마 28:19, 20)이 대표적인 사례이다. 예수님은 상황에 따라 이 두 가지를 잘 조화시키셨다.22) 그러므로 우리의 목회사역에서의 리더십도 이러한 균형이 요구된다. 자신의 리더십행동유형을 측정하는 방법은 본 장의 끝 부분에 있다.

　리더십행동이론은 이후 연구가 발달됨에 따라 리더의 '변화지향적 행동'이 추

---

21) 관계지향적 행동은 관계를 형성하고 유지하는데 좀 더 중점을 두고, 격려와 감정표현을 자주하며, 조화와 양보를 강조하고, 일반적인 기준을 제시한다.
22) R. R. Blake and A. A. McCanse, *The Leadership Grid Figure from Leadership Dilemmas* (Houston: Gulf Publishing Company, 1991), 29; Northous,「리더십 이론과 실제」, 100.

가되었다. 변화지향적 행동은 세 가지 요소, 즉 '변화지향적 행동을 위한 지침', '비전수립을 위한 지침', '변화실행을 위한 지침'으로 이루어져 있다.23) '변화지향적 행동을 위한 지침'은 분명하고 호소력 있는 비전의 선언, 핵심가치 강조, 비전 달성 방향 설정, 모델링에 의한 리드, 자신감 있고 낙천적인 행동, 직원에 대한 신뢰감 표명 등이 포함된다. '비전수립을 위한 지침'은 주요 이해당사자의 참여격려, 비전과 핵심역량 연결, 설득력 있는 전략목표의 파악, 비전의 신뢰성 평가, 과거 개념으로부터 관련 요소 파악, 비전의 지속적 평가와 정교화가 포함된다. '변화실행을 위한 지침'은 정치적 조직적 행동과 인간적 행동의 균형 유지, 정치적 조직적 행동 지침을 반대하거나 촉진할 수 있는 인적 자원 파악, 변화를 지지해 줄 지원그룹 세력구축, 핵심 직위를 유능한 변화주도자로 임명함, 변화를 이끌기 위한 팀 구축, 업무에 영향을 미치는 극적이고 상징적인 변화추구, 변화의 상황 점검 등이 포함된다. 이러한 리더의 변화지향적 행동은 목회적 적용에 매우 유용하기에 본 저서에서 다루고 있는 교회갱신, 교회개척을 위한 목회리더십에서 좀 더 구체적으로 적용하여 설명되고 있다.

2. 신경향 리더십 이론

1970년 중반부터 1990년대에 들어오면서 핀란드와 스웨덴의 학자들이 리더십 행동을 재검토한 결과 급변하는 사회에서의 훌륭한 리더들의 행동에는 발전 지향적 행동이라는 공통점이 있음을 발견했다.24) 대표적인 신경향 리더십으로는 변

---

23) David S. Luecke and Samuel Southard, *Pastoral Administration: Integrating Ministry and Management in the Church* (Waco: Word, 1986), 19
24) 강정애 외,「리더십론」, 56-7..

혁적 리더십, 신 카리스마적 리더십, 서번트 리더십을 들 수 있다. 이러한 이론들은 지도자의 상징적 행동을 중시하고 추종자를 위해 업무나 사건 등을 의미 있게 만드는 지도자의 역할을 강조한다.

특히 1980년대의 변혁적 리더십 이론과 신 카리스마적 리더십 이론은 최근 가장 활발하게 연구되어온 리더십 이론들이다.[25] 전통적 리더십이 합리적인 과정을 중시한 반면, 새롭게 주목받고 있는 이 두 리더십 이론들은 동기 및 감정과 가치를 강조하며 리더십을 집단을 하나의 총체로 종합하고 구성원으로 하여금 조직 목표를 향하여 적합한 동기를 부여하는 역할을 담당하는 일련의 과정이라고 보았다. 이는 조직 구성원을 심리적으로 자극하여 추종자들의 강한 반응을 이끌어내며 추종자의 잠재능력은 물론 조직 목표의 효율적 달성을 위해 구성원의 활동 능력을 개발하는 것을 의미한다.

1) 변혁적 리더십(Transforming Leadership)

오늘날 한국 직장인들에게 경기불황 극복에 가장 필요한 리더십으로 꼽히는 변혁적 리더십은 구성원의 내적 동기부여와 개발을 강조한다. 그렇기에 변혁적 리더십은 구성원의 정서, 가치관, 윤리, 행동규범, 장기적 목표 등을 변화, 변혁시키는 과정이다. 변혁적 리더십이란 용어는 1973년 콜로라도 대학교 사회학자 다운튼(James V. Downton, Jr.)이 처음 제시했으며, 미국의 정치사회학자 번즈(James MacGregor Burns)가 1978년 미국을 변화시킨 리더들을 분석한 저서 「변혁적 리더십」(Leadership, 1978)을 통해 새로운 리더십 이론으로 대두되었다.[26]

---

[25] 서정하, "한국 기독교 목회자의 리더십 행위가 성도들의 조직시민행동과 정통성 지각에 미치는 영향" (박사학위 논문, 홍익대학교 대학원, 2003), 14.

[26] J. A. Conger and J. g. Hunt, "Overview Charismatic and Transformational Leadership: Taking Stock of the Present and Future," *Leadership Quarterly*, vol. 10 (1999): 121-7.

변혁적 리더십의 중심 개념은 리더가 미래의 비전과 공동체적 사명감을 강조하여 조직 구성원의 사기를 고취시키므로 조직의 장기적 목표를 달성하는 것이다. 변혁적 리더십은 사회가 위기에 처했거나 변화가 일어날 때 효과적이며, 유기적 조직에 효과적이라고 한다. 변혁적 리더십의 대표적 구성요소는 변혁적 리더십의 가장 핵심적 구성요소인 구성원들이 리더가 제시한 비전을 따르도록 하는 특별한 능력을 의미하는 카리스마, 영감적 동기부여, 구성원들이 지닌 개인적 욕구 및 능력의 차이를 인정하는 개별적 배려 그리고 구성원들로 하여금 관례적 업무 수행에 의문을 제기하고 새로운 방식을 사용하도록 지원하는 지적 자극 등이다.[27]

번즈는 리더십의 형태를 거래적 리더십과 변혁적 리더십으로 구별하였다.[28] 거래적 리더십은 리더가 조건적 보상, 즉 행동, 보상, 인센티브를 사용하여 구성원들에게 영향력을 행사하는 과정에 관심을 기울이지만, 변혁적 리더십은 리더가 구성원들의 동기유발수준과 도덕적 수준에 대한 욕구에 관심을 기울여 그들의 능력을 최대한 발휘할 수 있도록 돕는 과정에 관심을 기울인다.[29] 거래적 리더십과 변혁적 리더십을 비교해 보면 다음과 같다: i) 목표지향성에서 거래적 리더십은 현상과 너무 괴리되지 않는 목표를 지향하나, 변혁적 리더십은 대체로 보다 매우 높은 이상적 목표를 지향한다. ii) 시간의 측면에서 거래적 리더십은 단기적 전망에 중점을 두나, 변혁적 리더십은 장기적 전망에 중점을 둔다. iii) 동기부여의 측면에서 거래적 리더십은 구성원들에게 즉각적이고 가시적인 보상으로 동기를 부여하나, 변혁적 리더십은 구성원들에게 자아실현과 같은 높은 수준의 개인적 목표를 바라보도록 격려한다. iv) 행위표준의 영역에서 거래적 리더십은 규칙과 관례를 따르기를 선호하나, 변혁적 리더십은 변혁적이고도 새로운 시도를 하도록 구성원을 격

---

27) Northous, 「리더십 이론과 실제」, 237; James. V. Downton, *Rebel Leadership: Commitment and Charisma in a Revolutionary Process* (New York: Free Press, 1973); Burns, *Leadership*.
28) 강정애 외, 「리더십론」, 149.
29) Northous, 「리더십 이론과 실제」, 237-8.

려한다. v) 문제해결의 측면에서 거래적 리더십은 구성원들을 위해 문제를 해결하거나 해법을 찾을 수 있는 방안을 알려주나, 변혁적 리더십은 질문을 통하여 구성원 스스로 해결책을 찾도록 격려하거나 함께 일한다.30)

높은 수준의 공정성과 윤리성에 기초하여 정치적 리더십을 설명하고 있는 번즈와는 달리 1980년대 중반 뉴욕의 빙햄턴대학교의 배스(Bernard M. Bass)는 번즈와 하우스(Robert House)의 연구를 확장해 기업의 변혁적 리더십을 설명하고 있다. 기업의 리더는 조직의 목표달성을 위해 첫째, 구성원들이 인식한 특정의 이상적 목표의 가치와 중요성을 높이고, 둘째, 구성원들이 자신의 조직과 집단을 위해 개인의 이익을 초월하도록 하고, 셋째, 구성원들의 성취 욕구를 만족시키고 나아가 더 높은 차원의 욕구에 관심을 갖도록 한다. 배스는 이러한 변혁적 리더의 리더십을 통하여 조직은 기대 이상의 업적을 성취할 수 있다고 보았다.31)

급속한 상황변화에 대처하기 위해 조직을 변혁시키는데 필요한 변혁적 리더의 세 단계 행동과정은 다음과 같다. 첫째, 구성원들로 하여금 변화의 필요성을 인식하고, 둘째, 환경에 적합한 비전을 만들고, 셋째, 비전에 적합한 새로운 조직구조의 변화를 통해 변화를 제도화한다.32) 이러한 변혁적 리더십은 산업사회에서 흔히 사용되었던 거래적 리더십보다 국가나 직업의 차이 그리고 서로 다른 직무수준에서 공통적으로 낮은 이직률, 높은 생산성, 높은 종업원 만족의 효과가 있음이 증명되고 있다.

변혁적 리더십을 소유하기 위해서는 다음의 여섯 가지 원칙을 세우고 지켜나가야 한다. 첫째, 자신을 둘러싼 자원과 환경이 무엇인지, 어떻게 활용할 수 있는지에 관심을 가져야 한다. 둘째, 조직의 모든 부분에 문제의식을 갖고 관행을 타파

---

30) James M. Burns, "Form Transactional to Transformational Leadership, Learning to Share the Vision," Organizational Dynamics, vol. 18, no. 3 (1990): 319; Northous, 「리더십 이론과 실제」, 238.
31) 강정애 외,「리더십론」, 151.
32) Northous, 「리더십 이론과 실제」, 243.

하도록 해야 한다. 셋째, 변화에 필요한 자원과 정보 및 실제적 영향력을 끼칠 수 있는 사람들과의 네트워킹을 구성해야 한다. 넷째, 책임을 전가하려는 유혹에서 벗어나야 한다. 다섯째, 인내를 지녀야 한다. 여섯째, 성공의 성과를 구성원들과 공유하는 모든 사람을 영웅으로 만들도록 해야 한다.33)

2) LMX(Leader Member Exchange, 리더-구성원 교환관계) 이론

LMX의 개념은 그랜(George B. Graen), 댄서로우(Fred Dansereau), 미나미(T. Minami)의 연구를 시작으로 처음 소개되었다.34) 이전의 리더십 이론은 조직구성원들을 하나의 전체로 보았으나 실제 작업 현장에서 조직구성원은 전체가 아니라 개개인이 리더와 각기 서로 다른 유형의 관계를 형성하고 이 관계에 따라 일의 성과가 다르다는 사실이다. 즉, 이 이론은 한 집단의 리더는 각각의 멤버와 서로 다른 관계를 형성하고 각 멤버도 리더와의 관계를 각기 다르게 지각함으로써 집단 내 구성원 숫자만큼 서로 다른 리더-멤버 관계를 형성한다는 것이다. 이 이론의 근거는 역할 형성 이론과 사회적 교환 이론이다.35)

이러한 리더-멤버 관계에서 형성되는 조직 내의 집단에는 두 종류가 있다: 첫째는 일반적 유형인 공식적 역할 이외의 역할에 근거한 '내집단'(in-group), 둘째는 공식적 고용계약에 명시된 역할관계의 유형인 '외집단'(out-group)이 있다. 초기 이론은 이러한 내집단과 외집단의 차이를 중심으로 연구가 이루어졌으나 후속 연구들은 리더-멤버 교환관계의 질이 조직의 성과에 미치는 영향에 중점을 두었

---

33) 변화하는 상황에 대처하기 위한 조직을 변혁시키는데 필요한 세 단계에 대한 자세한 설명은 다음을 참고하라. Northous, 「리더십 이론과 실제」, 255-6.
34) 서성교, 「하버드 리더십 노트」 (서울: 원앤원북스, 2003), 강정애 외, 「리더십론」, 166-7에서 재인용.
George B. Graen, Fred Dansereau, and T. Minami, "An Empirical Test of the Man in the Middle Hypothesis Among Executives in a Hierarchical Organization Employing a Unit-Set Analysis," Organizational Behavior and Human Performance, vol. 8(1972): 262-85.
35) Northous, 「리더십 이론과 실제」, 206-7.

다.36) 리더-멤버 관계의 질은 공헌, 충성, 애정의 정도가 깊고 강할 경우 상승한다. LMX의 결정요인에는 리더-멤버 간 유사성/동질성, 교환관계 기간이나 빈도, 리더의 개인특성 등이 있다. 이러한 LMX를 통한 리더십 형성 단계는 다음의 세 단계를 거치면서 발전해간다: 1단계는 낯선 단계인 역할 취득 단계, 2단계인 친지단계, 즉 서로 알아가는 역할 형성 단계, 3단계인 성숙한 협동 단계, 즉 역할 일상화 단계인 파트너 단계이다.37)

3) 서번트(servant) 리더십 이론

서번트 리더십 이론은 오늘날 현대 리더십 이론 가운데서 가장 주목받고 있는 리더십이론 중의 하나이다. 일하기 가장 좋은 포춘 100대 기업의 3분의 1 이상이 이 서번트 리더십을 회사 리더십의 기본철학으로 삼고 있다. 1977년 AT&T에서 컨설팅을 담당했던 그린리프가 이 개념을 리더십에 최초로 도입했다. 이전의 리더십 이론들은 리더를 직원/구성원들을 통솔하고 통제하는 존재로 보았으나, 서번트 리더십은 리더의 주요 역할이 직원의 필요를 읽고 해결해주며, 지배가 아닌 보살핌과 섬김이라고 본다. 이 이론의 핵심은 리더가 직원들에 대한 배려, 봉사와 희생을 통해서 직원들로부터 신뢰를 얻음으로써 그들을 목표 지향적 행위로 이끄는 것이다. 그러므로 서번트 리더십의 핵심가치는 '신뢰'(trust)이다.38) 리더가 신뢰를 얻기 위해서는 능력을 소유하고, 개방적이고, 공정하며, 일관성을 보이고, 확신을 가져야 한다. 그리고 이러한 신뢰는 통제가 아닌 상호 교환활동을 통해서 형성될 수 있다.39)

---

36) Ibid., 210.
37) LMX를 통한 리더십 획득의 세 단계에 대한 자세한 설명은 다음을 참고하라. Northous, 「리더십 이론과 실제」, 212-4.
38) 강정애 외, 「리더십론」, 218.
39) Ibid., 219.

서번트 리더의 행동 특성은 다음과 같다: 경청, 공감, 치유, 설득, 인지, 통찰, 비전제시, 봉사의식, 구성원 성장지원, 공동체 형성. 서번트 리더의 자질을 알 수 있는 요소는 청렴, 겸손, 돌봄, 권한부여, 성장조력, 비전제시, 목표설정, 통솔, 귀감, 의견 나눔 등을 들 수 있다. 서번트 리더십은 지식정보사회에 적절한 리더십 형태로서 조직의 의사결정 구조를 수평적으로 변화시키고, 구성원의 창의성과 자율성 및 공동체 의식, 주인의식을 고취시키고 업무만족도를 높이는 결과를 가져오고 있다.40)

4) 신 카리스마적 리더십

신 카리스마적 리더십은 번즈의 변혁적 리더십이 출판되던 시기와 거의 같은 시기에 하우스에 의해 소개된 이후, 80년대와 90년대에 이르러 주목을 받기 시작해 변혁적 리더십과 유사한 개념으로 소개되고 있다.41) 대표적 학자로는 고전적 카리스마 리더십 연구의 베버 이외에, 오늘날 대표적인 카리스마적 리더십 학자인 콩거(J. A. Conger)와 카눙고(R. N. Kanungo), 샤미르(B. Shamir) 등이 있다. "초인간적이거나 비범한 능력이 부여된 특별한 성격적 특성"인 카리스마에 대한 연구의 새로운 방향은 카리스마를 리더가 소유하고 있는 특성이 아니라 조직 구성원들(직원)이 리더가 어떤 독특하고 위대한 특성을 지녔다고 여기는 지각과정, 즉 신뢰나 애정, 신념, 감정이입 등에 의해 결정되는 특성으로 보는 것이다.42) 따라서 신 카리스마 리더십 이론에는 이러한 지각과 관련된 사회학적 관점과 심리학적 관점이 있다. 사회학적 관점은 어떠한 사회적 상황에서 카리스마적 리더가 등장하고 이러

---

40) Ibid., 237.
41) E. J. House and B. Sharmir, "Toward the Integration of Transformation, Charismatic and Visionary" in Martin Chemers and Roya Ayman, eds., *Leadership Theory and Research* (San Diego: Academic Press, 1993), 82-102.
42) 신응섭 외 5인, 「리더십의 이론과 실제」, 212-3.

한 카리스마적 리더가 사회 변화에 어떠한 영향을 미치는가에 대해 주목한다. 반면 심리학적 관점은 주로 리더 개인의 특성이나 행동에 초점을 두는 것으로 전통적 리더십 이론의 리더십 특성이론과는 구별하여 신 카리스마적 리더십이라고 한다.[43]

카리스마적 리더의 대표적 행동으로는 역할모델링, 이미지구축, 명확한 목표 제시, 높은 기대 전달 및 신뢰 표현, 선별적 동기 부여가 있다. 카리스마적 리더십 과정은 1단계 비전 창출, 2단계 비전 전달, 3단계 신뢰 구축, 4단계 비전 달성으로 이루어진다.[44] 오늘날 신 카리스마적 리더십은 벤처기업이나 중소기업의 CEO에게 적절한 리더십 유형이라고 할 수 있다. 위대한 기업에는 카리스마적 리더가 없다. 위대한 기업의 CEO는 대부분 개인적으로 수줍음이 많고 다른 사람 앞에는 잘 나서지 않는, 하지만 회사의 장기적 성공과 관계되는 일에는 절대 포기하지 않는 변혁적 리더가 많기 때문이다.

이상에서 살펴본 신경향 리더십이론들은 변화라는 시대적 요구에 부응하여 비전의 개념을 학문영역으로 끌어들이고, 리더십을 지도자 자신이 아니라 보는 사람의 주관적 입장에서 새롭게 이해하려고 했으며, 그동안 소홀히 취급되어 왔던 최고경영층의 리더십에 대해 관심을 갖게 했다는 점 등에 그 의의가 있다. 하지만 서번트 리더십을 제외하고는 지나치게 최고경영자나 사회의 지도자들을 중심으로 전개되어 구성원들의 역할을 간과했고, 리더 한 사람에게 지나치게 의존해 리더십 행위에 영향을 미치는 구성원들의 상호영향력을 도외시하고 있다. 또한 리더의 현실적이며 실천적인 행동이 뒷받침되지 않을 경우 비전이 현실화되기 어려운 점, 조직 차원의 비전이 매우 추상적이어서 각 구성원의 현재 업무와 연계시키는데 어려움이 있는 점, 변화 자체를 너무 강조하여 변화를 위한 변화를 추구하거나 변화의

---

[43] 강정애 외, 「리더십론」, 119.
[44] Ibid., 127-8.

목적이 전이되거나 상실될 가능성이 높다는 점 등이 한계로 지적되고 있다. 다음에는 본 「목회상황과 리더십」의 중심 개념인 조직의 상황을 고려한 상황적 리더십에 대해 살펴보도록 한다.

3. 상황적 리더십 이론

1) 상황적 리더십의 이해

상황적 리더십이란 "리더가 구성원에게 주는 영향력이나 효과는 상황에 따라 다르다"는 기본 전제, 즉 상황이 다르면 리더십 역시 상황에 따라 달라져야 한다는 데서 시작한다.[45] '상황적 리더십'(Situation or Contingency Theory)은 1960년대 일리노이대 교수 피들러(Fred. E. Fiedler)가 리더의 행동유형이 상황과 어느 정도로 잘 부합되는가에 관심을 둔 '상황적합이론'(contingency theory)을 통해 본격적으로 소개된 이래, 허시와 블랜차드의 '성숙도 이론'과 하우스의 '경로-목표 이론'을 거쳐 오면서 지금까지 주요 리더십 이론 중의 하나로 자리매김 해오고 있다.[46]

이러한 상황적 리더십과 관련하여 성서적으로 예수 그리스도의 성육신 모델의 성찰에서 또한 그 신앙적 접점을 찾을 수 있다. 즉, 리더의 입장이 아니라 구성원의 상황과 처지에 맞추어 리더의 접근방법을 모색하는 상황적 리더십은 하나님과 동등하신 예수 그리스도께서 인간이 되셔서 우리와 함께 하신 성육신에서 그 유사성을 찾을 수 있다. 또한 사도 바울의 사역 철학 중의 하나인 "내가 여러 사람에

---

45) Rae Andre, Organization Behavior: An Introduction to Your Life in Organizations (Upper Saddle River: Prentice Hall, 2008), 294.
46) 신응섭 외 5인, 「리더십의 이론과 실제」, 154-64; Northous, 「리더십 이론과 실제」, 153.

게 여러 모습이 된 것은 아무쪼록 몇 사람이라도 구원하고자 함이니"라는 고린도전서 9장 22절의 말씀 역시 성서에서 찾아볼 수 있는 상황적 리더십의 모델 중의 하나라고 할 수 있다.

상황적 리더십 이론의 주요 관심사는 상황에 따른 효과적인 리더십 유형을 찾는 것이기에 리더십에 영향을 미치는 상황 변수에 연구의 초점을 둔다. 일반적으로 상황(조절)변수는 구성원(follower)의 능력과 동기유발, 리더(leader)의 개인적 특성, 행동유형 및 경험, 조직의 특성 및 과업의 특성으로 요약되는 상황(situation)을 들 수 있다. 이는 학자별로 조금씩 차이가 있는데 상황적 리더십의 대표적 초기학자인 피들러는 리더-구성원 관계, 목표의 명확도 및 수행절차의 구조화를 포함하는 목표구조, 리더가 지닌 지위권력(position power)의 세 가지를 상황변수로 꼽았으며, 상황적 리더십에서 구성원의 성숙도를 중요한 상황변수로 꼽은 허시와 블랜차드는 구성원의 유능성과 헌신성을, 그리고 목표 달성을 용이하게 함으로 구성원들의 동기유발을 통한 효과적 목표달성에 관심을 가졌던 하우스는 구성원의 특성과 과업특성을 상황변수로 꼽고 있다.47)

상황적 리더십 이론의 발전에 따라 초기 관심대상이었던 구성원들의 단순 능력이나 준비성 등의 요소뿐만 아니라, 새로운 지식정보사회에서 조직 구성원들의 내적 외적 정서적 관계적 필요 역시 중요한 상황적 요소로 고려하여 연구되고 있다. 상황적 리더십이 오늘날 지식정보사회에 적합한 리더십 이론으로 꼽히는 이유는 상황요소에서 가장 중요한 상황변수로 구성원에 대한 이해를 꼽는 데 있다. 이전 산업사회에서는 이러한 구성원을 이해하는 어려움을 피하기 위해 개별 업무를 형식화하였고, 성과를 측정하였으며, 구성원들을 분발시키기 위해 인센티브를 사용하였다. 구성원들은 실적과 상사를 얼마나 잘 돕는가에 따라 평가되고 분류되었

---

47) 강정애 외, 「리더십론」, 75-6.

다. 하지만 지식정보사회 리더십의 중요한 특성인 상호관계적 리더십은 구성원들의 작업 능력이나 준비정도의 계량적 수준을 뛰어넘어 구성원 개인의 의미추구, 자발성, 자아성취 등의 사회심리적 요소를 21세기 새로운 상황적 리더십의 주요 변인으로 고려하게 만든다.

2) 상황적 리더십의 관련 이론들

대표적인 상황적 리더십 이론으로는 초기 피들러의 '상황적합이론'을 포함하여 허시와 블랜차드의 '성숙도이론', 하우스의 '경로-목표 이론', 브룸(Victor H. Vroom)과 이튼(Philip W. Yetton)의 '규범적 의사결정 모델' 등이 있다.

(1) 피들러의 상황적합이론

피들러는 리더십의 효과란 리더의 유형이 상황과 어느 정도 잘 부합되느냐에 따라 결정된다고 보았다. 피들러가 도입한 리더십의 세 가지 상황요인은 i) 조직의 분위기, 신뢰의 정도, 충성도, 구성원의 리더에 대한 호감도 등으로 이루어진 리더-구성원 관계, ii) 목표 내용이 명확하고 그 달성과정이 구조화되어 있는 정도에 따른 과업구조, iii) 리더가 구성원에게 상벌을 줄 수 있는 권한의 양을 나타내는 지위권력이다. 이러한 세 가지 상황을 고려해 리더는 그에 따라 과업지향적인 리더십을 사용할 것인지, 관계지향적 리더십을 사용할 것인지 결정해야 한다. 과업지향적 리더는 리더와 구성원관계가 매우 호의적 상황과 매우 비호의적 상황에서 효과적으로 리더십을 발휘했고, 관계지향적 리더는 다소 호의적인 중간상황에서 효과적이라는 결과를 도출했다.[48]

---

48) Northous, 「리더십 이론과 실제」, 152-5.

(2) 허시와 블랜차드의 성숙도 이론

성숙도 이론은 구성원의 성숙도 정도에 따라 리더십 유형을 달리해야 한다는 이론이다. 이 이론은 구성원의 성숙도를 상황변수로 보았는데 초기에는 구성원의 성숙도를 능력과 의지로 측정하였으나 후기에는 유능성과 헌신성으로 측정하였다. 즉, 리더는 자신의 행동유형을 구성원의 능력과 의지 또는 유능성과 헌신성의 정도에 부합시켜야 효율적인 리더십을 발휘할 수 있다는 것이다. 구성원의 성숙도에 따른 리더의 행동 유형은 지시형, 코치형, 지원형, 위임형의 네 가지로 분류하였다.49)

허시와 블랜차드의 성숙도 이론을 목회적 상황에 적용한 데일(Robert Dale)은 목회적 리더십의 유형을 다음과 같이 분류하여 설명하고 있다.50)

i) 지휘관형(Commander) 지도자: 지도자가 높은 목표달성 의지는 있으나 구성원의 능력과 헌신이나 자발성은 낮은 상황에 적합한 리더십 형태이다. 이러한 상황에서 지도자는 구체적인 지시와 함께 사역진행을 구체적이고도 직접적으로 감독하는 방법이 효과적이다. 지시에서 유의할 점은 누가, 무엇을, 언제, 어디서, 어떻게 등으로 구체적인 대화를 하여야 한다. 이때 지시는 전달(telling)이어야지 요구(demanding)가 되지 않도록 유의하며, 무시가 아니라 인도, 지배적이기보다는 지도하도록 해야 한다. 조그만 성취에 대한 칭찬이 필요하며, 미실행에 따른 결과를 예상하며, 상대방의 감정을 계속적으로 점검할 필요가 있다. 지시는 실패에 따른 불안을 경감시키는 동시에 한 가지씩 실행하도록 도움을 준다. 지시는 자세히 알아들을 수 있을 만큼 설명할 필요가 있다. 이러한 리더십은 교회의 상황이 불안정

---

49) Ibid., 123-5
50) Dale, *Pastoral Leadership*, 40; Hersey, Blanchard and Johnson, *Management of Organizational Behavior*, 134.

할 때 또는 위기 상황 때 비교적 유익하다. 성서에서 이러한 유형의 지도자는 사사들이 해당된다고 할 수 있다. 이러한 상황에서 사용되는 주요 리더십 기법은 지도(directing)이다.

ii) 촉매형(Catalyst) 지도자: 약간의 유능성과 낮은 헌신성을 지닌 경우 이러한 상황은 교인들이 하고자 하는 의욕(헌신도)은 있으나 능력이 없거나 자신감이 결여된 상황에 해당되는 리더십 유형이다. 이러한 상황에서 지도자는 결정된 목표를 설명하고 그것을 분명하게 이해할 수 있는 대화의 기회를 제공해 구성원들을 적극 지원하도록 해야 한다. 하지만 주의할 점은 지도자가 구성원과 함께 의논하더라도 지도자의 의지가 의사결정에 우선해야 한다. 지도자는 또한 조정하려 하거나 설교하지 않도록 해야 하며, 자기방어나 합리화하지 않도록 주의해야 한다. 지도자는 목표와 목표달성의 방법에 대해 충분히 명확하게 설명하고 설득하는 태도를 지녀야 하며, 상대방이 할 일을 알고 있는지 확인할 필요가 있다. 또한 지도자는 구성원들의 질문을 격려하며, 자세한 내용을 토의하고, 해당 과업을 해야 하는 이유를 설명하는 동시에 어떻게 하는지를 알려주어야 한다. 성서에 나타난 이러한 유형의 지도자로는 느헤미야를 들 수 있다. 주요 리더십 기법은 코칭(Coaching)이다.

iii) 격려형(Encourager) 지도자: 조직원의 낮은 헌신성과 중간 정도의 높은 유능성의 경우에 필요한 리더십이다. 교인들이 능력은 있으나 원하지 않을 경우 혹은 불안해할 경우가 이에 속한다. 이러한 상황의 경우, 지도자의 생각/꿈을 나누고 지도자와 협력하여 자발적으로 결정할 수 있도록 도와야 한다. 구성원들에게 필요한 정보의 제공이 필요하며, 리더는 동역자 의식을 지녀야 한다. 적극적인 경청을 통해 사역자들의 의견을 격려함으로 사역자들이 스스로 결정할 수 있도록 한다. 이때 지도자는 구성원들이 가질 위험부담에 대한 격려가 필요하며, 구성원들이 할 수 있도록 보조하는 일에 집중해야 한다. 또한 칭찬하고 자신감을 격려하는 동시에 다음 계획에 대한 의견도 격려해야 한다. 리더가 해야 하는 중요한 일은 결과에 대한 사역자들의 공헌을 적시해 헌신의 동기와 자신감을 북돋아주는 것이다. 성서에 나타난 이러한 유형의 대표적 지도자로는 바나바를 들 수 있다. 주요 리더십 기법은 지원(Supporting)이다.

iv) 은둔형(Hermit) 지도자: 유능성과 헌신성이 매우 높은 경우, 즉 교인들의 능력과 자발성이 높을 경우 결정권과 실행권을 위임해도 조직이 원활하게 운영되는 상황이다. 이 단계에서 지도자는 비전을 제시하는데 관심을 가져야 하며, 교인들을 믿고 그들에게 맡기는 것이 필요하다. 또한 지도자는 구성원들 스스로가 결정을 내릴 수 있도록 하는 동시에 감독적인 지도는 줄이고 위임하고 점검하고 관찰하는데 관심을 가져야 한다. 이때 항상 함께 있다는 사실을 일깨워주어야 하며, 방치, 회피, 칩거 등의 느낌을 주는 것은 좋지 않다. 교회의 상황에서 이러한 리더십이 필요한 상황은 양 극단의 경우이다. 첫 번째는 모든 교인들이 능력과 자발성이 매우 높을 경우이며, 두 번째는 심각한 갈등의 상황이나 지도자가 탈진한 경우이다. 성서에 나타난 이러한 두 번째 유형의 지도자로는 사울 왕이 있으며, 첫 번째의 경우는 초대교회 집사들이 해당한다. 주요 리더십 기법은 위임(Delegating)이다.

(3) 하우스의 경로-목표 이론(Path-Goal Theory)

이 상황적 이론은 리더가 구성원들을 어떻게 동기유발을 시켜 정해진 목표에 도달하게 할 것인가에 관한 이론이다.[51] '경로-목표'의 의미는 효과적 리더는 구성원들의 목표(혹은 보상)와 목표달성 경로를 분명히 해서 목표에 대한 기대를 높여 주

---

[51] R. J. House, "A Path-Goal Theory of Leader Effectiveness," *Administrative Science Quarterly*, vol. 16, no. 2 (1971): 321-9.

고, 목표를 향한 가장 효과적이며 빠른 경로를 제시하며, 목표 달성을 용이하게 하는 상황적 조건을 조성함으로써 그 경로를 보다 쉽게 따라 갈 수 있게 해 준다는 뜻이다.52) 따라서 경로-목표 이론에서 리더는 구성원들이 효과적으로 목표에 도달하는 것을 돕기 위해 목표를 명확하게 제시하고, 도달할 수 있는 방법(경로)를 분명하게 하며, 목표 달성 과정에 나타나는 장애물을 제거해 주고, 지시나 지원을 해주는 역할을 해야 한다. 즉, 리더는 구성원들의 동기부여를 위해 그들의 필요에 적합한 리더십 유형을 적용해야 한다. 그러므로 경로-목표 이론은 상황변수로서 구성원들의 특성(능력, 성향, 욕구) 및 과업환경(과업특성, 집단성격, 조직적 요소)과 리더의 행동유형과의 관계에 초점을 맞추고 있다.

경로-목표 이론에서는 리더의 행동유형을 크게 네 가지로 분류하고 있는데 이 유형은 고정적이지 않고 유연하게 바뀔 수 있다: i) 지시적 행동(directive behavior): 추진하는 일의 목표가 무엇인지, 목표 달성의 스케줄은 어떻게 되는지, 특정 업무를 어떤 방식으로 시행해야 하는지를 명확히 해주는 리더십이다. ii) 지원적 행동(supportive behavior): 조직 구성원 개개인에 관심을 쏟으며 이들의 욕구를 충족시키는데 집중하는 리더십이다. iii) 참여적 행동(participative behavior): 의사결정 과정에 조직 구성원들의 의견을 적극적으로 반영하는 리더십을 의미한다. iv) 성취 지향적 행동(achievement-oriented behavior): 도전적인 목표를 설정하고 직원들이 최대한 능력을 발휘할 수 있도록 도우며 신뢰하는 스타일의 리더십이다. 경로-목표 이론에 따른 리더십 유형을 측정할 수 있는 검사지는 본 장의 마지막을 참조하라.53)

경로-목표 이론에서 리더십 유형에 영향을 미치는 상황변수인 구성원들의 특성을 살펴보면 다음과 같다. 구성원들의 능력의 측면에서 볼 때, 구성원들이 자신

---

52) 강정애 외,「리더십론」, 96.
53) Northous,「리더십 이론과 실제」, 177-9; 강정애 외,「리더십론」, 98-9.

들의 능력을 높이 평가할수록 지시적 리더십은 거부되는 경향이 있다. 즉, 구성원들이 스스로의 능력을 우수하게 생각하고 관련된 경험을 많이 갖고 있는 경우 지시적 리더십은 구성원들에게 불필요한 말을 반복하고 있다는 인식을 주게 된다. 구성원들의 성향에서 자신의 삶에서 일어나고 있는 일의 책임이 자신에게 있다고 믿는 '내적통제위치형'(internal locus of control)인 구성원들은 참여적 리더와 함께 일을 할 경우에 보다 더 직업만족도가 높은 반면, 자신의 삶에서 일어나는 일들이 외적요소에 의한 것이라고 믿는 '외적통제위치형'(external locus of control)의 구성원의 경우는 지시적 리더가 더 높은 직업만족도를 준다.[54]

리더십에 영향을 주는 환경 특성으로는 업무가 구조적이고 명확할수록 후원적 참여적 리더십이 바람직하며, 업무가 불분명하고 불확실한 경우에는 지시적 리더십이 바람직하다. 업무가 불분명한 경우 성취지향적인 리더십은 구성원들의 기대를 높여 보다 더 높은 성과를 기록한다.[55] 이를 교회의 생애주기와 연관시켜 보면, 집단의 생애주기에서 집단의 형성기(교회개척의 경우)에는 지시적 리더십이, 정착 및 안정기 이후, 즉 교회의 성장 후기나 성숙기에는 후원적 참여적 리더십이 바람직하다고 할 수 있다. 조직의 상황의 경우, 긴급상황에서는 지시적 리더십이, 불확실성의 경우는 참여적 리더십이, 리더-구성원 간 상호작용이 요구될 때는 후원적 리더십이 필요하다.

경로-목표 이론은 많은 장점에도 불구하고 다음과 같은 한계점을 지니고 있다. 경로-목표 이론은 개념이 너무 복잡해 실용성이 떨어지며, 실증 연구에서 부분적으로만 검증되었고, 구성원의 동기유발과 리더십 행동과의 관계를 명확하게 설명하지 못한다는 점이다.[56]

---

54) Northous, 「리더십 이론과 실제」, 179-80.
55) 강정애 외, 「리더십론」, 101.
56) Northous, 「리더십 이론과 실제」, 188-90; 강정애 외, 「리더십론」, 101.

이상에서 살펴본 상황적 리더십 이론 외에도 브룸과 이튼의 '규범적 의사결정 모델'이 있다. 이 이론은 의사결정 상황에 따라 리더의 개입과 참여 정도, 즉 리더의 리더십 행태가 달라져야 한다는 이론이다. 리더의 리더십 유형은 의사결정과정에서 다음의 두 가지 요소를 고려해야 효과적이다. 첫째, 의사결정의 성격에 따른 상황요소이다. 이러한 요소는 다음과 같다: 의사결정 결과의 중요성, 리더의 정보 수준 정도(충분한지의 여부), 결정할 문제의 구조화 정도, 구성원들의 정보 수준 정도. 둘째, 의사결정의 수용과 관련된 요소이다. 이 요소에는 다음의 내용이 포함된다: 구성원의 참여가 중요한가의 여부, 리더 결정의 구성원 수용 여부 가능성, 구성원들과 리더의 조직목표 공유정도, 구성원들의 의견대립 가능성 여부.[57]

4) 상황적 리더십 이론의 제한점과 전망

상황적 리더십 이론의 제한점은 크게 세 가지이다. 첫째, 상황적 리더십 이론을 현실에 직접 적용했을 때 상황변수를 고려하지 않는 카리스마적 리더십이나 변혁적 리더십보다 효과가 훨씬 적다. 둘째, 지도자와 추종자의 관계가 상급자와 하급자의 관계인 계층적 관점을 벗어나지 못하고 있다.[58] 셋째, 조직의 사업부문의 종류, 조직의 성과나 상태, 조직의 성장발전단계에서의 위치, 조직의 문화, 조직의 전략 등의 거시적 변수들이 리더십에 미치는 영향을 고려하지 않고 단지 조직의 상황변수들만을 지나치게 단순화했다.

리더십 이론의 전망에서 앞으로 예측할 수 있고 진행되고 있는 패러다임의 변화는 다음과 같다. 첫째, 전통적 리더십의 연륜과 조직경험을 토대로 발휘되는 직위중심 리더십에서 부문별 전문능력을 토대로 발휘되는 전문가적 리더십으로의 변

---

57) 강정애 외, 「리더십론」, 104-5.
58) D. A. Waldman, B. M. Bass and F. J. Yammarino, "Adding to Contingent-Reward Behavior: The Augmenting Effect of Charismatic Leadership," *Group and Organization Studies*, vol. 15 (1990): 381-94.

환이다. 둘째, 전통적인 부하를 전재로 발휘하는 하향식 리더십에서 상사, 부하, 동료를 대상으로 발휘하는 전 영역에 걸친 리더십으로의 변환이다. 셋째, 리더십은 전지전능한 한 개인으로부터 유래된다는 리더십 원천의 일원화를 지향하는 영웅주의적 일방적 리더십에서 리더십은 전문성을 보유한 다수로부터 발원된다는 민주적 다원주의적 리더십으로의 변환이다. 넷째, 얼굴을 맞대고 영향력을 행사하는 대면적 리더십에서 가상공간에서 네트워크를 통해 자신의 전문성을 토대로 영향력을 행사하는 사이버 리더십으로의 변환이다. 끝으로, 리더십 이론에서 마지막으로 살펴본 상황적 리더십이론은 현대의 리더십 패러다임 변화에 효과적으로 적용할 수 있는 동시에 목회사역에서 목회자들이 전문적인 리더십에 관한 지식이 없더라도 비교적 쉽게 목회에 접목하여 도움을 받을 수 있기에 유용한 리더십 이론의 틀(frame)이라고 할 수 있다.

[EQ 테스트][59]

각 문항에서 자신의 행동에 가장 근접하는 항목을 고르시오.

1. 당신은 지금 극심하게 흔들리는 비행기 안에 앉아 있다. 어떻게 행동할 것인가?

 1) 대수롭게 생각하지 않고 조용히 읽던 책을 계속해서 읽는다.

---

[59] 감성지수는 지능지수(IQ)와 대조되는 개념으로 자신의 감정을 적절히 조절, 원만한 인간관계를 구축할 수 있는 '마음의 지능지수'를 뜻한다. 이는 미국의 심리학자 골먼(Daniel Goleman)의 저서 《감성지수》(emotional intelligence)에서 유래되었지만 타임즈가 이 책을 특집으로 소개하면서 'EQ'라는 용어를 처음으로 사용, 기업과 학계에 널리 알려지기 시작했다. 특히, 감성지수는 지능만을 검사하는 지능지수와는 달리 조직에서 상사나 동료, 부하직원들 간에 얼마나 원만한 관계를 유지하고 있으며, 개인이 팀워크에 어느 정도 공헌하는가를 평가하고 있어 기업인들의 많은 관심을 끌고 있다. 이상호, 「조직과 리더십」 (서울: 북넷, 2009), 89-91.

2) 승무원의 태도로 상황의 심각성을 확인해보는 한편, 신중을 기하기 위해 구명조끼를 한 번 확인해본다.
3) 1)과 2)의 중간쯤
4) 모르겠다. 생각해보지 않았다.

2. 당신은 딸을 데리고 몇몇 이웃 아이들과 함께 놀이터에 갔다. 갑자기 한 아이가 울기 시작했는데, 다른 아이들이 그 아이와 같이 놀려고 하지 않았기 때문이다. 당신은 어떻게 행동할 것인가?

1) 간섭하지 않는다.
2) 어떻게 하면 다른 아이들이 그 아이와 같이 놀아줄까 하고, 우는 아이와 함께 생각한다.
3) 그 아이에게 울지 말라고 친절하게 이야기한다.
4) 장난감을 가지고 우는 아이의 마음을 다른 곳으로 돌린다.

3. 당신은 좋은 성적을 기대했던 중간시험을 망쳤다. 어떤 반응을 할 것인가?

1) 다음 시험에서 성적을 올리기 위해 학습계획을 세우고, 그 계획을 철저하게 지키겠다고 결심한다.
2) 앞으로 더 열심히 노력하겠다고 결심한다.
3) 스스로에게 그 과목의 성적은 그렇게 중요하지 않다고 말하며 그 대신 성적이 더 잘 나온 과목에 집중한다.
4) 교수와 면담하고 성적을 다시 한 번 생각해 달라고 부탁한다.

4. 당신은 전화로 어떤 물건을 판매하는 일을 하고 있다. 그런데 당신이 접촉한 15명의 고객이 당신의 전화를 퇴짜 놓았다. 어떻게 행동할 것인가?

1) 오늘은 포기하고, 내일은 운이 좋아질 것이라고 기대한다.
2) 성공하지 못한 원인이 무엇인가 골똘하게 생각한다.
3) 다음에 전화할 때는 다른 방식으로 시도하고, 그렇게 빨리 포기해서는 안

된다고 자신을 타이른다.
  4) 이것이 당신에게 맞는 직업인지 자문한다.

5. 자동차를 운전하던 당신의 여자(남자) 친구는 위험하게 바로 앞으로 끼어드는 다른 자동차 운전자 때문에 매우 흥분했다. 그녀(그)를 달래기 위해 당신은 어떻게 행동할 것인가?

  1) "잊어버려, 아무 일도 생기지 않았잖아"라고 말한다.
  2) 그녀의 마음을 돌리기 위해 그녀가 좋아하는 음악을 튼다.
  3) 그녀와 연대감을 나타내기 위해 그녀의 욕설에 동조한다.
  4) 당신도 비슷한 경험을 한 일이 있는데, 알고 보니 그 차가 긴급차량이었다고 이야기해 준다.

6. 당신과 당신 파트너 사이에 언쟁이 벌어졌다. 둘은 매우 흥분한 상태이고 사실이 아닌 비난으로 서로를 공격한다. 어떻게 행동할 것인가?

  1) 20분간의 휴식을 제의하고, 그 뒤에 논쟁을 계속한다.
  2) 싸움을 중지하고 더 이상 아무 말도 하지 않는다.
  3) 미안하다고 말하고, 상대방에게 용서를 청한다.
  4) 정신을 차리고 잠시 숙고한 후, 당신이 할 수 있는 범위에서 당신의 관점을 설명한다.

7. 당신의 세 살 난 아들은 갓 난 아이 때부터 낯선 사람과 환경에 소심한 반응을 보이며 수줍음을 매우 많이 탄다. 어떻게 대처할 것인가?

  1) 아이가 선천적으로 수줍음이 많음을 인정하고, 어떻게 하면 불편한 상황에서 아이를 보호할 것인가를 숙고한다.
  2) 아동상담심리사와 상담한다.
  3) 아이를 의도적으로 새로운 사람과 상황에 가능한 많이 노출시켜 불안을 직면하여 극복하게 한다.

4) 아이에게 다른 사람과 많이 어울릴 수 있도록 용기를 주는 경험들을 하게 한다.

8. 당신은 어렸을 때 피아노를 배웠으나 오랫동안 치지 않았다. 이제 당신은 피아노를 다시 치려고 한다. 어떻게 하면 가장 빨리 배울 수 있을까?

1) 일정한 시간에 매일 연습한다.
2) 어렵지만 습득할 수 있는 곡을 선택하여 연습한다.
3) 실제로 피아노를 치고 싶을 때만 연습한다.
4) 상당한 노력을 들여야만 칠 수 있는 매우 어려운 곡을 선택하여 연습한다.

[점수채점]

1번: 1), 2), 3) = 20점, 4) = 0점   2번: 1), 3), 4) = 0점, 2) = 20점
3번: 1)=20점, 2), 3), 4) = 0점   4번: 1), 2), 4) = 0점, 3) = 20점
5번: 1) = 0점, 2), 3) = 5점, 4) = 20점   6번: 1) = 20점, 2), 3), 4) = 0점
7번: 1), 3) = 0점, 2) = 5점, 4) =20점   8번: 1), 3), 4) = 0점, 2)=20점

[평가]

60점 이하: 감성지능 개발이 필요함
60-120점: 평균
120점 이상: 높은 감성지수. 자신과 문제가 없으며, 자신의 감정을 잘 다루고 다른 사람을 잘 이해할 뿐 아니라 다른 사람들과 다감하게 교제하는 편입니다.

[리더십 행동 측정도구] 60)

아래의 설문내용을 읽고 자신의 리더십행동을 평가해보자. 숫자의 척도는 다음과 같다:
1. 전혀 그렇지 않다. 2. 거의 그렇지 않다. 3. 보통이다. 4. 조금 그렇다. 5. 매우 그렇다.

<질문과 척도>

1. 집단구성원들에게 그들이 해야 할 일이 무엇인가를 구체적으로 말해준다.

    1.   2.   3.   4.   5.

2. 집단 구성원들을 친절하게 대해준다.

    1.   2.   3.   4.   5.

3. 집단 구성원들에게 성과기준(업적기준)을 설명해 준다.

    1.   2.   3.   4.   5.

4. 집단 내에서 편안함을 느끼도록 다른 사람들을 도와준다.

    1.   2.   3.   4.   5.

5. 문제해결을 위해 제안을 한다.

    1.   2.   3.   4.   5.

---

60) Northhouse, 「리더십 이론과 실제」, 115-6..

6. 다른 사람들이 내놓은 제안에 대해 호의적으로 반응한다.

   1.   2.   3.   4.   5.

7. 자신의 관점을 다른 사람들에게 분명히 한다.

   1.   2.   3.   4.   5.

8. 다른 사람들에게 공정하게 대한다.

   1.   2.   3.   4.   5.

9. 집단을 위해 행동계획을 작성하여 제시한다.

   1.   2.   3.   4.   5.

10. 집단 구성원들을 향하여 예측 가능하게 행동한다.

    1.   2.   3.   4.   5.

11. 집단 구성원 각자에게 역할 책임을 정의해 준다.

    1.   2.   3.   4.   5.

12. 집단 구성원들과 적극적으로 의사소통을 한다.

    1.   2.   3.   4.   5.

13. 집단 내에서 자기 자신의 역할을 분명히 한다.

    1.   2.   3.   4.   5.

14. 다른 사람들의 복지에 관한 관심을 보여준다.

   1.   2.   3.   4.   5.

15. 업무가 어떻게 수행되어야 하는가에 대한 계획을 공급해 준다.

   1.   2.   3.   4.   5.

16. 의사결정에서 유연함을 보여준다.

   1.   2.   3.   4.   5.

17. 집단의 업적 기대에 대한 기준을 설정해 준다.

   1.   2.   3.   4.   5.

18. 집단 구성원들에게 자신의 생각이나 감정을 털어 놓는다.

   1.   2.   3.   4.   5.

19. 집단 구성원들이 업무의 질을 높이도록 용기를 준다.

   1.   2.   3.   4.   5.

20. 집단 구성원들이 잘 지내도록 도와준다.

   1.   2.   3.   4.   5.

문항 채점 방식은
   1) 홀수 문항들의 점수를 합산한 것이 과업행동 점수이다.
   2) 짝수 문항들의 점수를 합산한 것이 관계행동 점수이다.

총점: 과업행동 (　　)점; 관계행동 (　　)점

결과해석:

10-24: 매우 낮음

25-29: 낮음

30-34: 적당히 낮음

35-39: 적당히 높음

40-44: 높음

45-50: 매우 높음

[경로-목표 리더십 유형 측정 설문지][61]

각 문항을 읽고 그 문항이 자신의 행동을 나타내는 정도에 해당되는 1부터 7까지의 숫자를 각 문항 앞의 ＿＿＿ 위에 적어 넣으시오. (1=결코 그런 적이 없다. 2=거의 그런 적이 없다. 3=좀처럼 그러지 않는다. 4=때때로 그렇게 한다. 5=가끔 그렇게 한다. 6=보통 그렇게 한다. 7=항상 그렇게 한다.)

＿＿＿ 1. 나는 직원들에게 '그들에게서 기대하고 있는 것이 무엇인지'를 알려준다.

＿＿＿ 2. 나는 직원들과 우호적인 '작업상의 관계'를 유지하고 있다.

---

61) Northous, 「리더십 이론과 실제」, 198-200의 '경로-목표 리더십 설문지'를 수정하여 사용했다.

_____ 3. 어려운 문제에 봉착했을 때 나는 직원들과 상의(자문을 구)한다.

_____ 4. 나는 수용적인 자세로 직원들의 아이디어나 제안을 경청한다.

_____ 5. 나는 직원들에게 무슨 일을 어떻게 수행해야 하는지에 대해 알려준다.

_____ 6. 나는 직원들에게 최고수준의 업무수행을 기대한다고 말한다.

_____ 7. 나는 직원들과 상의 없이 내 나름대로 결정하고 행동한다.

_____ 8. 나는 우리 집단의 성원이 된 것을 즐겁고 행복하게 느끼도록 하기 위해 할 수 있는 일을 다 한다.

_____ 9. 나는 직원들에게 표준 규칙이나 규정을 따르도록 요구한다.

_____ 10. 나는 꽤 도전적인 직원들의 업적목표를 설정하고 있다.

_____ 11. 나는 직원들의 개인감정을 상하게 할 만한 말들을 하곤 한다.

_____ 12. 집단목표를 어떻게 수행할 것인지에 관한 제안이나 아이디어를 제출하도록 직원들에게 요구한다.

_____ 13. 나는 직원들에게 그들의 업무수행에서 계속적인 개선을 위해 노력하도록 격려한다.

_____ 14. 나는 직원들에게 그들에게서 기대하고 있는 업적 수준이 어느 정도인가에 대해 설명(말)해 준다.

_____ 15. 나는 직원들을 도와 그들의 목표수행에 방해가 되는 문제들을 극복하도록 해준다.

_____ 16. 나는 직원들에게 그들의 목표달성능력에 대한 나의 의심을 나타내 보인다.

_____ 17. 나는 직원들에게 업무할당을 어떻게 해야 하면 좋은지에 대한 제안을 하도록 요청한다.

_____ 18. 나는 직원들에게 직무상 그들에게서 기대하고 있는 것이 무엇이라는 것을 적당히(대충) 설명해 준다.

_____ 19. 나는 일관되게 직원들에게 도전적인 목표를 설정해 준다.

_____ 20. 나는 직원들의 개인적인 요구(욕구)의 충족을 위해 한결같이 마음을 쓴다.

<채점방법>

1) 문항 7, 11, 16, 18의 점수는 뒤바꾼다. (예: 1↔7, 2↔6, 3↔5)
2) 지시적 유형: 문항 1, 5, 9, 14, 19의 점수를 합산한다.
3) 지원적 유형: 문항 2, 8, 11, 15, 20의 점수를 합산한다.
4) 참가적 유형: 문항 3, 4, 7, 12, 17의 점수를 합산한다.
5) 성취지향적 유형: 문항 6, 10, 13, 16, 19의 점수를 합산한다.

<채점결과 해석>

채점 결과는 자신이 어느 유형을 가장 빈번하게 사용하고 또 어느 유형을 덜 빈번하게 사용하는가에 대한 결과를 보여준다.

1) 지시적 유형: 중간치 점수는 23, 28점 이상은 높은 점수, 18점 이하는 낮은 점수
2) 지원적 유형: 중간치 점수는 28점, 33점 이상은 높은 점수, 23점 이하는 낮은 점수
3) 참가적 유형: 중간치 점수는 21, 26점 이상은 높은 점수, 16점 이하는 낮은 점수
4) 성취지향적 유형: 중간치 점수는 19, 24점 이상은 높은 점수, 14점 이하는 낮은 점수

제2부 목회리더십의 기초

제3장 목회리더십의 기초(I) : 목회자의 내적 자질

목회리더십은 일반리더십과는 달리 청지기적(servanthood) 특성을 지니고 있다. 즉, 주님께서 맡긴 백성을 돌보고 이끄는 일을 맡은 이가 목회자이기에 그 주님이 원하시는 바에 따라 리더십을 발휘함이 마땅하다. 따라서 목회자는 자신에게 이 일을 맡긴 분이 어떤 분이신지를 이해하여 그 분의 뜻에 따라 자신이 맡은 사람들을 돌봐야 한다. 그렇기에 목회리더십은 지도자가 이해하고 있는 신관에 따라 그 방향과 특성이 직접적으로 영향을 받는다. 목회리더십의 청지기적 특성은 필연적으로 맡긴 자와 맡긴 자의 요청, 즉 부르심에 대한 이해를 동반한다. 리더의 중요한 내적 자질 중의 하나인 소명은 일반리더십과 목회리더십을 구별하는 요소이다. 본 장에서는 목회리더십에서의 소명을 살펴본 후, 이어서 또 다른 목회지도자의 내적 자질인 성품과 영성에 대하여 살펴보기로 한다.

1. 소명과 목회리더십

"그러나 너희는 택하신 족속이요 왕 같은 제사장들이요 거룩한 나라요 그의 소유가 된 백성이니 이는 너희를 어두운 데서 불러내어 그의 기이한 빛에 들어가게 하신 이의 아름다운 덕을 선포하게 하려 하심이라"(벧전 2:9).

1) 소명의 중요성

목회사역의 리더가 되려는 사람에게 있어서 목회 소명의 확증과 확인은 다음과 같은 이유로 중요하다.

첫째, 소명의 확증은 목회지도자로 하여금 목회 상황에서 겪는 여러 가지 어려움들을 이겨나갈 수 있게 한다. 목회에는 예측 가능하고 확실한 결과들을 볼 수 있는 일들도 있지만, 그렇지 못한 불명확한 여러 가지 일들과 예상치 못했던 사건들도 있다. 사람으로는 불가능해 보이는 꿈을 외롭고도 힘들게 추구해 나가야만 하는 목회자들에게 있어서 자신의 목회사역의 소명에 대한 확증은 여러 가지 어렵고 힘든 상황 가운데서도 하나님을 향한 믿음을 견고하게 유지해주며 끝까지 인내할 수 있게 도움을 준다.1)

둘째, 소명의 확증은 목회의 건강성 유지에 도움을 준다. 목회지도자의 소명의식은 목회사역을 해 나가면서 빠지기 쉬운 자신의 목회사역의 결과들로 인한 교만이나 자기만족의 위험을 예방하거나 극복하는데 도움을 준다.

셋째, 소명의 확증은 목회의 효율성 향상에 도움이 된다. 소명에 대한 강한 확신은 목회지도자로 하여금 목회사역에서의 지향점을 명확하게 함으로써 목회사역의 효율성을 성취하는데 도움을 준다. 소명을 확신하고 명심하는 자세는 부르심의 주체인 하나님이 원하시는 교회의 존재목적에 집중할 수 있도록 도움을 준다(요 15:16).

---

1) Charles Bridges, *The Christian Ministry* (London: Banner of Truth, 1967), 101; W. A. Criswell, *Criswell's Guidebook for Pastors* (Nashville: Broadman, 1980), 345; Howard F. Sugden and Warren W. Wiersbe, *When Pastors Wonder How* (Chicago: Moody, 1973), 9; C. W. Brister, *Caring for the Caregivers* (Nashville: Broadman, 1985), 30.

2) 소명의 종류

(1) 공식적 비공식적 소명

성서적으로 볼 때, 목회지도자들은 크게 두 가지 경우로 부름을 받는다. 하나는 사회제도적으로 승인된 과정을 거쳐 사역자로 부름을 받는 경우이고, 또 다른 하나는 사도 바울이나 구약의 선지자 아모스처럼 사회제도적 과정이나 절차 없이 초차연적으로 또는 하나님의 부르심에 대한 자각을 통해 자연적으로 세워지는 경우이다.2) 이러한 두 종류의 부르심의 방식은 각각의 장점이 있으며 상호보완적인 요소가 있다.

사회제도적으로 승인된 절차에 의해 목회자로 세워지는 방식은 대부분 기성 교회제도에서 채택하고 있는 방식이다. 사회제도적으로 인정된 소명은 적어도 네 가지 조건이 충족되어야 한다. 첫째, 기독교인, 즉 제자로의 부르심(the call to be a Christian)이 있어야 한다. 목회사역자는 무엇보다도 먼저 하나님의 자녀, 즉 예수 그리스도의 제자로서 하나님의 교회의 구성원인 신자여야 한다. 둘째, 내적 확신(the secret call)이 있어야 한다. 하나님께서 자신을 부르신다는 내적 체험 또는 그러한 부름심에 대한 응답의 부담감이 그것이다. 셋째, 섭리적 준비(the providential call)가 있어야 한다. 이것은 사역현장에서 필요한 은사와 능력을 하나님께서 공급하시며, 상황이나 환경을 통해서 일할 수 있는 기회가 주어지고, 그러한 일에 적합한 여건들이 갖추어지는 것을 가리킨다. 넷째, 교회의 인정(the ecclesiastical call)이 있어야 한다. 이것은 신앙공동체가 목회지도자 후보자의 준비여부를 확인한 후 공식적으로 세우는 것을 가리킨다.3)

하지만 사회제도적으로 승인된 신앙공동체와 달리 그렇지 못한 신앙공동체의

---

2) Niebuhr, *The Purpose of the Church and Its Ministry*, 63–4.
3) Ibid., 64.

경우는 이상에서 언급한 네 가지 요소들을 갖추지 못하는 경우가 많다. 즉, 하나님의 부르심에 대한 자각과 자신에게 주어진 은사만으로 신앙공동체를 섬기고 이끄는 리더가 되는 경우가 그것이다. 감리교 창시자인 웨슬리(John Wesley) 역시 내적 외적 소명의 확인이 필요하다는 사실은 인정하지만, 그것이 하나님의 일을 하는 사역자의 필수 조건이어야 한다는 사실은 부정한다.4)

(2) 일반소명과 특수(특별)소명5)

성서에서 의미하는 '사역'(ministry) 혹은 '목회'(pastorate)는 모든 신자들의 책임과 일을 의미하는 동시에 특정한 사람들이 행하는 전문 목회사역을 지칭하는 경우에도 사용되고 있다(롬 12:6-8; 고전 12:4-11; 엡 4:4-16). 교회가 '부르심을 받은 사람들의 모임'임을 감안할 때, 하나님께서는 모든 사람을 자신의 구원받은 백성으로 부르시고 계시며(롬 1:1, 6, 7; 8:28), 그러한 하나님의 부르심에 응답하는 사람들은 모두가 성도들이자 사역자이며(고전 1:2), 제사장직분을 가진 제사장이라 할 수 있다(벧전 2:9).

초대교회는 모든 신자들이 다양한 은사를 지니고 있었으며 하나님의 일꾼이었다. 하지만 이러한 은사에 기초한 교회사역은 교회의 역사적 발전과정과 함께 좀 더 조직화되고 공식화되어갔다. 에베소서 2장 11-12절은 모든 신자에게 해당하는 은사에 기초한 일반사역과 교인들을 섬기는 목회사역을 구별하기 시작한 성서적 근거이다.6) 사도 바울은 에베소 교인들을 향한 서신에서 "성도들을 온전하게 하여 봉사의 일을 하게 하며 그리스도의 몸을 세우는 일"(엡 4:12)을 하는 교회의 일꾼들의 부르심에 대해 분명하게 언급하고 있다. 이에 대해 칼빈은 모든 목회사역

---

4) Ibid., 65.
5) 이후 아래에서는 '특수소명', '특별소명', '제한된 소명'을 같은 의미로 보아 구별 없이 사용하기로 한다.
6) J John Polhill, "Toward a Biblical View of Call," Preparing for Christian Ministry, eds. David P. Gushee and Walter C. Jackson (Wheaton: Victor Books, 1996), 72.

자들이 인식하고 있는 은밀한 부르심이 있다고 주장하고 있으며, 챔버스(Oswaldo Chambers)는 이것이 "어떤 사람의 경우는 천둥치는 소리같이 오기도 하는 반면 어떤 사람의 경우는 새벽이 밝아오는 것처럼 다가오기도 한다. 급작스럽든 점진적이든 부르심의 자각은 다가오며 항상 어떠한 종류의 초자연적인 경험들이 함께 따른다"고 설명하고 있다.7) 하지만 이러한 소명이 일반소명보다 우월하다고 생각하는 것은 비성서적인 태도이다.8)

그렇다면 오늘날 목회자로 부름 받은 사람들이 경험하는 '특수(특별)한 부르심' 혹은 '제한된 부르심'9)은 어떻게 이해해야 하는가? 종종 이러한 부르심은 '전임사역자'로의 부르심이나 '유급사역자'로의 부르심으로 생각할 수 있다. 그러나 이러한 기준은 성서적으로 뒷받침되지 않는다. 성서는 모든 그리스도인이 사역자이며, 급여의 여부에 상관없이 그러하다고 가르친다.10) 신약교회는 일반소명과 특별소명을 '전임', '비전임' 혹은 '사례비 유무'로 구분하지 않았다. 단지 자신의 은사에 따라 특정한 영역에서 부름 받은 경우라고 본다.11)

3) 소명의 성서적 예들

성서에 나타나 있는 잘 알려진 소명은 택하신 나라를 준비하는 아브라함의 소명(창 12:1-3; 17:1), '불타는 떨기나무의 경험'으로 알려진 모세의 소명(출 1:1-7; 3장, 7장), 요나의 소명(욘 1-4장), 이사야의 소명(사 6장) 등이 있다. 또한 사무엘은

---

7) Oswald Chambers, *My Utmost for His Highest: An Updated Version* (Grand Rapids: Discovery House, 1992), 29.
8) Henlee S. Barnette, *Christian Calling and Vocation* (Grand Rapids: Baker, 1965), 79.
9) Frank Stagg, "Understanding Call to Ministry," in *Formation for Christian Ministry*, eds. Anne Davis and Wade Rowatt, Jr. (Louisville: Review and Expositor, Southern Baptist Theological Seminary, 1988), 31.
10) Paul L. Stagg, "An Interpretation of Christian Stewardship," in *What is the Church?* ed. Duke K. McCall (Nashville: Broadman, 1958), 148-63.
11) Franklin M. Segler, *A Theology of Church and Ministry* (Nashville: Broadman, 1960), 39.

어려서 하나님의 부르심을 받았으며(삼상 3:1-18), 이사야는 심각한 개인적 위기 상황을 통해 소명을 확인했으며(사 6:1-5), 예레미야는 출생 전부터 하나님의 부르심을 입었다고 고백하고 있다(렘 1:5). 열두 사도들은 예수님께서 직접 부르셨고, 후에 유다를 대신한 맛디아 사도는 제비를 뽑아 사도로 택하심을 입었다(행 1:24-26). 초대교회 일곱 집사들은 교회 회중에 의해 뽑혔으며(행 6:1-6), 사도 바울은 회심과 동시에 소명을 받았다(행 9:1-19; 22:1-21; 26:1-23).

4) 소명의 요소와 확인

하나님께서 모든 그리스도인들을 사역자로 부르시고, 그 가운데 어떤 이들을 목회사역으로 부르시는 이유는 무엇일까? 그리고 일반소명과 특수소명은 어떻게 구별할 수 있을까?

사람들은 자신만의 독특한 삶을 통해 자신을 향한 하나님의 부르심을 자각하게 된다. 이러한 부르심은 적절한 때에 스스로 분명히 깨달을 수도 있고 다른 사람의 도움을 통해 깨달을 수도 있다. 목회로 부르시는 하나님의 부르심에 응답은 지속적인 하나님과의 대화와 그 분의 말씀에 귀를 기울이는 일련의 과정이 요구된다. 하나님의 부르심을 자각하는 과정에서 유의해야 할 점은 하나님의 부르심이 내가 속한 사회나 단순한 도덕심 혹은 자기만족을 추구하려는 무의식적인 충동에 의한 착각은 아닌가 하는 점이다. 어떤 이는 목회로의 소명을 분별하는데 도움이 되는 요소로 은사를 꼽고 있으며, 어떤 이는 자신의 소명을 분별하는 기준으로 사역의 열매를 꼽는다.12) 목회사역으로의 부르심은 하나님과의 개인적인 관계에서 비롯된 부르심에 대한 응답의 부담과 개인을 둘러싸고 있는 교회와 사람들의 필요에 대

---

12) Frank Stagg, "Understanding Call to Ministry," 30–43.

한 개인의 자발적인 반응이 함께 어우러져 이루어진다.13)

(1) 소명의 요소들

미국 신학자 니버(H. Richard Niebuhr)는 목회사역으로의 소명이 지니는 네 가지 필수요소를 다음과 같이 제시하고 있다: 첫째, 신자, 즉 예수 그리스도의 제자됨의 부르심(the call to be a Christian), 둘째, 은밀한 부르심(the secret call), 즉 하나님께서 자신에게 목회사역을 맡기기 위해 부르시고 계신다는 느낌의 경험, 셋째, 은밀한 부르심에 부응하는 개인의 자질, 능력, 여건 그리고 내면 동기, 마지막으로 개인을 사역자로 청빙하려는 특정 교회 혹은 기관들의 초청, 즉 교회의 부름(the ecclesiastical call).14)

칼빈은 목회사역으로의 소명에 필요한 요소를 교회의 부름과 하나님의 부르심에 대한 개인의 내적 확신, 이 두 가지로 보았다.15) 이러한 성령께서 이끄시는 개인의 내적 소명의 확신과 교회를 통해 이루어지는 외적인 증거들을 통한 소명의 확신이야말로 교회와 예수 그리스도를 위한 목회자에게 반드시 필요한 요소들이다.16)

(2) 소명의 확인 및 확인 방법
i) 소명의 확인에 필요한 요소

목회소명을 확증하는데 필요한 요소들은 다음과 같다: i) 개인의 사역상황을 통한 타인들과 하나님의 부르심에 대한 확신, ii) 목회지도자로서의 일을 수행하는

---

13) C. W. Brister, *Pastoral Care in the Church*, 3d., revised and expanded (New York: HarperSanFrancisco, 1992), 22.
14) Niebuhr, *The Purpose of the Church and Its Ministry*, 58.
15) John Calvin, *Institutes of the Christian Religion*, Vol. 2, trans. Henry Beveridge, reprint (Grand Rapids: Eerdmans, 1962), 326.
16) Thomas C. Oden, *Pastoral Theology* (San Francisco: HarperCollins, 1983), 25.

데 필요한 능력의 소유, iii) 목회사역에 대한 강렬한 바람, iv) 목회자에게 필요한 도덕적 자질, 소속한 교회의 판단과 지지 그리고 사역에서의 효율성을 나타내는 열매 등.

이러한 소명의 확인 과정에서 발견되는 공통적인 현상들은 크게 세 가지가 있다. 첫째, 현재 자신이 하고 있는 일에 대해 평안함이 없다. 이러한 현상은 아마 현재 직업에 대한 자신의 불만족이나 하나님을 위해 더 많은 일을 하고 싶은 욕구 등으로 나타날 수 있다. 이러한 현상은 다음과 같은 형태로 나타나기도 한다. 즉, 현재 다른 사람이 맡고 있는 사역에 대해 관심이 가거나 특정 부류의 사람들을 위해 헌신하고 싶은 마음이 강하게 드는 경우이다. 물론 이러한 현상의 원인이 사역으로의 소명 때문인지 아니면 다른 이유들 때문인지를 조심스럽게 분별할 수 있어야 한다. 둘째, 내적 끌림이다. 이러한 현상은 설명하기 쉽지 않지만, 현재 자신이 하고 있는 일에 해야만 한다는 느낌이 들거나 확신이 드는 경우가 여기에 속한다. 만약 현재 하고 있는 교회사역에서 개인적인 만족이나 평안함을 느낀다면, 이것이 사역으로의 소명을 보여주는 한 요소일 수 있다. 또한 그것이 더 큰 어려움을 가져다줄지라도 옳은 일이라는 확신이 드는 경우도 이에 속한다. 셋째, 신앙공동체로부터의 확증이다. 하나님의 소명을 확신하고 그 일을 해 나갈 때 자신이 속한 공동체의 성숙한 신앙인들로부터 받는 인정이나 격려 혹은 감사나 평가 등이 이에 속한다.

이상에서 언급한 공통적인 특징들이 사역자로 부르시는 하나님의 음성을 확인하는 요소들일 수 있다. 반드시 귀로 들려야만 하나님의 소명이 아니다. 소명을 듣는 일이란 자신의 마음속에 생기는 확신일 수도 있으며, 혹은 어떤 일을 행하려고 할 때의 벅찬 감동이나 흥분이 부르심의 음성일 수도 있다.

ii) 소명의 확인 방법과 과정

(i) 하나님은 성경말씀을 통해 부르신다. 우리는 소명을 확인하고 깨닫기 위해 하나님의 말씀을 주의 깊게 읽고, 공부하며, 묵상해야 한다. 우리가 소명을 깨

닫고 확신하고 싶다면 반드시 하나님의 말씀에 깊은 관심과 주의를 기울여야 한다.

(ii) 하나님은 기도 가운데 부르신다. 기도는 가장 깊고 은밀하게 하나님의 음성을 듣는 기회이다. 기도는 하나님께 우리 자신을 복종시키는 일이기에 기도를 통해 소명을 확신하기도 한다.17)

(iii) 하나님은 환경을 통해 부르신다. 기회의 오고 감이 종종 우리 자신을 부르시는 하나님의 소명일 수 있다. 바울도 하나님의 뜻을 알기 위해 자신을 둘러싼 환경의 변화를 지켜보고 있는 경우에 대해 말하고 있다(고전 16:8-9). 이를 위해 기회를 찾는 습관을 기르며, 기회를 분별하기 위해 다른 이들의 도움을 청할 필요도 있다. 기회를 분별하기 위해 현실을 직시해야 하며 억지로 어떠한 기회를 만들려고 하지 않는 것이 좋다.

(iv) 하나님은 사람의 능력이나 관심을 통해 부르신다. 하나님은 우리를 창조하시고 우리에게 부여한 능력이나 관심을 사용하여 당신의 일을 성취하신다.

(v) 하나님은 사람이 지닌 은사를 통해 부르신다.

(vi) 하나님은 사람의 내면의 느낌을 통해 부르신다. 하나님은 우리를 압박하지 않고 우리를 인도하신다. 또한 우리에게 우리의 느낌이 참된 것인지를 점검할 시간과 기회를 주신다. 하지만 여전히 우리 자신이 감정에 너무 치우치는 일은 조심해야 한다. 하나님의 뜻을 확인하기 위해 성서를 주술적이나 미신적으로 사용하지 말아야 한다. 꿈이나 환상을 너무 신뢰하지 않아야 한다. 하나님 앞에서 겸손하고 예상치 못한 일들에 대해 마음의 준비를 해야 한다.

(vii) 부르심에 대하여 확신이 없을 때는 자신의 삶을 주관하시는 분이 하나님이심을 기억하고 지금의 일을 통해 하나님을 섬기면서 확증과 확신을 기다린다.

---

17) Henry Blackaby and Claude King, *Experiencing God* (Nashville: Lifeway, 1990), 87.

5) 소명의 점검

(1) 건강하지 않은 소명의 특징

목회에 대한 소명의 건강성을 확인하는 방법 중의 하나는 목회사역에 대한 자신의 동기와 태도를 점검하는 일이다. 건강하지 않은 소명 경험의 대부분은 자신의 사역의 동기나 소명의 근거를 깊이 생각해보지 않았거나 충동적으로 결정함으로써 발생한다. 목회사역을 지망하는 동기 중 건강하지 않은 동기의 특징은 다음과 같다.

i) 소명이 하나님이 아닌 외부에 의해 오는 경우. 소명이 하나님이 아닌 교회나 교회의 목회자에 의해 주어지는 경우나 가족의 전통이나 가업 혹은 배우자의 소망에 의해 사역을 선택하는 경우

ii) 목회사역을 단순히 직업의 한 종류, 즉 생계를 위한 하나의 방법으로 여기는 태도

iii) 교회나 사회에서 지위를 획득하거나 누리려는 동기로 목회사역을 원하는 태도

iv) 단순히 인생의 행복을 위해 목회사역을 선택하려는 태도

v) 내적 욕구 충족을 위한 태도. 종종 건강하지 않은 소명은 개인의 의식적 혹은 무의식적 욕구나 해결되지 않은 문제 때문에 발생하기도 한다.

vi) 죄의식이나 수치심으로 인한 소명의 경우. 예수님을 믿고 곁길로 갔었던 사람 중 진정한 소명과 자신의 죄의식이나 수치심을 상쇄하고자 하는 무의시적 동기를 구별하지 못하는 경우가 있다. 이러한 동기는 하나님과의 관계에서 비롯되는 '거룩한 부담'이나 '하나님의 부름'에 대한 자각이 결여되어 있는 태도이다.18)

---

18) James M. George, "The Call to Pastoral Ministry," *Rediscovering Pastoral Ministry*, ed. John MacArthur, Jr. (Dallas: Word, 1995), 102; Segler, *A Theology of Church and Ministry*, 49-51.

(2) 건강한 목회소명의 공통적 특징

건강한 목회소명의 동기와 태도는 먼저 자신을 향한 하나님의 구원의 부르심과 이것을 다른 사람들과 나누기 위해 자신을 부르셨다는 내적 확신, 사람들을 향한 깊은 연민과 사랑, 삶의 궁극적 가치와 진리를 향한 강한 열정 그리고 교회사역을 할 때 느껴지는 순수한 만족과 감사와 즐거움 등이다. 이러한 건강한 소명의 특징을 성서에서 찾아보면 다음과 같다.[19]

i) 하나님이 소명의 주도권을 지니신다. 아브라함의 경우(창 12:1-4), 모세의 경우(출 3-4장), 이사야의 경우(사 6:1-8), 베드로와 야고보와 요한의 경우(마 4:18-20) 등이 이를 보여준다. 하나님이 먼저 인간을 찾아와 부르시고, 인간은 이러한 하나님의 부르심에 순종한다.

ii) 장래의 일은 불확실하지만 지금 즉시 해야 할 일에 대해 하나님께서 분명하게 말씀하신다. 아브라함은 본토 친척 아비 집을 떠나라는 하나님의 말씀을 분명히 들었지만 장차 하나님이 택한 백성의 조상이 되리라는 사실은 알지 못했다. 모세 역시 바로에게 가서 해야 할 일은 알았지만 이후 사십 년간의 하나님의 인도하심에 대해서는 알지 못했다. 예수님의 제자들도 즉시 해야 할 일에 대해서는 분명히 알았지만 장차 그들이 어떤 일을 하리라는 사실을 분명하게 알지는 못했다.

iii) 소명은 개인의 결단을 촉구한다. 모세는 하나님의 소명에 대해 결정을 내려야 했다. 요나 역시 자신이 원하지 않았던 일을 해야 하는 결정을 내려야 했다. 예레미야와 디모데는 하나님의 일을 하기에 자신이 너무 어리다고 생각했지만 하나님의 부르심에 대해 결정을 내려야 했다. 베드로와 안드레 역시 예수님의 부르심에 대해 생업을 내려놓는 결정을 해야 했다.

---

19) Alice R. Cullinan, *Sorting It Out: Discerning God's Call to Ministry* (Valley Forge: Judson Press, 1999), Chapter 5. 5장 중 건강한 소명의 요소들에 대한 더 자세한 설명은 59-63, 건강하지 않은 소명의 요소들에 대한 설명은 63-68을 참고하라.

iv) 소명은 자신의 자랑스러움보다는 부족함을 느끼게 한다. 대표적인 예가 하나님의 소명에 대한 이사야의 반응이다(사 6:5). 하나님의 말씀을 전하는 사역자로 부르심을 받는 일에 이사야는 즉시 자신의 부정함을 고백하지 않을 수 없었다. 베드로는 예수님을 만났을 때 자신의 죄인 됨으로 인해 예수님에게 떠나달라고 요청했다.

v) 소명은 새로운 관계로의 초청인 동시에 해야 할 일에 대한 부르심이다.

vi) 하나님의 부르심은 자신과 타인에 의한 검증을 인정한다. 예레미야는 자신의 소명에 대해 의심을 하나님께 아뢴다(렘 1:6-8). 사무엘은 자신의 부르심에 대해 엘리 제사장의 조언을 구한다(삼상 3:1-10).

vii) 하나님의 소명은 이미 하나님의 일을 하고 있는 사람을 대상으로 이루어지기도 한다. 이사야와 예레미야는 이미 제사장의 직분을 가지고 있었으나 선지자로 소명을 받았다(사 6장; 렘 1장).

viii) 하나님의 소명은 다른 사람들의 필요에 대한 자각을 통해 오기도 한다. 하박국은 악한 자들이 잘사는 삶에 대한 문제로 하나님께 부르심을 받는다(합 1장). 곡식이 익어 추수할 때가 되었다는 시대적 요구 역시 소명을 느끼게 한다(요 4:35).

ix) 하나님은 다른 사람을 사용하셔서 소명에 응답하게 하시기도 한다. 하나님은 모르드개를 통해 에스더를 부르셨다(에 4:12-4). 하나님은 선지자 나단을 통해 다윗의 회개를 촉구한다. 또한 하나님은 바나바를 통해 바울을 부르셨다(행 9:26-27). 이렇게 하나님은 종종 담임 목회자나 청년부 담당 사역자 혹은 부모님이나 선생님들을 통해 일꾼을 부르신다.

x) 하나님은 부르심에 필요한 자원이나 기회를 제공하신다.

xi) 소명은 개인의 재능이나 은사에 부합하게 이루어진다.

6) 소명의 응답과 계발

목회자의 소명은 하나님과의 개인적 관계, 개인이 속한 신앙공동체 그리고 사회 상황의 상호작용 아래서 형성되어 간다. 그리고 헌신된 목회자는 자신의 전 생애를 통하여 규칙적인 주님과의 인격적 교제를 통해 지속적으로 소명을 새롭게 하며 살아간다.[20] 소명에 응답한 개인은 세상의 진정한 필요에 응답함과 동시에 참된 만족과 기쁨의 열매를 거둘 수 있다.[21] 대체로 소명이 구체화되는 시기는 자아정체감이 형성되기 시작하는 청소년기나 청년기이다.[22] 이 시기에 목회자로 준비되기 원한다면 하나님과 깊고 친밀한 관계를 형성하는데 도움이 되는 훈련을 쌓을 필요가 있다. 하나님은 이 시기에 사역과 관계를 통해 소명자를 성장시키고 준비시킨다. 소명을 받은 사역자들은 청소년기와 청년기를 지나면서 자신의 은사를 분별하고 이를 사역에 적용하는 경험을 통해 성장 발전해 나간다.[23]

(1) 소명의 응답으로서의 준비

소명을 받은 예비 사역자는 본격적인 사역을 시작하기 전까지 자신을 준비하는 과정이 필요하다. 다음은 소명 받은 일꾼의 준비에 대한 내용이다.

i) 소명 받은 일꾼은 하나님께 열린 자세를 갖추도록 해야 한다. 하나님께서 어디로 인도하시든지 무엇을 원하시든지 따르겠다는 열린 마음가짐이 중요하다.

ii) 소명 받은 일꾼은 하나님의 부르심에 대한 응답에 수반되는 여러 가지 고려사항과 잠재적인 장애를 살펴봐야 한다. 자신의 준비, 나이나 학력 혹은 가정형편, 가족의 반대, 자신의 치유되지 못한 내적 상처들 등이 소명을 따르기 위해 고려해야 할 실제적인 요소들이다.

---

20) Ibid., 78.
21) Frederick Buechner, *Wishful Thinking: A Theological ABC* (New York: Harper & Row, 1973), 95.
22) Brister, *Caring for the Caregivers*, 220.
23) Clinton, *The Making of a Leader*, 45-6.

iii) 소명 받은 일꾼이 지녀야 할 자세로는 중생한 그리스도인으로서의 확신, 소명의 자각, 현재 하나님께서 인도하시는 방향에 대한 민감성, 과거와 현재의 경험들을 통한 하나님의 준비시키심에 대한 깨달음과 자각, 자신의 재능과 은사의 고려 등이 있으며, 이외에도 주변의 사람들의 필요나 고통에 대한 안타까움과 연민 그리고 사역에 대한 자발적인 마음가짐 등이 있다.

iv) 소명 받은 일꾼은 지속적인 영적 성장과 성숙을 지향해야 한다. 현재 하나님과의 관계(만족 또는 불만족)와 그 이유, 관심이 가는 영적 성장 영역, 하나님의 용서와 씻김이 필요한 영역, 성령께서 깨닫게 하시는 자신의 부족함과 깨어짐 그리고 허무함과 참 기쁨, 평안함 등의 점검을 통한 영적 성숙을 도모한다.

v) 소명 받은 일꾼은 부르심에 대한 응답으로 자신의 은사로 할 수 있는 사역을 시작함과 동시에 신학교육을 받는 일에 최선을 다한다.

vi) 소명 받은 일꾼은 자신이 속한 교회에 자신의 소명을 알리고 기도를 부탁하며 목회자가 된 것과 같은 자세로 적극적으로 사역한다.

vii) 소명 받은 일꾼은 자신의 개인 일기나 내면 여행을 기록한 일지를 작성하여 하나님의 인도하심에 대해 숙고한다.

(2) 소명의 재정립

성서에 나타난 여러 가지 소명을 볼 때 잊지 말아야 할 사실 중의 하나는 사역자의 소명이 한 번에 완성되고 고정되어 불변하는 것이 아니라는 점이다. 목회자의 소명 이야기는 소명이 결코 불변하는 것이 아니라 경우에 따라 이전의 소명이 그 이후의 사역을 위한 소명의 발판이 되는 경우도 있음을 보여준다. 성서에서도 소명의 변화와 재정립의 경우들을 볼 수 있다. 대표적인 예가 바로 스데반과 빌립 집사의 경우이다. 이들은 처음에 예루살렘 교회에서 과부들을 돌봐주는 사역자로 부름을 받았으나 곧 전도자로서 열정적인 삶을 살았다(행 6:1-6). 많은 신학생들은 신학공부과정이나 실습기간을 통해 혹은 부사역자 경험을 하면서 자신의 소명을 재확인하거나 새로운 사역으로의 소명을 재정립하는 과정을 거친다. 많은 신학생들은 목회소명을 받고 신학교에 왔지만 자신의 분명한 사역목표를 제대로 알지 못하는 경우가 많다. 하지만 신학교의 학업과정과 개인적인 여러 가지 소명 계발 과정과 경험의 확장을 통해 비로소 자신의 소명을 재정립해 신학교를 나서게 된다. 심지어 신학교를 졸업한 후 사역자 생활을 하면서 자신의 사역에 대한 비전을 새롭게 발견하고 자신만의 사역영역을 새롭게 재정립하여 그 길을 나아가는 경우도 종종 있다.

7) 부정적인 태도를 위한 제안

(1) 소명에 대해 주저하는 요인

하나님의 소명에 대하여 응답하기를 주저하게 만드는 요인은 여러 가지가 있다. 그 중 대표적인 세 가지를 들면, 첫째, 하나님 말씀에 대해 잘 알지 못함의 자각 혹은 자신의 자격 없음(혹은 부족함)으로 인한 주저함이다. 이를 극복하기 위해서 먼저 가까이 있는 목회자들과 상의하고, 자신이 부족하다고 여기는 영역을 찾아 그 부분을 채우기 위한 방법을 모색하고, 자신의 부정적인 자아상이 형성된 원인을 찾아 그것을 극복할 수 있는 방법을 찾아 실행해야 한다. 그리고 자신의 재능이나 장점 등을 파악하여 이를 강화하고 더욱 발전시키기 위해 노력이 필요하다. 둘째는 목회사역에 대한 막연한 두려움이 부르심에 대해 응답하기를 주저하게 만든다. 셋째는 목회자가 되어 겪게 될 재정적인 어려움에 대한 부담 때문에 소명에 제대로 응답하지 못한다.

(2) 소명이 불확실한 경우를 위한 제안

하나님의 부르심이 분명하게 느껴져서 헌신적으로 즉각 응답하는 사역자가 있는 반면, 소명이 불확실하여 좀 더 분명한 확신이 필요한 사람도 있다. 이러한 경우 다음의 지침을 통해 자신의 소명을 확실하게 분별하는 과정이 필요하다.

    i) 영적으로 자신을 더욱 건강하게 유지하라
    ii) 교회 사역에서 자신의 영적 은사를 발견하고 사용하는 일에 관심을 가지라
    iii) 조급하게 사역에 뛰어들어 그것을 자신의 소명으로 착각하지 않도록 주의하라
    iv) 소명을 위한 모든 조건이 충족되기를 기다리지 말라
    v) 소명의 경험을 지닌 성숙한 선배 목회자나 상담자와 상담하라
    vi) 기도를 부탁하라
    vii) 평신도 사역자로 부르심과 목회사역자로 부르심을 혼동하지 말라
    viii) 현재 자신이 맡은 일과 해야 할 일에 최선을 다하며 하나님의 인도하심을 기다리라

2. 성품(Character)과 목회리더십

목회지도자에 있어서 성품의 중요성은 강조할 필요가 없을 정도로 중요하다. 지도자의 내적 자질에서 리더십의 실행과 효율성에 직접적인 영향이 드러나는 분야가 바로 지도자의 성품이라고 할 수 있다. 목회지도자의 성품은 하나님의 말씀, 지도자의 성장배경과 살아온 환경 그리고 개인의 분별 있는 올바른 관점의 영향으로 이루어진다.24) 목회지도자는 다음의 네 가지 내적 자세에 근거하여 자신의 성

---

24) Jeff Iorg, 「성공하는 리더의 9가지 성품」, 서진영 역 (서울: 요단, 2010), 16.

품을 가꾸어야 할 필요가 있다.25)

1) 어린아이 같은 성품 – 지도자는 어린아이와 같아야 한다

제자들이 어느 날 예수님께 질문했다. "누가 천국에서 가장 큰 자이니까?"(마 18:1)26) 예수님의 제자들은 생업, 가족 등을 포기하고 즉시 예수님을 따른 사람들이었고, 예수님은 그들에게 그들의 꿈과 기대를 이루어줄 분이었다. 아마도 누가 예수님으로부터 가장 좋은 미래를 약속받을 수 있는가가 그들의 초미의 관심사이었을 것이다. 예수님은 이러한 제자들의 질문에 전혀 예상하지 못했던 답을 하신다. "예수께서 한 어린 아이를 불러 그들 가운데 세우시고 이르시되 진실로 너희에게 이르노니 너희가 돌이켜 어린 아이들과 같이 되지 아니하면 결단코 천국에 들어가지 못하리라. 그러므로 누구든지 이 어린 아이와 같이 자기를 낮추는 사람이 천국에서 큰 자니라. 또 누구든지 내 이름으로 이런 어린 아이 하나를 영접하면 곧 나를 영접함이니"(마 18:3-5).

예수님은 지도자가 되려는 사람은 누구나 '어린아이 같은 성품'을 지녀야 한다고 가르치셨다. 그러므로 어린아이 같은 성품이야 말로 목회지도자에게 가장 필요한 특성이라고 할 수 있다. '예수의 작은 형제단' 수도사인 까를로 까레또(Carlo Carretto)는 어린아이가 된다는 의미를 다음과 같이 설명하고 있다:

어린아이가 된다는 의미는 우리가 하나님의 아버지 되심을 더욱 깊이 깨닫게 된다는 것이다. 이것은 어린아이가 자신을 사랑하는 아버지를 향해 하는 생각과 행동을 하는 것을 의미한다. 그 같은 사람은 아버지를 그대로 따라하려고 하며, 모든 것을 그렇게 하기로 결심하는 사람이다. 언제 어린 아기가 내일 일을 염려하는 것을 본적 있는가? 결단코

---

25) Norman Shawchuck and Roger Heuser, *Leading the Congregation* (Nashville: Abingdon Press, 1993), 29.
26) 마 18:1-5; 20:20-21; 막 9:33-37; 눅 9:46-48; 눅 22:25-26

없다. 아버지가 모든 것을 다 알아서 해주실 것이기 때문이다…. 때때로 우리 자신이 거룩해지려고 노력하는 자체도 소용이 없다. 우리 자신의 진정한 계획은 하나님의품안에 있는 그 자체이며, 우리는 사랑을 찾는 아이처럼 아버지에게 가야 한다. 나는 더욱 어린아이가 되기를 원한다. 그래야만 그분께 재빨리 달려갈 수 있기 때문이다.27)

지도자의 성품이 어린아이 같아진다는 의미를 좀 더 구체적으로 살펴보면 다음과 같다. 첫째는 '자기방어 없는 개방성'(Openness)이다. 자기방어 없는 또는 변명이나 회피하지 않는 개방성은 상대의 비판을 수용함으로써 계속적인 자신의 개발과 발전이 가능하게 된다. 또한 이는 조직 내에서 좋은 의견의 수렴을 가능하게 만들며, 나아가서 진정으로 조직에 충성하는 사람을 얻게 해준다. 자기방어 없는 개방성은 가식 없는 자기 인식을 가능하게 만들어 목회지도자 자신의 종교적 위선의 위험을 줄일 수 있으며, 동시에 건강한 자기 용납을 가능하게 한다.

둘째로 '무조건적인 용납/수용'이다. 어린아이는 상대방이 가진 것이나 사회적 지위에 구애받지 않고 또래의 아이들을 친구로 받아들이고 쉽게 사귄다. 이러한 무조건적 용납이나 수용은 교회 내에서 이제까지 드러나지 않았던 숨어 있는 보화 같은 일꾼이나 새롭고 창의적인 접근 방법의 개발을 용이하게 만든다.

셋째로 하나님께 대한 '완전하고 무조건적인 의존'이다. 어린아이가 부모에게 완전하고도 무조건적으로 의존하는 것처럼, 목회지도자의 성품이 어린아이 같아진다는 것은 하나님께 절대적으로 의존하게 됨을 의미한다.

2) 심령이 가난한 성품 – 지도자는 심령이 가난해야 한다(마 5:3)

하나님 사역의 동역자로 부름 받은 이 가운데 자기 자신이 아무것도 아님과 부

---

27) Carlo Carretto, *Letters to Dolcidia* (Maryknoll: Orbis, 1991), 39, 56-7.

적격함을 느끼지 않는 사람은 없다. 여기서부터 지도자의 심령의 가난함이 시작된다.28) 소유가 많아야만 대접받고 명함에 기록된 직함들이 많을수록 존경받는 오늘날의 세상에서 부자가 되려고 하는 사역자의 유혹은 다름 아닌, 존경과 흠모함을 받고자 함, 대우를 받고자 함, 특권이나 권력을 갖고자 함이다. 이러한 상황에서 '아무 보잘 것 없는 존재', '아무것도 아닌 것이 된다'는 것은 결코 쉬운 일이 아니다. 더구나 우리를 둘러싼 모든 사람들이 높은 곳으로만 향해가려고 아우성인 가운데 스스로 가난함을 택한다는 것은 참으로 힘든 일임에 틀림없다.

사실, 우리 자신의 깊은 내면에는 심령이 가난해지고자 하는 욕구가 있으며 동시에 유명해지고 싶고 굉장한 사람이 되고자 하는 욕구 역시 깊이 자리 잡고 있다. 이러한 두 가지 서로 다른 방향의 욕구들이 항상 우리 내면에서 갈등을 일으키며 싸운다(롬 7:14-25). 때때로 이 같은 두 가지 길의 구분이 모호해 보이고 판단이 쉽지 않은 경우가 있다. 그럴 때 지도자들이 취해야 할 길이나 자세는 '좁은 문'(마 7:13-4)을 선택하는 것이다. 산상수훈의 결론부분의 교훈이 좁은 문과 넓은 문의 비유를 통해서 주어지는 것은 오늘날 목회지도자들에게 시사해주는 바가 크다고 할 수 있다.

3) 섬기는 성품 – 지도자는 섬기는 사람이어야 한다(막 10:35-45)

섬김의 리더십(Servant Leadership)으로 유명한 그린맆(Robert Greenleaf)은 다음과 같이 섬김의 리더십을 설명한다: 섬김의 리더십은 "다른 사람들을 섬기고자 하는 마음, 즉 섬기려는 마음으로부터 시작한다. 그런 다음 의식적으로 지도자

---

28) 고전 1:26-29. "형제들아 너희를 부르심을 보라 육체를 따라 지혜로운 자가 많지 아니하며 능한 자가 많지 아니하며 문벌 좋은 자가 많지 아니하도다. 그러나 하나님께서 세상의 미련한 것들을 택하사 지혜 있는 자들을 부끄럽게 하려 하시고 세상의 약한 것들을 택하사 강한 것들을 부끄럽게 하려 하시며 하나님께서 세상의 천한 것들과 멸시 받는 것들과 없는 것들을 택하사 있는 것들을 폐하려 하시나니 이는 아무 육체도 하나님 앞에서 자랑하지 못하게 하려 하심이라."

가 되겠다는 자신의 선택이 리더하는데 도움을 준다. 이것은 지도자가 먼저 되겠다는 것과는 큰 차이를 지닌다…. 섬기는 자가 먼저냐와 지도자가 먼저냐는 두 가지 양극단적인 유형이다."29)

섬김의 리더십의 특징은 여섯 가지이다. 첫째, 강제가 아닌 관계를 통해 사람들을 이끈다. 둘째, 조종함(manipulating) 아닌 사랑과 격려를 통해 사람들을 이끈다. 셋째, 다른 사람들을 계발해 참여시킴으로 사람들을 이끈다. 넷째, 사람들을 인도(guide)하나 강제하지 않는다. 다섯째, 통제가 아니라 사랑으로 사람을 이끈다. 여섯째, 지위가 아니라 성장을 원한다.30)

성서에서 말하는 섬기는 리더십의 일곱 가지 기본원리는 다음과 같다:31) 첫째, 섬기는 지도자는 자신들을 낮추고 하나님께서 자신들을 높일 때까지 기다린다(눅 14:7-11). 둘째, 섬기는 지도자는 지위를 차지하려고 애쓰기보다 예수 그리스도를 따른다(막 10:32-40). 셋째, 섬기는 지도자는 다른 이들을 섬길 때 개인적으로 높아질 수 있는 권리를 포기한다(막 10:41-45). 넷째, 섬기는 지도자는 자신들의 삶을 하나님께서 책임지시고 계신다는 사실을 믿기 때문에 다른 이들을 섬기는 데 위험을 기꺼이 감수한다(요 13:3). 다섯째, 섬기는 지도자는 다른 이들의 필요를 채워주기 위해 예수 그리스도께서 제자들의 발을 씻길 때 사용하신 수건을 받아든다(요 13:4-11). 여섯째, 섬기는 지도자는 다른 더 위대한 필요의 성취를 위해 다른 이들과 책임과 권위를 나눈다(행 6:1-6). 일곱째, 섬기는 지도자는 다른 이들이 사람들을 지도할 수 있도록 해 줌으로써 자신들의 리더십을 증진시킨다(출 18:17-23).

---

29) Robert K. Greenleaf, *Servant leadership: A Journey into the Nature of Legitimate Power and Greatness* (New York: Paulist Press, 1977), 13.
30) Dale, *Pastoral Leadership*, 34. 섬김의 리더십을 점검하는 자기점검의 기준은 다음과 같다. 1) 자기가 섬기는/지도하는 사람이 인격적인 성숙을 하도록 이끄는가? 2) 지도함을 받는 이들이 전인적으로 더욱 건강해지며, 지혜로와지며, 자유로와지며, 자주적이되며, 섬기는 사람이 되게 하는가? 3) 사회에서 가장 소외된 계층의 사람들에 미치는 영향이 어떠한가?
31) C. Gene Wilkes, *Jesus On Leadership* (Nashville: LifeWay, 1996), 7-28.

4) 자신을 돌아보는 성품 – 지도자는 자신을 점검하는 성품을 지닌 사람이어야 한다

"자신을 알라"는 그리스 철학자 소크라테스의 말은 본래 '자신이 모르고 있다는 사실을 알라'는 의미라고 한다. 즉, 철학은 자신의 무지함을 인식하는 데서 시작된다는 의미이다. 사람들은 자신을 이해하는 기준과 수준으로 다른 사람을 이해한다. 가장 위험한 지도자는 너무 바쁘고 열심이어서 자신을 돌아볼 시간이 없는 사람이다. 다른 사람을 이끄는 이는 무엇보다도 자신을 끊임없이 점검하여 알아가는 사람이어야 한다.

이러한 자기 점검의 기본적 기준 두 가지를 제시하면 다음과 같다: 첫째, 대중 앞이 아닌 자신 앞에서 자신의 도덕적/윤리적 생활과 자세를 점검하라. 나는 누구인가? 나는 어떤 생각을 주로 하는가? 어떤 은밀한 행위를 하는가? 둘째, 공중 앞에 있을 때 자신의 삶과 일의 질과 특성을 점검하라. 나는 지도자로서 어떤 가치관을 지니고 있으며 어떤 식으로 행동하는가? 나는 무엇에 시간과 정성을 쏟는가? 나의 진정한 리더십의 결과는 무엇인가?

3. 영성과 목회리더십

1) 영성의 정의와 특징

소명 및 성품과 함께 목회리더십에 가장 큰 영향을 주는 내적 요소는 '영성'(spirituality)이다. 목회리더십에 필요한 영성은 다름 아닌 개신교의 기독교 영성이다. 여러 가지 영성에 관한 이론과 관심과 다양한 견해들에도 불구하고 영성이 무엇이냐는 물음에 대해서는 이 분야의 학자들이나 전문가들 사이에 일치된 견해나 정확한 대답이 존재하지 않는다.[32] 개신교 기독교 영성의 정의는 매우 다양하지만 간략하게 쇼척(Norman Shawchuck)과 하우저(Roger Heuser)의 정의를 소개하고자 한다. 영성은 "우리 속에 계시는 하나님의 영에 대한 인식(깨달음)을 계발시키는 수단들이며 그 깨달음을 생동력 있게 하여 예수님의 영을 닮아가기까지 이르게 하는 과정"이다.33) 쇼척과 하우저가 정의하는 영성이란 한 마디로 예수님을 닮아가는 과정이라고 표현할 수 있다.

이러한 기독교 영성, 그 중에서도 개신교 영성의 네 가지 특징을 영국의 신학자 맥그래스(Alister McGrath)는 다음과 같이 요약하여 설명하고 있다: 첫째, 개신교영성은 성서연구에 기초해 있으며 성서연구에 의해 성숙되어간다. "sola scriptura." 둘째, 개신교영성은 인간의 정체성, 참됨, 자기완성은 하나님과 분리할 수 없다고 믿는다. 셋째, 개신교영성은 모든 믿는 신자들의 제사장 됨과 소명을 명확하게 깨닫게 한다. 넷째, 개신교영성은 세상에서의 매일의 삶에 뿌리를 두고 있으며 세상을 향해 나아가는 삶을 지향하고 있다.34)

2) 현대 목회자의 영성을 위협하는 요인들

1960년대 이후 시작된 근대화는 경제적 발전과 더불어 한국 사회에 급속한 사회 문화적 지각 변동을 가져왔다. 경이적인 경제적 성공과 산업화로 인한 근대화와 급격한 도시화는 사회 심리적으로 여러 가지 부정적 현상을 초래했다. 급속한 도시화로 인한 전통적 공동체 및 대가족 제도의 붕괴와 이에 따른 사람들의 가치관과 규범의 급속한 변화 및 공동체성의 상실과 실업, 경쟁, 주거 과밀, 도덕성의 상실 등은 사람들에게 과중한 불안감과 스트레스를 가져왔다.35)

---

32) Michael Downey, *Understanding Christian Spirituality* (New York/Mahwah: Paulist, 1997), 13; Urban T. Holmes III, 「목회와 영성」, 김외식 역 (서울: 대한기독교서회, 1988), 27.
33) Shawchuck and Heuser, *Leading the Congregation*, 39.
34) Alister E. McGrath, *Spirituality in an Age of Change* (Grand Rapids: Zondervan, 1994).
35) Keun-Won Park, "Evangelism and Mission in Korea: A Reflection from an Ecumenical Perspective," *International Review of Mission*, vol. 74, no. 293 (January 1985): 55.

한국사회의 이러한 사회 경제적 변동에 따른 불안감과 상실감 그리고 스트레스는 복음전파에 긍정적 영향이 없지 않아 세계 교회사에 유래 없는 급속한 기독교 인구의 증가로 이어졌다.36) 이러한 고속 성장에 따른 사회적 변동은 교회로 하여금 이전에 경험하지 못한 교회의 부흥을 가져왔지만, 한편으로는 급격한 성장의 결과로 말미암아 현재 한국교회가 겪고 있는 여러 가지 바람직하지 못한 문제들도 노출시켰다. 교회에서 목회지도자가 차지하는 절대적인 비중으로 보아, 이러한 교회 문제들이 상당부분 진정한 목회사역에 관심을 가지기보다는 명성과 물질적 성공에 더 관심을 가지는 목회자들이 그 원인이라고 할 수 있다.37)

한국사회의 경제적 고속 성장의 분위기와 교회성장운동은 목회자들이 자신들의 목회사역에서 눈에 보이는 결과들에 더 많은 관심을 가지도록 만들었다. 영적 지도자로서의 목회자들은 영성이나 존재론적 의미에 관심을 가지는 '관계 중심(being-focused)의 사역'보다는 교인 숫자나 교회 재정의 규모 등과 같은 '일 중심(doing-focused)의 사역'에 더 큰 관심을 가지게 되었다. 이러한 경향은 눈에 보이는 결과를 만들어 내지 못한 목회자들을 부적절하고 무능력하며 쓸모없는 존재라고 느끼기 쉽게 하였다.38)

사회와 교회의 이러한 변화로 인하여 한국교회가 경험하고 있는 문제가 여러 가지 있지만 그 중 대표적인 것들이 '권위주의', '세상주의'(worldliness), '개인주의' 그리고 '경쟁주의'라고 할 수 있다. 이와 같은 문제들은 오늘날 예수 그리스도의 종된 삶과 사역에 제시된 진정한 목회자상을 따르려는 현대 목회자들에게 심각

---

36) Andrew E. Kim, "A History of Christianity in Korea: from Its Troubled Beginning to Its Contemporary Success," *Korea Journal*, vol. 35 (Summer 1995): 34.
37) 한평옥 "선교 1 세기를 맞는 한국 교회의 전망," 「교회문제연구」, 5권 (1986): 31.
38) Robert Schnase, *Ambition in Ministry: Our Spiritual Struggle with Success, Achievement, and Competition* (Nashville: Abingdon, 1993), 71.

한 위협 요인이 되고 있다.39)

3) 목회지도자에게 영성이 필요한 이유

그러면 왜 목회지도자에게 영성이 중요하고 필요한가? 그 이유는 다음과 같다. 첫째, 사역의 동기와 목적이 무엇인지를 깨닫게 만들기 때문이다(마 22:36-40; 막 12:28ff). 목회와 연관된 사역들은 궁극적 사랑의 대상인 하나님께 영광을 돌리기 위한 것이다. 사람들은 사랑하기 때문에 사랑하는 이의 기쁨을 위해 일한다. 이 때 사랑하는 상대와의 교제와 그 사랑하는 대상을 위해서 하는 일은 항상 균형이 필요하다.

둘째, 영성은 사역을 쉽게 만들고 많은 열매를 맺게 하기 때문이다(마 11:28-30; 요 15:4-14). 특히 사역에서의 어려움과 위기를 경험할 때 영성은 결정적으로 이 위기와 어려움을 극복하게 만드는 원동력이 된다. 우리는 흔히 주변에서 어려움 속에서도 사랑의 확신으로 그것을 극복하는 경우를 본다. 목회사역의 위기와 어려움 역시 하나님과의 긴밀한 교제에서 용기와 해결책을 찾을 수 있다.

셋째, 영성은 사역으로의 부름과 기초가 되기 때문에 중요하다(눅 5:1-11). 부적격자라는 느낌, 자격미달자라는 생각, 자신에 대한 의존을 버리고 그분께 매달리는 것이 영성의 시작이며 효과적인 사역에의 첫 걸음이라고 할 수 있다. 그러면 목회리더십에서 중요한 영역을 차지하고 있는 영성은 어떻게 계발하여야 할 것인가?

4) 목회자의 영성계발

영적 깊이에 관심을 가질수록 자신의 영적 통찰력과 거룩함의 결핍을 더욱 절

---

39) Byung Kwan Chung, "Socio-Structural Consciousness and Church Growth in Korea" (Th.M. thesis, Fuller Theological Seminary, 1989), 95-6; Park, "Evangelism and Mission in Korea," 56. 한신대학교의 박근원 교수도 자신의 글에서 "개인주의", "경쟁주의", "물질주의" 그리고 "성공주의"를 한국교회 내에서 성서적 목회사역과 목회자 정체성 형성을 위협하는 주요 요소로 제시하고 있다.

감하게 되는데, 이것이 바로 영성계발과정에서 갖게 되는 느낌들이다. 위대한 영적 지도자들은 하나님을 알아가고 그분의 은혜 안에서 성장해 가는데 관심을 가진 사람들이었지, 영적으로 된다든지 자신의 성화를 자랑하는 사람들이 아니었다. 이들의 공통점은 교회에서 영적 엘리트의 위치를 얻으려는 것보다 하나님의 임재를 경험하고자 훈련했다는 사실이다.

위대한 영적 지도자들은 세상을 본받지 않는 사람들이며 세상에 있으나 세상에 속하지 않은 사람으로서 생애 전체를 통해 예수 그리스도의 마음을 구현하려고 했고, 그리스도의 형상을 닮아가려 했으며, 성령의 열매를 맺기에 힘썼다. 이들은 또한 계속하여 마음을 새롭게 했다. 이 모든 과정을 한 마디로 표현하면, 믿음 안에서 성장하고 열심을 다하는 것이라고 할 수 있다. 실로, "영성이란 역사적 문화적 환경 안에서 주어진 매일의 삶의 도전 앞에서 한 개인이 그리스도의 은혜에 대해 반응하는 유형으로 존재한다."40) 이러한 영성계발에서 우선적으로 모본을 찾을 수 있는 대상은 예수 그리스도이다.

(1) 예수님의 영적 생활의 세 가지 원리

i) 소규모이며 친밀한 언약공동체 내에서 영적 생활/사역을 하셨다(막 3:13-15). 그 중에서도 베드로, 야고보, 요한 이 세 사람과 더 깊은 교제를 유지하셨다.

ii) 공적사역과 개인적 영적 교제의 시간의 균형을 유지하셨다(눅 5:16; 6:12; 막 6:45). 개인적인 영적 교제의 시간 → 공적사역으로 → 개인적 영적 교제의 시간 → 공적사역의 패턴으로 사역의 삶을 사셨다.

iii) 여섯 가지의 영적 교제 방법인 기도, 금식, 예전(주의 만찬), 성경말씀, 영적대화, 예배의 적절하고 균형있는 실행의 필요성을 보여주셨다.

---

40) Thomas Merton, *New Seeds of Contemplation* (New York: New Directions, 1972), 99.

(2) 영성계발을 위한 제안

믿음의 어려움이 닥치기 때문에 영적인 삶을 원하는 사람은 기도와 공부와 묵상을 훈련해야 한다. 우리의 마음의 소원에 관계없이 하나님께 대한 응답으로써 우리는 기도하고, 독서하며 묵상해야 한다. 때때로 영적인 진통과 어려움이 있기에 영적 성숙을 꾀하는 사람은 자신의 감정이나 주위 환경에 상관없이 기도와 묵상과 성경읽기와 경건서적 연구의 훈련이 필요하다. 진정한 영적 성숙은 굉장한 영적 체험을 통해 오기보다는 매일 매일의 기도와 묵상을 통한 한걸음 한걸음의 영적 순례를 통해 이루어진다.

영성개발을 위해 경건의 시간을 정해 시행하는 것이 좋다. 그러나 여건이 허락하지 않을 경우 기도와 말씀의 묵상, 명상 등의 시간을 규칙적으로 가지기가 쉽지 않다. 만약 오랜 시간 기도하지 못할 경우 우리는 기도를 틈틈이 쪼개어서 할 수 있으며, 잠깐의 고요한 시간을 만들어 우리의 마음을 하나님께 집중할 수도 있다. 또한 조깅이나 워킹 등의 운동을 할 경우 침묵과 홀로 있음을 경험할 수 있다. 이밖에 각자의 삶의 상황이나 여건에 따라 본인만의 독특한 시간이용을 통한 훈련을 할 수 있다.

i) 기도: 기도는 전통적인 순서에 따라 죄의 고백, 용서, 찬양과 감사, 간구 등의 형식을 취하기도 하고, 그러한 형식 없이 하나님 앞에 서 있음을 자각하게 하기도 한다. 이때 순서에 따른 기도는 우리의 관심을 기도에 구체적으로 집중시키는 역할을 하며, 자유로운 기도(non-directive prayer)는 형식 있는 기도에서 미처 다루지 못한 것들에 마음이 가게 하며 때때로 깊은 내적 영역까지도 생각나게 한다. 기도는 때때로 순간적이고 자연발생적인 기도가 도움이 되며, 때로는 기도문이나 기도서를 읽고 기도하는 것이 도움이 되기도 한다. 목회자들은 종종 자신의 기도를 기록하는 것이 도움이 된다. 특히 '목회기도'(pastoral prayer)를 미리 준비

해서 하면 주일 준비와 성도들의 영적 충족에 도움이 된다. 토요일 저녁, 조용히 시간을 내어 자신의 관심사과 주일에 만날 교인들의 관심사를 묵상하라. 묵상기도를 하는 과정에 당신 자신이 목회기도에 필요한 사안들을 적어 나갈 수 있다. 그런 후 메모를 바탕으로 당신 자신이 예배드리는 회중의 한 사람이 되어 당신 자신의 기도문을 요약하든지 아니면 완전히 기록하라.

ii) 독서: 독서는 성경읽기를 우선적으로 들 수 있다. 특히 복음서와 시편의 규칙적 읽기는 필수적이다. 시편은 오랫동안 교회의 기도서로 사용되어 왔으며 복음서는 영성의 기초이자 목표 되시는 예수 그리스도의 삶과 사역에 대해 집중하게 한다. 성경을 읽되, 교리적인 목표나 신학적 연구보다 하나님과의 관계에 영향을 주는 것들에 관심을 갖는 것이 좋다. 성경에 더하여 기타 영적으로 도움이 되는 서적을 함께 읽는 것도 영성계발에 도움이 된다. 이때 주의할 것은 단순한 지식이나 요령을 제시하는 서적은 피하는 것이다. 또한 본인이 완전히 이해하지 못하거나 좋아하지 않는 책이라고 할지라도 선택하여 읽는 것이 도움이 된다.

iii) 영적 멘토의 도움: 우리에게 한수 가르쳐줄 영적고수가 아니라 함께 대화를 나눌 영적으로 성숙한 친구를 멘토로 선택하는 것이 좋다. 이 밖에 예배를 통해 은혜와 용서를 발견하고 경험하여 영적으로 성숙해지고, 소그룹 모임을 통한 기도회나 수양회 또는 기타 영성을 위한 점검목록표의 활용이 영성계발에 도움이 된다.

iv) 기타 영성계발을 위한 제안들
첫째, 삶의 우선순위를 점검한다(하나님과의 개인적 교제 → 부부관계 → 부모자녀 관계 →교회생활 → 직장생활 → 사회 → 국가). 둘째, 설교나 성경공부 준비 외의 자신만의 성경읽기가 필요하다. 인물과 자신의 비교, 떠오르는 생각들, 느낌, 상상되는 분위기 등을 연상하면서 일기/QT 노트 등을 작성하는 것이 도움이 된다. 셋째, 영적지도자/멘토를 정하고 규칙적으로 교제하도록 한다. 넷째, 기독교역사의 유명한 위인들의 글이나 전기를 읽는 일도 도움이 된다. 다섯째, 다른 이의 기도문들을 읽는 일 역시 도움이 된다. 여섯째, 영성신학자들의 글들을 읽는다. 일곱째, 자연 속에서 자연을 느끼며 묵상한다. 여덟째, 자기부정이나 하나님의 침묵에 대하여 묵상한다.

제4장 목회리더십의 기초 (II): 목회자의 자기이해

효과적인 목회리더십을 위해서 목회자의 자기이해는 매우 중요하다. 하나님의 부르심 앞에서 대부분의 목회지도자는 자신에게 맡겨진 목양과 관련해 자신의 현재 모습을 돌아보게 된다. 모세(출 3:10-11)[1]를 비롯한 기드온(삿 6:14-5), 엘리야(왕상 19:1-4), 베드로(눅 5:8) 등의 성서의 위대한 하나님의 일꾼들이 가졌던 공통된 반응은 맡은 일이 좋지 않아서나 하나님의 능력에 대한 불신 때문이 아니라 하나님께서 맡기신 일을 감당하기에는 자신의 현재 모습이 부적절하며 부족하다는 사실을 깨달은 것이었다. 즉, 하나님께서 맡기시는 사역으로의 부르심과 목양관계는 목회지도자로 하여금 필연적으로 자신의 현재 모습, 즉 '자기이해'(self-understanding) 내지는 '자기성찰'을 요구하며 이러한 목회자의 자기이해는 목회리더십의 실행 과정에서 목회진단과 그에 따른 대처방안에 미치는 영향이 매우 크다. 그러므로 성공적이며 효과적인 리더십 실행과 인격적 성숙을 위해 목회지도자

---

[1] 출 3:10, "이제 내가 너를 바로에게 보내어 너에게 내 백성 이스라엘 자손을 애굽에서 인도하여 내게 하리라." 모세의 반응, 11절, "모세가 하나님께 아뢰되 내가 누구이기에 바로에게 가며 이스라엘 자손을 애굽에서 인도하여 내리이까."

[2] Thomas M. Skovhold, 「건강한 상담자만이 남을 도울 수 있다」, 유성서 외 2인 역 (서울: 학지사, 2003), 258.

의 자기이해는 필요하다.2) 따라서 본 장에서는 건강하고 균형 잡힌 목회리더십의 초석인 목회자의 자기이해에 관하여 살펴본다.

1. 목회자의 자기이해의 중요성

목회지도자의 자기이해는 목회사역 점검과 분석에서 빠질 수 없는 필수적 요소이다. 목회사역 점검과 분석의 결과에 따른 후속 조치에는 해당 목회지도자의 리더십 특성 요소가 매우 중요하게 취급된다. 건강한 자기이해는 유능한 목회자가 되기 위해서 겪는 과정이다. 유니언신학교의 교수였던 윌리엄스(Daniel Day Williams)는 "영혼을 책임지고 있는 사람들은 반드시 자기 자신을 이해해야 한다"고 강조했다.3) 자신을 잘 이해함으로써 목회자는 리더십의 행사과정에서 발생하는 결정 행태나 리더십 유형의 특성을 보다 잘 평가하고 통제하여 목회리더십의 효율성을 높일 수 있다. 그리고 이러한 적절한 자기평가와 통제 그리고 조직 구성원에 대한 깊은 이해는 궁극적으로 목회자 자신의 성장과 성숙을 가져온다. 그리고 이러한 목회자의 리더십 특성은 목회자의 인성 및 개인적 배경과 매우 밀접한 관련이 있다. 현장 목회에 직접적 영향을 미치는 목회자의 자기이해는 자신의 리더십 행태와 과정에서 전이(轉移, transference)4)를 파악하여 현실적이고 객관적 리더십 행사가 가능하도록 하기에 중요하다.

조직 구성원들이 지도자를 따르는 동기는 대체로 두 가지, 즉 의식적 동기와 무의식적 동기에 의해서다.5) 의식적 동기는 이성적 판단에 근거하여 금전, 지위,

---

3) Daniel Day Williams, *The Minister and the Care of Souls* (New York: Harper & Brothers, 1961), 95.
4) '전이'란 과거의 관계에서 유래한 경험과 감정을 현재로 옮겨와서 투사하는 과정을 말한다.
5) Maccoby, 「우리는 왜 리더를 따를까」, 130.

권력, 신기술의 습득 등의 자신의 이익 욕구가 바탕이 되는 경우이다. 무의식적 동기는 이성과 합리성으로는 설명이나 납득이 되지 않는 지도자에 대한 호감이나 충성 또는 의존이다. 이러한 무의식적 동기가 때로는 합리적 동기보다 훨씬 더 강력한 영향력을 미친다.

리더십에서 이러한 무의식적 동기에 대한 연구는 전통적 리더십 연구에서는 고려되지 않았던 요소이나 오늘날의 쌍방적 또는 관계적 리더십 연구에서는 중요한 요인으로 부각되고 있다. 그 대표적인 예가 심리학에서 자주 사용되는 '전이'이다.[6] 예를 들면, 지금까지 전통적 조직의 대다수 남성 최고경영자(CEO, Chief Executive Officer)들은 의식적으로나 무의식적으로 '아버지 상(象)'이 투영된 리더십을 행사했다. 긍정적 전이에 영향을 받은 부하직원이 상사를 '자애로운 아버지'로 믿고 있을 경우 그 직원은 금전적인 혹은 승진의 동기와 아울러 상사의 관심을 받기 위해 훨씬 더 열심히 일하게 될 가능성이 있다.[7] 아버지상의 전이는 전통적 가부장적 가정에서 성장한 산업사회의 남성들이 관료적 위계구조 상황에서 상사와 긍정적 관계를 맺는 데 긍정적 영향을 미쳤다. 대체로 긍정적 전이 감정을 지닌 구성원들은 자신들의 지도자를 실제보다 더 똑똑하고 훌륭하고 카리스마가 있는 인물로 여긴다.[8]

대부분의 경우 사람들의 현재 모습은 과거 자신과 가까운 관계에 있던 사람들과의 상호작용의 경험이 중요한 영향을 미쳤다고 할 수 있다. 그리고 이러한 가까운 이들과의 과거의 관계 경험과 기억은 대체로 전이를 통하여 무의식적으로 개인의 현재의 의사결정과 대인관계에 영향을 미친다. 그렇기에 만약 지도자가 개인이 지닌 전이를 리더십과정에서 긍정적으로 이끌어낸다면 조직을 좀 더 효율적으로

---

6) Ibid., 109.
7) Ibid., 130.
8) Ibid., 129.

이끌 수 있다. 리더가 구성원들의 전이에 영향을 줄 수 있는 방법은 '리더가 자신의 전이 감정을 인식하는 것'이다.9) 즉, 리더의 자기이해 또는 자기인식은 조직에서 구성원들이 무의식적으로 리더를 따르는 동기를 명확히 밝히는 동시에 비현실적이거나 건강하지 못한 전이의 경우는 '탈 전이'를 통하여 현실에서 구성원들이 리더와 건강한 팀워크를 이루는데 도움을 준다.

목회자가 리더로서 자신의 전이(轉移)를 제대로 인식한다면, 이러한 자기이해는 목회자 자신의 치유와 성숙은 물론 자신의 목양사역에서 성공적으로 일하는 데 도움이 된다.10) 목양의 과정은 목회자의 경험과 기억의 투사 과정이 중요한 바탕이 되어 이루어진다고 할 수 있기에 목양과정 전체는 의식적 또는 무의식적으로 항상 목회자 자신의 필요와 억눌린 감정과 갈등 등이 투사되기 쉽다.11) 대부분의 경우 교인들은 자신들의 영적지도자인 목회자가 보는 대로 자신의 문제를 보게 되며, 목회자가 제시하는 해결책들이 교인들 자신이 선택할 해결책임을 믿고 받아들이게 된다. 이처럼 교인이 직면하고 있는 문제의 진단부터 해결까지 전 과정에 걸쳐 목회자가 깊숙이 개입되며, 이 과정에서 목회자의 지성은 물론 감정과 욕구, 경험 그리고 신앙과 신학까지도 깊숙이 영향을 미친다.12)

따라서 목양의 효율성은 목회자가 끼치는 투사의 성질과 정도에 의해 제한된다. 그러므로 목회자는 교인을 돌볼 때 먼저 자기 자신을 잘 이해해야 할 필요가 있다.13) 만약 목회자에게 억압된 적대감이나 불안정, 이상성욕, 정도 이상의 용납에의 강력한 욕구 또는 기타 목양의 효율성을 저해하는 의식적 무의식적 정서적 신앙

---

9) Ibid., 126.
10) Skovhold, 「건강한 상담자만이 남을 도울 수 있다」, 258.
11) Clyde M. Narramore, *The Psychology of Counseling* (Grand Rapids: Zondervan, 1960), 18.
12) Carroll A. Wise, *Pastoral Psychotherapy: Theory and Practice* (New York: Jason Aronson, 1980), 25-6.
13) David K. Switzer, *Pastoral Care Emergencies: Ministering to People in Crisis* (New York: Paulist, 1989), 22-3.

적 장애물이 있다면 목양에 부정적인 영향을 미친다. 남부감리교대학교의 스와이처(David Switzer)는 목회자가 자신을 제대로 이해하지 못해서 발생하는 사역의 문제를 다음과 같이 설명하고 있다:

> 만약 우리가 항상 평안하고 안전하며 분명하다고 느끼기 원한다면, 반대로 불안감과 위험과 혼란에 대해 우리의 방어체계를 사용하는 것은 매우 자연적이고도 쉽다. 만약 우리가 우리 자신의 분노나 다른 사람들의 분노를 두려워한다면, 우리는 다른 사람의 어떠한 분노의 말도 들으려 하지 않거나, 우리가 대응하는 방식으로 그들이 분노의 정도를 감소시키거나 주제를 바꾸려 할 것이다. 만약 우리가 우리 자신에게 존재하는 어떤 성적인 측면을 거북하게 느낀다면, 아마 어떤 사람이 우리에게 자신의 성적 어려움을 토로할 경우 불편하거나 저항감을 느끼게 되거나, 혹은 어떤 이가 우리를 향하여 자신의 성적 이끌림을 표현할 경우 믿을 수 없을 정도로 민감하고 당황해하며 입이 얼어붙게 될 것이다.14)

하나님과의 관계가 중심이 된 상황에서 인간의 신체적, 정신적, 정서적, 사회적 측면을 고려한 목회지도자의 인간됨에 대한 적절하고도 전인적인 자기이해는 돌봄을 받는 교인뿐만 아니라 도움을 주는 목회자의 효과적이고도 창조적인 목양에 반드시 필요한 일이다. 그리고 이러한 목회자의 자기이해는 단순한 기질이나 인성 또는 과거 탐색 등과 관련된 지적 이해를 넘어서 목회자 자신의 동기, 두려움, 희망 그리고 습관적 반응 등을 포함하는 것이어야 함을 명심해야 한다.

이를 위해 목회자는 현재 자신의 모습이 형성되는 데 영향을 미친 주요 사건의 의미와 그 사건과 관련된 주요 인물들의 역할을 이해할 필요가 있으며 이러한 영역

---

14) Ibid., 25.

의 이해는 목회자 자신의 신학형성과정에 대한 이해를 포함하는 것이어야 한다. 이러한 노력은 목회자 개인의 능력과 아울러 자신보다 자기를 더 잘 아시는 성령께 자기이해를 위한 도움을 구하는 태도가 요구된다.15) 이렇게 할 때 목회자는 일반인의 자기이해의 범위를 넘어서 하나님 앞에서의 자신의 실존적인 모습을 발견할 수 있으며 이는 교인을 돌보는데 있어서 긍정적 영향을 미친다. 이러한 목회자의 내적인 자기이해와 아울러 목회자의 실존적이고도 기능적인 자기이해를 위해서 성서와 기독교 전통에 나타난 목회자의 모습을 살펴보는 과정이 필요하다.

2. 성서와 기독교 전통에 나타난 목회자의 정체성

성서와 기독교 전통에 나타나는 목회자의 모습은 시대와 상황에 따라 다양하나 대체로 다음의 두 가지로 그 모습을 요약할 수 있다. 즉, '상처 입은 치유자'와 '해석자로서의 목회자'가 그것이다.

1) '상처 입은 치유자'(a Wounded Healer)로서의 목회자

가톨릭 신부이자 학자인 나우웬(Henri Nouwen)에 의해 소개되어 널리 알려진 목회자의 모습 중의 하나는 유대인의 경전 탈무드에 언급된 '상처 입은 치유자'로서의 목회자의 모습이다.16) 나우웬은 목회사역을 목회자 자신의 '상처'나 '깨어짐'을 돌봄의 대상인 교인들의 '상처'와 '깨어짐'과 연결하는 과정으로 보았다.17) 즉, 예수께서 자신의 상처 입은 몸을 인류를 위한 치유와 새 생명을 가져다주는 매

---

15) Williams, *The Minister and the Care of Souls*, 96.
16) Nouwen, *The Wounded Healer*, 81-2.
17) Henri J. M. Nouwen, *Walk with Jesus* (Maryknoll: Orbis, 1990), x.

개로 삼았던 것처럼, 목회자는 자신의 상처와 깨어짐을 개인적 경험에서 더 나아가 자신과 같은 상처와 깨어짐으로 고통받는 다른 이들을 치유하는 자원으로 만드는 사람이다.

'상처 입은 치유자'가 된다는 것은 모든 사람이 깊숙이 지니고 있는 인류공통의 상태에서 기인한 목회자 자신의 상처와 고통을 기꺼이 계속적으로 직시 혹은 직면하는 것을 말한다.18) 만약 목회자가 자신의 삶에서의 상처가 가져다주는 가르침에 대해 열려 있고, 그 상처를 충분히 자각하고 하나님의 은혜 아래로 그것을 가져가서 정직하게 자신과 대면한다면, 목회자 자신의 상처는 다른 사람의 치유와 회복을 위한 귀중한 자원으로 사용된다.19) 진정한 상처의 회복과 치유는 그 상처를 잊거나 외면하지 않고 그 상처를 직면하여 치유되는 고통의 과정을 겪고 결국에는 자신의 상처가 다른 상처 입은 이들을 돕는 자원으로 까지 사용하게 될 때 비로소 그 상처의 치유뿐만 아니라 그 상처와 관련된 이들을 진정으로 용서할 수 있게 된다.20) 그리고 나아가서 자신의 상처와 고통 속에서 같은 상처와 고통을 겪고 있는 사람들을 위한 치유자로 부르시는 하나님의 소명을 발견하게 되는 경우도 있다. 오늘날 우리 주변의 많은 목회자들이 자신의 상처와 고통 속에 숨겨져 있는 하나님의 부르심을 발견하여 목회사역에 자신을 드리고 있다. 이러한 모습이 진정한 '상처 입은 치유자'로서의 목회자이며 이렇게 될 때 비로소 교인들을 가장 효과적으로 도울 수 있는 목회자가 될 수 있다.

2) 해석자로서의 목회자

모든 사람의 인생은 그 자체가 하나의 이야기이다. 이러한 이야기는 어떠한

---

18) Ibid., 88.
19) Nouwen, *The Wounded Healer*, 82-3.
20) 성서에 나타난 대표적인 예로서, 창세기 45:1-15에 나타난 요셉의 이야기를 들 수 있다.

일을 경험한 사람이 자신이 기억하고 있는 경험들을 바탕으로 그것들을 해석하고 그 해석해낸 결과에 의미를 부여할 때 만들어진다. 즉, 경험된 사건 자체를 해석할 때 그 사건은 비로소 의미를 지니게 되며, 이렇게 자신의 해석을 통하여 의미가 주어진 이야기는 한 개인의 삶에 특별한 노력이나 전문적 훈련의 필요 없이 사람들에게 자연스럽게 긍정적 또는 부정적인 영향을 미치게 된다.[21] 그리고 개인들에게 영향을 미치는 이러한 이야기는 이후 겪게 되는 자신들의 경험들에 의해 의미가 수정되거나 재구성되는 과정들을 거치면서 지속적으로 한 개인의 삶에 영향을 미친다.

신자들의 삶 역시도 그 자체가 하나의 이야기이다. 이 이야기의 '우선적 저자'는 하나님이시며 하나님께서는 자신을 드러내셔서 우리가 우리 삶의 이야기를 만들어 가는 과정에 우리를 이야기의 공동저자로 초대하신다.[22] 우리 인생 이야기는 미리 짜진 각본에 의한 것이 결코 아니기에 우리를 사랑하시는 하나님께서는 때때로 매우 고통스럽지만 공동저자로서의 우리의 독자성과 결정을 절대적으로 존중하신다.

다시 말해, 삶의 이야기 혹은 삶에서 일어나는 일들은 하나님의 각본대로 혹은 프로그램 된 로봇처럼 진행되는 것이 아니라 그 이야기의 공동 저자인 우리 자신의 주체적인 반응과 역할에 따라 그 이야기는 다른 전개로 발전 혹은 변해간다. 따라서 '해석자로서의 목회자'의 개념은 인간을 결정론적이고 숙명론적인 존재가 아니라 자유의지를 지니고 자기의 이야기를 스스로 해석하고 만들어가는 능력을 지닌 존재로 보는 인간이해에 바탕을 두고 있다. 사건과 경험은 이미 주어졌지만 인간은 그러한 사건과 경험에 어떤 의미를 부여할 것인가는 개인의 해석에 달려 있으며, 이렇게 해석된 이야기를 통하여 개인은 자신이 존재하는 세계를 만들어 간

---

21) David A. Steere, *Spiritual Presence in Psychotherapy: A Guide for Caregivers* (New York: Brunner/Mazel, 1997), 181.
22) Dan B. Allender, 「나를 찾아가는 이야기」, 김성녀 역 (서울: IVP, 2006), 26.

다.23)

　물론 이러한 의미부여는 의식적이고도 자주적인 경우도 있지만, 종종 중요하다고 여기는 주변 사람들이나 집단에 의해서 무의식적으로 형성된 해석의 틀에 의해 이루어지기도 한다. 즉, 비록 나의 이야기이지만, 내가 해석한 이야기가 아니라 다른 사람이 해석한 이야기가 나의 이야기가 되는 경우가 있다. 하나님과 인간이 함께 엮어가는 이러한 이야기는 표현되는 과정 속에서 좀 더 분명하게 자신의 정체성을 발견하게 하거나, 과거의 사건과 그 사건 속에 담긴 의미들을 분명하게 하고, 현재를 이전과는 다른 시각으로 보게 하며, 이를 바탕으로 새로운 미래의 가능성을 발견하게 한다. 즉, 어떤 아픈 과거의 경험 때문에 지니게 된 다른 사람이나 환경에 대한 부정적 기억이 아닌 '현재 그리스도 안에 있는 자기 자신의 관점'으로 자신의 인생이야기를 새롭게 표현할 때, 그 자신의 삶은 새로운 이야기로 만들어지게 된다.24) 그리고 이러한 한 개인의 이야기를 새롭게 만들어가는 궁극적 목적은 당사자 자신의 깨달음이나 변화만이 아니라 새롭게 된 그 이야기를 통해 가족과 이웃을 변화시켜 우리 인생의 주 저자이신 하나님의 이야기를 드러내기 위함이다.25)

　그러므로 해석자로서의 목회자는 개 교인의 이야기에 숨겨져 있는 부정적인 자기 암시와 수동적이고도 패배적인 해석의 틀을 교인과 함께 찾아내고, 그 해석의 틀을 교인 자신의 주체적이고도 능동적인 관점이 담긴 새로운 해석의 틀로 바꾸어 새로운 이야기로 만들 수 있도록 돕는 해석자의 역할을 담당한다. 목양과정에서의 이러한 해석자로서의 목회자의 적극적인 역할은 바쁜 목회상황에서의 목회 효율성과 무관하지 않다.

---

23) Steere, *Spiritual Presence in Psychotherapy*, 181.
24) Barbara J. Hateley, *Telling Your Story, Exploring Your Faith: Writing Your Life Story for Personal Insight and Spiritual Growth* (St. Louis: CBP Press, 1985), 7.
25) Allender, 「나를 찾아가는 이야기」, 74-5.

3. 목회자의 기질과 성격유형

목회자의 자기이해에서 빠질 수 없는 요소가 목회자 자신의 타고난 기질과 성격적 경향성의 이해이다. 이러한 기질과 성격 이해를 통해 목회자는 지도자로서 자신의 내면세계를 좀 더 깊이 이해할 수 있을 뿐만 아니라 위기상황이나 무의식적인 상황에서 내리는 결정들에 관하여 좀 더 잘 이해할 수 있게 된다. 또한 목회지도자는 기질과 성격유형의 이해를 통해 다른 사람을 더 잘 이해하고 존중하며 수용하는 태도를 기르게 된다. 그리고 이러한 타인 이해와 수용은 목회자의 목회현장에서 효율성과 관계성의 증진을 가져올 뿐만 아니라 자신의 영성 계발에도 도움이 된다.

1) 목회자의 기질과 특징들[26]

기질이란 한 개인이 지닌 선천적인 특성들의 총합이라고 할 수 있으며, 쉽게 변하지 않는 속성을 지니고 있다. BC 400년경 히포크라테스로부터 시작된 이러한 기질론은 크레치머(E. Kretschmer)와 셀돈(W. H. Shedon)에 이르러 좀 더 체계적이고도 과학적 접근방법을 채택하고 발전되었다. 이러한 기질론은 다혈질, 담즙질, 우울질, 점액질 등으로 나눌 수 있으며 자신의 장단점에 대한 정보를 제공해 줌으로 한 사람의 행동양식을 이해하고 발전시키는데 도움을 준다(본 장의 끝 부분에 나와 있는 간이 기질 검사지를 보고 자신의 기질을 알아보자).

2) MBTI 성격유형과 사역에서의 특징들

MBTI(Myers-Briggs Trait Indicator) 성격유형 검사는 미어어스(Isabel B. Myers)와 그의 어머니 브릭스(Katharine C. Briggs)에 의해 만들어진 사람의 성격

---

[26] 김동훈, 「당신의 성격을 진단하라」 (서울: 물푸레, 2005), 52-69.

경향성을 측정하는 성격 검사이다(본 장의 끝 부분에 첨부되어 있는 간이MBTI 검사를 통해 자신의 성격경향성을 파악해 보자). MBTI 성격유형 검사가 목회자들에게 주는 유익은 다음과 같다. 첫째, 자신의 특성을 알게 한다. 둘째, 가족 간의 관계에 관한 이해를 촉진한다. 셋째, 목회사역에서 교인들이나 사역자 상호 간의 상대방에 대한 이해를 증진시켜 사역의 효율성과 갈등의 예방에 기여한다. 개인의 MBTI 성격유형과 사역에서의 특징을 살펴보면 다음과 같다.27)

(1) 외향형(E: Extroversion)과 내향형(I: Introversion)

E(외향형) 유형의 사역자는 사람들을 많이 만나는 일을 즐기나, 앉아서 연구하고 명상하는데 관심이 적다. 이러한 유형의 사람은 피곤할 경우 사람들을 만남으로써 피로를 푸는 경향이 있다. 외향형의 사역자는 관계성이 목회사역의 핵심적인 요소이므로, 대부분의 경우 담임목회사역에 유리하다. 하지만 개인적으로는 깊은 체험적 영성을 형성하기에 어려움을 겪는 경우가 많다. 이런 목회자는 교회의 여러 문제해결에 장점이 있으며, 마치 거미줄을 치고 거미줄에 먹이가 걸리면 즉시 달려가는 거미처럼, 문제가 발생하면 즉시 그 문제해결에 뛰어들어 해결을 위해 노력한다.

I(내향형) 유형의 사역자는 혼자서 하는 독서, 명상, 연구를 좋아한다. 따라서 사람 만나는 일을 즐겨하지 않는 경향이 있다. 이러한 사역자는 혼자서 하기에 용이한 예배계획, 설교준비, 행정처리 등을 즐겨한다. 이러한 유형은 교육목회나 일대일 제자양육, 또는 신학교에서 가르치는 일에 장점이 있다. 이러한 유형의 성서나 기독교의 인물로는 모세, 엘리야, 예레미야, 예수 그리스도, 마리아, 칼빈 등을 들 수 있다. 하지만 이러한 유형의 사역자는 목회사역에서의 갈등이나 교회문제 해

---

27) 본 내용은 자료의 제한성으로 인해 Roy M. Oswald and Otto Kroeger, *Personality Type and Religious Leadership* (Washington: Alban Institute, 1996)의 내용을 선별 요약 또는 편집하여 제시한다.

결에 어려움 느낄 수 있다. 그리고 그러한 문제가 심각할수록 더욱 외톨이가 될 가능성이 있다.

요약하면, 목회사역에서 영적인 지도를 요하는 부분이나 교육, 연구 분야는 내향성이 강한 사역자가 장점이 있다. 하지만, 일반적인 목회사역의 경우는 외향성이 강한 사역자가 장점이 있다. 대체로 일반 사람들의 평균보다 목회사역자들 중에서 내향적인 사람이 많다. 그 이유는 하나님의 소명에 대한 내적 깨달음, 말씀이나 영성개발 등이 지니는 내적 통찰이 필요한 요인 등이 일반 사람들과는 다른 성격적 특성이 요구되기 때문이라 보여진다. 그러나 모든 부름 받은 목회자는 하나님이 그 장점을 취하여 쓰시며 단점은 보완해 가신다. 하지만 교회나 신학교육 기관이나 교단에서는 성격유형에 따라는 사역에서의 어려움을 예상하고 준비하도록 가르쳐야 하겠다.

(2) 감각형(S: Sensing-facts 중시)과 직관형(N: iNtuition-ideas 중시)

일반적인 인구분포는 미국의 경우 감각형의 인구비율이 높다(70:30). 하지만 목회자의 경우는 직관형이 많다(57:43). 이 57%의 사역자 가운데서 여성사역자가 차지하는 비율은 76%에 달한다. 사역자 중에서도 여성 사역자가 직관형이 많다는 사실을 알 수 있다. 이들 유형에 대한 설명은 다음과 같다.

직관(N)형의 사역자들은 대체로 자신들의 사역에서 의미를 추구하는 존재이며, 하나님 안에서 미래에 대한 소망을 중요하게 여기고 관심을 가지고 살아간다. 이들은 현실에 나타난 구체적인 현상보다 하나님의 형이상학적인 초월하심에 관심이 많다. 직관형의 사역자는 물론 교인들의 필요에 민감하나 감각형의 사역자와는 다르게 주로 현실의 필요보다는 그 교인의 미래의 성장과 발전에 중점을 두는 방향으로 반응하는 경향이 있다. 즉, 이들은 아픔을 당하는 사람들에게 위안을 주나 평안 가운데 있는 사람들에게 아픔을 주는 경향이 있다. 이러한 유형의 사역자는 교회의 미래를 계획하고 변화하는데 관심이 많기에 교회가 변화하고자 혹은 성장하고자 하는 욕구가 있는 상황에 적합한 유형이라고 할 수 있다. 즉, 이전의 목회자가 현상 유지하는데 싫증이 난 교회의 교인들과 적절한 만남이 될 수 있다.

이러한 유형의 지도자는 자신들의 배우자, 평신도사역자, 목회사역자들 가운데 감각형(S)의 사역자가 있는 것이 도움이 된다. 왜냐하면 이상적이며 미래지향적인 직관형에게 결여되기 쉬운 구체적이고도 실제적인 현재의 필요에 대해 도움과 조언을 받을 수 있기에 그러하다.

감각(S)형의 사역자들은 목회현실의 필요에서 자신들의 소명을 발견하는 경우가 많다. 이러한 유형의 사역자들은 모든 사역현장에 구체적으로 임재하시는 하나님에 관해 관심을 가지고 살아간다. 또한 이들은 실존적인(now and here) 사역 자세를 지니고 있다. 그렇기에 이들은 가장 구체적이고도 현실적인 결과를 볼 수 있는 사역에서 일하기를 즐긴다. 이러한 유형의 사역자들은 사역을 공부하는 것보다는 실습을 통해 배우기를 선호한다. 이러한 사역자는 일반적인 사역에서 장점이 많다. 왜냐하면 목회현장에서 교인들은 끊임없는 필요에 처해 있으며 구체적인 돌봄이 요구된다. 그리고 교인들은 이처럼 직접적이고도 확실하게 돌봄을 주는 목회자를 좋아한다.

이런 유형의 사역자는 교회의 미래보다는 현실에 더 큰 비중을 두며, 교인들을 하나님의 선하심과 기적으로 인도하고 이를 보여주기를 원한다. 이러한 성향을 지닌 목회자는 지금 현재 매순간마다의 구체적이고도 명확한 방법으로 하나님의 임재를 체험하는 데 중점을 둔 영성을 지향한다. 이러한 사역자는 교회가 변환기에 있을 때 장점을 발휘한다. 특히 이전의 목회자가 매우 강한 직관형이어서 미래 지향적으로 벌여놓은 미처 끝맺지 못한 사역이나 계획들이 있을 때 감각형의 사역자가 적절하다. 물론 감각형의 사역자 역시 미래의 비전이나 장기 계획 수립의 경우에 직관형 사역자나 배우자의 조언과 도움이 필요하다.

(3) 사고형(Thinking)과 감정형(Feeling)

일반적으로 사고형의 사역자보다는 감정형의 사역자의 비율이 높다(32:68). 사고형의 사람들은 대부분의 경우 체질적으로 사역이나 종교적인 생활에 회의하는 사람이다. 그리고 이러한 회의의 과정을 통해 이들은 조직적이고도 논리적이며 확실한 사역의 근거를 확립한다. 그리고 논리로 사람들을 설득하기를 좋아한다. 특히 사고감각형(TS 유형)은 종교현상을 객관화하여서 이해하려고 하고 그렇게 설명하기를 즐겨한다.

반면, 감정형의 사역자는 관계에서 조화와 부드러움을 지닌다. 문제해결에 있어서 일반적으로 다른 사람들을 신뢰하고 그들의 노력에 감사해한다. 문제해결에서 사람들의 가치와 동기 등을 중요하게 여기며 교회와 관계된 사람들 모두에게 최선의 결과를 만들기 위해 노력한다. 자신의 우선순위에 집착하며 설득을 통해 사람들을 움직이기를 좋아한다. 특별히 감정감각형(FS 유형)은 종교를 체험하기를 원하며 그것으로부터 의미를 찾아내기를 즐겨한다.

종종 감정형과 사고형 사이에는 어려움이 발생하기도 한다. 감정형의 목회자가 신앙을 객관화하고 어느 정도까지 이론화할 수 있다. 하지만 그러한 신학적인 진리를 의미 있는 경험으로 전환하는 데는 어려움을 겪는다. 감정형의 목회자는 사고형의 목회자가 즐기는 논리적 설명이나 이론의 유희를 못마땅하게 여긴다. 반대로, 사고형의 목회자는 이론을 의미로 바꿀 필요를 느끼지 못한다. 즉, 논리적인 이론 그 자체로 충분히 만족하고 납득하는 것이다. 사고형의 사람들은 모든 것을 주관적으로 만드는 것을 견디기 힘들어 한다.

그런데 약 2/3가 넘는 목회자가 감정형이며 교인 중에는 감정형이 많은 여성층이 주류인 상황에서 사고형의 남자교인들은 어려움을 겪을 가능성이 높다. 감정형이 교회에 많은 이유는 신앙이 근본적으로 관계적인 본질을 갖고 있기 때문이다. 그런데 사고형 남성 교인은 교회에서 자신들이 설 자리를 발견하지 못하고 신앙적인 이슈에 관하여 구체적이며 논리적인 대답을 요구한다. 이에 대해 대부분의 교회는 사실상 신앙적 이슈와 관련해 이들이 만족할 만한 명쾌한 대답을 하지 못하는 경우가 많다. 그러므로 교회에서 대체로 중요한 영역의 일을 맡는 남자교인들을 찾기가 쉽지 않은 경우가 바로 이와 같은 이유 때문이다.

이와 반대로, 사고형의 여성의 경우 또한 교회에서 어려움을 겪을 가능성이 높다. 대부분의 경우 교회의 대다수의 여성들이 감정형이기 때문에 신앙적으로 여성 성도들 사이에서 서로 공감하고 마음이 통해 친밀해지지 어렵기 때문이다. 그리고 사고형의 여성들은 종종 자신들을 여성적이라고 생각하지 않는다. 특히 사역 현장에서 남녀의 성차를 인정하기 쉽지 않기에 보수적인 교회에서 이러한 사고형의 논리적이며 조직적인 여성들은 불이익을 겪기 쉽다. 특별히 고등교육을 받고 전문 직종에 종사하는 이 유형의 여성들의 경우는 교회에서 더 큰 어려움을 겪게 된다.

감정형 사역자가 많은 유익이 있으나 여성적인 편향으로 인해 사고형의 남자교인들과 관계형성이 쉽지 않은 경우가 많다. 목회자의 일과 중의 80%가 인간관계에 관한 것이기 때문에 감정형 중에서도 외향적인 목회자(EF)가 일반적으로 교인들이 선호하는 사역자인 경우가 많다.

사고형의 사역자는 일반적으로 감정형 유형이 많은 교회에서 어려움을 겪는다. 이러한 유형의 사역자는 교단차원의 일을 하게 되든지, 교단 교육국 혹은 신학교 등에서 일하면 일반담임 목회사역보다 자신의 장점을 발휘하는 경우가 많다. 이 밖에도 원목, 경목, 군목으로 사역하는 경우도 장점을 발휘할 수 있다. 신학적으로 사고형의 사역자는 교회의 설교와 신학적인 전통에 기여하는 바가 크며 동시에 교회 내의 사고형의 교인들에게 신앙의 비밀을 설득력 있게 알게 해주는 길잡이 구실을 하는데 도움이 된다. 따라서 사고형의 사역자는 감정형의 사역자로부터 가슴으로 이해하는 것을 배워야 하며, 감정형의 사역자는 사고형의 사역자로부터 신앙의 비밀을 논리적으로 이해하는 법을 배워야 한다. 교회의 사역에서도 보완적인 사역

구조가 되면 좋다.

(4) 판단형(Judging)과 인식형(Perceiving)

일반적으로 사역자 중에서 70%가 판단형이고 30%가 인식형인데, 사역자 중에서는 남성 사역자들의 대부분이 판단형인데 반하여 여성사역자들의 대부분이 인식형인 경우가 일반적이다. 대부분의 교회의 교인들이 60%-80%가 판단형이다.

이들 판단형 사람들은 자신들의 외부세계를 조절하고 통제하기 위해 단호하고 정확하게 계획적으로 일을 처리한다. 이러한 유형의 사역자는 자신들의 힘을 계획하고 조직하는데 쏟는다. 이들은 자신들의 삶이 항상 자신들의 통제 하에 있어야 한다. 심지어 어떤 경우 정보가 미흡한 경우에라도 결정을 하려는 경향이 있다.

판단형의 사역자는 교인들에게 안정적이며 믿음직한 느낌을 준다. 이들은 옳고 그름과 교회의 사명에 대한 분명한 기준이 있다. 그리고 신앙적인 삶에 대한 요구와 기준 역시 명확하다. 험하고 적대적인 세상에서 신앙의 지도자인 목회자가 강한 부모나 확실한 안내자가 되기를 바라는 교인들의 요구에 부응하기에 적합한 유형이다. 하지만 지도와 보호를 원하는 교인도 있지만 동시에 이러한 지도나 보호를 싫어하는 교인도 있음을 명심하여 비지시적이거나 상대를 존중하는 태도로 의사전달 하도록 열린 자세의 의사전달 방법을 사용하는 것이 좋다.

반면 인식형의 사람들은 자신들의 외부세계를 이해하고 적응하기 위해 즉흥적이고도 유연한 방법으로 대처한다. 인식형의 사역자는 대부분의 시간을 정보를 얻는데 쓴다. 이들은 환경 속에 자신들을 적응시키려고 한다. 이들은 대부분의 경우 호기심이 많으며 심지어 결정을 내려야 하는 상황에서도 결정을 미루고 마음을 열고 있다.

인식형의 사역자는 교회에 전통적이기 보다는 좀 더 다른 조건들과 신선함을 가져다준다. 인식형 사역자는 교회에서 좀 더 어린아이 같다. 이들은 영성의 신비

주의에 알맞은 형이며 삶을 단순하게 경험하기를 원한다. 이들은 아마 일반 사역지에 적합하기는 어렵다. 교회는 확신을 필요로 하는 곳이지 탐험하는 곳은 아니기 때문이다. 가톨릭 역사에서 인식형인 교황 요한 23세가 제2차 바티칸 공의회소집하여 가톨릭교회의 개혁과 개방을 시도하였으나, 사망 후 이러한 여러 가지 교회적 혼란 상황을 판단형인 요한바오로 2세가 후임으로 혼란과 변화를 수습하여 미완의 개혁과 개방이 되게 했다.

이상에서 볼 때, MBTI 성격검사에 비춰 본 교인들이 일반적으로 바라는 사역자는 다음과 같은 특성을 지니고 있어야 한다. 친근하고 따뜻해야 하며, 좋은 설교가여야 하고, 효과적인 지도자여야 하는 동시에 젊은 세대와 호흡을 잘 맞추어야 한다. 결론적으로 MBTI를 사역에 적용해 볼 때 다음과 같은 특징적 결과를 발견할 수 있다.

일반적으로, 여교역자들이 남자 사역자들보다 좀 더 내향적/직관적/인식적 경향이 있다. 사고형과 감정형은 남녀 모두 서로 비슷하다. 영적인 깊이에 장점이 있는 유형, 즉 영성에 탁월성을 지닐 유형은 INFP/INFJ/INTJ/INTP이다. 훌륭한 설교가로서의 장점이 있는 유형은 ENFJ/ENTJ을 들 수 있으며, 청년 사역에 장점을 발휘하는 젊은이들과 호흡을 맞추는데 장점이 있는 유형은 ESFP/ENFP을 들 수 있다. 목회상담사역에 장점을 지니는 유형은 INFJ/ENFP/INFP, 효과적인 목회리더십에 장점을 지니는 유형은 ENTJ/INTJ/INFJ/ENFJ, 목회행정에 장점을 보이는 유형은 ESTJ/ISTJ 등으로 볼 수 있다. 하지만 이러한 설명은 어디까지나 일반적인 통계를 바탕으로 한 것이기에, 실제적으로 이러한 성격유형 이론은 교회의 상황과 교인들의 상태 그리고 사회경제적인 환경이 고려된 상태에서 상황적으로 재고되거나 확장되어야 한다. 자기 이해의 확장과 재고에 도움이 되는 내용 중의 하나가 '조하리의 창'이다.

4) 목회자의 자기이해 확장과 조하리의 창(Joharri's Window)

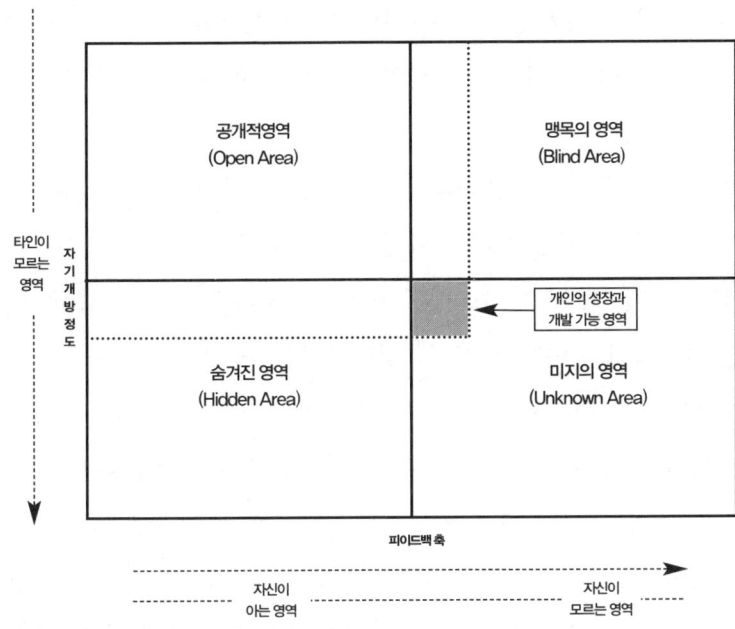

 목회자의 자기이해의 확장과 직접 관련이 있는 관계형성에서의 자기노출과 관련해서는 '조하리의 창'(Joharri's Window)이 도움이 된다. 이것은 자기공개와 피드백의 측면에서 사용할 수 있는 방법 중의 하나이다. 조하리의 창은 심리학자 러프트(Joseph Luft)와 잉햄(Harry Ingham)에 의해 개발되어 두 사람의 이름을 합성해 명명된 것으로 자기공개와 피드백의 축으로 각 스케일이 1부터 9까지로 이루어진 네 개의 영역으로 구분된다. 이들 영역은 '공개적 영역', '맹목의 영역', '숨겨진 영역', '미지의 영역'으로 명명된다.
 첫째, 공개적 영역(open area)은 나도 알고 있고 다른 사람에게도 알려져 있는 나에 관한 정보의 영역이다. 둘째, 맹목의 영역(blind area)은 나는 모르지만 다른 사람은 알고 있는 나에 관한 정보의 영역이다. 자신이 인식하지 못하는 무의식적인 행동습관, 말버릇 등이 이에 속한다. 셋째, 숨겨진 영역(hidden area)은 자신은

알고 있지만 다른 사람은 알지 못하는 자신에 관한 정보의 영역이다. 자신이 알고 있는 자신의 약점이나 비밀이 이에 속한다. 미지의 영역(unknown area)은 자신도 모르고 다른 사람도 모르는 자신의 영역을 의미한다. 대체로 심층적이고 무의식의 영역이 이에 속한다.28)

이러한 네 영역의 차이에 따라 사람의 유형을 네 가지로 나눌 수 있다. 공개적 영역이 가장 넓은 사람은 개방형으로 대체로 인간관계가 원만한 사람이 이에 속한다. 이들은 적절하게 자기를 드러낼 줄 아는 동시에 다른 사람의 말도 잘 경청하는 사람들이다. 그러나 지나치게 공개적 영역이 넓은 사람은 '말이 많고 주책맞다' 또는 '경박하다'는 느낌을 주기도 한다. 둘째, 맹목의 영역이 가장 넓은 주장형이다. 이들은 자신의 기분이나 의견을 잘 표현하며 나름대로 자신감을 지닌 솔직하고 시원시원한 사람일 수 있다. 하지만 이들은 다른 사람의 반응에 무관심 또는 둔감하여 독선적이거나 안하무인격인 사람으로 비춰질 수 있다. 셋째는 신중형이다. 숨겨진 영역이 가장 넓은 사람이다. 이들은 다른 사람에 대해 수용적이며 속이 깊고 신중하다는 평을 듣는다. 다른 사람의 이야기는 잘 경청하는 편이나 자신의 이야기는 잘 하지 않는 편이다. 이들 중에는 자신의 속마음을 잘 드러내지 않는 사람이 많으며 대체로 계산적이며 실리적 경향을 지닌다. 이러한 신중형은 잘 적응하지만 내면적으로 고독감을 느끼는 경우가 많다. 끝으로 미지의 영역이 가장 넓은 고립형이 있다. 이들은 인간관계에 소극적이며 혼자 있는 것을 좋아한다. 다른 사람과 접촉하는 것을 불편해하거나 무관심하여 혼자 있는 고립된 삶을 즐긴다. 이런 유형 중에는 고집이 세고 주관이 지나치게 강한 사람도 있으나 대체로 심리적 어려움이나 고민이 많으며 사회적 부적응인 삶을 살아가는 사람이 있다.29)

---

28) 권석만, 「젊은이를 위한 인간관계의 심리학」(서울: 학지사, 2004), 56-7.
29) Kathleen M. Galvin and Cassandra Book, *Person to Person*, 5th ed. (Lincolnwood: National Textbook Co., 1994), 176-7.

자기노출(개방)은 일반적으로 상호관계가 진전됨에 따라 내용이 다양해지고 그 깊이도 깊어진다. 이러한 자기노출은 상대방의 반응에 따라 달라지며 지나치게 일방적인 자기노출은 상대로 하여금 부담을 주어 오히려 관계에 부정적 영향을 준다. 일반적으로 사람들은 자신이 상대방에게 노출하는 정도로 상대가 자신에게 노출하는 것을 편안하게 여긴다. 즉, 자기노출이 대인관계 발전에 중요한 요소이지만 실제로는 자기노출의 상호작용이 대인관계에서 더욱 중요한 작용을 한다고 할 수 있다.30)

[간이 기질검사지]31)

검사할 때 너무 깊이 생각하지 말고 자신의 마음이 자연스럽게 움직이는 대로 꾸밈없이 체크해야 합니다. 다음의 각 문항에 대한 점수를 빈칸에 적고 순서대로 각 4개 문항의 답에 대한 합을 맨 오른쪽 소계란에 기록하세요.

번호	특 징	그렇다 2점	보통이다 1점	아니다 0점	소계
1	나는 낙천적인 편이다.				
2	나는 다른 사람에게 친절하다.				
3	나는 의지가 약하다.				
4	나는 친구가 많고 많은 사람들과 말하는 것을 좋아한다.				
5	나는 결정한 것을 바로 행동으로 옮긴다.				
6	나는 휴가 중에도 일을 구상한다.				

---

30) 지용근 외 3인, 「인간관계론」 (서울: 박영사, 2004), 25-7.
31) 이하 기질 진단과 설명은 김동훈, 「당신의 성격을 진단하라」 (서울: 물푸레), 54-68를 수정 사용하였음.

7	나는 책임감이 강하다.					
8	나는 폭력적인 면이 있다.					
9	나는 생활의 변화를 싫어한다.					
10	나는 날카로운 분석력을 가지고 있다.					
11	나는 생각에 질서가 있고 논리적이다.					
12	나는 남에게 비난을 받으면 표현하지 않지만 마음에 깊은 상처로 남는다.					
13	나는 행동을 하는 데에 느리다.					
14	나는 복잡한 것보다 단순한 것을 좋아한다.					
15	나는 주로 남의 애기를 듣는 편이다.					
16	나는 다른 사람들에게 태평한 인상을 준다.					
17	나는 재미있는 일이 없을까 궁리하는 편이다.					
18	나는 남에게 나의 사정과 입장을 잘 이해시킨다.					
19	나는 이야깃거리가 많은 편이다.					
20	나는 낯선 어른이나 아이들과도 쉽게 친해진다.					
21	나는 다른 사람들의 고통이나 슬픔에 무관심한 편이다.					
22	나는 통이 크고 대범하다.					
23	나는 어려운 일을 만나도 잘 적응하며 잘 극복한다.					
24	나는 생활속에서 대화에서 고정관념에 얽매이지 않는다.					
25	내 방은 정돈이 잘 되어 있다.					
26	나는 때로 흥분이 되면 누구보다 열정적이고 활발한 사람이 된다.					
27	나는 기계나 물건을 고치고 수리하는데 재주가 있다.					
28	나는 사람과 사건에 대해 예리한 비판을 한다.					
29	나는 좀처럼 화를 잘 내지 않는다.					
30	나는 친구 수는 적지만 깊게 사귀는 몇 명이 있다.					
31	나는 매사에 의욕이 없다.					
32	나는 말이 없고 조용하다.					
33	나는 약속을 자주 어긴다.					
34	나는 다른 사람이 나에게 기분 나쁘게 한 일들을 쉽게 잊는다.					
35	나는 화를 잘 내기도 하지만 쉽게 풀린다.					
36	나는 비밀유지를 잘 못한다.					

37	나는 예술을 감상하는 생활과는 거리가 멀다.				
38	나는 한 가지 일을 시작하면 일의 성취여부만 생각하기에 함께하는 사람들의 감정을 상하게 할 수 있다.				
39	나는 일거리가 생기면 즉시 그 자리에서 해결해야 직성이 풀린다.				
40	나는 무책임하거나 게으른 사람들을 보면 화가 난다.				
41	나는 성격이 꼼한 편이다.				
42	나는 사람들이 모여서 소곤거리면 나를 흉보는 것 같다는 생각을 한다.				
43	나는 무슨 일을 해 나갈 때 낙관보다는 비관적인 견해를 말한다.				
44	나는 내가 저지른 실수를 스스로 잘 용서하지 못한다.				
45	나는 법과 원칙에 맞지 않아도 '아니오'라는 말을 잘 하지 못한다.				
46	나는 일을 하다가 위험한 상황이 벌어지면 방관한다.				
47	나는 게으르고 태만할 때가 많다.				
48	나는 다른 사람을 부드럽게 감싸주고 위로한다.				
49	나는 즉흥적으로 여러 가지 계획을 세우기도 한다.				
50	나는 많은 사람들 앞에서 잘 떠든다.				
51	나는 한 가지 일을 끝까지 하기 힘들다.				
52	나는 다른 사람들이 볼 때는 신나서 하지만 안 보면 기운이 빠진다.				
53	나는 자부심과 독립심이 강하다.				
54	나는 어떤 일에 대해 섬세하게 분석하는 것을 싫어한다.				
55	나는 어떤 사람들과 다툴 때 폭력으로 해결하고 싶을 때가 자주 있다.				
56	나는 어떤 단체나 모임을 만들기 좋아한다.				
57	나는 다른 사람들 눈치 때문에 하고 싶은 일을 주저한다.				
58	나는 행복했고 즐거웠던 지난 일을 자주 회상한다.				
59	나는 규칙과 절도가 없는 것을 싫어한다.				
60	나는 혼자서 묵묵히 주어진 일을 완수한다.				
61	나는 다른 사람이 어떤 일을 같이 하자고 제안하면 선뜻 나서지 않고 주로 사양한다.				
62	나는 다른 사람들이 하는 일에 무관심하다.				
63	나는 옳지 못한 상황에서 비교적 잘 참는다.				
64	나는 다른 사람들이 강하게 부탁하면 거절하지 못한다.				

기질 채점표

앞 검사지에서 네 개 문항별로 점수를 더한 소계를 아래 빈칸의 해당란에 적어 넣으세요.

번호 기호	다혈질	담즙질	우울질	점액질
1, 2, 3, 4				
5, 6, 7, 8				
9,10,11,12				
13,14,15,16				
17,18,19,20				
21,22,23,24				
25,26,27,28				
29,30,31,32				
33,34,35,36				
37,38,39,40				
41,42,43,44				
45,46,47,48				
49,50,51,52				
53,54,55,56				
57,58,59,60				
61,62,63,64				

표의 제일 아래 칸에 있는 합계란에 세로로 기질별 점수 합계를 기록하시오. 가장 높은 점수가 나온 것이 자신의 기질입니다.

[기질 설명]

1. 다혈질

  1) 특징
* 외향적이어서 금세 친구를 사귄다. 남에게 쉽게 먼저 말을 건네고 밝은 음성으로 다가간다.
* 이들이 살고 있는 방은 대체로 어수선한 느낌을 준다. 성격 역시 다소 부산하다. 그래서 자료를 정리해두는 법이 없지만 어지러운 가운데서도 한편 잘 찾아낸다.
* 식당에 가면 이것도 먹고 싶고 저것도 먹고 싶어서 음식을 주문해 놓고도 곧잘 후회한다.
* 쇼핑을 할 때에는 미리 메모하지 않는다. 즉흥적인 면이 있지만 자기 주도적이어서 일을 잘 추진한다.
* 무슨 일에든 일단 뛰어들고 보는 행동주의자이다. 생각을 골똘히 하기보다 먼저 일을 벌여놓고 본다. 집 안에서보다 집 밖에서 재미있는 사람으로 인정받는다. 대체로 남의 주목을 받는 사람이다.
* 어떤 일이 잘못되었을 때 그 원인을 자신의 밖에서 찾는 성향이 있으므로 남에게 그 탓을 돌리기 쉽다.

  2) **장점**: 유쾌, 상쾌, 통쾌하여 집단에서 두드러지며 인기가 있다. 창의력과 함께 풍부한 감성을 소유하고 있다. 웃음과 유머를 즐길 줄 안다. 높은 적응력으로 일을 잘 추진한다. 흔히 남자다운 성품이라고 인식된다.

3) **단점**: 성격이 치밀하지 못해 실수를 자주한다. 좀 더 세밀하고 세심함이 요구된다. 무절제한 측면이 있고 의지가 강한 듯하지만 사실은 약한 편이다. 주위 사람들에게 허풍이 심한 것으로 인식되기 쉽고 일 처리에 너무 감정적으로 접근하다가 낭패를 보기 쉽다.

2. 담즙질

1) **특징**
* 자기 주장이 분명하고 고집이 센 편이다. 다른 사람이나 상황에 대해 쉽게 단정 짓는다.
* 감정이 풍부한 편은 아니어서 눈물을 보이는 일이 거의 없다. 음악감상이나 미술 등에 거의 무관심하다.
* 일처리가 빠르고 능숙하며 '난 어디에 내 놔도 살 수 있다'는 생각을 갖고 있다.
* 인간관계보다 일을 좋아한다. 따라서 사람에 대한 따스한 관심보다 어떤 주어진 과업을 잘 이루어 나간다. '나 같으면 어떻게 하겠다' 식의 생각을 많이 한다.
* 여자라면 가정주부의 자리에 만족하지 못하고 직장을 통해 자아를 성취하고 싶은 강한 욕구를 갖는다.
* 남이 시키지 않아도 확실하게 일 처리를 잘 하여 타인으로부터 능력을 인정받는다.
* 외향적인 성격이지만 차갑게 보이며 독립심과 의지가 강하다. 목표를 향해 나갈 때, 장애물을 생각지 않고 힘차게 돌진한다. 희망적인 계획을 잘 세우고 스케일이 크다.

2) **장점**: 의지가 강하여 지도자형이다. 단호함을 갖고 일을 잘 이루어 나간다.

3) **단점**: 다소 성급하거나 교만해 보인다. 냉정한 표정으로 빈정거릴 수 있다. 화를 잘 내는편이므로 분노감을 다스리는 훈련이 필요하다.

3. 우울질

1) 특징

* 치밀하며 예민하다. 어떤 상황과 일에 대해 마음 속에 주관을 갖고 임하며 그 결과를 잘 예측한다.
* 사고형으로서 사과가 떨어지면 '왜 떨어질까?'를 생각하는 형이다.
* 어떤 일을 시작하면 시간은 좀 오래 걸려도 뒤처리가 깔끔하다.
* 일을 하면 원래의 계획대로 해야 마음이 편하고 도중에 바꾸는 것을 좋아하지 않는다.
* 약속을 철저하게 지키고 약속을 어겼을 경우 심한 죄책감을 느낀다.
* 어떤 집단의 상황이 어려워지거나 일이 잘 풀리지 않을 때 그 이유를 자기 탓으로 돌리는 경향이 있다.
* 잘 안 웃기 때문에 표정이 굳어 있고, 입꼬리가 내려가 있는 편이다.
* 마음속으로는 다 헤아리고 있지만 표현을 잘 하지 않는다. 대신 글을 쓰면 내용이 길고 자세하고 분석적이다. 내성적이지만 한번 마음먹으면 남을 잘 설득하는 면도 있다.
* 참을성이 많은 편이다. 오랜 시일을 두고 꾸준히 하는 일에 강하다. 오래 견디면서 공부하는 것을 잘한다.

2) 장점: 근면하며 자기 절제를 잘하여 신사적으로 보인다. 천부적 재능을 많이 갖고 있으며 특히 예술적 감성이 있다. 분석적인 면도 강하여 상황 판단이 정확하다.

3) 단점: 너무 원칙을 앞세워 까다로운 사람이 되기 쉽다. 행동이 느려서 답답함을 준다. 어떤 일이 잘못 되었을 때 지나치게 실망하여 자학하기 쉽다. 부정적인 면이 강하므로 세상을 밝고, 긍정적으로 볼 필요가 있다. 다소 무뚝뚝해 보여 남이 친근감을 가지고 다가가기 어렵다는 말을 듣는다.

4. 점액질

1) 특징

* 성격이 모나지 않아서 남에게 호감을 주는 편이다. 편한 자세로 누워서 음악을 듣거나 공상하기를 좋아한다.
* 어떤 일 앞에서 망설이는 시간이 많고 걱정이 많은 편이다. 야망이 없어 보이고 개척 정신이 부족한 편이다. 그러나 문제를 일으키거나 좀처럼 화를 내는 법이 없다.
* 주변에 친구가 많고 유머감각도 풍부한 편이다. 불쌍한 사람을 잘 도와준다. 사람 사이의 갈등을 잘 조정하여 화해시키는 역할을 잘 감당한다.
* 타고난 재능이 많아 인내와 노력을 좀 더 기울려 잘 계발시킬 필요가 있다.
* 자기 주관이 없고 친구 따라 강남 가는 형이다. 약속 장소에 조금 늦은 듯 가야 마음이 편한 형이다.

2) 장점

무엇보다도 착하고 양보심이 많은 평화주의자이다. 이해심이 많아 남에게 좋은 친구가 되어주며, 집단 내에서는 충성심이 있어 훌륭한 직원이 될 수 있다.

3) 단점

게으르고 우유부단하게 보인다. 꿈이 없고 일에 대한 애착이 부족한 편이다. 겉으로는 태평스러워 보이지만 마음속으로는 걱정이 많은 편이다.

<혼합형 기질 설명>

    네 가지 기질을 세분화하여 가장 높은 점수의 제1기질과 그 다음으로 높은 제2기질을 연결하여 12가지 기질로 세분하여 설명하면 다음과 같다.

    1. 다혈담즙질: 기질 혼합 유형 중 가장 외향적이다. 순수한 다혈질의 사람보다는 좀 더 조직적이고 생산적이다. 경제생활에서는 많이 버는 만큼 많이 쓰는 경향이 있어 굴곡이 심하다. 따라서 여러 차례 성공하고 또 모두 잃어버리기도 한다. 아픔이나 고통을 쉽게 잊어버리는 다혈질과 궤변적 기질을 가진 담즙질의 특성이 혼합되어 있기 때문에 양심이 예민하지 못할 수도 있다. 자기중심적으로 의지가 약하며 세속적일 수 있지만, 때로 매우 의연하고 유능한 지도자의 모습을 보이기도 한다.

    2. 다혈우울질: 이들은 감정 변화가 매우 심하다. 폭소를 터뜨리며 웃다가도 곧바로 울음을 터뜨릴 수 있는 유형이다. 많은 분야의 일을 고루 잘해내며 특히 대중 앞에서 하는 연설이나 연극, 그리고 음악이나 미술 분야에서 두각을 나타낸다. 다혈질과 우울질은 둘 다 이상을 추구하는 사람들이다. 그래서 우울질의 성향을 따라 부정적인 생각을 하게 되면 잠재력을 발휘하지 못할 수 있다. 또 분노와 두려움의 문제가 다른 사람들보다 심각할 수도 있다.

    3. 다혈점액질: 다른 사람들에게 친절하고 편안한 인상을 준다. 사람들이 가장 쉽게 접근하고 또 좋아할 수 있는 유형이다. 뛰어난 유머 감각을 지니고 있어서 사람들에게 즐거움을 주고 어떤 모임에서나 분위기를 살리는 데 소질이 있다. 다혈질 중에서는 가장 덜 외향적이다. 참고할 점은 주관이 없이 주위 분위기나 환경에

따라 좌우되기 쉽다는 약점이 있다. 일에 골몰하기보다는 사람들과 어울려 노는 것을 좋아한다. 삶을 너무 가볍게 인식하여 진지하지 못한 경향이 있다.

4. 담즙다혈질: 분명한 목적을 가지고 살아가는 유형이다. 따라서 상당히 생산적이다. 도전 속에서 보람을 느끼는 이 유형의 사람들은 여가를 즐길 때 엄청난 에너지를 발산한다. 어느 곳에서나 사람들의 시선을 끌며 자기주장을 강하게 펴는 편이다. 그래서 설득력 있는 변론가나 웅변가가 될 소양이 있다. 이 유형의 가장 큰 약점은, 다혈질의 폭발적인 분노와 담즙질의 서서히 타오르는 증오심이 결합된 적개심이 마음속에 억압될 수 있다는 점이다. 때때로 불과 같은 혀로 남을 공격할 수도 있지만, 한편으로는 의연한 가운데 대범한 모습을 보이기도 한다.

5. 담즙우울질: 이 유형의 사람들은 다양한 능력을 가지고 매우 부지런하게 생활한다. 담즙질의 낙관주의와 현실적 감각이, 우울질의 침울함을 압도하기 때문에 목적 지향적이면서도 한편 세밀하다. 적당한 결단력도 겸비하여서 뛰어난 지도자가 될 수 있다. 어떤 일을 하든 대개 성공으로 이끈다. 타인으로부터 칭찬과 미움을 동시에 받는 독재적 권력자들이 이 유형의 사람이 많다. 어떤 단체의 지도자들 중에는 이런 유형이 많다. 건축가나 사업가, 경영자 등 다양한 분야에서 지도자의 역할을 감당하는 사람들이 많다.

6. 담즙점액질: 대체로 민첩하고 활동적인 성향과 조용하고 차분한 성향이 적절하게 함께 결합되어 있다. 다른 사람들에게 호감을 주는 유형이다. 그래서 사람들은 이 유형의 사람과 함께 일하기를 좋아한다. 다른 사람들이 재능을 잘 사용할 수 있도록 도와주고 배려한다. 또 다양한 부분에 관심을 가지고 있기 때문에 많은 일을 이루어 나간다. 급하게 분노를 터뜨리는 편은 아니지만, 양심과 증오심을 함

께 마음속에 품고 있다. 때때로 고집이 아주 센 모습을 보이기도 한다.

7. 우울다혈질: 일반적으로 관객의 마음을 사로잡는 예술가적 기질이 있다. 쉽게 감동하면서 눈물을 흘리고 마음으로 깊은 감상에 빠지기도 하지만, 더러는 다른 사람들을 무분별하게 비판하고 지나치게 엄격히 대할 수도 있다. 또한 이상적인 자신의 뜻과 맞지 않을 때는 남에게 잘 협력하지 않는다. 대체로 낮은 자존감을 가지고 있으며 자신의 능력을 불필요하게 제한하기도 한다. 옛날 선지자들 주에는 우울다혈질이 많다. 교육자나 예술가, 법조인이다 의사 등 세밀한 내용을 다루는 일에 흥미를 느낀다.

8. 우울담즙질: 변화가 심한 우울질의 기분은 담즙질의 고집과 결단력 때문에 안정을 유지한다. 이 유형은 많은 분야의 일을 고루 잘 해내는 편이다. 유능한 사람으로 인정을 받기는 하지만 자기 마음속으로 느끼는 행복감은 적을 수도 있다. 완벽주의자이면서 의욕이 넘친다. 이 기질의 사람은 남을 즐겁게 해주기는 매우 어렵다. 그리고 자기 자신과 자기가 이룩한 일에 대해 거의 만족하는 법이 없다. 자세하게 분석하고 모든 일을 깔끔하게 처리하기를 바라는 성향이 강해서 꼬치꼬치 캐묻고 다른 사람을 힘들게 하기도 한다. 이런 남편은 아내를 조금 힘들게 할 수 있다는 것을 알고 배려하는 마음을 지니도록 애쓸 필요가 있다. 이스라엘의 위대한 지도자 모세가 여기에 해당된다.

9. 우울점액질: 재능이 있고 내향적인 사람들이 여기에 속한다. 분석적이며 완벽함을 추구하는 우울질의 특성과, 조직성과 능률성을 지닌 점액질의 특성을 함께 지니고 있다. 조용하고 외진곳에서 연구하고 조사하는 것을 선호하는 온정적인 인도주의자들이다. 이들의 약점은 쉽게 낙심하고 절망하기 때문에 신앙의 힘으로 자

신을 다독여 가는 경우가 많다. 부정적인 자아상을 가지고 있는 경우가 많지만 실제로는 일을 꼼꼼히 잘 처리하여 신망이 두텁다. 세계적인 학자들 가운데 이런 기질을 가진 사람이 많다. 학구적이어서 고등교육을 받으면 의술이나 건축학, 문학 등에서 두각을 나타낸다.

10. 점액다혈질: 이 유형은 협력적이며 사려 깊고 사람을 좋아한다. 또한 외교적 수완이 뛰어나고 신용이 있으며 유머 감각을 지니고 있다. 아내와 자녀를 사랑하는 가정적인 사람이고, 직장 동료들이 좋아하는 스타일이다. 사람을 좋아하는 성격이라 남들과 마찰을 일으키는 일이 거의 없다. 이들의 약점은 의욕이 별로 없는 점액질의 특성과 잘 훈련되지 않은 다혈질의 특징이 혼합되어 있기 때문에 자신의 잠재력을 발휘하는 일에 취약하다는 점이다. 교육자나 관리자, 상담가, 회계사 등의 일에 어울리는 기질의 소유자이다.

11. 점액담즙질: 자신이 스스로 통제력을 발휘할 수 있는 일에 전문성을 발휘한다. 다른 사람들에게 압력을 받거나 외부적으로 자극을 받으면 훨씬 더 일을 잘하는 편이다. 인내심을 갖고 있어서 이들은 좋은 상담자가 될 수 있다. 이들의 약점은 때때로 의욕이 없고 자신의 뜻을 굽히지 않으면서 협력하기를 거부한다는 점이다. 나이가 들수록 움직이기를 싫어하고 집안에 박혀서 소극적이고 따분한 삶을 살게 될 가능성이 있다. 남들과 고함치며 싸우지는 않지만 분노와 고집스러움을 은근히 드러낸다. 어떤 그룹의 지도자나 노동 현장 등 건설에 관련된 분야에서 두각을 나타낼 수 있는 유형이다.

12. 점액우울질: 12가지 기질 중 가장 친절하고 조용하다. 이 기질의 사람은 상냥하여 좀처럼 화를 내기 않는다. 적대적으로 사람을 대하는 일이 거의 없으며

과묵한 편이다. 매우 정확하고 믿을 만한 사람들이다. 친절과 도움을 베푸는 타고난 재능을 보인다. 집안일을 잘 돌보는 이상적인 남편감일 가능성이 많다. 또 이 기질의 사람은 비교적 체계적으로 일하는 습관을 지니고 있다. 이 기질의 약점은 두려움과 이기심, 부정적인 태도 그리고 낮은 자존감 등으로 남모르는 심적 고통을 겪기도 한다. 인내나 정성이 요구되는 일을 잘 수행하므로 발명이나 설계, 의학이나 교육계 등에 어울린다.

[간이 마이어스-브릭스 성격유형지표
(Myers-Briggs Type Indicator: MBTI) 검사][32]

아래의 검사는 총 60개의 문항으로 구성되어 있습니다. 각 문항은 a, b의 두 가지 보기로 이루어져 있습니다. 너무 깊이 생각하거나 망설이지 말고 마음이 이끌리는 대로 체크해 나가면 됩니다. 보기가 두 가지 밖에 없으므로 자신에게 꼭 맞는 답이 둘 다 아닐 수도 있습니다. 그럴 경우, 보다 가까운 쪽을 선택하면 됩니다. 마지막에 있는 채점표에다 직접 답을 적어도 좋습니다.

다음 문항을 읽고 당신에게 더 가깝게 느껴지는 것에 O표를 하세요.

1. 내가 좋아하는 것은,
   (   ) a. 많은 친구들과의 넓은 사귐
   (   ) b. 적은 친구들과의 깊은 사귐

2. 내가 좋아하는 사람은,
   (   ) a. 성격이 활달하고 쉽게 접근할 수 있는 사람
   (   ) b. 성격이 치밀하고 차분한 사람

3. 나는 처음 만나는 사람을 대할 때,
   (   ) a. 먼저 말을 거는 편이다.
   (   ) b. 상대가 먼저 말을 걸어오는 편이다.

4. 전화가 울리면 나는,
   (   ) a. 내가 먼저 받는다.
   (   ) b. 다른 사람이 받기를 기대한다.

---

32) 김동훈, 「당신의 성격을 진단하라」, 70-98.

5. 나는 어떤 모임에 참석했을 때,
(   ) a. 처음 만나는 사람에게 호기심이 있다.
(   ) b. 이미 알고 있는 사람들과 어울린다.

6. 남들이 나를 생각할 때,
(   ) a. 목소리가 크고 활달한 사람으로 알고 있다.
(   ) b. 차분하고 절제하는 사람으로 알고 있다.

7. 나는 대개 남 앞에서,
(   ) a. 말을 많이 하는 편이다.
(   ) b. 필요한 말만 하는 편이다.

8. 나는 모임에 참석하여 주로,
(   ) a. 점점 신이 나서 거의 끝까지 남는 편이다.
(   ) b. 적당한 시간이 지나면 그만 끝냈으면 한다.

9. 나는 직장이나 단체에서,
(   ) a. 대화를 주도한다.
(   ) b. 남이 먼저 말을 하기를 기다린다.

10. 나는 주로,
(   ) a. 말하면서 생각한다.
(   ) b. 생각하고 나서 말한다.

11. 나는 대부분의 경우,
(   ) a. 신중하기보다 활기에 넘친다.
(   ) b. 활기에 넘치기보다 신중하다.

12. 나는 남들과 연극을 함께 만든다면,
(   ) a. 주인공이 되고 싶다.
(   ) b. 연극을 위해 무대장치나 대본을 다듬는 일을 하고 싶다.

13. 나는 스트레스를 받았을 때,
(   ) a. 친한 사람들과 만나 떠들며 놀고 싶어한다.
(   ) b. 혼자서 좋아하는 것에 몰입한다.

14. 나는 남들과 대화할 때,
(   ) a. 화제를 이것저것 바꾸며 말한다.
(   ) b. 한 번에 한 가지 주제로 말한다.

15. 내가 좋아하는 직업들은,
(   ) a. 배우, 사회운동가, 대중연설가, 영업사원, 기업가, 경영자
(   ) b. 교육자, 건축가, 엔지니어, 예술가, 회계사, 연구원

16. 나는 대개의 경우,
(   ) a. 사색적이기 보다 현실적이다.
(   ) b. 현실적이기 보다 사색적이다.

17. 내가 주로 좋아하는 사람은,
(   ) a. 분별력이 있는 사람이다.
(   ) b. 상상력이 풍부한 사람이다.

18. 나는 일상적인 일을 할 때,
(   ) a. 일반적인 상식을 따른다.
(   ) b. 나 자신의 방식대로 한다.

19. 나는 말할 때 주로,
(   ) a. 눈에 보이는 대로 말한다.
(   ) b. 머릿속에 연상되는 것을 말한다.

20. 일반적인 상식에 대해,
(   ) a. 거의 의문을 갖지 않는다.
(   ) b. 가끔 의문을 갖는다.

21. 나는 남을 볼 때,
(   ) a. 그 사람의 유능한 점을 본다.
(   ) b. 그 사람이 사물을 어떻게 보는가를 본다.

22. 나는 무엇을 결정할 때,
(   ) a. 사실에 의해 판단한다.
(   ) b. 원칙에 근거하여 판단한다.

23. 내가 좋아하는 것은,
(   ) a. 독창적인 것보다 현실적인 것이다.
(   ) b. 현실적인 것보다 독창적인 것이다.

24. 내가 좋아하는 글은,
(   ) a. 전기나 다큐멘터리, 신문기사, 성공담이다.
(   ) b. 소설이나 시, 수필이다.

25. 나는 지금 이 시점에서,
(   ) a. 과거의 일을 자주 떠올린다.
(   ) b. 미래를 자주 생각한다.

26. 내가 사용하는 말은,
(   ) a. 내 생각을 상대에게 전하기 위한 도구이다.
(   ) b. 아름다움을 표현하기 위한 수단이다.

27. 탐스러운 귤을 바라볼 때 먼저 떠오르는 생각은,
(   ) a. 비타민이 많아 건강에 유익하고 맛있는 과일이다.
(   ) b. 귤을 좋아하던 사람이나 처음 먹었을 때를 떠올린다.

28. 나는 사람을 대할 때 주로,
(   ) a. 그 사람의 외모나 말씨 등을 자세하게 본다.
(   ) b. 그 사람이 가지고 있는 어떤 분위기가 특징을 본다.

29. 나 자신이 가치 있다고 느낄 때는,
(   ) a. 현실에 대한 판단력과 감각이 뛰어난 것을 확인할 때이다.
(   ) b. 생생한 상상력과 감수성이 뛰어난 것을 확인할 때이다.

30. 내가 주로 좋아하는 직업군은,
(   ) a. 경영자, 은행가, 경찰, 행정가, 군인, 교사, 무역상이다.
(   ) b. 언론인, 디자이너, 학자, 철학자나 심리학자, 성직자이다.

31. 나는 어느 쪽에 더 영향을 받는가?
(   ) a. 원칙, 법칙 등의 정해진 규칙
(   ) b. 감정, 나의 판단과 느낌

32. 남을 평가하려면,
(   ) a. 많은 사람의 의견을 종합하는 것이 중요하다.
(   ) b. 사람 보는 눈을 가진 몇몇 사람의 분석이 중요하다.

33. 나의 모습에 가까운 쪽은,
(   ) a. 분석적인 머리의 소유자
(   ) b. 따뜻한 가슴의 소유자

34. 어떤 결정을 내릴 때 대개 나는,
(   ) a. 정해진 기준에 따른다.
(   ) b. 나의 느낌과 판단에 따른다.

35. 나는 남을 많이 칭찬하는 편이다.
(   ) a. 그렇다.
(   ) b. 그렇지 않다.

36. 내가 더 좋아하는 TV 프로는,
(   ) a. 특집, 토론, 논술, 강의, 뉴스이다.
(   ) b. 영화, 자연의 신비를 다룬 기획물, 드라마이다.

37. 남들이 나를 보면,
(　　) a. 관공서 등에 근무하는 사람으로 짐작한다.
(　　) b. 자유업에 종사하는 사람으로 짐작한다.

38. 내가 말하는 태도는 주로,
(　　) a. 단정적으로 말한다.
(　　) b. 결론을 쉽게 내리지 않는다.

39. 내가 생각하는 나의 첫 인상은?
(　　) a. 차가운 편이다.
(　　) b. 따뜻한 편이다.

40. 나는 비교적,
(　　) a. 이성적이다.
(　　) b. 감성적이다.

41. 나는 일벌레처럼 일할 때가,
(　　) a. 자주 있다.
(　　) b. 거의 없다.

42. 남의 문제를 해결해 줄 때, 흥미를 느끼는 쪽은,
(　　) a. 전기료의 부당한 청구를 해결해 줄 때
(　　) b. 어떤 선물을 고를까 하는 고민을 해결해 줄 때

43. 영화를 본 후의 평가 방법은,
(　　) a. 주제나 구성, 배우 등을 따져가며 분석한다.
(　　) b. 재미있고 없고, 좋고 나쁘다는 식으로 말한다.

44. 나는 말을 할 때,
(　　) a. 낱말의 선택이 중요하다고 생각한다.
(　　) b. 내 뜻이 전달된다면 낱말은 그다지 중요하지 않다.

45. 내가 더 능력을 발휘하는 분위기는,
(   ) a. 서로 선의의 경쟁을 하는 분위기
(   ) b. 서로 협력하여 무엇을 이루어 내려는 분위기

46. 나의 일하는 형태는,
(   ) a. 미리 미리 한다.
(   ) b. 미루었다 마감 전에 한다.

47. 나는 비교적,
(   ) a. 착실한 편이다.
(   ) b. 여유가 있는 편이다.

48. 나의 생활은 주로,
(   ) a. 일과표에 따라 움직인다.
(   ) b. 자유롭게 하다가 미루기도 한다.

49. 내가 주로 많이 쓰는 단어는,
(   ) a. "확실해요 믿어줘요!"
(   ) b. "글쎄요, 좀 더 지켜봅시다."

50. 내 책상 주위는,
(   ) a. 잘 정돈되어 있다.
(   ) b. 물건들이 쌓여 있다.

51. 전통과 관습은,
(   ) a. 중요하다.
(   ) b. 벗어나야 한다.

52. 나는 걸음걸이가,
(   ) a. 빠른 편이다.
(   ) b. 느린 편이다.

53. 규칙과 제도는,
(   ) a. 조직이나 사회질서를 위해 존중되어야 한다.
(   ) b. 사람을 억압하고 불편하게 할 때가 많다.

54. 내가 좋아하는 옷차림은,
(   ) a. 단정하고 깔끔한 복장
(   ) b. 조금 느슨하며 개성적이 복장

55. 나는 대개,
(   ) a. 진지하다.
(   ) b. 쾌활하다.

56. 나는 일을 할 때,
(   ) a. 목록을 작성하며 체크한다.
(   ) b. 체크는 하지만 자유롭게 한다.

57. 티셔츠의 가장 윗단추는,
(   ) a. 채우면 단정해서 좋다.
(   ) b. 갑갑하게 느껴진다.

58. 정리가 안 된 방을 보면,
(   ) a. 짜증날 때가 많다.
(   ) b. 편하게 느껴질 때가 많다.

59. 나에게 어울리는 표현은,
(   ) a. 전통주의자
(   ) b. 자유주의자

60. 나는 주로,
(   ) a. 책임을 맡아 관리하며 판단을 잘 내린다.
(   ) b. 적응력은 있으나 우유부단한 편이다.

[성격유형검사 채점표]33)

작성요령: 각 문항에 대해 해당되는 보기, 즉 a와 b를 선택하고 그 해당란에 O표를 합니다. 아래 표의 하단에 있는 점수란에 해당되는 개수를 써넣습니다. a와 b중 더 큰 점수를 얻은 것이 당신의 선호경향입니다. 즉 1번에서 15번까지를 기록하는 첫 번째 축에서 a는 9개 b는 6개가 나왔다면 당신은 E에 속합니다. 그 선호경향에 해당하는 영문자 네 개를 가장 아래에 있는 □□□□속에 적어 넣으세요. 그것이 바로 자신의 성격유형입니다. 예를 들면, 제1축에서 E, 제2축에서 N, 제3축에서 T, 제4축에서 J가 나왔다면 당신 자신의 성격유형은 ENTJ형이 됩니다.

	a	b			a	b			a	b			a	b
1				16				31				46		
2				17				32				47		
3				18				33				48		
4				19				34				49		
5				20				35				50		
6				21				36				51		
7				22				37				52		
8				23				38				53		
9				24				39				54		
10				25				40				55		
11				26				41				56		
12				27				42				57		
13				28				43				58		
14				29				44				59		
15				30				45				60		
점수				점수				점수				점수		
기호	E	I		기호	S	N		기호	T	F		기호	J	P
	제1축				제2축				제3축				제4축	

당신의 성격유형은? □□□□

―――――――――――――――――――――
33) 김동훈, 「당신의 성격을 진단하라」 (서울: 물푸레), 71-81.

[MBTI 의 네 가지 성격 분류 기준에 대한 이해]

MBTI는 성격유형을 다음의 4가지 영역으로 나누어서 상반된 특성으로 분류하고 있다.

태 도 지 표	
I Introversion (내향형)	E Extroversion (외향형)
말하기 전 한번 더 생각함 듣기를 즐겨함 조용히 혼자 있는 시간을 즐김 떠들면 집중을 못함 극소수의 사람과 생각/감정나눔 혼자 사색/재충전 너무 나이스한 사람에 대한 의심	먼저 말한 후 나중에 사고함 낯선 사람과 쉽게 친함 가능한 많은 사람을 사귀기를 즐김 많은 사람과 이야기함으로 방법을 찾고 여러 사람과의 관계에서 활력을 얻음 눈보다는 입으로 물건을 먼저 찾음

인식기능 : 정보수집	
S Sensing/facts (감각형)	N Intuition/ideas (직관형)
오감을 통한경험과 실제중시/현실주의자 구체적인 질문에 구체적으로 답하기를 좋아함 구체적인 결과가 나오는 일을 좋아함 장래 직장/일이 어떻게 될 것인가 보다는 직장의 책상정리를 더 의미 있다고 생각 환상을 좋지 않게 여김/ 공상하는 사람을 이해하지 못함 사역에 있어서 구체적인 지시/방법 선호 말을 액면그대로 받아들임/ 사람들로부터 농담이나 진담이냐는 질문을 가끔 받음 전반적인 것보다 자신의 일에 더 관심	현실의 의미, 가능성/직관 상상을 통한 이해우선 /느낌 중시/미래지향적 한 번에 여러 개를 동시에 하는 경향 친구로부터 딴 짓/딴 생각한다고 핀잔 자세하게 말하는 것을 지겹다고 생각 이번 가계부 형편정리보다는 월급을로 무엇을 할 것인가를 생각하기를 즐김 대략적인방법 만족/ 구체적인 것을 요구하는 사람이 이해가 안 됨 말장난하기를 좋아함, 일의 연결성/상호성에 관심/의미에 중점

판단기능 : 판단의 기준	
T Thinking/Logical deciding (사고형): 2/3 남성	F Feeling/Emotional Deciding (감정형): 2/3 여성
논리적 결정을 좋아함/원인결과분석	먼저 말한 후 나중에 사고함
사람들이 좋아하는 여부보다는 이것이 공정하냐/사실이냐 여부에 관심	낯선 사람과 쉽게 친함
	가능한 많은 사람을 사귀기를 즐김
다른 사람이 간혹 차갑다는 말을 해도 자신의 공평성과 객관성에 자부심 가짐	많은 사람과 이야기함으로 방법을 찾고 여러 사람과의 관계에서 활력을 얻음
모든 사람이 화가난 상황에서도 차분함	눈보다는 입으로 물건을 먼저 찾음
사람들의 좋아함보다 의와 공평을 중요	

생활양식: 삶의 지향기준	
J Judging (판단형)	P Perceiving (인식형)
조직적 상황에 근거한 삶을 사는 사람 좋아함	즉흥적, 비조직적/사람중심
계획적인 삶을 좋아함	자유로운 삶을 좋아함
다른 사람을 주로 기다리는 편임(약속시간)	마지막까지 미루다가 막판에 함
모든 것이 제자리에 있어야 편함	정확한 계산에 관심 없음
사람들이 자기 일에 충실하면 세상이 잘 될 것이라 생각	창조성 중시
	정확하게 빈틈없이 계획하기 싫어함
깜짝 쇼를 싫어함	새로운 것을 좋아함
아침에 일어나면 모든 것이 계획된대로 될 것이라 생각함	필요할 때까지 계획하지 않음
일을 끝까지 한 번에 끝내는 것 즐김	일을 재미나게 하려함/그렇지 않으면 가치 없다고 여김
정리정돈 잘함	임기응변과 적응하는 것을 좋아함

* 가장 일반적인 유형들의 순서:

1) ENFJ 2) ESFJ 3) ENFP 4) INFJ 5) ENTJ

[MBTI 각 유형에 대한 대표적 특성이해]

1. ISTJ: 세상의 소금형

조용하고 신중한 편이다. 집중력이 강하고 매사에 철저하다. 사리분별력이 뛰어나다. 준비성이 강하여 성실한 사람으로 인식된다. 따라서 모범적이며 자주적으로 일을 처리한다. 오락을 크게 좋아하지 않으며 유머감각을 그다지 중시하지 않는다. 보수적인 성향이 강하고 반복되는 일상적인 일도 비교적 잘 참아낸다. 믿음직한 사람이다.

타인이나 자신에 대해 실수를 잘 용납하지 않는다. 따라서 다른 사람의 감정을 좀 더 배려하는 마음을 가질 필요가 있다. 또한 남과 타협하는 마음을 가져야 한다. 정확성이 요구되는 일에 강한 성격으로, 어울리는 직업으로는 사무직이나 회계, 법률, 건축, 의료분야 등이다.

2. ISFJ: 준비된 참모형

책임감이 강하고 조용하며 차분하다. 남에게 친근하고 헌신적이다. 정리정돈을 잘하고 꼼꼼하다. 따라서 사람들 사이에서 착한 사람으로 인식되며 변덕이 없고 늘 한결같다. 일을 처리할 때 분별력과 현실 감각을 가지고 임한다.

변화를 싫어하고 외모에 신경을 거의 안 쓰는 편이다. 마음의 상처를 받기 쉽고 귀가 여려 남의 말에 곧잘 흔들린다. 의료, 간호, 교직, 사무직, 사회사업 등이 어울리는 직업이다.

3. INFJ: 예언자형

매우 양심적이고 평소 타인에 대해 배려하는 편이다. 인간관계에서 변함이 없으며, 인내심이 강하다. 통찰력과 직관력이 뛰어나면서도 타인과의 화합을 추구한다. 본질적인 것을 잘 분별하며 내면의 통찰이 뛰어난 사람들이다. 말을 할 때 비유적이고 상징적인 표현을 즐긴다. 세상사에 초연하며 고독감을 즐긴다. 한곳에 몰두하여 뜻한 일을 성취하고야 만다.

현실감이 다소 결여되기 쉬우며 내적 갈등이 많다. 타인으로부터 상처 입기 쉬운 성격이다. 그러나 중후한 인격을 소유한 사람들이다. 성직, 심리학자, 상담자, 예술가, 문학가 등이 이 분야의 사람들이다.

4. INTJ: 냉철한 분석가형

가장 독립적이고 독자적 성향이 강한 형이다. 따라서 창의력이 뛰어나고 비판적이며 분석적이다. 자신이 의미 있다고 판단되는 일에 집중한다. 내적인 신념과 인내심이 강하여 뜻한 일을 성취하고야 만다. 이론적인 토론을 좋아하여 깊이 있는 대화를 잘 이끈다.

마음속에 정은 담고 있으나 잘 표현하지 못한다. 때때로 외로움을 잘 느끼고 무엇인가 의미있는 것을 추구하고자 하는 욕구가 강해 항상 부족함을 느낀다. 업무지향형이 되기 쉬우므로 인간관계에서 타인의 감정을 잘 살피려는 노력이 필요하다. 사물을 있는 그대로 보려는 노력과 좀 더 느긋함이 요구된다. 과학자, 엔지니어, 발명가, 정치가 및 철학자 등이 어울린다.

5. ISTP: 백과사전형

대체로 조용한 성품으로 삶을 관찰하고 호기심이 많다. 따라서 상황 파악을 잘 하는 편이다. 자신과 직접 관계되지 않은 일에는 쉽게 뛰어들지 않는다. 도구를 다루는 능력이 뛰어나고 적절한 모험심을 가지고 있는 사람이 많다. 추상적인 것보다는 구체적인 사실과 객관적 자료를 좋아하고 신뢰한다. 마음에 없는 말을 하지 못하는 정직성을 가지고 있다. 열심히 노력하며 절약하는 형이다.

자신과 관계가 없는 일에도 좀 더 관심을 갖고 대하려는 노력이 필요하다. 일이 눈앞에 닥치기 전에 준비하는 습관을 가져야 한다. 법률, 마케팅, 경제, 판매, 통계 등의 일에 적합하다.

6. ISFP: 성인군자형

조용하고 온화하며 다정다감하다. 남에게 매우 친절하다. 말 속에 겸손이 느껴지고, 내성적이면서도 한편 연기력이 있다. 감수성이 있어 낭만적이며, 적응력과 관용성이 뛰어나다. 화합을 중요시하므로 인간관계가 원만하다.

욕심이 없어 성취하는 일이 적은 편이다. 타인의 감정에 지나치게 민감하므로 자신의 욕구에도 충실할 필요가 있다. 작곡이나 미술 등 예술가에 잘 어울리는 성격유형이다.

7. INFP: 잔다르크형

내적 신념이 강하여 정열적이면서도 한편 낭만적이고 목가적이다. 마음의 평정을 중요시하는 편이고, 고집이 강한 편이다. 규정을 싫어하며 자유분방하다. 자신이 생각하는 의미 있는 일에 많은 것을 건다. 인간의 삶과 복지 등에 관심이 많다.

쉽게 일을 벌이는 편이므로 좀 더 현실적 감각을 갖는 습관을 기를 필요가 있다. 언어학, 문학, 상담, 과학, 예술 등에 어울리는 성격 유형이다.

8. INTP: 아이디어 뱅크형

논리와 분석력이 뛰어난 과묵한 성격이다. 문제를 해결하기 좋아한다. 개인적인 잡담보다는 분석적인 능력을 발휘할 수 있는, 주제가 있는 대화를 좋아하다. 반복적인 것을 싫어하며 지적 호기심을 충족할 수 있는 일을 선호한다. 정의감이 강한 편이다.

현실감각이 다소 부족한 편이며 사교성이 결여될 수 있다. 자신의 지적 능력을 자랑하면 교만하게 보일 수 있다. 과학자나 연구직, 그리고 수학이나 철학, 심리 등의 학문에 잘 어울린다.

9. ENFP: 스파크형

정열적이어서 항상 활기에 차 있다. 자유분방하고 상상력이 풍부하며 재능이 많다. 타인의 장점을 잘 계발하고 중재를 잘 한다. 남의 감정도 잘 살피는 형으로 한 집단의 리더로서 손색이 없다.

경제관념이 다소 약하며 감정의 기복이 심한 편이다. 일을 잘 벌이는 만큼 마무리를 깔끔하게 하려는 노력을 할 필요가 있다. 상담, 교육, 성직, 작가 등의 일이 어울린다.

10. ENTP: 발명가형

다방면에 관심과 재능이 많으며 독창적이다. 안목이 넓은 편이고 성취지향적이다. 일상적인 것과 반복적인 것을 싫어한다. 토론하기 좋아하고 독립과 자유에 대한 열망이 강하다. 사고의 순발력이 있어서 문제 해결 능력이 뛰어나다.

권위를 싫어하며 칭찬에 인색하다. 일상적인 일, 작은 일에서 행복과 의미를 찾으려는 노력이 필요하다. 발명가, 과학자, 마케팅 등에 종사하는 사람이 많다.

11. ESTP: 수완 좋은 활동가형

적응력이 강하여 현실적인 문제 해결에 능력을 발휘한다. 관용적이면서 활달하다. 호인호걸형이다. 격식을 싫어하면서도 멋을 중시한다. 감각이 발달하여 상식과 지식이 풍부하며 임기응변에도 강하다. 순발력이 뛰어나고 호기심도 강한 편이다.

인내력이 부족한 편이며 복잡한 것을 싫어한다. 남을 의식하지 않는 편이므로 다른 사람의 감정을 살펴주는 데에 관심을 가질 필요가 있다. 너무 즉흥적으로 행동하는 것도 자제하며 유익하다. 군인이나 모험가, 스포츠 계통에도 어울린다.

12. ESFP: 분위기 메이커형

주위의 분위기를 밝게 하는 사교형인 성격이다. 활동적이고 친절하며 낙천적이다. 주위에 친구가 많으며 자주 만나는 친구 역시 많은 편이다. 명랑하고 쾌활하며 감동을 잘 한다. 정이 많고 솔직하며 이야기를 잘 한다. 남에게 인정받는 일에 민감하다. 사람이나 사물에 대한 관심이 많다.

사고의 깊이가 결여되기 쉬우므로 통찰력과 직관력을 키워야 한다. 일을 하면 마무리를 잘 하도록 주의를 기울일 필요가 있다. 판매, 유통업, 유흥업 등에 어울린다.

13. ENFJ: 언변 능숙형

사교성과 정서, 동정심이 풍부하다. 마음이 따뜻한 성격 유형이다. 정열적이면서도 책임감이 강하여 어떤 집단에서 능력을 발휘한다. 다른 사람들의 주장에 동조하면서 공동의 이익을 위해 애쓴다. 타인에 대한 깊은 관심과 충성심이 있다. 계획을 잘 세워 미래지향적인 일을 잘 기획한다. 타고난 교사형이라 할 수 있다.

맹목적인 충성심은 잘 조절할 필요가 있다. 다른 사람들도 자기와 같을 것이라는 생각을 하기가 쉬운 유형이다. 교직, 성직, 심리, 상담, 예술, 외교 등의 분야에서 능력을 발휘하는 경우가 많다.

14. ENTJ: 지도자형

통솔력과 설득력이 있어서 남을 잘 이끄는 사령관형이다. 열정적이면서 단호하고 철두철미하다. 거짓을 싫어하는 성격이면서 한편 비약이 심한 경우도 종종 있다. 새로운 아이디어를 창출하여 철저한 계획을 세워 조직적으로 잘 처리한다.

감정표현이 약하므로 자신의 솔직한 욕구에 귀를 기울일 필요가 있다. 타인의 의견도 중시하는 마음의 자세를 가져야 한다. 장교, 사업가, 정치가 등이 이 유형에 어울리는 직업이다.

15. ESTJ: 사업가형

현실적이고 사실적인 것을 선호하는 성격유형이다. 따라서 구체적인 일을 잘 조직화하고 주도해 나가는 지도력이 있다. 사업체나 단체를 조직적으로, 체계적으로 이끌어간다. 미래의 가능성이나 추상적인 기대보다는 현재의 사실을 추구하므로 실용적 정신이 강하다.

정서적인 부분이 약하며 완벽주의적 경향이 있다. 한 가지 일에 지나치게 몰두한다. 분위기 파악에 둔감하다. 일보다는 사람, 성취지향성보다는 관계 지향성에 주의할 필요가 있다. 사업가, 행정관리, 생산, 건축 등에 어울린다.

16. ESFJ: 친선도모형

타고난 협력자로서 마음이 따뜻하며 친절하다. 동정심이 많고 양심적이어서 집단에서 인화를 잘 이루어 나간다. 파티나 모임을 좋아하며 그런 곳에서 이야기하기를 즐긴다. 남의 칭찬에 민감한 경우가 많다.

문제나 사건 앞에서 냉철한 입장을 잘 표명하지 못한다. 반대 의견에 부딪치거나 자신의 요구가 거절당했을 때, 마음을 의연하게 가져서 상처를 받지 않도록 애쓸 필요가 있다. 교직, 성직, 판매직, 의료직, 간호사 등이 이 성격 유형에 어울리는 직종이다.

제5장 목회리더십과 자기 관리(I): 시간관리(Time Management)

1. 시간관리의 이해

1) 리더십에서의 시간 이해

시간은 리더십에서 추구하는 효율성과 목표달성의 기준을 제공하는 가장 중요한 요소이다. 시간도 다른 경영자원들과 같이 관리의 대상이다. 지금은 작고한 세계적 경영학자 드러커(Peter Drucker)는 "시간은 경영자에게 가장 중요한 자원"이라고 강조한다.1) 이러한 시간은 여러 자원들 중에서도 매우 독특한 성격을 지니고 있다. 드러커는 이러한 시간의 독특한 성격에 관하여 다음과 같이 설명하고 있다: 수요가 아무리 커도 공급이 증가하지 않는 완전히 비탄력적인 자원, 빌리거나 고용하거나 구매하거나 할 수 없는 자원, 아무리 사용하여도 만족함이 없는 끝없이 필요한, 한계효용체감의 법칙이 적용되지 않는 자원, 저장될 수 없고 쓰든 안 쓰든 사라져버리는 자원이기에 공급이 절대적으로 모자라는 자원, 끝으로 대체제가 없는 자원이자 모든 일에 소요되는 유일무이한 자

---

1) 고바야시 가오루, 「피터 드러커의 리더가 되는 길」, 남상진 역 (서울: 청림출판, 2004), 119

원.2) 이에 더하여 시간은 또한 빈부귀천에 상관없이 동등하게 주어지는 자원이기에 시간 사용의 출발점은 누구나 동등하고 평등하다. 그러나 시간이란 자원을 각자가 어떻게 사용하는가에 따라 그 결과는 매우 다르게 나타난다. 뛰어난 업적을 이뤄낸 성공한 사람들에게서 발견되는 공통적 요소들 가운데 하나는 효율적 시간관리이다.3)

엄밀히 말해 시간이 지닌 독특성으로 인해 시간을 '관리'(manage)할 수는 없다. 단지 주어진 시간을 어떻게 효율적으로 사용하는가가 시간관리의 핵심 내용이다.4) 시간관리는 이미 오래 전부터 개인과 조직의 생산성 향상을 위해 도입되고 실행해온 것이지만 특히 21세기 지식정보화 사회에서는 시간관리의 초점이 '스피드'와 '타이밍' 그리고 '우선순위'결정에 맞춰지고 있다. 경영관리에서 사용하는 간트 차트(Gantt Chart)5)나 PERT(Program Evaluation and Review Technique)6) 등의 도표들도 효율적인 시간관리(공정의 진척)를 위해 고안되었으며. 이러한 도표들의 지향점은 효율적인 시간관리의 극대화이다.

목회사역 영역 역시 이러한 시간관리에서 예외가 될 수 없는 영역이다. 그러나 성서적 관점에서 본 시간에 대한 이해는 일반 비기독교적 관점과는 다르다. 시

---

2) Peter F. Drucker, *The Effective Executive* (New York: Harper Colophon Books, 1985), 26; Speed B. Leas, *Time Management: A Working Guide for Church Leaders* (Nashville: Abingdon, 1978), 15.
3) 성공한 사람들에게서 발견되는 공통적 특징 다섯 가지는 다음과 같다: 1) 목표 지향적(Goal-Directed)이며, 2) 적극적인 사고(Positive-Directed)의 소유자이며, 3) 자기 동기부여(Self-Motivated)를 잘하는 사람이며, 4) 시간관리를 잘 하는(Effectively Manage Their Time)사람이며, 5) 돈을 요령 있게 쓰는(Master at Managing Money)사람이다.
4) Leas, *Time Management*, 15.
5) 미국의 간트(Henry Gantt)가 1919년 창안한 관리 도표로 작업계획과 작업실적을 비교해 작업진도를 관리·통제하는 진척관리에 이용된다. 간트 차트는 한 축에 시간의 흐름을 표시하고 다른 한 축에 생산 사이클에서 요구되는 과업들을 표시, 전체 생산공정의 일정계획을 수립할 수 있고 핵심과업이나 지체작업을 손쉽게 파악할 수 있다. Peter F. Drucker, *Management: Tasks, Responsibilities, Practices* (New York: Harper & Row, 1974), 200.
6) 간트 차트에서 발전된 업무진척관리도표로서 공사를 진행하기 위한 계획을 작성할 때 어떠한 방법과 어떠한 공정의 진전 방법을 이용해야 인원이나 자재의 낭비를 막고 공정기간을 단축할 수 있는지를 밝히는 공정관리기법으로, 작업순서나 작업이 진행된 정도를 한눈에 알 수 있도록 작성하는데 이것은 공사일정이나 납기를 산출하는 데 자주 이용된다. "PERT,"「시사상식사전」(서울: 박문각, 2013); Drucker, *Management*, 182.

간관리에 관한 성서적 이해는 다음과 같다.

2) 시간의 성서적 이해

시간의 성서적 이해는 무엇보다 우선순위와 분배의 측면에서 교훈을 주고 있다. 이러한 시간관리에 관련된 성서적 원리는 대체로 다음과 같이, 시간의 소유주, 우선순위, 시간 사용의 태도, 이 세 가지로 요약하여 찾아볼 수 있다.

첫째, 시간의 소유주는 하나님이다. 시간을 소유하고 부여하시는 분은 하나님이시다. 시편 118:24, "이 날은 여호와께서 정하신 것이라"(This is the day the LORD has made, NIV), 누가복음 12:19-20, "내가 내 영혼에게 이르되 영혼아 여러 해 쓸 물건을 많이 쌓아 두었으니 평안히 쉬고 먹고 마시고 즐거워하자 하리라 하되 하나님은 이르시되 어리석은 자여 오늘 밤에 네 영혼을 도로 찾으리니 그러면 네 준비한 것이 누구의 것이 되겠느냐 하셨으니."

둘째, 시간은 전적인 하나님의 선물(은혜)이며 인간은 하나님으로부터 받은 은혜와 선물인 시간에 관해 청지기로서의 책임이 있다. 시간은 하나님께서 모든 사람에게 주신 선물이며 은혜이다. 시간은 우리가 노력하여 얻을 수 있거나, 받을 자격이 있거나, 선택하거나 심지어 포기하는 대상이 아니다. 이러한 시간의 청지기로서의 첫 번째 책임은 시간을 먼저 하나님의 나라와 의를 구하는데 사용해야 한다는 것이다. 예수님은 시간관리에서 무엇보다 우선순위에 관하여 가르침을 주고 계신다. "너희는 먼저 그의 나라와 그의 의를 구하라 그리하면 이 모든 것을 너희에게 더하시리라"(마 6:33).

셋째, 시간을 지혜롭게 사용해야 한다. 오늘날 우리가 사는 시대가 악하므로 지혜롭게 행해야 한다. 사도 바울은 '그런즉 너희가 어떻게 행할 것을 자세히 주의하여 지혜 없는 자 같이 말고 오직 지혜 있는 자 같이 하여 세월을 아끼라 때가 악하니라(엡 5:15-16)고 시간관리에 있어서 관리의 측면을 언급하고 있다. 공동번역은 이 구절을 다음과 같이 번역하고 있다. "그러므로 여러분은 어떻게 처신해야 할지 깊이 생각해서 미련한 자처럼 살지 말고 지혜롭게 사십시오. 이 시대는 악합니다. 그러니 여러분에게 주어진 기회를 잘 살리십시오." 즉, 비탄력적이고도 한계효용이 없는 끝없이 필요한 시간, 그러나 모두에게 주어진 한정된 시간을 어떻게 효율적으로 사용할 것인지에 관하여 가르침을 주고 있다. 그런데 이러한 효율적 시간 사용을 방해하는 것이 다음에서 언급된 시간에 대한 잘못된 생각이다.

3) 시간에 대한 잘못된 이해

시간에 대해 흔히 가지게 되는 잘못된 생각은 다음과 같다. 첫째는 '언젠가는 많은 시간을 갖게 될 것이다'라는 생각이다. 흔히 사람들이 경제적 어려움에서 벗어나 언젠가 부자가 될 수 있다는 꿈을 꾸는 것과 마찬가지로, 지금은 바쁘지만 언젠가는 쓰고 남을 정도로 많은 시간을 갖게 될 거라고 생각한다. 가령 어떤 일로 바쁠 때, 혹은 어떤 것을 배울 필요가 있다고 느낄 때 우리는 스스로에게 이렇게 말하며 자기 합리화를 시도한다. "다음 달쯤 조금 한가해지면 그때 하지 뭐" 혹은 "영어야 이번 프로젝트 끝나고 조금 한가해지면 배우지 뭐" 등이 그것이다.

하지만 지금 바쁜 것은 지금의 일을 하기 위해 다른 일을 포기한 것을 의미할 뿐, 그 하지 않은 다른 일이 시간이 정지한 채로 남아 있는 것은 아니다. 하지 않은 일은 다만 하지 않은 일로만 남아 있는 것이지 그 일을 할 수 있는 시간까지 함께 남아있지는 않다. "시간이 되면 하면 되겠지"란 기대를 가지는 것은 대체로 이미 선택한 결정을 자기 스스로 정당화하기 위한 구실인 경우가 많다. 지금 선택한 이 일이 끝나면 동시에 할 수 없었던 다른 일도 할 수 있는 충분한 시간이 제공되리라는, 내게는 더 많은 시간이 주어질 것이라는 착각이 시간에 대한 잘못된 생각이다.

둘째는, 시간을 아껴서 따로 가질 수 있다는 착각이다. 즉, 어떤 시간을 단축한 경우에 그 시간이 우리를 위해 또 쓰일 수 있다는 착각이 그것이다. 돈은 아껴두면 나중에 그것을 사용할 수 있는 기회가 올 때 사용할 수 있다. 하지만 시간은 줄였다고 하여 그 시간을 따로 떼어놓고 후일에 꺼내어 쓸 수 있지 않다. 열심히 하여 어떤 일을 끝마치는데 걸리는 시간이 예상보다 단축되었다고 하자. 그렇다고 그 단축된 시간이 따로 저축될 수는 없다. 단지 단축된 만큼 남은 시간에 또 무엇을 하느냐가 시간을 잘 관리하느냐의 여부를 결정하게 된다. 만약 시간이 단축된 만큼 그 '시간이 남았다'고 허비한다면 허비한 그 순간에 이미 자신이 절약한 시간은 없어지고 만 것이다. 시간을 절약하면 그 절약만큼의 분량에 의미 있는 내용을 채워 넣거나 하는 것이 제대로 시간을 아끼는 방법이다.

다른 모든 것과 마찬가지로 시간도 그 값어치를 알고 인정할 때, 우리에게 의미 있는 무엇이 된다. 따라서 어떤 사람에게나 공평한 시간이지만 시간관리를 제대로 할 경우는 공평할 것이지만, 시간관리에 문제가 있을 경우는 전혀 공평하지 않을 수 있다. 따라서 시간관리에 문제를 일으키는 원인을 파악하고 이해하는 일이 효율적인 시간관리를 위해 필요하다고 할 수 있다.

2. 시간관리 문제의 원인

시간을 관리하지 못하는 이유는 여러 가지가 있을 수 있다. 이러한 효율적이지 못한 시간관리 문제의 주요원인에 대해 목회사역에서의 스트레스 연구 전문가인 리즈(Leas)는 다음의 네 가지를 대표적으로 꼽고 있다: 끊임없이 쫓기듯이 바쁜 강박적 태도(compulsiveness), 만성적으로 모든 일을 미루는 태도(procrastina-

---

7) Leas, *Time Management*, 16.

tion), 역할 혼란 또는 역할 갈등(role conflict), 과업에 적합하지 않은 시간배분(not enough to do).7)

1) 시간과 일에 대한 강박적 태도

업무의 양과 관련된 시간사용의 문제는 크게 두 가지이다. 한 가지는 시간에 적합하게 충분히 일하지 않는 것이고, 다른 하나는 한정된 시간에 너무 많은 일을 하는 것이다. 이 두 가지 경우에서 시간관리에 관하여 도움을 받고자 애쓰는 쪽은 한정된 시간에 너무 많은 일을 하려고 하는 쪽이다. 대체로 목회사역에서 시간과 관련된 문제가 많은 쪽도 바로 너무 많은 일을 하는 경우나 강박적으로 일하는 경우이다.8) 사실 목회사역에서의 노력이나 시간투자는 목회사역의 효율성과 관련이 없다. 종종 성서에 나타난 하나님의 사역에서의 상급(혹은 결과의 보상)은 업무에 쏟은 시간의 양과 관련이 없음을 볼 수 있다.9)

사실 대부분의 목회자는 일반 사람들보다 더 많은 시간을 사역에 쏟고 있다.10) 그럼에도 불구하고 많은 사역자들이 자신들이 여전히 사역에서 필요로 하는 만큼 적절하고도 효과적으로 일하고 있지 못하다고 생각하고 있으며 그렇기에 자신감을 잃어가고 있으며 가족에게 죄책감을 느끼며 상당한 스트레스를 가지고 생활하고 있다.11) 이러한 상황은 목회자들을 쉽게 강박적인 경향에 노출되게 만든다.

---

8) Ibid., 21.
9) 마 20:1-16의 포도원 주인과 품꾼의 비유에 이 사실이 잘 나타나 있다.
10) 1950년대 중반의 한 조사는 목회자가 하루에 평균 약 10시간 가까이 일한다고 보고하고 있으며, 1960년대 말의 한 보고서는 목회자의 근로시간이 한 주일 평균 약 67시간에 이른다고 보고하고 있고, 최근 1991년도 풀러 신학교의 조사는 목회자 중 90%는 1주일에 평균 47시간을 일한다고 보고하고 있다. Samuel Blizzard, "Russell Dage Foundation Report," *The Christian Century*, vol. 15 (April 1956), 509; Calhoun W. Wick, *The Management Side of Ministry* (Toledo: Wick Press, 1968), 12-3.
11) http://www.usaamen.net/news/board.php?board=news&command=body&no=1306&page=100, 2013년 7월 11일 접속.

시간관리에서 강박적 태도는 다음이 주요 원인이 되는 경우가 많다: 첫째, 일을 하지 않을 경우 찾아오는 막연한 불안이나 불편함, 둘째, 실패에 대한 불안감, 셋째, 사람들과의 친밀감이나 관계형성에 대한 불편함, 넷째, 아무것도 하지 않고 혼자 있는 것에 대한 불안감, 다섯째, 자신의 가치나 정당성의 우위를 얻기 위해, 여섯째, 어릴 적부터 들어와서 뇌리에 박힌 '금지'나 '권고'의 영향.12)

이러한 시간에 대한 강박적 태도를 완화하는 방법으로는 첫째, 스케줄을 짤 때 반드시 휴식과 여가를 계획 속에 넣어서 실행하라. 둘째, 작업이나 일과는 상관없는 동떨어진 활동이나 모임을 만들어서 참가하라. 셋째, 자신의 강박적인 일과 시간에 대한 이유가 어떤 비합리적이고 비이성적인 불안감으로 인한 것인지를 생각해 적어보라. 넷째, 자신의 강박적인 시간과 일에 대한 태도에 도움을 줄 수 있는 신뢰할 만한 친구나 멘토의 도움을 받으라. 다섯째, 하루 일과 중 규칙적으로 몇 차례 모든 일을 멈추고 가만히 묵상하는 시간을 가지라.13)

2) 일을 미루는 습관

일을 미루는 습관의 원인은 여러 가지가 있다. 이 가운데서 대표적인 여섯 가지를 살펴보면 다음과 같다.14) 첫째, 자신감의 부족이다. 이는 실패의 두려움이나 성공하지 못할 것에 대한 두려움으로 자신이 그 일을 해결하기에 부적당할 경우 일의 실행을 미루게 된다. 둘째, 문제 파악이 되지 않을 때이다. 일반적으로 일을 잘 미루지 않더라도 자신이 해결해야 할 문제를 제대로 파악하지 못할 경우 그 일의 실행을 미루게 된다. 셋째, 잊어버림이다. 종종 무의식적으로 싫어하는 일의 경우 사

---

12) Leas, *Time Management*, 26–30.
13) Ibid., 30–41. 묵상의 방법으로는 여러 가지가 있으나 대체로 다음의 순서를 따르면 도움이 된다. 첫째, 조용한 환경을 찾거나 만들라. 둘째, 묵상의 대상(기도, 말씀, 새겨야 할 일 등등)을 정하라. 셋째, 편안한 자세를 취하라. 넷째, 그냥 머리 속에 묵상 내용만 지니고 시간이 다 할 때까지 가만히 생각이 흘러가도록 두라.
14) Greg Asimakoupoulos, John Maxwell, and Steve Mckinley, 「효과적인 시간관리」, 노진준 역 (서울: 은성, 1995), 40–4; Leas, *Time Management*, 42–55.

람들은 그 일을 잘 잊어버린다. 어떤 특정 분야의 일을 잘 잊어버릴 경우, 왜 그런지를 생각해보고 직면할 필요가 있다. 넷째, 스트레스를 많이 받는 특정 업무이다. 사람들이 일반적으로 하기를 싫어하는 스트레스를 많이 받는 문제로는 금전적인 문제, 직면하는 일 그리고 미래 계획 수립을 들 수 있다. 다섯째, 한꺼번에 너무 많은 일을 할 경우이다. 여섯째, 동기의 부족이다. 즉, 하고자 하는 동기가 결여될 경우 일을 미루게 된다.

3) 역할 갈등

역할 갈등은 정해진 시간에 일하는 사람들로 하여금 선택과 집중이라는 실행의 중요한 과정을 어렵게 만든다. 목회자의 시간관리를 방해하는 요인 중의 하나는 목회가 역할 갈등을 일으키기 쉽기 때문이다.

(1) 역할갈등에 취약한 목회사역의 특성

목회자가 역할갈등에 빠지기 쉬운 이유는 다음과 같은 목회사역이 지닌 몇 가지 특징에서 기인한다. 첫째, 목회자는 자신의 일정과 시간을 자기 자신이 짠다. 업무의 설정과 과정 및 업무달성 시점의 설정 등을 자신이 스스로 정하기에 시간관리가 자칫 소홀하기 쉽다. 둘째, 목회사역을 감독하거나 지도할 사람이 없다. 목회자의 업무 진행 정도를 객관적으로 보고 알려주거나 수정해 줄 사람이 없다. 셋째, 목회사역에 대한 암묵적 기대와 목회사역 현장의 상황의 차이가 있다. 목회사역의 성격상 교인들의 기대와 목회자 자신이 지닌 역할의 이해 및 역할 수행정도의 설정 그리고 목회자 자신의 능력의 정도에서 차이가 있음으로 인해 문제가 발생할 여지가 많다. 넷째, 목회사역은 그 어떤 직업의 영역보다 다양하고 광범위한 준비와 기법을 필요로 한다. 다섯째, 목회사역은 동료와의 협업이 거의 없고 이에 따라 동료의 피드백이 없기에 본인의 시간관리를 인지하기 쉽지 않다. 여섯째, 목회사역은 공적인 일과 개인적인 일, 일과 휴식, 직장과 가정 등의 구분이 명확하지 않아 스트레스의 해소와 일로부터의 심리적 분리가 쉽지 않다. 일곱째, 목회사역은 일일 달성 과업의 측정이 어렵고 이에 따라 일의 수행에 따른 성취감을 느끼기 어렵다. 여덟째, 목회사역은 다른 직업과는 달리 일반 사람들이 이해하기 어려운 영역이므로 사람들로부터 자신들의 일을 인정받거나 수고에 따른 인정받음이 어렵다.15) 사실 이러한 시간관리에 문제를 일으키는 역할 갈등에 취약한 또 다른 일은 가사노동이다.

(2) 시간관리에 영향을 미치는 역할갈등의 문제들

시간관리를 비효율적으로 만드는 목회사역에서의 역할갈등은 크게 세 가지이다. i) 우선순위 선정의 어려움이다. 우선순위 선정에서 어려움이 있는 이유는 다음과 같다. 첫째, 중요한 일에 대한 선택의 기준이 다르다. 설교 준비, 상담, 애경사 심방요청, 행정과 사무의 결정 및 결재에 소요될 시간의 양을 고려하여 우선순위를 정한다. 둘째, 우선순위에 소요되는 시간배분에 관하여 목회사역과 관계된 사람들의 생각이 서로 다르다. 셋째, 우선순위에 사용되는 시간의 양에 있어서의 목회자 개인의 교육정도와 경험, 선호도에 따라 차이가 있다. ii) 목회사역과 다른 영역(가족, 취미, 건강)의 일을 구분하기 어렵다. iii) 행정과 사무에 많은 시간을 보내는 것이다. 회의와 의논과 보고서 작성 및 각 부서에 필요한 인력의 충원과 훈련 및 배치 등이 이에 속한다.

(3) 역할갈등의 예방 및 해결 방안

효율적 시간관리를 위한 역할 갈등의 예방 및 해결방안은 다음과 같이 크게 세 가지를 들 수 있다. 첫째, 자신이 현재 하고 있는 시간관리 습관의 분석이다. 즉,

---

15) Leas, *Time Management*, 56-7.

현재 자신이 일상적으로 하고 있는 일과 그에 소요되는 시간 사용의 점검이 그것이다. 이 부분은 다음에 제시할 시간관리 습관의 분석 내용이 도움이 된다. 둘째, 가까운 사람(배우자)으로부터 자신의 시간 사용에 관하여 피드백을 받는다. 자신의 배우자에게 자신의 현재 시간관리의 배분상태에 관하여 물어본 후, 자신이 기록한 시간관리 습관분석표를 가지고 배우자가 생각하는 것을 함께 나눈다. 셋째, 가까운 신뢰그룹의 평신도 리더들이나 사역자 그룹에게 사역에서의 우선순위의 기대와 시간배분에 관한 피드백을 받도록 한다. 이때 사용할 수 있는 방법으로는 우선 목회자 자신이 목회사역에서 중요하다고 생각하는 목회자의 역할을 5~12개 정도를 카드에 각각 한 개씩 적고 참석한 사람들에게 모두 5~12개의 카드를 나누어 준 후(반드시 빈 카드와 함께), 그들이 생각하는 가장 중요하다고 생각하는 역할을 가장 위에 놓고 그 다음 중요한 역할을 그 밑에 놓도록 하여 이러한 방식으로 순서에 따라 자신들의 카드를 순서대로 놓도록 한다. 이때 사람들이 자신들이 생각하는 중요한 역할이 기록 항목에서 빠져있다고 생각한다면, 빈 카드에 기입하도록 한다.16) 이렇게 해서 나온 결과를 기록한 결과를 가지고 조사 대상이었던 사람들과 목회자는 서로의 생각을 나누어보도록 한다.

끝으로 이렇게 나온 결과를 바탕으로 목회자는 자신의 우선순위를 선택하고 그 선택된 우선순위에 시간을 배분하는 계획을 수립한다. 이때 일반적으로 20/80 법칙으로 알려져 있는 이탈리아 사회경제학자 파레토(Vilfredo Paretor, 1848~1923)가 발견한 '파레토원리'(the Pareto Principle)가 도움이 된다. 파레토 원리는 '우리 삶에서 시간, 에너지, 금전, 인적자원을 우리 삶의 우선순위의 20%에 쏟을 경우 이 20%의 우선순위가 삶에서 80%의 결과를 가져온다'는 것이다. 즉, 2080법칙은 우리 사회에서 일어나는 현상의 80%는 20%의 원인으로 인하여 발생

---

16) Ibid, 71-4; Lyle Schaller, *The Pastor and the People* (Nashville: Abingdon, 1973).

한다는 주장이다.17) 따라서 제한된 시간을 효율적으로 사용하는 방법은 이 법칙을 목회사역 시간배분에 적용하여 상위의 우선순위들을 선택하고 이에 시간배분을 충분히 하여 실행하는 계획을 세우도록 한다. 이에 더하여 고려할 사항은 개인의 생체리듬 및 건강상태와 단기계획 달성점검 및 장기계획을 위한 계획수립이다.

4) 부적절한 시간 배분

시간관리에 문제를 일으키는 또 다른 원인은 부적절한 시간 배분이다. 이에는 두 가지가 있다. 첫째는 과업에 충분하지 않은 시간의 배분이고, 둘째는 시간을 낭비하는 부적절한 과업의 양이다. 과제를 위한 충분하지 않은 시간은 사람들로 하여금 주어진 일을 해내지 못하게 만들고, 주어진 시간에 걸맞지 않은 충분한 시간은 사람들로 하여금 효율성의 저해와 일에서의 도전정신과 성취감을 감소시킨다.18)

따라서 부적절한 시간 배분의 문제를 해결하기 위하여 다음의 사항을 지키도록 하면 도움이 된다. 첫째, 미리 상당한 시간 여유를 가지고 시간계획을 작성할 필요가 있다. 예를 들면, 1년의 계획은 그 해 하반기부터(7월 정도) 계획하며, 1달 계획은 그 전달 25일 쯤에는 완성되도록 하며, 1주 계획은 그 전주 금요일에는 세워져 있어야 하며, 하루 계획은 그 전날 일을 끝마치면서 다음 날 할 일들에 관해 계획이 세워져 있는 것이 좋다. 둘째, 제한된 시간 내에 할 수 있을 일의 70~80% 정

---

17) John C. Maxwell, *Developing the Leader Within You* (Nashville: Thomas Nelson, 1993), 20; Leas, *Time Management*, 75; "2080법칙," 「네이버지식백과」, 2013년 7월 15일 접속. 이러한 파레토의 경험법칙은 루마니아 출신의 경영 컨설턴트인 주란(Joseph Moses Juran, 1904~2008)에 의해 일반화됐다. 주란은 20%의 주요문제를 해결하면 나머지 80%는 저절로 해결된다는 '주요한 소수와 사소한 다수(the vital few and the trivial many)'라는 주장을 펼쳤다. 여러 통계자료를 분석한 결과를 바탕으로 발견한 2080법칙의 예들은 다음과 같다. '20%의 고객이 백화점 전체 매출의 80% 차지', '20%의 기업구성원이 전체 업무의 80% 수행', '20%의 기업 핵심제품이 기업 전체 매출의 80% 차지', '20%의 범죄자가 전체 범죄자의 80%를 차지', '20%의 옷이 평소 즐겨 입는 옷의 80%에 해당' 등이 있다. 2080법칙을 가장 많이 활용하는 것은 마케팅 분야로, 매출의 대부분을 차지하는 상위의 소수 소비자들을 공략하는 VIP 마케팅 전략을 구사하는 예가 많다.

18) Leas, *Time Management*, 90.

도만 계획해 예기치 못한 일에 대한 대비를 하라. 셋째, 미완수한 일은 다음 계획에 포함시켜야 한다.19)

3. 시간관리 계획

이상에서 살펴본 시간과 관련된 부적절한 관리로 인한 문제를 해결하고 효율적인 시간관리를 하기 위한 노력에서 가장 중요한 일은 '시간관리계획'이라고 할 수 있다.20) 일반적으로 시간관리계획은 다음의 다섯 단계를 거친다: 1단계-필수적 일의 파악, 2단계-시간관리 습관분석, 3단계-시간계획표 작성, 4단계-진척정도의 평가, 5단계-시간관리를 습관화함. 각 단계를 살펴보면 다음과 같다.

1) 1단계: 필수적인 일의 파악
필수적인 일이 어떤 것인가를 파악하는데 도움이 되는 질문은 다음과 같다: 1) 다른 사람이 해야 할 일을 내가 하고 있는가? 2) 나는 시간을 허비하거나 부차적인 일에 시간을 쓰기 때문에 일이 지연되는 것은 아닌가? 3) 나나 다른 사람이 할 필요가 없는 일을 하고 있지 않은가?21) 이러한 질문과 함께 필수적인 일의 파악을 위하여 다음과 같은 중요도와 시급함에 따른 일의 네 가지 기준이 도움이 된다.22)

(1) 중요하면서도 시급한 일(important and urgent)(I-Q): 대개 문제가 되고

---

19) 유성은, 「리더는 시간을 이렇게 쓴다」,(서울: 21세기 북스, 1994), 72-3.
20) Mark Short, 「목회자 타임테크」, 박두헌 역 (서울: 토기장이, 1994), 35-42; Asimakoupoulos 외, 「효과적인 시간관리」, 106-22.
21) 유성은, 「리더는 시간을 이렇게 쓴다」(서울: 21세기북스, 1994), 62-3.
22) 명성훈, 「창조적 리더십」 (서울: 서울서적, 1991), 190-3.

있는 심각한 일 즉 위기를 말한다. 목표일이 다가오거나 포기할 수 없이 꼭 해야 하는 일, 즉 설교, 심방 등과 같은 일이다. 이런 일에만 몰두하면 스트레스가 쌓이고 여유가 없어 지치고 피곤한 마음으로 탈진하게 된다.

(2) 중요하지만 시급하지 않은 일(important but not urgent)(II-Q) : 주로 예방적인 일이다. 미래를 위해 자기를 개발하는 일, 인간관계의 개선, 말씀 읽기, 독서, 기도, 건전한 휴가를 가지는 일이다. 효과적인 리더는 이 분야에 많은 관심을 가지고 시간 보내기를 좋아한다. 이 일에 많은 시간을 보내는 자는 균형적인 생활을 하기 때문에 생활에 위기가 거의 닥치지 않는다.

(3) 중요하지는 않지만 시급한 일(not important but urgent)(III-Q) : 예정 없는 방문, 전화 또는 우편물, 각종 회의 참석과 보고 등과 같은 일이다. 많은 사람의 주목을 받고 상당히 바쁜 것 같지만 유익과 효과는 별로 없는 일들이다. 단기적인 일에만 몰두, 피상적인 인간관계 안에서 자주 자신이 희생당하고 있다고 느끼게 된다.

(4) 중요하지도 않고 시급하지도 않은 일(IV-Q) : 아무 생산성 없이 바쁘기만 한 일들이다. TV 보기 등이 이에 속한다. 결론적으로 효과적인 리더는 I-Q(중요하면서도 급한 일)의 일을 잘 처리하면서도 II-Q(급하지는 않지만 중요한 일)에 많은 관심을 가지고 시간을 활용하는 사람이다.

2) 2단계 : 시간관리 습관의 분석

(1) 시간관리 점검 방법
두 번째 단계는 현재 자신의 시간관리를 분석하는 단계이다. 이 단계에서 다음에 있는 <시간관리 자기 점검표>와 몇 가지 구체적 시간사용 점검방법이 도움이 될 것이다.

<시간관리 자기 점검표>23)

다음의 시간관리 습관에 관한 질문에 'O'와 'X'로 답하시오.

1. 나는 규칙적으로 해야 할 목록들을 적는다. ( )
2. 나는 내가 세운 목표들을 분명하게 적어 놓는다. ( )
3. 나는 탁상 업무 일지를 쓴다. ( )
4. 나는 주머니용 수첩을 항상 가지고 다닌다. ( )
5. 나는 항상 한꺼번에 일을 한다. ( )
6. 나는 '막다른 골목'은 피한다. ( )
7. 나는 긴급한 때를 위해 내 스케줄 중에서 충분한 시간을 비워둔다. ( )
8. 나는 최선을 다해 일할 바로 그 때를 알고 있다. ( )
9. 그 시간에 내게 가장 중요한 임무를 파악하고 계획한다. ( )
10. 나는 내 파일들에서 필요한 항목들을 재빨리 찾아낼 수 있다. ( )
11. 내 책상은 일을 하고 난 뒤에는 깨끗이 치워져 있다. ( )
12. 나는 내 비서가 도착하지 전에 사무실에 도착하려 한다. ( )
13. 나는 재빨리 내 일에 열중할 수 있다. ( )
14. 나는 규칙적인 운동 프로그램을 가지고 있다. ( )
15. 나는 해결할 수 있는 어떤 문제를 지연시키는 편이다. ( )
16. 교회에는 나보다 더 어떤 임무들을 잘 수행해 낼 수 있는 사람들이 있다. ( )
17. 나는 마감일을 정해놓고 일한다. ( )

---

23) Short, 「목회자 타임테크」, 32-4.

18. 나는 언제든지 가능하면 위임한다. ( )
19. 나는 전화 호출을 위한 목록을 정리하여 사용하고 있다. ( )
20. 나는 내 책상에서 우연히 발견되는 독서 자료들을 처리할 수 있다. ( )
21. 나는 10개의 약속 중에서 9개는 시간을 지킨다. ( )
22. 나는 사무실 일을 밖으로 가져가지 않으려 한다. ( )
23. 내 사무실은 정돈되어 있다. ( )
24. 나는 그냥 잠시 들른 사람들을 이용할 능력이 있다. ( )
25. 나는 나 자신의 개인 스케줄에 맞춰 계획을 진행시키다. ( )

이상의 25 항목에서 "O"을 1점, "X"를 0점으로 하여 합산한 결과가

20~25이면 우수
15~19이면 보통 (시간관리기법의 향상이 도움이 된다)
10~14이면 약간 부족 (시간관리 향상일 필요로 한다)
10 이하이면 매우 부족 (시간관리 향상이 시급히 필요하다)

이러한 현재 자신의 시간관리 자기 진단표와 함께 현재 자신의 시간관리를 파악하는데 도움이 되는 구체적인 방법은 다음과 같다.

첫째, 하루 동안 매시간 하는 일을 기록한다. 바쁠 때는 15-30분 간격, 한가할 때는 1-2시간 간격으로 하며, 잊어버리지 않을 정도의 시간간격이 필요하다. 가능한 정확하고 완전하게 적어도 일주일 치를 작성하여 분석한다.

둘째, 분석표에서 비슷한 활동들을 묶어서 계산한다(예를 들면, 가족-가사일, 부부시간, 아이들과의 시간 등; 개인시간-수면, 운동, 취미활동, 휴식, TV시청 등; 사역-사역 준비 및 교통을 포함한 소요되는 시간). 1주일 168시간을 도표화한다.

<시간분석표>의 예

활 동 (24시간으로 나누어 기록한다)	시작시간	종료시간	가족시간				개인시간				사역시간			
			1	2	3	4	1	2	3	4	1	2	3	4
수 면	23:00	4:00					5							
세면 및 새벽기도준비	4:00	4:30												0.5
새벽기도	4:30	6:00							0.5		1.5			
독 서	6:00	7:30						1.5						
귀 가	7:30	8:00	1.5											0.5
아침식사(아내와)	8:00	9:00		1										
아이들 학교방문	9:00	11:00	2											

셋째, 자신의 시간을 낭비하는 일들을 파악한다. 활동이 불필요하다는 것이 아니라, 중요한 일에 먼저 그리고 많이 쓰여야 할 자신의 시간을 낭비한다는 의미이다. 이러한 일에는 다른 사람에게 위임해도 될 일들이나 우선순위를 재조정해야 할 경우나 할 필요가 없는 일 등이 이에 속한다.

넷째, 조직의 목표나 목적에 기초한 우선순위에 따라 행동을 분류한다.

다섯째, 우선순위에 따라 시간을 어떻게 가장 잘 활용할 것인가를 결정한다.

(2) 시간의 낭비와 시간관리 실패의 요인

이 두 번째 시간관리 분석단계에서 도움이 되는 시간의 낭비나 불필요한 사용의 경우 다음과 같은 몇 가지 경우가 대표적인 예이다.

 i) 중요한 일을 나중에 한다

우리가 시간을 낭비하게 되는 가장 중요한 원인은 바로 일의 우선순위를 제대로 이해하지 못하는 데서 온다. 시간을 낭비하는 대부분의 사람들은 전혀 일을 하지 않는 것이 아니라 일을 하되 필요 없는 일을 한다. 가장 중요한 것을 제대로 선택하지 못함에 따라 불필요한일을 하는 데 시간을 낭비해 버리는 것이다. 그리고 그 낭비한 시간을 다른 일을 한 것으로 스스로 자위하려고 한다. 이러한 경우 스스로는 끊임없이 무언가를 하고 있다고 자위하지만 사실은 아무 일도 하지 않고 있는 것이다.

ii) '아니'라고 말하지 않는다

목회자가 가장 하기 어려운 말이 바로 '아닙니다', '안됩니다'란 말이다. 하지만 효율적인 사역을 위해서는 분명히 '아니'라고 말할 수 있어야 한다. 인생을 살아가면서 정말 만날 가치가 없는 불필요한 사람은 없다. 하지만 때로는 그 순서에 있어서 조금 더 뒤에 있는 사람이 있을 수는 있다. 만일 그렇다면 그 뒤에 있는 사람은 그 순서에 맞게 대접하면 된다. 모든 사람을 언제나 만족시키면서 살수는 없으나, 무엇이 지금 나에게 중요한가를 분명하게 알고 '아니'라고 말해야 할 때는 분명하게 '아니'라고 말해야 자신에게 뿐만 아니라 타인에게도 도움이 된다.

iii) 내가 전부 해야 한다는 자세이다

세상에 모든 일을 혼자 할 수 있는 사람은 없다. 특히 교회는 기능이 다른 각 지체들로 이루어져 있으며 합력하여 하나님의 사역을 이루어 간다. 그럼에도 불구하고 우리는 모든 것을 스스로 하려고 한다. 그리고 자신이 할 수 있는 일뿐만 아니라 자신이 할 수 없는 일까지 모두 하겠다고 하는 경우도 있다. 이럼으로써 내가 이렇게 바쁘다는 것을 주변에 알려서 자기의 존재감이나 자존감을 높이려는 사람도 있다. 하지만 조금만 더 자세히 들여다보면 그가 할 수 있는 일은 누구나 할 수 있는 것으로 차라리 나누어서 하면 능률도 오르고 더 빨리 할 수 있는 경우가 많다. 그럼에도 불구하고 일을 하고 있어야 자신의 자리를 보전할 수 있다는 생각으로 자신의 일은 남에게 절대로 양보하려 하지 않는다. 그로인해 자신에게 정작 필요한 일을 할 시간은 확보하지 못한 채 타인의 시선에 따라서 항상 바쁘기만 할 뿐, 실제로는 아무 일도 하지 못하는 경우가 종종 있다. 적절한 위임이야말로 목회자 시간관리의 중요한 해결책이다.

iv) 불필요한 것까지 모두 내가 가지고 있다

시간관리에서 가장 중요한 것은 불필요한 것들을 정리하고 버리는 일이다. 우리는 똑같은 서류를 몇 부씩 가지고 있는 경우가 많으며, 동일한 우편물을 반복해서 읽은 다음, 혹시 다음에 필요할지도 모른다는 이유로 서랍에 잔뜩 넣어 두고 생활하는 경우도 많다. 하지만 많은 경우, 불필요한 것들을 과감하게 버릴 수 있을 때 허드렛일을 하면서 낭비되는 시간을 줄일 수 있다.

v) '우선 하고 보자'의 정신이다

시간관리는 우선순위를 정하고 중요한 것을 먼저 하고, 똑같이 중요한 일이라면 작은 일을 먼저 하는 계획을 가진 일련의 작업이다. 미리 준비하고 대비할 수 있는 자세를 갖기도 전에 우선 하고 보자는 열의만으로는 아무 일도 제대로 할 수 없다는 점을 생각해야 한다.

이 밖에 기타 나쁜 시간활용습관은 다음과 같다: i) 타인으로부터 부탁받은 일을 한다(전화를 받아서, 아는 사람이어서), ii) 항상 같은 일을 같은 방법으로 한다, iii) 특별히 소질이 없는 일을 한다; 재미없는 일을 한다, iv) 항상 방해받는 일을 한다, v) 타인은 거의 관심을 보이지 않는 일을 한다, vi) 원래 예상한 시간보다 2배나 더 걸린 일을 계속 한다, vii) 신뢰할 수 없는 사람, 능력이 떨어지는 사람과 일한다.

3) 3단계: 시간계획표의 작성

시간계획표의 작성에는 다음의 두 요소가 포함되어야 한다. 첫째, 달력을 이용한 일정의 작성이다. 대부분의 관리자들은 일을 하는 동안은 15분을 최소단위로 쪼개어 관리한다. 휴식이나 저녁 시간은 시간 단위로 쪼개어 일정을 기입한다. 둘째, 해야 할 일의 목록을 작성한다. 완성해야 할 일의 목록, 응답해야 할 전화, 약속, 상담, 참석해야 할 회의 등이 목록에 포함된다.

이때 시간계획표를 작성할 때 주의할 점은 첫째, 과욕을 부려 너무 많은 일을 짧은 시간에 하려고 계획하지 않도록 주의해야 하며, 둘째, 일정들 사이에 너무 많은 여유시간을 둠으로써, 어떤 경우 아무 것도 할 일이 없는 경우가 생기지 않도록 유의해야 한다.

4) 4단계와 5단계

시간계획표를 작성한 다음 단계인 4단계는 계획표에 따른 진척정도를 평가하는 단계이며, 마지막 5단계는 4단계에서의 시간계획표에 따라 과업의 진척정도 평가가 긍정적으로 나올 경우 이러한 시간관리를 습관화하는 과정이다.

4. 효과적인 시간관리를 위한 제안

1) 효과적 시간관리의 기본 원칙

(1) 60:40의 원칙

시간계획을 세울 때 기본은 총 예상 시간의 통상 60%을 계획으로 잡고 40%는 여유를 가져야 한다. 이렇게 시간을 안배하는 이유는 예측하지 못한 사태 발생이나 생각하지 못했던 낭비시간의 발생 등으로 일이 중단될 수 있기 때문이다. 또한 자신이 흥미를 가지고 있는 일과의 갈등이나 스스로 해야 하는 개인적인 일 등을 위한 여유시간이 필요하기 때문이다. 따라서 자신이 가진 시간의 대부분을 계획에 투입하여 시간계획을 세우는 것은 바람직하지 않다.

  (2) 낭비된 시간에 대한 보충
　시간계획을 비록 철저히 세웠더라도 반드시 실현되는 것은 아니다. 여러 가지 이유로 시간계획이 잘 지켜지지 않을 수도 있다. 문제는 그렇게 낭비된 시간을 제때 보충해야 한다는 것이다. 즉, 낭비된 시간이 발생하면 가능한 한 즉시 보충하는 것이 가장 중요하다. 예를 들면, 새벽에 영어학원에 가야 하는데 여러 가지 이유로 가지 못했다면 대개의 학원은 아침, 저녁 강의가 거의 동일하게 진행되므로 다음 날로 미루지 말고 그날 저녁에 보충하는 것이 한 예가 된다.

  (3) 항상 기록을 남긴다
　사람의 기억력은 한계가 있고 지식은 휘발성이 있기 때문에 모든 것을 기록해 두는 것은 대단히 중요하다. 또한 기록을 남기는 것은 스스로를 다시 한 번 돌아보는 계기가 되기 때문에 더욱 중요하다. 따라서 체크리스트와 계획표를 사용하여 자신의 계획을 항상 메모하는 것이 중요하다. 그렇게 함으로써 계획의 전체 윤곽이 잡히고 잊어버리지도 않게 되어 시간을 효율적으로 사용하게 된다.

  (4) 스스로 마감시간을 정한다
　어떤 일을 하는데 무한정한 시간이 있는 것이 아니다. 그러므로 자신이 하는 모든 일에 마감시간을 설정하는 일은 대단히 중요하다. 그것은 자기 통제를 강화하는 것일 뿐만 아니라, 우유부단한 행동과 업무의 지연 등을 막아준다.

(5) 중요한 일을 먼저 한다

앞에서 보았듯이, 모든 일이 그 중요도에 있어서 동일한 것은 아니다. 어떤 일은 지금 당장 해야 하지만 어떤 일은 언제 하더라도 크게 문제가 되지 않는 경우가 있다. 따라서 모든 일에 우선순위를 정하고 일을 해야만 불필요한 시간 낭비를 막을 수 있다.

(6) 긴급한 일에 현혹되지 않는다

일 중에는 중요한 일과 급한 일이 있지만 긴급한 일이 반드시 중요한 일은 아니다. 단지 긴급하다는 이유만으로 중요한 일을 뒤로 미루는 우를 범하지 말아야 한다.

(7) 항상 2~3가지 대안을 준비한다

모든 일에는 언제나 옳은 한 가지 방식만이 존재하는 것이 아니다. 어떤 때는 좋았지만 어떤 상황에서는 전혀 맞지 않는 방법이 있는 경우가 종종 있다. 따라서 계획을 세울 때는 반드시 몇 가지 서로 다른 방법도 생각하는 것이 좋다.

(8) 일을 통합하여 정리한다

필요하기는 하지만 전적으로 그 일을 하기 위해 시간을 내기 아까운 경우, 그런 사소한 일들은 함께 묶어 관리하는 것이 좋다.

(9) 시계를 조금 빨리 맞춰 놓는다

5분이나 10분 정도 시계를 빨리 맞춰 놓으면 시계를 볼 때마다 자신에게 여분의 시간이 있음을 경험하게 된다. 그리고 여분의 시간을 생각할 때마다 시간의 소중함을 다시 한 번 깨닫고 시간관리의 필요성을 다시 느낄 수 있다.

2) 시간관리를 위한 리더십 개발

(1) 리더의 시간관리에 따른 행동특성

시간관리를 잘 하는 리더의 특성은 다음과 같다: 첫째, 단호하다, 둘째, 큰 그림을 본다, 셋째, 좋은 시스템이 있다, 넷째, 일과 놀이의 균형을 맞춘다, 다섯째, 스트레스를 덜 받는다, 여섯째, 관심을 집중시킨다, 일곱째, 회피나 미룸이 아니라 행동으로 두려움에 반응한다.

이와 달리 시간관리를 못하는 리더의 특징은 다음과 같다: 첫째, 충동적이다, 둘째, 사소한 것에 목숨을 건다, 셋째, 시스템이 없거나 나쁜 시스템을 사용한다, 넷째, 일과 놀이의 균형을 맞추지 못해 둘 다 엉망이 된다, 다섯째, 늘 스트레스에 시달린다, 여섯째, 관심을 분산시킨다, 일곱째, 회피로써 두려움에 반응한다.

(2) 시간을 효과적으로 관리하기 위한 리더의 3가지 능력
 i) 일의 우선순위를 정하는 능력
 ii) 우선순위에 따라 일을 계획하고 조직하는 능력
 iii) 수립된 계획을 실행하는 훈련의 능력

(3) 급하지는 않지만 중요한 일(II-Q)을 효과적으로 하기 위한 조건
 i) 시작과 끝이 같은 삶의 일관성과 통일성이 있어야 한다.
 ii) 기복이 심해서는 안 된다. 즉 정서적 안정성이 있어야 한다.
 iii) 균형성이 있어야 한다.
 vi) 위기를 대처하는 일보다는 위기를 예방하는 일에 초점을 맞추는 것이 필요하다.
 v) 인간에 대한 관심을 가지는 것이 필요하다.

vi) 적응력이 필요하다.

vii) 시간 계획표는 늘 가까운 곳에 휴대할 수 있는 것이어야 한다.

3) 여러 가지 경우에서의 시간관리를 위한 제안들[24]

(1) 약속의 경우

i) 약속의 시작과 끝 시간을 정하라.

ii) 약속들 사이의 20-30분의 간격에는 할 일을 계획하지 말라. 이와 같은 짧은 시간으로는 중요한 일을 생산적으로 할 수 없다.

iii) 약속이 지연되거나 취소될 경우에 대비해서 할 것을 준비하라.

iv) 약속시간 동안에 그 자체에 집중하라.

v) 약속시간이 끝나는 시간을 알도록 비서나 알람을 이용하는 등의 방법을 사용하라.

(2) 의사전달의 경우

i) 우편을 받고 읽으면 즉시 다음의 세 가지를 하라. 첫째, 답장을 하거나, 둘째, 눈에 잘 띄는 곳에 철을 해놓거나, 셋째, 앞의 모두에 해당되지 않으면 버리라.

ii) 긴 답장이 필요한 경우, 경우에 따라 근거를 문서로 남길 필요가 없을 경우 전화통화나 통화가 되지 않을 경우 메시지를 남기는 것도 좋다.

iii) 팩스나 이메일을 사용하라.

---

[24] 좀 더 자세한 내용은 Ted W. Engstrom and R. Alec MacKenzie, 「크리스찬의 시간관리」, 보이스사편집부 역 (서울: 보이스사, 1980), 286-306의 '시간도적들'을 참고하라.

(3) 예고 없는 방문을 받을 경우

i) 이 같은 방해는 당신의 일과 중의 하나임을 인정하라.

ii) 방문은 짧게 끝내라.

iii) 방문객은 가능하면 당신의 사무실 밖에서 만나라.

iv) 엉덩이가 무거운 방문객을 앉게 하지 마라. 당신이 서 있으면 된다.

v) 가능하다면, 당신 사무실의 문을 닫고 있으라.

vi) 만약 그 방문이 의미 있는 것이라 판단될 경우, 시간을 따로 정해서 다시 만나라.

vii) 솔직하고 정직하라. 잠시 시간을 낼 수 있느냐고 물을 때, 시간이 없으면 없다고 부드럽게 말하라.

viii) 예고 없이 자주 방문하는 사람의 경우는 역으로 상대방의 사무실을 지나가다 방문해보라.

(4) 기타 제안들

i) 모든 일에, "내가 왜 이 일을 하는가?"라는 질문을 하라.

ii) 일정을 잘 계획하는데 도움을 주는 체계를 갖추라.

iii) 한 주에 한 가지씩의 시간낭비요인을 제거하라.

iv) 덜 중요하다고 생각되는 일을 시작하기 전에 항상 더 중요한 일을 마쳤는가를 점검하라.

v) 시간관리를 창의적으로 할 수 있는 방법에 늘 관심을 가져라.

vi) 완수할 시간이 없어서 하지 못한 일에 대해 후회함이나 죄책감을 가지지 말라.

vii) 일기, 달력, 공책 등 당신의 중요한 일을 기억하는데 도움이 되는 도구를 사용하라. 그리고 시간낭비요소를 기록하라.

viii) 위임할 수 있는 것은 다 위임하라.

ix) 결정했으면 시행하라.

x) 당신 자신과 가족을 위해서 시간을 준비하고 아끼라.

<미국 USA 투데이 지가 소개하는 성공을 위한 시테크 전략 20가지>

1. 무슨 일이든 미루지 않고 지금 바로 한다.
2. 출퇴근할 때 자동차 안에서 보내는 시간을 활용한다.
3. '나'에게 최고로 능률이 오르는 시간이 언제인가를 파악하고 그 시간에 가장 소중한 일을 한다.
4. 낙관주의자가 된다.
5. 자잘한 업무들은 묶어서 한꺼번에 처리한다.
6. 정신 집중해야 하는 창조적인 업무는 행정적 업무와 분리시킨다.
7. 한번 손대기 시작한 일은 가능하면 끝을 낸다.
8. 사무실이나 책상의 레이아웃을 개선하고 특히 책상은 되도록 깔끔하게 잘 정돈한다.
9. 모든 업무상의 편지와 리포트, 수입명세서 등에 날짜를 기입하고 봤다는 표시를 해 두는 습관을 기른다.
10. 계획을 짜고 우선순위를 정하는 데 시간을 할당한다.
11. 동료들이나 상관과 어느 일을 먼저 해야 할 것인가를 의논한다.
12. 타이트한 스케줄보다 느슨한 스케줄이 업무 완성률을 높인다.
13. 개인적인 대화나 전화는 최대한 자제한다.
14. 아이디어가 떠오를 때마다 써놓을 수 있는 비상노트를 꼭 갖고 다닌다.
15. 스스로 업무에 대한 마감 시간을 정해 놓는다.
16. 머리와 체력도 리듬을 탄다. '10분의 휴식'은 리듬에 상향곡선을 그리게 해준다.

17. 약속시간에 일찍 도착하도록 항상 10분의 여유를 둔다.
18. 자신의 컨디션에 맞춰 중요한 일과 사소한 일에 분배해 처리한다.
19. 정말 원하는 것을 하기 위해 꾸준히 시간을 내려고 노력한다.
20. 지금 시간을 최대한 효율적으로 쓰고 있는가를 자문한다.[25]

일 년의 소중함을 알고 싶으면,
입학시험에 떨어진 학생들에게 물어 보라.
한 달의 소중함을 알고 싶으면,
미숙아를 낳은 산모에게 물어 보라.
한 주의 소중함을 알고 싶으면,
주간잡지 편집장에게 물어 보라.
하루의 소중함을 알고 싶으면,
아이가 여섯 명이나 딸린 일일 노동자에게 물어 보라.
한 시간의 소중함을 알고 싶으면,
약속 장소에서 애인을 기다리고 있는 사람에게 물어 보라.
일 분의 소중함을 알고 싶으면,
기차를 놓친 사람에게 물어 보라.
일 초의 소중함을 알고 싶으면,
간신히 교통사고를 모면한 사람에게 물어 보라.
천 분의 일 초의 소중함을 알고 싶으면,
올림픽에서 은메달을 딴 사람에게 물어 보라.[26]

---

25) 김경훈 외 2인, 「한국인 트렌드」, 177, '예병일의 경제노트'에서 재인용,
http://www.linxus.co.kr/main/view_post.asp?post_seq_no=554, 2013년 7월 15일 접속.
26) http://lunamoth.biz/pe.kr/cgi-bin/ez/ezboard.cgi?db=lunamoth_scrapbook&action=read&dbf=518&page=28&depth=99&no=428, 2013년 7월 15일 접속.

제6장 목회리더십과 자기 관리 (II): 탈진의 예방과 관리

　　오늘날 많은 목회자들이 정도의 차이는 있지만 자신들의 사역에 보람과 만족을 느끼며 살아가고 있다. 하지만 목회에서의 이러한 보람과 만족에도 불구하고 목회자가 겪는 스트레스는 일반 직업군의 사람들의 스트레스보다 심하다고 알려져 있다.1) 그리고 이러한 목회자의 스트레스의 대부분은 사역에서의 과중한 업무로부터 비롯된다고 할 수 있다.2) 계속되는 심방 요청, 상담, 행정, 설교, 교육, 교회 성장을 위한 노력, 위기 상황에서의 적절한 개입의 요구 등은 많은 목회자들을 지치게 만들고, 부족함을 느끼게 만들며 심지어 자신들의 소명에 대해서까지도 회의를 가지게 만든다.3)

---

1) 바나(George Barna)에 따르면, 미국의 경우 목사는 오늘날 가장 스트레스를 많이 받는 직업 중의 하나로 꼽히고 있다. Barna, *Today's Pastor*, 57-9. 또한, 목회자의 스트레스 정도를 측정한 미국의 전국 직업 안전과 건강 연구소(The National Institute for Occupational Safety and Health)는 테네시 주에서 실시된 한 조사에서 130여 종의 직업 중 목회자가 겪는 스트레스가 상위인 36위를 차지하고 있다고 보고했다. 이와 같은 스트레스 순위는 47위인 교사, 70위인 경찰관 그리고 106위인 의사들보다 높은 것으로 나타났다. "Experts Say Clergy Stress Doesn't Have to Result in Burnout," *Christianity Today*, 9 (November 1984), 71. 1996년 오스트레일리아의 성공회와 개신교파들의 중장년급 목회자들을 대상으로 한 NCLS(National Church Life Survey)에 따르면, 완전히 탈진되었거나 탈진의 경계선 상에 있다고 응답한 목회자가 전체의 60%에 이르는 것으로 보고되고 있다. Peter Kaldor and Rod Bullpitt, 「목회자 충격보고서」, NCD출판부 역 (서울: 도서출판 NCD, 2004), 29.

2) Garry L. Harbaugh, *Pastor as Person* (Minneapolis: Augusburg Publishing House, 1984), 42.

이와 더불어 목회자들이 자신의 사역이 무가치하다고 느끼거나 자신의 실제 삶과 강단에서의 설교가 늘 커다란 차이가 있다고 느껴지는 경우 이러한 내적 위기로 인한 고통으로 인해 자신들의 현재 사역에 대한 뜨거운 열정이나 진정한 의미 또한 잃어가게 되면서 목회자들은 사역을 계속해야 할지를 고민하게 된다.4) 교회성장학자 바나(George Barna)는 10명 중 4명의 목회자가 자신들의 현재 사역이 그리스도와의 관계를 깊이 있게 만들고 있는가에 회의를 갖고 있으며, 10명 중 6명의 목회자가 현재 자신들의 사역이 자신들의 목회열정을 상당히 증대시키지 못하고 있는 것으로 보고하고 있다.5) 사실 이러한 현상은 대부분의 경우 목회자의 탈진과 직접적인 관련이 있다. 탈진을 연구해온 럿거스대학교(Rutgers University)의 처니스(Cary Cherniss)는 탈진의 증상을 과도한 업무관련 스트레스와 불만족으로 인해 야기된 "자신의 일에서의 의욕이나 흥분 그리고 사명의 상실"6) 로 설명하고 있다.

    탈진에 대한 일반적인 글들을 살펴보면 목회자들이 겪는 탈진에 대해 두 가지 주목할 만한 오해가 있음을 발견할 수 있다. 첫 번째는 목회자들이 탈진을 겪는 것은 성경공부나 기도 혹은 여타 다른 경건 생활에 충실하지 않아서 생긴 결과라고 추측하는 것이다. 사람의 전인적인 구조로 미루어 볼 때 목회탈진이 어떤 형태로든 영적 생활과 연관이 있으나 목회자의 영적 생활이 목회탈진에 직접적인 연관성이

---

3) David C. Olsen and William N. Grosch, "Clergy Burnout: A Self Psychology and Systems Perspective," *Journal of Pastoral Care*, vol. 45 (Fall 1991): 297; Haddon Robinson이 1980년 5월호 *Christianity Today* 23권의 28쪽에 기고한 "A Profile of the American Clergyman"에 의하면, *Chrisitanity Today*와 갤럽이 공동 조사한 연구에서 미국 목회자들의 약 30%가 종종 혹은 가끔씩 실망이나 좌절로 인해 사역을 그만두고 싶어한다고 보고되고 있다.
4) Stephen Daniel and Martha L. Rogers, "Burn-out and the Pastorate: A Critical Review with Implications for Pastor," *Journal of Psychology and Theology*, vol. 9 (Fall 1981): 244; 31) Barna, *Today's Pastor*, 59-60.
5) Barna, *Today's Pastor*, 59-60.
6) Cary Cherniss, *Staff Burnout: Job Stress in the Human Service* (Beverly Hills: Sage, 1980), 16.

있다는 가설은 아직까지 입증되지 않고 있다.7) 두 번째 잘못된 생각은 탈진을 게으름이나 무책임한 태도를 변명하기 위한 행동으로 보는 것이다. 이러한 견해는 탈진을 사역을 그만두려는 핑계거리에 불과하다고 본다. 하지만 대부분의 경우, 탈진이란 이와 같은 핑계가 아니라 동기가 순수하고 건전하며 영적이고도 헌신적인 사역자들 내부에 존재하는 실재적인 위험이다. 탈진의 희생자들은 단지 자신들의 인간으로서의 한계점을 발견했을 뿐이며 이와 같은 한계를 지나쳤을 때 탈진은 자연적인 결과로 나타나는 현상일 뿐이다.8) 이러한 목회탈진에 대하여 살펴보면 다음과 같다.

1. 탈진의 이해

1) 탈진의 개념 이해

탈진에 관한 견해는 다양하고 다면적이지만,9) 여러 정의에서 공통적으로 발견되는 탈진의 세 가지 특징은 다음과 같다. 첫째, 신체적, 정서적 그리고 정신적 고갈 상태이다. 둘째, 탈진이란 업무와 관련된 스트레스의 결과로 생긴다. 셋째, 모든 직업군의 사람들이 탈진을 경험할 수 있으나 그 중 특별하게 사람들을 대상으로 봉사하는 직종에 속한 헌신적이고도 열성적인 사람들이 탈진의 희생자가 될 가

---

7) Daryl Nuss, "Helping Young Leaders Avoid Burnout," *Christian Education Journal*, vol. 11 (Winter 1980): 66-7.
8) Ibid., 67.
9) 초기 탈진 연구의 선구자 중의 한 사람인 프로이덴버그(Herbert J. Freudenberg-er)는 탈진을 기대했던 결과를 갖지 못한 원칙이나 생활방식, 혹은 관계 등에 대한 헌신으로 인해 생긴 "고갈이나 피로, 혹은 좌절의 감정"이라고 정의하고, 자신의 이름을 딴 탈진측정표(Maslach Burnout Inventory)를 만든 버클리대학교의 매슬락(Christina Maslach)은 탈진을 "직접 사람과 관련된 일(people work)을 하는 사람들 가운데서 발생하는 정서적인 고갈, 비인격화 그리고 개인성취의 감소현상," 두한(Helen Doohan)은 탈진을 사람을 도와주는 일에 종사하는 사람들이 겪는 이상과 활력과 목적의 점진적인 상실이라고 설명한다. Herbert J. Freudenberger, "Staff Burn-Out," *Journal of Social Issues*, vol. 30, no. 1 (1974): 160-1; Christina Maslach, *Burnout: The Cost of Caring* (Englewood Cliffs: Prentice-Hall, 1982), 3; Helen Doohan, "Burnout: A Critical Issue for the 1980s," *Journal of Religion and Health*, vol. 21 (Winter 1982): 352.

능성이 높다.

이러한 탈진이 목회자의 삶과 사역에 미치는 영향은 다음과 같다. 개인적으로 탈진에 따른 희생은 매우 크다. 탈진은 당사자가 적절한 도움을 받지 못하게 만들며 동시에 탈진의 희생자로 하여금 자신의 일을 그만두게 만드는 결과를 초래한다. 탈진에 빠진 사람들은 종종 다른 사람들에 대한 관심이나 감정 등을 잃어버린 채 사람들과 거리를 두거나 심지어는 비인격적인 방법으로 사람들을 대하게 된다. 탈진의 희생자는 종종 사람들을 냉소적이거나 부정적으로 대하거나 경멸하기도 하며, 심지어 그 사람들은 그런 취급을 받아 마땅하다고 생각하기도 한다.[10] 조직의 차원에서 볼 때, 탈진은 높은 이직률 및 결근률 그리고 낮은 작업의욕과 업무불만족의 원인이 되기도 한다.[11] 개인의 정서적 영역과 조직에 영향을 주는 것에 더하여 탈진은 가족관계에도 영향을 미친다. 탈진을 경험하는 사람들은 결혼과 가족에서의 갈등으로 고통을 겪는다. 정서적으로 메말라버린 탈진의 당사자는 긴장과 분노 그리고 육체적으로 피곤한 느낌으로 귀가한다. 정서적으로 모든 문제들을 조용히 해결할 힘이 부족한 상태에서 탈진한 사람은 가정에서 쉽게 화를 내고 참을성이 부족하게 된다. 이렇게 됨에 따라 가족 간의 접촉은 줄어들게 되고 가족시간 또한 탈진 당사자의 시간외 근무나 과도한 업무시간에 의해 줄어들게 된다.[12]

목회사역에 미치는 탈진의 영향은 여러 가지가 있으나 적어도 탈진은 다음의 세 가지 측면에서 목회에 부정적인 영향을 미친다. 첫째, 탈진은 명백히 목회자의 사기와 영적 심리적 안녕에 부정적 영향을 미친다. 둘째, 탈진은 교회 회중을 섬기

---

[10] Daniel A. Taylor, "Burnout among Southern Baptist and United Methodist Ministers and Professional Religious Education Workers in Dallas and Tarrant Counties, Texas (Ph.D. diss., East Texas State University, 1982), 27.
[11] Cherniss, *Staff Burnout*, 32.
[12] Maslach, *Burnout*, 81-4.

는데 있어서 목회적 돌봄의 질적 측면에 부정적 영향을 미친다. 셋째, 탈진은 목회자의 행정적 기능수행에 부정적 영향을 미친다. 그러므로 탈진이 심해질 경우 사역자의 목회탈진은 개 교회를 몰락시키는 직접적인 요인이 될 수 있다.13) 하지만 이러한 탈진이 미치는 부정적인 결과만을 보고는 자칫 탈진을 잘못 생각하여 목회자의 영적 부족함이나 능력의 부족으로 여기는 탈진에 대한 잘못된 견해들이 있다.

2) 탈진의 증상

탈진의 증상들이 서서히 나타나기 때문에 대부분의 사람들은 자신들이 탈진을 겪고 있음을 깨닫지 못하거나 자신이 탈진 상태임을 부인하는 경우가 많다. 탈진은 전인적인 영역에 영향을 미치며 그렇기 때문에 탈진은 신체적, 행위적, 영적 증상들을 가져온다.

신체적 증상들은 파악하기 용이하다. 고갈과 피로감이 그것이다.14) 또한 탈진에 빠진 사람들은 사고의 위험이 높고, 질병에 취약하며 자주 두통과 소화장애, 불면과 숨이 참을 호소하며 구역질이 나며 어깨와 목덜미가 뻐근하거나 등의 통증을 느끼며 고혈압 및 식습관과 체중의 변화를 나타내는 것으로 보고되고 있다.15)

행태적 증상들은 다음과 같다. 흥미를 상실하고 화를 잘 내며 좌절감의 수용력이 떨어지고 의심이 많아지며, 완고해지며, 위험부담이 높아지며, 부정적이며, 여유를 잃어버리며, 사회적 혹은 오락적인 활동이 줄어들며, 소외감이나 결혼에서의 갈등이 깊어지며, 약물이나 술을 남용하기도 한다.16)

---

13) Cherniss, *Staff Burnout*, 27.
14) Joseph H. Fichter, "The Myth of Clergy Burnout," *Sociological Analysis*, vol. 45 (Winter 1984): 374; Roy M. Oswald, *Clergy Self-Care: Finding a Balance for Effective Ministry* (Washington: Alban Institute, 1991), 70.
15) Stanley Hauerwas and William Willimon, "The Limits of Care: Burnout as an Ecclesia Issue," *Word & World*, vol. 10 (Summer 1990): 248; Charles L. Rassieur, *Stress Management for Ministers* (Philadelphia: Westminster, 1982), 19; Freudenberger, "Staff Burn-Out," 160.
16) Daniel and Rogers, "Burn-out and the Pastorate," 232.

어떤 사람들은 탈진 시에 영적 고갈을 경험한다. 이러한 사람의 경우 하나님이 무력하다고 느끼기 시작하며, 자신들의 현재 행위에 대한 자각 없이 의식적 혹은 무의식적으로 하나님의 능력을 의지하기를 거부하고 자신들이 하나님의 역할을 하려고 한다. 이들은 개인기도나 말씀을 읽는 시간들을 그만두게 되고 시간이 지남에 따라 자신의 힘이나 능력 어느 것도 충분하지 않다는 사실을 깨닫는다. 이렇게 깨닫게 되면서 하나님을 포함한 다른 사람들이 자신들을 포기했다고 믿으며 자포자기하게 된다.[17]

3) 성서에 나타난 지도자들의 탈진

성서는 삶에서 실패한 사람들의 예로 가득 차있다. 그들 중 몇몇 지도자들에게서 탈진에 빠진 듯한 경우를 찾아볼 수 있다.

(1) 모세

탈진에 빠진 대표적인 지도자 중의 하나는 모세이다.[18] 애초부터 모세는 자신이 그처럼 엄청난 일을 감당하기에 부적절한 사람임을 느끼고 있었다. 그는 자신이 맡은 책임에 압도당했다. "제가 무엇이라고 감히 바로에게 가서 이스라엘 자손을 이집트에서 이끌어 내겠습니까?"(출 3:11 표준새번역).[19] 모세는 바로와 대결하는 과정에서도 실패와 실망으로 인한 어려움을 겪기도 했다. 그는 여러 차례 좌절을 맛보았다(출 5:22; 6:30). 이스라엘 백성들이 출애굽 한 후, 모세는 자신이 관리할 수 있는 능력 이상의 많은 사람들을 책임지고 있다는 사실을 깨닫자 탈진의 한 특징인 좌절감을 느끼게 되었다. 그는 분노와 싫증이 나서 하나님께 다음과 같이

---

17) Nuss, "Helping Young Leaders Avoid Burnout," 65-6.
18) William H. Willimon, *Clergy and Laity Burnout* (Nashville: Abingdon, 1989), 15-7.
19) 이후의 성경인용은 특별한 언급이 없는 한 한글 표준새번역에서 인용된 것이다.

울부짖고 있다. "저 혼자서는 도저히 이 모든 백성을 짊어질 수 없습니다. 저에게는 너무 무겁습니다"(민 11:14). 20)

(2) 엘리야

탈진의 또 하나의 희생자는 엘리야이다. 성서에서 엘리야만큼 전형적인 탈진의 예를 보여주는 경우가 없을 정도로 탈진의 분명한 증상들이 엘리야에게서 발견된다. 탈진은 갈멜산에서 엘리야가 바알 선지자들에게 승리를 거둔 경우와 같이 극적인 경험들을 겪은 후에 종종 나타난다. 열왕기 상 19장은 엘리야가 극적인 경험 후에 탈진의 과정을 겪고 있음을 명백히 보여준다. 21)

광야로 하룻길을 여행하는 것으로 미루어, 엘리야는 모든 관계로부터 거리를 두고 싶어 하고 떨어져 있고 싶어 하는 상태임을 알 수 있다. 명백히 그는 모든 이로부터 멀어지고 싶어 했다. 이같이 사람들로부터 떨어져 있고 싶어 하는 경향은 탈진의 한 전형적 특징이다. 엘리야가 로템나무 아래에 앉아 죽기를 간구하는 장면은 그가 좀 더 심각한 탈진의 고통인 우울과 절망을 경험하고 있었음을 보여준다. "주님, 이제는 더 바랄 것이 없습니다. 나의 목숨을 거두어 주십시오. 나는 내 조상보다 조금도 나을 것이 없습니다"(왕상 19:4). 엘리야는 자신의 능력을 최대한 발휘하였으나 그가 쏟아 부었던 엄청난 노력에도 불구하고 모든 것이 허사로 돌아갔다. 그러자 그는 완전히 기진맥진하여 다만 죽기를 바랐다.

(3) 사도 바울

성경에서 탈진의 증세를 보여주는 인물은 이스라엘의 초대 왕인 사울, 눈물의 선지자 예레미야, 더 나아가서 심지어 사도 바울까지도 일정 기간 탈진을 경험한

---

20) Oswald, *Spiritual Leadership*, 72.
21) Ibid.

것으로 여겨진다.22) 고린도후서 1장 8절에서 사도 바울은 다음과 같이 자신의 마음을 기록하고 있다. "형제자매 여러분, 우리가 아시아에서 당한 환란을 여러분이 알아주기를 바랍니다. 우리는 우리의 힘에 겹게 너무 짓눌려서, 살 희망마저 잃을 지경에 이르렀습니다." 탈진은 전혀 수치스러운 것이 아니다. 정도의 차이는 있으나 모든 유능한 지도자들이 어느 정도는 탈진을 경험한다. 하지만, 종종 목회자들은 탈진을 잘못 이해함으로 자신이 탈진에 빠지는 것을 수치스럽게 여겨 그 사실을 인정하지 않으려 하는 경향이 있다.

2. 목회탈진의 주요 원인

목회가 업무성격 상 독특한 점이 있지만, 목회탈진의 주요 원인들로는 다른 경우와 마찬가지로 좌절, 업무의 성격, 개인의 특성 그리고 업무수행능력의 결핍 등을 들 수 있다.23)

1) 개인적 좌절(Frustration)

탈진의 주요 원인 중의 하나는 자신이 원하는 것들이 뜻대로 되지 않을 때 자연적으로 생기는 좌절이다. 목회사역에서의 좌절은 목회자 자신이 기대했던 것과 현실 목회현장에의 결과가 불일치하게 될 때 발생한다.24) 목회사역 상황에서 목회

---

22) Ibid., 73.
23) Arthur J. Bangs, "The Application of the Cognitive Therapy Model to the Treatment of Burnout among Members of Active Religious Communities," *Journal of Pastoral Counseling*, vol. 21 (Spring-Summer 1986): 11. Ayala M. Pines, Elliot Aronson, and Distsa Kafry. *Burnout: From Tedium to Personal Growth* (New York: Free Press, 1981), 48-54.
24) D. G. Kehl, "Burnout: The Risk of Reaching Too High," *Christianity Today*, vol. 20 (November 1981): 28.

자들의 기대치와 현실 사이에는 엄청난 괴리가 존재한다.25) 이와 같은 괴리는 목회자들이 좌절하는 이유를 잘 설명해주고 있다.

탈진을 경험하는 대부분의 목회자들은 자신들의 사역에서 비현실적인 기대들을 지니고 있었다는 공통점이 있다.26) 특히 목회자들이 갓 신학교를 졸업하든지 아니면 단독 목회를 처음 시작한다든지 하는 경우 종종 이상적이기 쉽다. 이들은 큰 희망을 가지고 전력을 다해 자신들의 사역을 시작한다. 열정적인 사역과정에서 이들은 자칫 비현실적인 기대들을 가지거나 사역과 자기 자신을 과잉동일시(over-identify) 할 수 있다. 이러한 비현실적인 기대 및 사역과의 과잉동일시는 점진적으로 목회자로 하여금 자신이 개인적으로나 사역의 측면에서 실망과 실패를 인정하도록 만들어 침체에 빠지게 만든다. 이때 목회자들이 자신들의 노력의 결과에 대해 회의를 가지면 좌절하게 된다. 이러한 좌절은 목회자들로 하여금 자신들의 한계를 깨닫고 그에 대처하는 방법을 찾게 만들기도 하나, 좌절에 대하여 무관심하거나 냉담해지면 탈진에 빠진다.

2) 탈진의 근원으로서의 목회의 본질

서두에서 언급한대로 탈진이 업무관련 스트레스를 잘못 관리함으로 발생하는 것으로 미루어 볼 때, 목회탈진은 목회자로 하여금 과도한 스트레스에 노출되게 만드는 목회가 지닌 본질과 불가분의 관계에 있다.27)

---

25) Barna, 99-100. 바나의 Today's Pastor에 따르면, 다섯 명 중 네 명의 목회자들이 내년에는 자신들의 교회가 양적으로 성장할 것이라고 기대하고 있으며, 절반이 넘는 목회자들이 다음 1년 내에 교인의 10%정도가 늘어날 것이라고 예상하고 있다고 한다. 이 중에 13% 정도의 목회자들은 자신의 교회가 내년에는 25% 이상 성장할 것으로 내다보고 있는 것으로 보고되고 있다. 하지만 현실적인 수치는 이와는 다르게 나타나 미국의 경우 개신교는 지난 5년을 통털어 약 10% 정도의 성장을 가져온 것으로 나타났다.
26) Charles E. Perry, Jr., *Why Christians Burnout* (Nashville: Thomas Nelson, 1982), 32.
27) Charles Chandler, *Minister's Support Group: Alternative to Burnout* (Nashville: Convention Press, 1987), 13; Brooks R. Faulkner, *Burnout in Ministry* (Nashville: Broadman, 1981), 9.

(1) 목회의 본질인 사람 중심이란 일의 특성이 탈진의 원인으로 작용한다

좌절의 잠재적 요인으로서 섬김의 대상인 사람들은 목회사역의 전부이자 탈진의 주요원인이다. 앞에서 언급한 바 있듯이 탈진되기 쉬운 공통된 한 가지 특징은 바로 업무의 과중함이다.28) 교인들이 목회자에게 원하는 것은 다양하며 끝이 없다. 그리고 목회자는 교회 내에서 갈등을 유발하지 않으려 하며 가능한 모든 사람들을 만족시키려고 한다. 목회자들은 자신들의 개인영역을 지키거나 휴식이나 관계증진 그리고 여가를 위한 시간을 만들기 위해 "안돼요"라고 말하기가 어렵다.29) 이러한 상황에서 종종 목회자들이 과중한 사역의 짐으로 인해 건강이 악화되거나 지쳐버리는 것은 이상한 일이 아니다. 정서적 육체적으로 개인의 일이 자신이 감당할 능력을 넘어설 경우 그것은 스트레스가 된다. 그러므로 스트레스에 반응하는 적응기제로서의 목회탈진은 목회사역의 과도한 요구와 목회자 개인이 지닌 자원 사이의 불균형으로 인해 발생하는 상황에 대한 반응의 결과이다.30)

(2) 목회의 계속성과 반복성이 탈진의 원인이 된다

목회는 종결이 없는 동시에 반복적이다. 다른 직업에 종사하는 사람들은 대체로 일을 한 후 그것을 끝냈다는 느낌을 가진다. 하지만 목회자의 일은 그렇지 못하다. 어떠한 목회자도 더 이상 필요 없을 정도로 충분히 심방하거나, 기도하거나, 연구하거나, 설교준비하거나, 지역사회의 일에 참여하는 경우는 없다. 물론 사역자가 목양실에서 하루 8시간을 보내지는 않을지 모른다. 그러나 그는 어디 있으나 항상 "당직상태"이다. 이와 같은 상황에서 목회자가 저녁에 자기 집을 향해 갈 때,

---

28) Archibald Hart, *Coping with Depression in the Ministry and Other Helping Professions* (Waco: Word, 1984), 120-1; Maslach, Burnout, 38.
29) Oswald, *Clergy Self-Care*, 69-70.
30) Cherniss, *Staff Burnout*, 47.

다른 직종의 사람들처럼 "완수했다"거나 "끝냈다"는 느낌을 가지기는 쉽지 않다.

　이러한 목회사역은 또한 계속적으로 반복된다. 주일 설교를 끝내자마자 즉시 다음 주 설교를 준비해야 하고, 교회의 행사들마저도 매년 계속적으로 반복된다. 교회는 항상 심방이 필요한 아픈 환자와 교우들이 있다. 이러한 끊임없이 반복되는 목회사역의 목회자는 마치 거대한 바위를 밀어 올려 산꼭대기까지 올려놓아야만 하나 산꼭대기에 도달하기 전에 다시 굴러내려 계속하여 다시 굴려 올리는 운명을 지닌 그리스 신화에 나오는 시지포스와 같다.31) 그리고 자신이 아무리 노력하더라도 결코 목표인 산꼭대기에 도달할 수 없다는 업무의 끝없음에 대한 감정은 사람을 극도로 피로하게 만든다. 탈진은 이처럼 목회사역의 본질이 가져다주는 지속적이고도 반복되는 스트레스에 대한 반응으로 나타나는 것이다.

(3) 목회는 본질상 결과 파악이 어렵다

　목회사역이 사람과 영적인 일들에 관한 것이기 때문에 목회자들이 자신들의 사역의 결과를 측정하기란 쉽지 않다. 다른 직업을 가졌다가 목회자가 된 사람들은 종종 이전 자신의 직업보다 목회사역에서의 성취를 평가하는 기준을 세우기가 훨씬 더 어렵다고 말한다.32) 목회자들이 수개월 또는 수년 동안 일하지만 눈에 보이는 결과들인 예산이나 건물 그리고 교인 숫자 등을 제외하고는 자신들이 정말 그 목표한 일들을 성취했는지를 파악하기 어렵다. 왜냐하면 목회자들의 일이 주로 사람들의 목회적 돌봄과 영적 양육을 위한 것이기 때문이다.33) 자신이 한 일이 목적을 달성했는가를 알지 못하는 사실은 사람을 좌절시킨다. 가시적인 결과가 없다면 목회자들은 당연히 자신들이 성취한 사역의 가치에 대해 의문을 가지게 된다. 실

---

31) John A. Sanford, *Ministry Burnout* (New York: Paulist, 1982), 6.
32) Hart, *Coping with Depression in the Ministry and Other Helping Professions*, 119.
33) Sanford, *Ministry Burnout*, 6.

제 탈진의 주요 원인들 중의 하나는 자신이 한 일에 대한 의미를 깨닫지 못하는 것으로부터 기인한다.34) 목회사역이 지닌 결과파악의 어려움으로 인한 이러한 상황은 목회자에게 상실이나 깊은 좌절감을 갖게 하며 나아가서 자신들의 노력의 의미를 깨닫지 못하게 함으로 탈진에 빠지게 만든다.

3) 탈진의 근원으로서의 목회자 자신

탈진이 언제나 모든 사람에게 발생하지는 않는다. 탈진의 발생에는 목회자의 특성에 따른 개인차가 분명히 존재한다. 그러므로 탈진의 원인이 되는 목회자의 개인적 특성을 낮은 자존감의 문제, 자기파악의 실패, 잘못된 동기 그리고 성격특성의 네 가지로 나누어서 살펴본다.

(1) 목회자의 낮은 자존감(Low Self-Esteem)

목회자의 정신건강에 관심을 가지고 연구해 온 정신과 의사인 맥버니(Louis McBurney)는 목회자들이 일반적으로 낮은 자존감으로 인해 고통을 겪고 있으며, 낮은 자존감은 아마도 오늘날 목회자들에게 가장 심각한 영향을 주는 것일지 모른다고 언급하고 있다.35) 또한 사우스웨스턴신학교에서 목회신학과 목회상담을 가르쳤던 브리스터(C. W. Brister)는 그의 저서 *Pastoral Care in the Church*에서 현대목회를 위협하는 다섯 가지 중의 하나로 목회자의 전문가로서의 능력의 결핍을 들고 있다.36) 만약 어떤 사람이 자신감을 상실하면 그는 사람을 섬기는 일에 강하거나 단호하지 못하게 된다. 이런 사람은 능동적이거나 독립적이기보다는 수동

---

34) Jack Wald and Ann Wald, "The Facts and Feelings of Overwork," *Leadership*, vol. 4 (Spring 1983): 88.
35) Louis McBurney, "A Psychiatrist Looks at Troubled Pastors," interviewed by Paul D. Robbins and Harold L. Myra, *Leadership*, vol. 1 (Spring 1980): 109, 114.
36) Brister, *Pastoral Care in the Church*, 79-81.

적이거나 취약하게 되며, 상황을 통제하고 변화시키기보다는 상황에 지배받게 된다. 이럴 경우, 그 사람은 업무에서 과중한 부담을 안게 되며 정서적으로 고갈된다. 여러 탈진연구들은 탈진의 주요 원인 중의 하나로 목표를 달성해 나갈 재능이나 능력의 결핍을 들고 있다.37)

오늘날 여러 가지 사회의 변화는 교회로부터 좀 더 전문화된 반응들을 요구하고 있다. 결혼과 가족의 구조변화, 새로운 교회성장의 기법들 그리고 기타 급변하는 사회적 상황들은 목회자에게 좀 더 전문화된 능력을 요구한다.38) 목회자들을 좀 더 전문화된 구도 속으로 몰아가는 이러한 상황은 목회자들로 하여금 압박감과 채워지지 못한 기대감들에 직면하게 만든다.39) 하지만 오늘날 이러한 목회현장의 요구들이 목회자들을 학문적으로 준비시키는 신학교에서 충분히 채워지지 못하고 있다. 이러한 특정한 영역에 필요한 목회자들의 준비 부족은 목회자들로 하여금 좌절감과 낮은 자존감을 갖게 만들며 결국에는 목회에서 탈진의 위험에 노출되게 만든다.

(2) 목회자의 자기 이해의 부족

대부분의 목회자들은 지적 수준이 높고 높은 이상적 기대를 지닌 경쟁적인 성취인들이다. 그렇기 때문에 만약 목회자들이 자신들의 능력의 한계를 모르거나 자신들의 부족한 부분에 민감하지 못할 경우 탈진에 더욱 취약하다. 목회자들이 자기 자신을 제대로 파악하고 있지 못할 때는 언제든지 자신들의 정체성을 계속해서 모호하게 만드는 여러 가지 역할과 사역에 따른 책임을 감당하기 위해 과도한 일들을 한다. 하지만 어려움을 겪는 대다수 목회자들이 계속적인 자기 발전의 필요에

---

37) Daniel and Rogers, "Burn-out and the Pastorate," 241; Doohan, "Burnout," 353; Fichter, "The Myth of Clergy Burnout," 376.
38) James Berkley, "The Unfinished Pastor," *Leadership*, vol. 5 (Fall 1984): 128.
39) E. Lakin Phillips, Stress, *Health and Psychological Problems in the Major Professions* (Lanham: University Press of America, 1982), 250-1.

도 불구하고 자신들의 취약점을 무시하거나 부인하고 지낸다. 목회자가 자기파악을 기초로 하여 그만 두어야 할 시간, 거절해야 할 때 혹은 변화해야 할 때 등을 알지 못할 때 생기는 과도한 정신적인 부담은 탈진으로 연결된다.40)

(3) 목회자의 잘못된 동기부여(false motivation)

간혹 어떤 목회자들은 자신들의 능력을 스스로 확인하기 위해 사역에 뛰어든다. 어쩌면 적지 않은 사역자들이 과도한 자기중심주의에 사로잡혀 있는지 모른다. 이와 같은 자기중심주의가 하나님 중심의 희생적인 삶을 살고자 하는 욕구와 섞여지게 되면 목회자들은 자기중심적인 이유를 가진 종교인의 삶을 살아가게 된다.41) 만약 목회자가 사람들의 인정을 받기 위해서나 단순한 의무감으로 하나님을 섬길 경우, 사역현장에서 자신들의 자기중심주의를 유지하기 위해 안간힘을 쓰게 되고 쇠약해져 결국에는 탈진하게 된다.42)

4) 성격적 특성

다음의 세 가지 취약한 성격특성의 사람이 일반적으로 탈진에 노출되기 쉽다.

(1) 완벽주의적 성격43)

완벽주의적인 사람이란, 단순히 맡겨진 일들을 잘하려고 신경을 쓰는 사람을 말하는 것이 아니라 자신의 일을 과도하게 강박적으로 잘하려는 태도를 취하는 사

---

40) Maslach, Burnout, 64-5; McBurney, "A Psychiatrist Looks at Troubled Pastors," 108.
41) McBurney, "A Psychiatrist Looks at Troubled Pastors," 117; Sanford, Ministry Burnout, 69.
42) Kehl, "Burnout," 28.
43) Daniel and Rogers, "Burn-out and the Pastorate," 246; Hart, Coping with Depression in the Ministry and Other Helping Professions, 122. Don Hawkins et al., Before Burnout: Balanced Living for Busy People (Chicago: Moody, 1990), 16. 완벽주의자에는 두 종류, 양적 완벽주의자와 질적 완벽주의자가 있다. 전자는 양적으로 나타나는 것들이 만족할 만한 수준이 되기를 추구하고, 후자는 질적인 측면이 만족할 만한 수준에 이르기를 원한다. 이에 대한 좀 더 자세한 설명은 Before Burnout의 2장을 참조하라.

람을 의미한다. 어떤 일을 잘하기를 원하는 것과 완벽주의적인 태도를 취하는 것 사이에는 커다란 차이가 있다. 한 가지 중요한 차이점은 완벽주의자는 이미 완전에 도달하지 못하는 데 대해 자신이 지닌 처벌체계가 있다. 이러한 자기처벌의 형태는 보통 자신의 자존심에 뿌리를 둔 내적 분노이며 우울증의 기초가 된다.[44] 실제로 완벽주의를 움직이는 힘은 자신들의 열등감(sense of inferiority)과 기본적인 불안감(insecurities)이다.[45] 이와 같은 완벽주의적 성격특성은 목회사역 자체가 매우 복잡하고 사역의 모든 면에서 완벽하다는 느낌을 가질 수 없기 때문에 항상 생각한 것들과 실제로 이루어진 일들 사이에서 오는 차이로 인해 자신은 실패자라는 느낌을 가지게 되며 자주 자신의 부족함이나 무가치함으로 인해 고통을 겪는다.

(2) 권위주의적 성격

모든 사람과 모든 것을 자신이 통제하고 권력을 나누기를 거부하는 것이 권위주의적 성격의 특징이다. 탈진은 과도한 통제를 원하는 성격요소와 관련이 있다. 권위주의적인 사람은 자신이 모든 것을 다하려 하며 과도하게 소유하려고 하며 자신의 영역을 과도하게 확장하려는 경향으로 인해 탈진에 쉽게 노출된다.[46] 이런 유형의 사람은 일반적으로 부정적이며 힘의 논리로 사람들을 이해하기 때문에 사역에서 문제들을 야기시킨다. 권위주의적인 사람은 다른 사람들의 감정에 대해 민감하지 않으며, 과정보다는 목표를 중시하며 이러한 경향은 탈진의 특징인 차가운 냉소주의로 쉽게 빠져들게 만든다.[47]

(3) 우유부단한(under-assertive) 성격

---

44) Hart, *Coping with Depression in the Ministry and Other Helping Professions*, 122-3.
45) McBurney, "A Psychiatrist Looks at Troubled Pastors," 116-7.
46) Maslach, *Burnout*, 66-7.
47) Hart, *Coping with Depression in the Ministry and Other Helping Professions*, 123.

우유부단한 목회자는 대부분 피해의식을 느낀다. 이들은 일반적으로 상처받고, 공격당하며, 배신당했다고 느낀 끝에 다른 사람들을 싫어하고 비난하게 된다.48) 이러한 사역자는 거절하는 것이 매우 힘들며 자신에게 필요한 시간들을 포기해 버린다. 이들은 화날 때 자신들의 권리나 입장을 주장한다. 하지만 이렇게 될 때, 이들은 자신들이 이성을 잃었다고 느끼게 되고 자신들의 자존심이 상처를 입는다.49)

3. 탈진의 예방 및 관리

이상에서 살펴본 탈진을 일으키는 원인에 대해 쉽고 빠른 처방이나 해결방안은 없다. 무엇보다도 탈진의 최선의 해결방안은 예방이지만 일반적으로 탈진의 예방과 치료방법들 사이에는 뚜렷한 구분이 없다. 사실 대부분의 경우, 아래에 제시하는 탈진의 효과적인 해결방안들은 탈진이 발생한 후 그것을 해결하는데 사용될 뿐만 아니라, 탈진이 발생하기 전의 예방책으로도 쓰인다.

1) 목표와 우선순위를 설정하라
탈진의 해결방안은 열심히 일하는 것이 아니라 현명하게 일하는 것이다. 현명하게 일하기 위해서는 무엇보다도 다음의 세 가지가 필요하다.

(1) 현실적인 목표를 세우라
탈진의 주요원인이 기대와 현실 사이의 차이로 말미암는다고 볼 때, 탈진의

---

48) Maslach, *Burnout*, 65.
49) Hart, *Coping with Depression in the Ministry and Other Helping Professions*, 123-4.

예방과 치유는 우선 현실적인 목표를 설정함으로 시작된다.50) 현실적인 목표설정은 목회자 자신의 능력은 물론 자신의 한계점까지도 파악하는 것을 요구한다.51) 만약 목회자들이 현실적인 목표를 설정한다면, 실제로 그러한 목표들을 달성할 수 있는 기회는 반드시 찾아온다. 비현실적인 목표를 설정하는 목회자는 자신이 세운 비현실적인 목표들이 자신의 능력 이상의 것이기 때문에, 이와 같은 목회자는 자신이 자기 스스로를 실패하고 좌절하게끔 프로그램하고 있다고 보아도 무방하다. 이러한 목회자들을 돕기 위해 맥버니는 자신의 기대를 평가하고 실현 가능한 현실적 목표를 설정하는데 필요한 다음의 네 단계를 제시하고 있다.52)

 i) 1단계: 자기 자신, 목회자, 아버지(혹은 어머니) 그리고 남편(혹은 아내)으로서의 기대들을 기록한 후, 그것들의 실현 가능성을 배우자나 가까운 친구나 동료와 함께 의논한다.

 ii) 2단계: 자신의 내적 기대와 외부로부터의 기대를 구분한다. 이것은 자신이 파악한 기대들이 자신의 내부로부터 나온 것인가 아니면 교인들이나 다른 중요한 사람들로부터 나온 기대들인가를 파악하기 위한 것이다.

 iii) 3단계: 자각하고 있는 목표 및 기대들과 무의식적인 동기유발요인들인 분노, 두려움, 죄책감 등을 비교한다. 대부분의 목표들이 의식적인 결정의 결과이지만 종종 무의식적인 수준에 숨어 있는 기대들을 점검해 드러내지 않을 경우 그것들이 목회자들을 매우 힘들게 만든다. 목표와 기대로 인해 힘들어하는 대부분의 경우 사람들은 의도적이기보다는 즉흥적이기 쉽다. 무의식적인 동기를 가진 사람들은 극단적으로 생각하는 경향이 있다.

 iv) 4단계: 자신의 가치가 얼마나 자신의 기대를 충족했는가에 달려 있는지

---

50) Ibid.
51) Ibid.
52) Louis McBurney and David McCasland, "The Danger of Aiming Too High," *Leadership*, vol. 4 (Summer 1984): 32-4.

를 점검한다. 목회자가 자신의 가치를 어떤 기대에 부응하는 정도에 달려 있다고 여기게 될 때는 고통스러운 실패를 향해 가고 있는 것이다. 목회자의 자기가치를 성취에 두고 있다면 성령이외의 어떤 것이 그들을 지배하고 있는 결과를 가져오며 결국에는 참된 목회자가 되는 데 실패하게 된다.

(2) 목표를 구체적으로 설정하라

목회탈진이 구체적이지 않은 목회 자체의 본질에 기인하기에 탈진을 예방하고 치료하기 위해 목표를 현실적일 뿐만 아니라 구체적으로 설정해야 한다. 목표 설정이 좌절과 실패의 원인이 되지 않으려면, 분명히 달성 가능한 구체적인 세부 목표들이 동반되어야 한다.53)

실제적으로 목회자들은 주어진 하루, 한 달 혹은 일 년 동안 해야 할 구체적인 업무의 목록을 작성해야 한다. 이와 같은 구체적인 목표가 있을 때, 목회자들은 정해진 하루 혹은 한 주의 마감 때 성취한 것들을 확인할 수 있으며 자신들의 사역에서 어느 정도의 진전을 확인할 수 있다. 이상의 단계를 실행한다면, 목회자들은 어느 정도의 성취감을 맛볼 수 있으며 자신들의 사역의 진척정도를 측정할 수 있게 될 것이다. 이러한 참된 성취감이야말로 장기적인 안목에서 목회탈진을 예방할 수 있게 만든다.54)

(3) 우선순위를 정하라

목회자들은 자신들이 하기를 원치 않거나 할 기력이 없는 모든 종류의 일을 하려고 함으로써 때때로 자신의 삶에서 통제력을 잃어버린다. 목회자는 다른 사람의 요청을 거절함으로써 사람들을 기분 상하게 하는 것을 두려워하며 자신들의 인상

---

53) Maslach, *Burnout*, 90.
54) Hart, *Coping with Depression in the Ministry and Other Helping Professions*, 118-9.

에 나쁜 영향을 주는 일을 하기를 주저한다. 그렇기 때문에 자기의 확신에 의해서가 아니라 다른 사람을 실망시키고 싶지 않아서 자신이 거절하고 싶을 때라도 부탁을 들어준다. 그러나 목회자가 탈진을 예방하려면 과중하게 일하지 않도록 자신의 시간을 신중하게 사용해야 한다.

그러기 위해서 목회자는 사역에서의 계획수립과 함께 시간에서의 우선순위도 고려해야 한다. 이를 위해 목회자는 자신의 시간표를 작성할 때 먼저 자신의 가치체계에 혼란을 주는 자신이 "원하는 것"들과 "필요한 것"들의 우선순위를 확립해야 한다.55) 둘째로, 목회자는 거절하는 법을 배워야 한다. 거절하는 법을 배우는 일이야말로 목회자로써 배워야 할 가장 어려운 일일지 모르나, 이것은 사역에서 엄청나게 많은 스트레스를 줄여주는 방법이기에 아마도 가장 큰 이득을 얻는 배움이라고 할 수 있다.56)

실제로 일정표는 우선순위설정과 거절할 수 있게 만드는 좋은 도구가 될 수 있다. 목회자가 자신의 일정표에 근거하여 거절할 때 비난을 피할 수 있다. 무엇보다도 목회자는 자신의 일정표에 기도와 독서와 여가와 침묵과 혼자 있는 시간을 기록해야 한다. 이러한 본질적인 필요가 채워질 때 비로소 그밖에 모든 일들을 할 시간들이 있다. 이러한 필수적인 일들을 할 시간이 없다면 그는 분명히 너무 일을 많이 하고 있는 사역자이며 과중하게 일하고 있는 느낌을 가지게 될 것이다.57) 이에 더하여 교인들은 자신들의 목회자가 처한 상황을 이해하려고 노력해야 하며 자기중심적인 요구를 자제하고 자신들의 목자를 위해 기도해야 한다.

---

55) Wald and Wald, "The Facts and Feelings of Overwork," 88.
56) Faulkner, *Burnout in Ministry*, 121.
57) Eugene H. Peterson, *The Contemplative Pastor* (Grand Rapids: William B. Eerdmans, 1989), 22-3.

2) 적절한 휴식을 취하라

보통 목회의 속성이 끝이 없고 측정하기 어렵기 때문에 목회자들은 자신들이 충분할 만큼 일하였는가와 언제 쉬어야 할 때인가를 파악하기 어렵다. 휴식을 갖기 전에 딱 한 가지만이라도 일을 더 하는 것이 때때로 사려 깊은 듯이 보이지만, 긴 안목에서 볼 때 교우들을 책임진 목자로서의 자신의 역할을 더 잘 하기 위해서 휴식을 취하는 것이 필요하다. 목회자들은 자신과 가족들을 위해 하루 단위 혹은 한 주 단위 혹은 일 년 단위로 나아가서 안식기간 등의 정기적인 쉼을 갖는 것이 필요하다.

현대 개신교 목회영성에 많은 영향을 끼치고 있는 피터슨(Eugene Peterson)은 목회자의 정기적인 휴식이 적어도 다음과 같은 세 가지의 유익이 있다고 말한다.[58] 첫째, 목회자의 정기적 휴식은 자신들의 바쁜 활동으로부터 벗어나 정리할 수 있는 시간과 공간을 제공해 하나님께서 해오신 일들과 하고 계신 일들을 볼 수 있게 한다. 둘째, 휴식은 목회자 자신의 내면의 소음들을 가라앉혀서 주님의 미세한 음성을 들을 수 있게 한다. 셋째, 휴식은 목회자로 하여금 자신과 밀착된 사람으로부터 떨어져 있게 하는 동시에 목회자 자신이 자신의 정체성으로 여기는 일상적인 일들로부터 떨어져 있게 만든다. 궁극적으로 이러한 유익들은 목회상황에서 전체 회중의 목회적 돌봄의 질과 영성에 긍정적 영향을 준다. 그러므로 교회는 목회자가 휴식을 가지는 것이 목회자 개인의 필요뿐만 아니라 좀 더 효율적인 회중의 돌봄을 위해서도 필요함을 알아야 한다.

탈진의 예방과 치유를 위하여 목회자들은 휴식을 가져야 할 필요와 함께 휴식을 적절하고 현명하게 사용할 필요가 있다. 목회자들은 매일의 경건 시간이나 신체단련, 의미 있는 가족시간 등과 같은 여러 가지 의미 있는 방법으로 휴식을 사용

---

58) Eugene H. Peterson, "The Pastor's Sabbath," *Leadership*, vol. 6 (Spring 1985): 56-7.

하여야 한다.59)

3) 후원 네트워크를 만들라

자신들의 사역을 통해 모든 목회자는 동료, 또래집단, 교회의 평신도 등을 포함하는 후원집단이 필요하다. 목회자가 자신의 후원집단을 가지는 것은 여러 가지 이점이 있다. 목회자의 후원집단은 깊은 교제를 발전시키는데 도움을 준다. 이러한 교제에 참여하는 사람들을 통해 목회자는 다른 관점을 얻을 수 있다. 이러한 교제는 또한 목회자의 지도력에 대한 자신감을 고양시킨다. 교제를 통해 정서적으로 사람들과 접촉할 수 있다. 교제는 또한 건강한 방식으로의 확언(affirmation)과 직면(confrontation)을 제공한다. 교제는 또한 장기적인 목회활동을 촉진한다.60) 비록 여러 종류의 목회자 후원집단이 있지만 그 중에서 가까운 친구집단과 교회 내의 평신도후원집단이 대표적인 조력집단이라고 할 수 있다.

삶을 통해 사람들은 극소수의 매우 친밀한 친구들을 만난다. 이러한 사람들이 바로 직접적인 도움을 주는 사람들이다. 이러한 사람들은 판단하거나 반대하지 않는다. 이들은 훌륭한 경청자들이다. 이들은 사랑하고 확증해주며 신뢰할 만하다. 이들은 목회자가 자신의 필요를 위한 후원이 필요할 때 부담 없이 함께 의논할 수 있는 가장 중요한 목회자의 후원집단이다. 이들은 목회자가 좀 더 정확한 자기모습을 파악하도록 도우며 자신의 약점을 극복하도록 돕는다.61)

---

59) Oswald, *Clergy Self-Care*, 142-3; Archibald Hart, "Recovery from Stress and Burnout," in *Pastors at Risk*, ed. H. B. London, Jr. and Neil B. Wiseman (Wheaton: Victor Books, 1993), 160. 오스왈드는 대부분의 목회자들이 규칙적인 운동프로그램을 갖고 있지 않는 것과 상당수의 목회자가 과체중임을 지적하면서 운동의 필요성을 강조하고 있다. 또한, 하트는 제안하기를 가족 시간을 가지는데 있어서 일주일 중 하루, 그 중에서도 피곤하지 않을 목요일이나 금요일을 선택하는 것이 가족의 단합이나 유흥에 도움이 된다고 한다.
60) Chandler, *Minister's Support Group*, 30-41.
61) Ernest White, "Ministers are Human," in *Formation for Christian Ministry*, ed. Anne Davis and Wade Rowatt, Jr. (Louisville: Review and Expositor, Southern Baptist Theological Seminary, 1985), 58.

목회자의 후원집단에는 교회 내에서 목회사역을 서로 나누어 맡고 있는 평신도 사역자들이 포함된다. 목회상황에서 대부분의 과중한 업무와 탈진은 위임을 잘 못하기 때문에 발생한다.62) 하지만 사역에 부담을 지고 있는 많은 목회자들이 자신들의 권위, 특별히 자신들이 능숙하거나 관심을 가지는 것들을 포기하기를 주저한다.63) 그러므로 평신도 후원집단과 적절한 위임이야말로 목회탈진을 예방하기 위해 절대적으로 필요하다. 목회자가 자신이 알고 있는 평신도 지도자들에게 사역을 위임하고 그들을 위해 시간을 쏟을 때, 평신도 지도자들은 그 사역뿐만 아니라 목회자에게도 헌신하고자 하는 마음을 가진다. 만약 목회자들이 평신도 지도자들을 잘 지도하고 관계를 형성한다면, 목회탈진의 예방 뿐만 아니라 치유에 있어서도 이들 평신도 조력집단들은 매우 효과적이다.

4) 유능한 목회자로 준비되라

목회자가 어떠한 사역에 임하더라도, 그는 그 사역에 필요한 책임을 감당할 능력이 필요하다. 능력이 결여될 때 사람은 수동적이게 된다. 유능해지는 것이 반드시 교육을 많이 받는다거나 높은 학위를 소유하는 것은 아니다. 유능하지 못한 목회자가 최고의 학위를 가질 수 있는 반면, 어떤 매우 유능한 목회자들은 정규신학교육을 제대로 받지 못하기도 한다. 자신의 정규교육이 어떻든 유능한 목회자는 적어도 두 가지 자질을 지니고 있는 것으로 보인다.

첫째, 유능한 목회자는 영적으로 유능해야 한다. 목회자의 가장 중요한 역할이 영적 지도자로서의 역할이기 때문에 효과적인 목회자가 되는 첫 번째 질적 요소는 건강하고 민감한 영성을 지니는 것이다. 영성이란 양보할 수 없는 목회자의 자

---

62) Donald Gerig, "Are We Overworked?" *Leadership*, vol. 7 (Summer 1986): 23.
63) Paul Anderson, "Making Delegation Work," *Leadership*, vol. 4 (Fall 1985): 109.

질이다. 기독교 지도자는 인간으로서의 자신의 참 모습을 찾으려는 사람들을 돕는 사람이다.64) 그러므로 복잡한 인생을 살아가는데 있어서 영적 지도자는 자신의 과거로부터 얻은 기존의 영적 깨달음을 통해 사람들을 돕고 인도할 수 있어야 한다. 어떤 의미에서 이러한 영적 심오함이 탈진의 해독제가 될 수 있다.65)

영적으로 유능해지기 위해 목회자는 먼저 자신의 영적 여정을 분명하게 이해하여야 한다. 영적 성숙은 작은 단계들이라 할 수 있는 기도와 묵상을 통한 매일의 여정에 의해서 이루어진다. 목회자는 자신의 매일의 삶에서 나오는 기도와 묵상과 신학적 숙고라는 영적 여정을 충분히 이해해야만 한다.66)

둘째, 목회자는 지적으로 유능해야 한다. 목회자는 자신이 가르치는 영역에 대하여 광범위한 지식을 필요로 한다. 목회자가 더 많이 알고 이해할수록, 그는 더 많이 성장하며 다른 사람이 성장하도록 도울 수 있다. 목회자들을 위한 연장교육의 기회는 많이 있다. 그 중에서도 임상목회교육(Clinical Pastoral Education)은 목회자로 하여금 자신들의 돌봄의 역할에서 좀 더 효과적으로 사역할 수 있게 도움을 준다. 신학교의 연장교육프로그램이나 목회학 박사과정 등도 목회자들에게는 훌륭한 교육과정이다.67) 교회는 다양한 교육과정들을 배울 수 있는 기회들을 줌으로써 목회자들이 좀 더 잘 준비될 수 있도록 도울 수 있다.

유능한 목회자들은 지적으로 융통성이 있으며 자신들의 사역의 효율성을 증대시키기 위해 새로운 방법들을 기꺼이 시도할 수 있어야 한다. 그들은 또한 사람들의 필요와 제안들에 귀를 기울일 수 있어야 한다. 그러므로 목회자는 지적으로 민주적이며 진리를 위해서라면 모든 곳을 찾는 사람이어야 한다. 그들은 또한 지

---

64) Nouwen, *The Wounded Healer*, 38-9.
65) Oswald, Clergy Self-Care, 92.
66) Michael E. Cavanagh, *The Effective Minister* (New York: Harper & Row SanFrancisco, 1986), 17-9.
67) Chandler, *Minister's Support Group*, 28.

적으로 창조적인 동시에 정직해야 한다.68)

---

68) Cavanagh, *The Effective Minister*, 32-4.

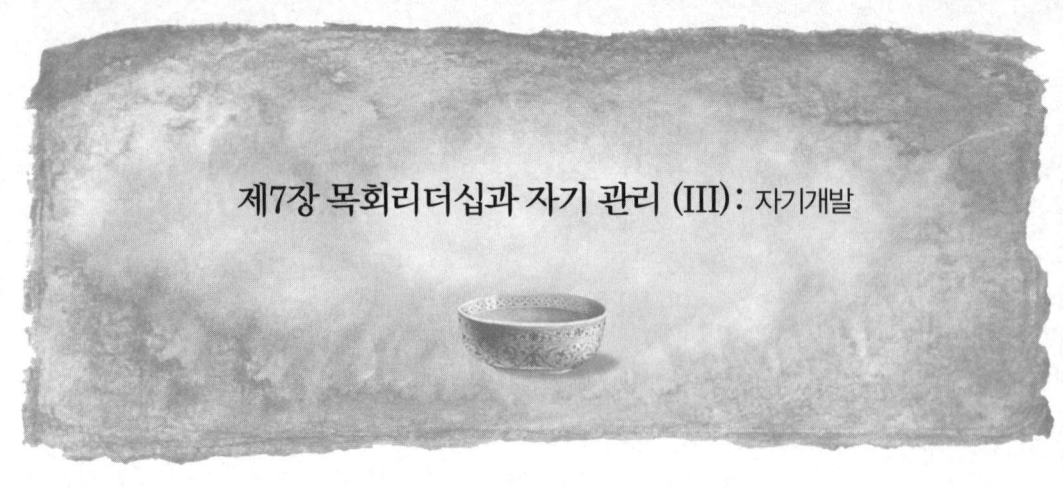

제7장 목회리더십과 자기 관리 (III) : 자기개발

    리더십은 행동하는데 따른 인격이라고 할 수 있으며 이러한 품성, 즉 인격에 관한 것이다.[1] 그리고 리더십은 고정되거나 선천적으로 타고나서 그대로 유지되는 것이 아니다. 그러므로 인격(품성)의 개발이야말로 리더십 개발의 핵심이라고 할 수 있다.[2] 리더십의 대표적 권위자인 베니스(Warren Bennis)와 내너스(Burt Nanus)는 "대단히 많은 중역들이 품성과 판단력 부족으로 중도에서 탈락되거나 정체상태에 있지만, 기술적인 역량이 부족해서 탈락되는 경우는 없다"고 말한다.[3] 인격은 리더십의 핵심인 영향력을 이루는 기초가 되며 사람들이 리더를 따르는 설득력 있는 이유가 된다.[4] 따라서 본 장에서는 리더의 자기 개발과 관련하여 기법이나 기술보다는 리더십이 가능하도록 하는 기초인 인격(품성)과 관련된 자기 개발에 관해 알아보고자 한다. 이에 앞서 먼저 리더십 개발과 관련하여 리더의 개발단계

---

1) 본 장의 특성상 비슷한 내용의 단어인 인격-사람으로서의 됨됨이-과 성품-사람의 성질이나 됨됨이-는 구별 없이 섞어 사용한다.
2) Wayne A. Hastings and Ronald L. Potter, 「마음을 움직이는 리더」, 양승일 역 (서울: 생명의 말씀사, 2006), 10.
3) Warren Bennis and Burt Nanus, 「리더와 리더십」, 김원석 역 (서울: 황금부엉이, 2005), 9.
4) George Barna, 「물 밖의 물고기」, 김주성 역 (서울: 국제제자훈련원, 2006), 161.

에 대하여 이해할 필요가 있다.

1. 지도자의 자기 개발 과정

영향력의 핵심적 요소는 신뢰이다. 신뢰를 쌓고 유지하는 능력은 리더십의 핵심 척도이다. 신뢰는 조직의 생명을 유지시키는 몸에 있어서의 혈액과 같다고 할 수 있다. 아무리 좋은 시스템과 훌륭한 인적 자원이 있더라도 조직 내에 신뢰가 결여되면 아무 소용이 없다. 신뢰받는 지도자의 공통적인 8가지 특성을 살펴보면 다음과 같다: 독선적이지 않은 지도자, 자기 개발을 계속하는 지도자, 확신 있는 지도자, 집중력을 추구하는 지도자, 다른 이를 아끼는 지도자, 확고한 윤리관을 지닌 지도자, 혼란을 진정시키는 지도자, 불굴의 정신을 지닌 지도자.[5]

이러한 신뢰받는 리더십은 고정되거나 선천적으로 타고나서 그대로 유지되는 것이 아니다. 리더십은 지속적으로 개발되는 것이며, 성숙한 인간이 되어가는 과정과 매우 흡사하다.[6] 리더십은 생애 전체를 통하여 이루어지는 배움의 과정이다. 마찬가지로 목회리더십 역시 지도자 개인의 전 생애에 걸친 배움과 깨달음과 성숙의 과정이다.

풀러신학교의 리더십 학자 클린턴(Robert Clinton)은 사례 연구를 통하여 지도자가 성숙하고 성장하는 과정에는 공통적인 단계를 거친다는 사실을 보여준다.[7] 즉, 리더들의 삶을 살펴볼 때 발견되는 리더들의 성장과 성숙과정에는 일정한 단

---

[5] Hastings and Potter, 「마음을 움직이는 리더」.
[6] Bennis and Nanus, 「리더와 리더십」, 8.
[7] Clinton, *The Making of a Leader*, 44-7. 클리턴은 이 단계를 여섯 가지-주권적 기초단계, 내면 성장단계, 사역 성숙단계, 인생 성숙단계, 수렴단계, 잔광(afterglow)단계-로 나누어 설명하고 있으나 본 장에서는 우리 사역상황에 적합하게 적용하고 있다.

계가 있다는 것이다. 이러한 리더십 개발의 단계를 살펴보면 다음과 같다.

1) 1단계 – 하나님의 주권적 섭리에 의한 기초 확립 단계(유아기와 학령기)

이 단계는 하나님의 섭리 가운데, 지도자의 가족, 환경적 여건, 역사적 사건 등을 통해 지도자 인생의 기초를 다지는 시기이다. 이와 관련해 비록 우리가 지금은 깨닫지 못하거나 인정하지 못하는 여러 요소들이 있을 수 있으나 하나님은 당신의 사람을 위해 이 모든 것들이 '합력하여 선을 이루게' 하신다(롬 8:28). 후일 이전에는 미처 이해하지 못했던 하나님의 주권적 섭리를 깨닫게 될 때 우리는 비로소 일찍부터, 심지어는 우리가 기억하지 못할 때부터 우리의 삶에서 섭리하신 하나님의 은혜와 사랑을 깊이 감사하게 된다. 비록 이 단계에서 형성되는 여러 경험들은 개인들이 통제할 수 없으며, 영적으로 특별한 경험들이 형성되는 일이 드무나 지도자로서 준비되기 위해서는 이 단계에서 하나님께서 준비하시고 허락하신 환경과 만남과 경험들에 대하여 긍정적으로 반응하며 유익을 얻는 일이 필요하다.

2) 2단계 – 내적 성장의 단계(청소년기)

이 단계의 사람들은 자신의 자아가 형성되기 시작하면서 하나님을 좀 더 인격적으로 친밀하게 알게 된다. 실제로 대부분의 영적 지도자들은 이 단계에서 하나님을 인격적으로 체험하거나 영접하는 경험을 했다. 통계적으로도 상당수의 목회자들이 이 시기에 회심을 하거나 사역자로 헌신하는 결단을 했다. 또한 이 시기에는 조그만 일이나마 교회를 통해서 하나님의 사역에 참여함으로써 지도자로서의 잠재적 자질들을 발견하게 된다. 이 단계의 영적 경험은 하나님의 일꾼으로 준비되는데 필요한 분별력과 이해 그리고 순종을 배우는데 매우 중요한 역할을 한다. 특히 이러한 경험을 통해서 잠재적 지도자들은 개인 또는 교회적으로 하나님이 원하시는 지도자로서의 기본적 성품을 배우게 된다. 만약 이 시기에 잠재적 지도자들이 지도자로서의 특정한 성품을 제대로 배우지 못했다면, 하나님은 다양한 경로를 통해 지속적으로 그들을 연단하여 준비시키신다. 이 시기에 요구되는 자질은 성실과 인내이다. 성실과 인내를 가지고 이 시기를 긍정적으로 보내게 되면 인격이 개발되는 동시에 사역의 영역이 확장되어 더 큰 책임을 맡게 된다.

3) 3단계 - 인격과 사역의 확장 단계(청년기)

이 단계의 예비지도자들은 비록 자신의 은사를 정확하게 이해하고 있지는 않지만, 다른 사람들을 섬기기 위해 자신의 영적 은사를 사용하기 시작한다. 특히 이들은 사역경험을 통해 그들의 은사와 기법들을 숙달하여 사역에서의 효율성을 높이고, 다양한 관계들(물론 이 관계들은 긍정적인 것과 부정적인 것이 동시에 존재한다)을 통해 그리스도의 몸인 신앙공동체에 대한 이해를 확장한다. 그러나 이 단계는 관계의 확장을 통한 자기이해의 증대가 이루어지기도 하지만, 관계의 어려움을 통해 고립과 외로움을 경험하기도 한다. 이럴 때 예비지도자는 문제의 원인 파악도 중요하지만, 그보다 하나님께서 그것을 통해 자신을 효과적으로 연단하신다는 사실을 깨달을 필요가 있다.

1단계부터 3단계까지는 사역의 열매나 효율성이 리더의 자기개발과 관련된 중요한 관심사가 아니다. 이 세 단계의 주요 과제는 하나님에 의해서 이루어지는 사역자의 성장과 훈련이다. 예비지도자들이 이 세 단계에서 어려움에 빠지는 흔한 이유는 사역의 결과에 관심을 지니는 태도이다. 따라서 예비지도자들은 청년기까지 자신의 은사와 관계들을 점검하고 자신과 하나님을 더 잘 이해하여 성장 성숙하는 일이 자신의 주요 목표임을 기억할 필요가 있다.

4) 4단계 - 사역과 삶의 성숙기

이 단계에서 목회지도자는 자신의 영적 은사들을 이해하고 그것들을 사역에 적용하여 사역의 효율성을 추구하게 된다. 이 과정에서 목회지도자는 자신의 은사와 사역의 필요 사이에서 우선순위를 인식하고 선택하고 계획하고 실행하여 사역의 열매를 얻는다. 또한 이 시기에 목회지도자는 사역에서의 갈등과 좌절과 위기 등을 경험하고 해결하는 과정을 거치면서 하나님과의 관계가 점점 성숙하게 된다. 이 단계에서 목회지도자가 명심할 일은 사역과정에서 경험하는 일들을 긍정적으로 해석하고 받아들임으로써 사역에서 성공이 아닌 성실이 더욱 중요함을 인식하게 된다. 이 시기에 목회지도자의 영적 성장은 목회현장에서 경험하는 다양한 내적 외적 갈등과 위기 등을 통해서 이루어지며, 이 과정을 건설적으로 극복하여 성장과 성숙을 가져오는데 좋은 동료나 멘토들이 도움이 된다. 따라서 자신에게 적합한 동료집단이나 신뢰하고 의논할 만한 영적 멘토를 선정하여 지속적으로 교제하는 일은 이 시기 목회지도자의 계속적인 발전을 위해 바람직하다고 할 수 있다.

5) 5단계 - 통합과 수렴의 단계

이 시기는 목회지도자에게 황금기라고 할 수 있다. 이전까지 자신의 경험과 배움이 다 합쳐져 목회사역에서 자신의 은사가 가장 잘 사용되고 그 결과가 나타나는 단계가 바로 이 단계이기 때문이다. 대체로 이 단계에서 목회지도자는 자신의 경력에서 최고의 전성기를 맞이하게 된다. 목회사역의 단기간의 결과에 일희일비하지 않고 좀 더 깊은 확신 속에서 자신의 장단점을 잘 알고 수용할 뿐만 아니라 자유하는 가운데 현재 자신에게 주어진 목회를 감사하며 헌신하는 경우가 많다. 하지만 때로는 자신의 개인적 성장과 개발의 부족으로, 때로는 교회의 관료적 체계로 인해, 때로는 예상치 못한 교회의 갈등이나 위기로 인해, 때로는 우리가 이해하지 못하는 하나님의 섭리 등으로 인해 많은 목회자들이 이와 같은 통합과 수렴의 단계를 누리지 못하는 경우가 종종 있다. 동시에 이 시기는 지도자로서 자신의 뒤를 이을 지도자를 염두에 두고 준비해야 하는 시기이기도 하다.

6) 6단계 - 잔광(afterglow)의 단계(회상과 감사와 축제의 단계)

이 시기는 개인적으로 지도자가 자신의 주요 사역을 마무리 한 단계이다. 이 단계는 목회지도자가 사역의 주요 현장에서 한 발 떨어져서 이제까지 하나님께서 자신을 사용하신 영역들을 돌아보며 그 결과를 평가하고 확인하며 하나님께 감사하고 자신의 삶의 의미들을 긍정적으로 평가하는 시기이다. 이 단계의 목회지도자는 자신의 삶과 사역을 돌아보며 곳곳에서 발견되는 하나님의 은혜의 손길과 자비와 긍휼을 다시 한 번 확인하고 반추하며 하나님께 영광을 돌린다.

이상의 리더십 개발과정에서 발견할 수 있는 공통적인 내용은 다음과 같다.8) 첫째, 리더십 개발의 각 단계마다 다른 과정을 밟는다. 리더십 개발과정에 공통적으로 개입되는 세 가지 요소는 사건, 사람, 환경이다. 그리고 이 세 가지 요소가 각 리더십 개발 단계의 특징에 따라 미치는 영향이 다르기 때문에 단계마다 독특한 과정을 밟는다. 둘째, 각 단계는 그 단계에서 다른 단계로 넘어가는 특별하고도 구체적인 사건(경계선 사건)이 있으며 이 경계선 사건으로 단계가 구분된다. 사람마다 다르지만 지도자의 성장 단계는 대체로 각 단계마다 다음 단계로 넘어갈 때 단계의 변화를 나타내는 사건이나 경험들이 있다.9) 이 사건들은 개개인이 다르지만 이 사건들은 대부분 다음 단계로 나아가는 변화의 신호인 경우가 많다. 특별히 목회리더들에게 이러한 변화의 징조는 하나님의 말씀을 통해 오거나, 특별한(부정적인 측면을 포함하여) 만남이나 사건의 경험 그리고 하나님의 인도하심(말씀, 만남, 세미나, 특

---

8) Clinton, *The Making of a Leader*, 47-54.
9) 이러한 사건들에는 위기, 승진, 안수, 새로운 사역지, 연장 교육, 특별한 경험, 특별한 사람과의 만남, 특별한 신령한 체험, 이사 등이 있다.

별한 경험 등) 등을 통해 오는 경우가 많다.10) 셋째, 단계의 변화에 따라 영향력의 행사범위가 달라진다. 리더십 개발과정에 공통적으로 개입되는 사건, 사람, 환경의 요소는 단계가 달라짐에 따라 그 영향력의 범위가 달라지게 작용한다. 끝으로 이상에서 살펴본 리더십 개발단계는 일관되게 성품의 개발 및 은사의 개발과 사용을 강조한다. 리더십 개발단계는 목회지도자의 전 생애에 걸쳐 끊임없이 자기개발 특히 성품의 개발이 필요하며, 예수 그리스도가 온전한 성품 개발의 기초이자 최종 목표라는 사실을 확인해준다.

2. 목회지도자의 자기 개발 핵심과제 - 인격과 신앙의 개발

리더십의 본질은 영향력이다. 그러므로 리더의 인격은 리더십의 효율성에서 그 어떤 것보다도 중요하다.11) 리더십은 본래 행동에 따르는 인격이라고 할 수 있는데, 그 자체가 품성 곧 인격에 관한 것이다. 리더는 일반적으로 추종자들보다 더 많은 권력과 통제력을 가지고 다른 사람들의 삶에 영향을 미친다. 이 과정에서 인격은 리더의 권력과 통제력 행사에 직간접적으로 영향을 미친다. 그러므로 인격의 개발이야말로 리더십 개발의 핵심이라고 할 수 있다.12) 리더십의 대표적 권위자인 베니스는 "대단히 많은 중역들이 품성과 판단력 부족으로 중도에서 탈락되거나 정체상태에 있지만, 기술적인 역량이 부족해서 탈락되는 경우는 없다"고 말

---

10) Ibid., 52.
11) 본 장의 주요 목표가 인격 자체를 설명하는데 있지 않기에 간략하게 오스트리아출신의 미국 성격심리학자 미쉘(Walter Mischel)의 정의를 인용하여, 인격을 "개인이 환경에 적응할 때 그 적응의 양식을 결정지어 주는 독특한 행동, 감정, 사고로서, 시간과 상황을 초월해 지속될 뿐만 아니라 사람들을 서로 구별해주는 특징"으로 정의하기로 한다. Walter Mischel, 「성격심리학」, 손정락 역 (서울: 교육과학사, 1996), 6.
12) Hastings and Potter, 「마음을 움직이는 리더」, 10.

한다.13) 리더의 인격은 그의 전 생애를 통해 하나님의 주권적 기초와 개인의 성장과정의 경험들이 통합되면서 형성 발달되어 간다. 그러므로 먼저 리더의 인격개발과 관련된 사회심리적 인격 발달과정과 신앙발달과정을 살펴본 후, 리더의 인격 개발에 필요한 내용들을 살펴보기로 한다.14)

1) 인격개발의 이해

인격개발은 개인의 인격이 타고난 그대로 고착되지 않고 개인의 노력 여부에 따라 발달하고 성숙할 수 있다는 사실을 전제로 한다. 즉, 리더의 인격개발은 인간의 인격발달과 신앙적 성숙과정이 가능하다는 사실을 바탕으로 이해할 수 있다. 따라서 여기서는 목회지도자 자신의 인격 이해와 개발에 필요한 사회심리적 인격발달과 신앙발달 과정을 간략하게 소개한다.

(1) 인격발달이해

한 개인은 전 생애를 거치면서 신체적, 정신적, 영적인 측면에서 지속적으로 변화해 나간다. 그리고 하나님은 이러한 개인의 전 생애에 걸친 발달과정을 통해 지도자로서 지녀야 할 중요한 덕목인 '진실성', '순종', '말씀분별력' 등을 갖추게 한다.15) 에릭슨(Erik Erikson)은 이러한 인간의 전 생애에 걸친 발달과정을 사회심리적으로 이해하면서 8단계, 즉 유아기, 초기 아동기, 놀이기, 학동기, 청소년기, 초기성인기, 성인기, 노년기로 나누어 각 발달단계에 따른 '덕목'(virtues, 성장과

---

13) Bennisand Nanus, 「리더와 리더십」, 9.
14) 성격과 관련된 대표적 접근으로는 정신분석적 접근, 인지적 접근, 사회문화적 접근, 행동주의적 접근, 특질적 접근 등이 있으나 본 장에서는 목회리더의 인격발달이해에 필요한 목회적 관점에서 많이 사용되는 에릭슨의 사회문화적 접근과 파울러의 신앙발달이론을 소개한다. 성격이론의 대표적인 접근들에 관한 자세한 설명은 사미자, 「종교심리학」(서울: 장로회신학대학교출판부, 2001), 206-17을 참고하라.
15) 이 덕목들에 대한 자세한 설명은 다음을 참고하라. Clinton, The Making of a Leader, 58-74.

제)을 달성했을 때와 그렇지 못했을 경우의 인간 발달에 따른 인격적 특성을 설명하고 있다.16)

i) 유아기(0~1세) – 기본적 신뢰 vs. 기본적 불신

기본적 신뢰는 유아가 자신을 돌보는 사람과의 긍정적 관계 속에서 세상을 믿을 수 있고 신뢰할 수 있는 곳으로 경험할 때 형성된다. 이러한 기본적 신뢰는 다른 사람을 향한 적절한 믿음이며 자기 자신에 대한 신뢰감으로 이루어진다. 유아기 때 아이의 필요와 친밀감을 채워주는 어머니의 희생적이고 일관적인 돌봄은 이러한 유아기의 기본적 신뢰형성에 긍정적 영향을 준다. 이 시기의 과도한 부정적인 경험이나 불안 등은 기본적 불신을 낳을 가능성이 높다.

ii) 초기 아동기(2~3세) – 자율성 vs. 수치심과 의심

초기 아동기의 어린이는 자기의지를 나타낼 수 있고 그것을 실현할 수 있는 운동능력도 지니고 있다. 이러한 자기의지는 반항적 행동과 독립적 태도로 나타난다. 두 발로 일어나 걷기 시작하면서 자신의 의지대로 사물을 조작할 수 있는 이 시기에 아이들은 스스로 무엇을 할 수 있음을 보여주려고 하는 동시에 다른 사람이 자신이 하기 싫은 것을 요구할 때 거절하기도 한다. 그렇기에 때로는 어떤 것을 애지중지하다가도 다음 순간에는 그것을 버릴 수 있다. 특히 이들이 사용하는 언어에서 자율성에 대한 표현이 분명하게 나타난다. "내가 할 거야", "안 해" 등이 그것이다. 이 시기의 어린이는 협동과 자기주장, 유순함과 독단, 복종과 고집 등의 상충

---

16) 에릭슨은 생애주기이론(life cycle theory)을 1950년 그의 책 *Childhood and Society*에서 처음 소개한 이후 계속해서 조금씩 보완 발전시켜나갔다. 본 내용은 에릭슨의 이론을 목회적으로 적용한 캡스(Donald Capps)의 책을 참고해 에릭슨의 이론을 소개한다. Donald Capps, 「인간 발달과 목회적 돌봄」, 문희경 역 (서울: 이레서원, 2001); Erik H, Erikson, *Childhood and Society*, 2d rev. ed. (New York: W. W. Norton, 1963). 이 밖에 인간발달의 다면적 측면을 이해하는데 도움이 되는 이론들로는 콜버그의 '도덕성 발달이론', 파울러의 '신앙 발달단계 이론' 등이 있다.

되는 감정들과 싸운다.

 초기 아동기의 부정적 자아 발달의 결과는 수치심(shame)과 의심(doubt)이다. 수치심은 다른 사람이 자신의 행동을 싫어할 때, 즉 자신이 타인의 거부하는 시선에 노출될 때 생기는 경험이다.17) 지나친 수치심은 아이들로 하여금 내적 분노와 울분을 갖게 만든다. 아이들이 자율성 확보 과제 달성에 실패하면 수치를 느끼게 된다. 이때 수치심을 너무 많이 느끼는 어린이는 수치심을 주는 사람에게 커다란 내적 분노나 반항을 일으키게 된다. 이러한 분노는 여러 형태를 지닌다: 신체적 남용(때리기, 상처 입히기), 언어적 남용(소리 지르기, 모욕주기, 신랄한 빈정거림) 그리고 자신에 대한 남용(자신을 차는 것). 이런 태도는 일반적으로 상처 입은 자아의 공격적인 방어이다. 분노는 상처 주는 상대에게 나는 더 이상 상처를 받을 수 없다는 것을 알리는 것이다. 그러나 때때로 분노를 표출하기보다 간직하는 경우도 있다. 즉, 너무 많은 수치심을 주는 부모에 대해 비밀스런 분노를 간직하는 경우가 이러한 경우다.

 의심은 과도한 자기 통제에서 나타난다. 타인과의 상호작용에서 자신의 의지를 표현하는 것을 배우는 대신 미리 이런 만남은 변화를 가져오지 못할 것이라고 생각하는 것이다. 이것은 자신의 행동이 타인에 의해 거부됨으로써 나타나는 현상으로, 자율성이 결여될 때 나타난다.

 이 시기의 발달은 사회적 기대(압력)와 자신의 의지 사이에서 조절과 적응력 발달을 결정짓는다. 이때 가장 유념해야 할 점은 아이의 신체적 발달, 즉, 준비된 성장이 갖추어지지 않은 상태에서의 강압적 혹은 무리한 배변훈련, 보행, 식사, 언어 훈련은 실패에 따른 부정적 발달특성으로 이어질 수 있다. 다른 아이와의 비교강요, 비전문적 보모나 교사에 의한 집단 탁아 등이 이와 같은 위험에 노출하게 한다.

---

17) 배변과정에서 자기 통제의 상실감, 걷기에서의 실수 등을 예로 들 수 있다.

iii) 놀이기(4~6세) – 주도성 vs. 죄책감

놀이기는 앞 단계의 자율성에 주도성(initiative)이 첨가되고 그 결과 무엇인가 새로운 일을 시도하게 된다. 이 시기의 어린이는 능동적이며 활동적인 사람이 되기 위해서 무엇인가 계획하고 시도한다. 이 단계의 주도성은 익숙해진 신체적 능력으로 인해 활발한 동작을 함으로써 공간에 침입하든지, 신체적 공격을 통해 타인의 신체에 침입하든지, 공격적인 대화를 통해 다른 사람의 귀와 마음에 침입하든지, 호기심을 통해 미지의 세계로 침입하는 특성을 보인다.

놀이기의 부정적인 측면은 죄책감이다. 이 단계의 아이는 주도성의 한계, 즉 적절한 정도의 공격이나 침입을 모르기 때문에 상대의 반응에 따라 죄책감을 느끼게 된다. 즉, 아이의 인간관계가 부모를 넘어 다른 식구나 이웃까지 확대된 상태이기 때문에, 아이가 자신의 호기심이나 공격적 행위를 적절하게 제한하지 못하면 범법자 취급을 받게 되는데, 이때 죄책감이 생기게 된다. 즉, 이 시기의 아이들은 부모와의 전적인 연합에서 벗어나 스스로 목표를 설정하고 계획을 세우고 그것을 달성하기 위해 노력하는 주도성과 부정적으로 나타나는 죄책감 사이에서 갈등을 겪는다.

놀이기의 좋지 못한 덕목은 탐욕이다. 탐욕은 한계가 없다. 즉, 이 시기의 어린이는 한계 없이 무엇이든지 하려고 한다. 그러나 부모의 반응은 일반적으로 이것을 금지("don't") 혹은 제한한다. 그러므로 주도성이 발달하는 이 단계에서 아이들은 자신과 타인을 보호하기 위해 제한 영역을 설정할 줄 알아야 하며, 이 제한을 벗어날 때 자신이 잘못했다는 것을 배울 필요가 있다.[18]

---

18) Erik H. Erikson, *Insight and Responsibility* (New York: W. W. Norton, 1964), 122.

iv) 학동기(7~12세) - 근면성 vs. 열등감

학동기는 초등학교시기로 인간관계가 가족에서 학교라는 사회로 넓어진다. 이 시기의 아이들은 과제와 기술에 자신을 적응시킬 수 있다. 그렇기 때문에 이 시기부터 주위사람들로부터 성인과 같은 기능을 감당할 수 있도록 기술을 습득하고 일을 할 수 있도록 요구받는다. 공식적인 학교수업을 통해 아이들은 체계적으로 과제를 부여받고 그 과제를 해결하기 위해 도구를 사용하고 기술들을 발달시킨다. 근면성이 정상적으로 발달할 때 아이들은 사물을 조작하지 못하거나 잘 조작하지 못하면 불만족해 한다. 이런 과정에서 쾌락이나 보람을 느끼고 성취감을 얻는다. 더 이상 노는 것만을 즐기는 어린이가 아니라 무엇을 만듦으로써 인정을 받고 스스로도 무엇인가 생산적이라는 느낌을 갖기를 원한다. 이 시기에는 잘 노는 것을 넘어서 자신이 무엇인가를 해냄으로써 인정받고 싶어한다.

학동기의 부정적인 측면은 열등감(inferiority)이다. 열등감은 어린이들의 능력이나 도구가 그들이 실행하는 과제에 합당하지 않거나 동료들 사이에서 바라던 사회적 지위를 획득하는데 실패하거나 그들이 이미 배워서 잘 하고 있는 그 어떤 것도 그들의 중요한 타자들(부모님이나 선생님들)에게 중요하지 않은 것처럼 보일 때 생긴다. 이것은 또한 이전 생애 단계들에서 발생한 갈등들을 적절하게 해결하지 못함으로써 경쟁이 저지될 때도 나타난다.

학동기의 부정적인 덕목인 '부러워함'(envy)은 남이 가진 것을 소유하고 싶어하는 간절한 바람이나 욕망이다. 학생들은 나의 기술(학업성적이나 기타 학교에서 가르치는 것들이나 재능 등을 포함한)과 남의 기술을 비교하는데 이것은 피할 수 없는 일이다. 이때 부러워함은 아이들로 하여금 종종 인생이 불공정하다는 강한 느낌을 갖게 한다. 예를 들면, 다음과 같은 표현이 그러한 것이다. "왜 그 아이는 똑똑하고 나는 이렇게 바보 같지?" 이 부러워함은 때로는 복수할 마음을 갖게 한다. "그 아이가 시험에 떨어졌으면 좋겠어." 이와 같은 부러워함은 무능력의 감정을 만들기 때문에 부정적인 것으로 인식되어 왔다. 그러므로 이 시기의 긍정적 덕목은 '유능함'(competence)이다. 능력은 아이들에게 자신감을 주며 타인에 의해 위협을 당하지 않게 해준다. 그리고 이것은 사회정의를 위해 일할 수 있도록 만들어 준다.

v) 청소년기(13~18세) – 정체성 vs. 정체성 혼란

청소년기에는 생리적인 변화와 성기관의 성숙 그리고 인지발달이 일어남으로써 아동기에 형성되었던 것들이 와해된다. 이와 같은 격변은 초기 아동기와 같은 급속한 신체적 성장과 성기관의 성숙이라는 전혀 새로운 변화 때문에 나타난다. 이러한 생리학적인 변혁에 직면하면서 청소년은 자신이 누구이며 어디에 적응해야 하는지와 같은 자기정체성의 혼란에 빠진다. 이전 단계에서 신체적 발달은 긍정적인 삶을 획득하는데 도움이 되었지만, 이 단계에서는 혼란의 원천이 된다. "나는 누구인가?"라는 질문은 새로이 생겨난 감정들과 능력에 의해 발생한 기본적인 질문임과 동시에 사회에 의해 주어지는 질문이다. 이때 정체성이란 "일관성 있는 자아"가 되는 의식이다. 정체성 혼란은 청소년기의 일반적인 경험이며, 정체성은 이런 혼란스러운 상황 속에서 쉽게 붙잡기는 어렵지만 갖고 싶은 것이다. 이런 혼란의 와중에 청소년은 파벌을 형성하고 자신과 자신의 이상 그리고 자신의 적을 고정시킴으로써 일시적으로 서로 돕는다.

정체성은 "응집된 자아"(coherent self)라는 의식이다. 그것은 "나"의 나됨을 느끼는 것이다. 청소년기 이전에 어린이들은 그들에게 다양한 자아가 있다는 사실을 희미하게 인식하지만, 청소년기에 이르러는 다양한 자신을 인식할 뿐만 아니라 하나의 사회적 상황에서 다른 사회적 상황으로 옮겨가면서 그들이 전적으로 다른 자아라는 느낌을 갖게 된다. 그러므로 정체성을 갖는다는 것은 "하나의 자아"(one self)라는 느낌을 갖는 것이고, 우리의 많은 자아들이 어느 정도는 결합되어 있다고 느끼는 것이다. 이러한 응집적인 자아는 "나"의 나됨의 느낌(sense of "I")으로 통합

될 수 있는 잠재력을 갖고 있지만, 많은 갈등과 고뇌를 거쳐 거부된 자기들을 버림으로써 형성된다. 이때 선택되지 않은 자아들은 거절당하게 되는데 이렇게 거부된 자아들은 우리의 "부정적인 정체성"을 형성한다. 물론 이것들은 도덕적 의미에서 나쁜 정체성이 아니라 우리 자신이 될 수 없다고 우리가 부정해버린 정체성이다. 고통스럽기는 하지만 이러한 거부는 어떤 사람이 누구인가를 명확히 하는데 필요하다.

나의 나됨의 느낌을 발달시키는 경험이 고통과 불행만으로 가득 찬 것은 아니다. 아마도 자기 자신을 "나"로 경험하는 것은 처음으로 살아 있다는 주관적인 느낌을 갖는 일일 수 있다. 이때 우리는 이전의 자기 모습을 '아무 것도 아닌 것'으로 치부하기도 하지만, 이러한 생동감은 신비한 체험의 즉각성과 장엄함을 포함하기도 한다. 실제로 에릭슨은 응집된 자기에 대한 인식과 하나님에 대한 인식 사이에 중요한 연관성이 있다고 주장했다. 에릭슨은 우리가 누구이고 어떤 사람이 되고자 하는가에 대한 인식을 표현하기 위해 "자아"(self)라는 용어를 사용했다. 자아인식의 중심근거는 하나님이시며, 하나님 안에서 우리는 우리 자신을 궁극적으로 찾을 수 있다.

그러나 이 단계에서 '나의 나됨'의 인식에 실패하게 되면 정체성이나 역할의 혼란이 찾아온다. 이러한 혼란은 영웅이나 인기 탤런트를 자신과 지나치게 동일시함으로써 일어나기도 한다. 또한 바람직한 자신의 모습을 상대방에게 투사하여 쉽게 사랑에 빠지기도 하는데, 이 때문에 진실한 사랑을 이루는 것이 불가능하다. 오히려 진실한 사랑 대신에 상처도 많이 받고 그 상처로부터 혼란이 생기기도 한다.

에릭슨은 정체성 혼란의 근본적 이유를 이전 단계에서 찾았다. 즉, 이전 단계에서 발달이 제대로 이루어지지 않았기 때문에 정체성의 혼란이 찾아왔다는 것이다. 그러나 이와 함께 다른 요인들, 즉 급격한 사회의 변화, 매우 분화되고 자동화된 사회 그리고 이러한 사회가 가족에게 가하는 혼란, 청소년을 압박하는 성, 직업, 정치, 이념 등의 사회적 요소들이 정체성 형성에 영향을 주고 있다고 보았다.

이 시기의 부정적 덕목은 '교만'이다. 이것은 기만, 자만심 그리고 자기만족의 형태를 지닌다. 특히 이것은 의상이나 신체적 매력을 뽐내는 것을 통해서 나타나며, 전통적으로는 허무한 것으로 간주되었다. 교만은 지나친 자기중심, 자기존중, 자기애 또는 종교적 우월성으로 나타난다. 청소년기에 이러한 모습이 잘 나타나는 이유는 이때가 자신에 대한 관심이 많아지는 시기이기 때문이다. 특히 이 시기는 교만과 정당한 자아 사이에서 혼란을 일으키기도 한다. 자아 정체성은 일관성 있는 통합적인 자아이지 결코 과장된 자아가 아니다.

청소년기의 긍정적 덕목은 충실(fidelity)이다. 교만은 단지 자신에 대한 충성이지만, 충실은 타인에 대한 진실됨이며, 이로써 자신에게도 진실해진다. 신앙적으로도 "나 중심"에서 "하나님 안에서 중심적 자아"로 전환되는 것이 중요하다.

청소년기에 빼놓을 수 없는 또 하나의 이슈는 성정체성이다. 남성과 여성의 차이가 선천적인지 후천적인지에 대해서는 정확한 답변이 없다. 즉, 개인적인 본능인지 사회적인 본능인지 정확한 결론이 내려져 있지 않다.

vi) 초기성인기(19~29세) - 친밀감 vs. 소외감

초기성인기는 한 사람의 '인생의 모습'(Life style)이 결정되는 시기이다. 인생의 모습이란 그 사람이 어떤 종류의 친구를 가까이 사귀는지, 어떤 직업이나 어떤 가치관을 가지고 살며 어떻게 노동과 여가의 균형을 유지하는지 또는 어떤 배우자를 선택하고 어떤 형태의 가정생활을 영위하는지 등을 나타낸다. 이 시기는 지금까지 키워온 자아정체성을 기초로 가정의 테두리에서 벗어나 본격적으로 다른 사람들과 함께 사회생활을 시작하는 때이다. 이와 같은 사회생활을 성공적으로 하기 위해 가장 필요한 사회심리적 조건은 바로 '친밀감'이다.

친밀감은 다른 사람들을 사귀는 과정에서 자기상실의 두려움을 느끼지 않으

면서 진심으로 다른 사람을 위하고 좋아하면서 솔직하게 관계를 형성할 수 있는 능력을 의미한다. 친밀한 사람들끼리는 상대방의 생각을 서로 이해할 수 있을 뿐만 아니라 상호간에 애정과 존중심 그리고 자신감을 지니고 있다. 또한 친밀한 관계에 있을 때 사람들은 서로 자기의 감정을 솔직하게 표현하고, 각자의 생각을 주고받으며 함께 변화해 갈 수 있다. 이런 사람들은 서로 애정과 지적 자극을 주고받음으로써 더욱 행복함을 느낀다.

에릭슨은 친밀감은 올바른 자아정체성이 형성된 다음에 경험할 수 있는 것이며, 친밀한 관계형성은 각자가 자신이 가치 있고 의미 있는 존재라고 생각될 때에만 가능하다고 말한다. 그러므로 결혼생활을 통해 성숙한 사랑의 꽃을 피우기 위해서는 친밀감의 능력과 더불어 성숙된 남성적 혹은 여성적 자아정체성이 반드시 필요하다. 결혼생활 외에 성인기에 들어서면서 친밀감이 형성되는 또 하나의 장은 직장이다. 일반적으로 남성들은 여성들보다 대인관계 기술이 부족하고 자기개방을 덜 한다.

이 단계의 부정적인 모습은 '소외감'(isolation)이다. 소외감은 자신의 자아가 상실되거나 타인의 자아를 위험하게 느껴 타인과의 접촉을 두려워하기 때문에 생긴다. 소외감의 일반적인 형태 가운데 하나는 두 사람의 퇴행이다. 예를 들면, 새로 결혼한 부부가 그들 자신의 세계로 퇴행하고 주변 세계와의 관계를 끊어버리는 경우이다. 그러므로 만약 이 단계에서 개방성과 상호성이 없다면 자연히 닫힌 정체성에 의한 소외감이 형성된다.

이 단계의 부정적 덕목은 정욕이다. 정욕은 통제되지 않은 욕망으로, 성적 욕망이 대표적이다. 정욕은 적대적인 경향을 띠고 상대방 안에서 자신을 잃고자 하는 의도가 없기 때문에 진정한 친밀감의 행동이 아니다. 비록 친밀감으로 위장은 하지만 실제로는 심각하게 소외시키는 행동이다. 이것은 성욕에서 두드러지고 권력욕, 명예욕에서도 마찬가지이다. 정욕은 나눔의 정체성을 추구하는 사랑으로 극복될 수 있다. 이것이야말로 진실한 만남을 방해하는 모든 장벽을 허물 수 있고, 이 사랑 안에서 더 이상 과거의 나가 아닌 새로운 모습으로 바뀌게 된다.

vii) 성인기(30~60세) – 생산성 vs. 침체성

이전까지의 단계가 자아정립을 위한 준비 단계였다면 성인기는 정립된 자아를 통해 이웃과 세계를 위한 의미 있는 일을 실천하는 생산성의 단계이다. 생산성은 이 시기의 중요한 과제이다. 생산성은 다음 세대를 생산하고 잘 가르쳐서, 다음 세대가 건전하게 발전할 수 있도록 하는 톱니바퀴의 역할을 훌륭하게 수행하는 것이다. 생산성은 자신의 계획이나 목표의 성취를 넘어 편견과 이익을 초월하고, 미래세대의 필요에 초점을 맞추며, 이웃과 세계 그리고 생태학적 위기까지도 애정을 가지고 돌보려는 이타적 관점을 지닌 성숙상태이다.[19]

성인기의 부정적인 모습은 침체성이다. 침체성은 돌봄이나 양육에 대한 욕구나 내적 동기의 상실로 인해 이러한 책임을 마지못해 이행하거나 방치하는 것을 의미한다. 에릭슨은 침체성의 다른 형태로 지나친 자기연민이나 "자기도취"를 지적한다. 성인이 자기도취에 빠지면 마치 자신이 어린이인 것처럼 생각하고 잠정적인 자원을 젊은 세대보다는 자신을 돌보는 데 투자한다. 침체성에 빠진 성인은 다른 사람들을 돌보거나 양육하려는 대신 형식적으로만 책임을 다하려고 한다.

성인기의 악덕은 무관심이다. 무관심은 의지의 상실과 싫증에서 나타난다. 이것은 우리의 생각과 정서와 영혼이 인생에 대한 소극적인 태도에 의해 압도당하는 것이다. 무관심은 우리가 극복해야 할 다른 악덕을 버리지 못하게 하며 남을 돌보지 않게 한다. 인생중반에 이른 사람들은 불의나 침체된 결혼, 사람들이 귀하게 여

---

[19] Don Browning, *Religious Thought and the Modern Psychologies* (Philadelphia: Fortress Press, 1987), 225. 브라우닝은 에릭슨의 생산성 개념의 심오성을 다음 세 가지로 해석한다: 1) 이것은 단순히 자신의 다음 세대뿐만 아니라 다음 세대 전체에 대한 폭넓은 돌봄에 대한 관심을 포함한다. 2) 상호성의 원리에 입각한 개념이다. 3) 비폭력의 원리에 의해 지배되는 행동이다.

기는 가치에 대한 공격 등에 대해서 커다란 반응을 보이지 않는다. 이러한 현상은 신앙적으로도 마찬가지여서 내적으로 심오한 공허감을 느끼게 한다. 돌봄은 이와 같은 무관심을 깨뜨린다. 돌봄은 성인이 책임져야 할 젊은이들에게 희망, 의지, 목적, 능력, 충실 그리고 사랑을 가르치는 것을 포함한다. 그러므로 돌봄은 다음 세대가 그들의 덕목을 발달시킬 수 있도록 만드는 내적인 힘이며 성인기의 덕목이다.

viii) 노년기(61세 이후) - 통합성 vs. 절망감과 증오감

노년기는 인간의 모든 갈등이 조화롭게 통일되어 수렴되며 성숙한 경지에 도달하는 시기이다. 이 시기는 세 가지 중요한 속성을 가진다. 첫째, 자기 생애의 수용이다. 노년기는 자신의 인생에 대한 책임을 받아들이며 자신의 생애에서 특별히 중요했던 사람들을 수용한다. 정체성의 단계가 "나 자신"의 의미를 발견하는 시기라면, 통합성의 단계는 그것의 승인을 의미한다. 이 시기에는 지금까지의 삶을 만족과 감사로 받아들이며, 심지어 자신의 죽음까지도 받아들이고 죽음으로 끝나는 생애주기를 초월하려는 궁극적 관심까지도 갖게 한다. 둘째, 세대와 세대 간의 승계에 참여하는 일이다. 전 단계에서는 미래 세대에 대한 돌봄이 중심을 이루었으나 이 단계에서는 앞 세대의 구성원들 혹은 인간의 존엄과 사랑을 위해 시공을 달리해서 몸 바쳐 일했던 다양한 사람들과의 정서적 동지의식이 중심을 이룬다. 셋째, 유년기의 순진성을 회복하는 것이다. 젊은 날의 자만심이나 방어벽이 성숙함에 흡수되어 거짓이나 위선이 '노년의 순진성'(senile childishness)으로 순화되는 것이다. 이런 특징으로부터 지혜가 터져 나오고 만인을 공감케 하는 기지가 넘쳐 나오게 된다.

그러나 노년기에 이런 통합과 성숙이 이루어지지 않을 때 절망감이나 염세, 혐오감이 생겨난다. 자신을 향해서는 지금까지 살아온 삶을 후회하거나 염세적인 태도를 취하게 되고, 타인이나 조직을 향해서는 아무리 값진 일을 해낸 인물이라도

경멸하려고 한다. 이것은 자신의 후회감을 타인에게 투사하는 것이다. 과거에는 노인이 많지 않았고 장수는 축하와 존경의 대상이었다. 하지만 수명연장에 따른 노인인구의 증가와 이로 인한 사회적 부담은 더 이상 노인에게 특별한 지위나 인정을 허락하지 않았으며, 그 결과 노인들은 혐오감과 절망감을 더욱 느끼게 되었다.

노년기의 부정적 덕목은 우울이다. 우울은 고독과 거부에서 기인하는 세상에 대한 싫증이다. 이것은 절망이라는 이름하에 나타나는 슬픔, 의기소침, 불평, 자기경멸, 타인경멸 등과 같은 다양한 감정에서 보여진다. 우울은 잃어버린 대상을 애도하지 않으면 분노나 원망으로 바뀐다. 이전에 관심과 정열을 갖고 투자했던 세계가 이제는 혐오스럽게 된다. 우울을 극복할 수 있는 덕목은 지혜이다. 지혜는 '죽음의 면전에서 일어나는 삶에 대한 초연한 관심'이다. 지혜에도 욕망이 있을 수 있다. 그러나 이제는 욕망의 대상을 멀리서 사랑하며 초연하게 바라볼 수 있게 된다. 지혜는 세상을 등지지 않으면서도 세상을 포기하는 것이다. 또한 지혜는 우울 속에 담긴 슬픔을 알지만 그 슬픔의 대상에 대해 방어적인 공격을 하지는 않는다.

(2) 신앙발달이해

인격의 발달과정과 함께 신앙발달을 이해하는 일은 리더의 자기 개발에서 리더가 알아야 할 또 하나의 중요한 요소이다. 왜냐하면 신앙발달은 목회지도자의 자기이해와 확장에 도움이 될 뿐만 아니라 교인들의 신앙을 이해하고 그에 맞는 적절한 돌봄을 제공하는데 유익하기 때문이다. 목회지도자는 지도자로서의 첫 걸음인 '소명' 단계를 거쳐, 목회사역을 위한 기술을 습득하는 준비단계, 목회사역의 효율성을 증대하는 관계성 계발과 실행단계 그리고 목회사역의 성숙기라고 할 수 있는 분별 단계를 거치면서 목회자로서의 신앙여정을 밟아간다.[20] 먼저 목회지도자의

---

20) 지도자의 발달과정에 관한 더 자세한 설명은 다음을 참고하라. Clinton, *The Making of a Leader*, Chapter 4, 5.

신앙발달을 이해하기 위해 신앙발달분야의 선구자라고 할 수 있는 파울러(James Fowler)의 이론을 살펴본 후, 신앙발달교육과 관련된 현대 종교교육심리의 일반적 이론을 소개하도록 한다.

i) 파울러의 신앙발달 이론

(i) 신앙발달의 기준

형이상학적인 신앙발달과정을 처음 체계적으로 이론화시킨 사람은 하버드 대학교의 제임스 파울러이다.21) 그는 케네디 2세(Joseph P. Kennedy, Jr.) 재단으로부터 받은 도덕과 신앙발달연구 프로젝트를 통해 동료들과 함께 1972년에서 1981년까지 10년 동안 359차례의 실제적인 면담을 통해 신앙발달을 연구했다. 파울러는 신앙발달을 구분하기 위해 신앙의 구조를 일곱 가지 요소를 사용하여 제시했다. 이 요소는 논리의 형태(Form of Logic), 관점 채택(Perspective Taking), 도덕적 판단의 형태(Form of Moral Judgement), 사회의식의 테두리(Bounds of Social Awareness), 권위의 장소(Locus of Authority), 세계관의 형태(Form of World Coherence), 상징적 기능(Symbolic Function)이다. 신앙발달은 이상의 일곱 가지 요소가 유기체적인 관련을 맺으며 함께 질적인 변화를 이뤄가는 것이라고 할 수 있다. 이러한 신앙의 구성요소를 설명하면 다음과 같다.22)

첫째, 논리의 형태란 신앙이 의미를 추구하는 행위라는 점에서 이해할 수 있다. 신앙은 인간의 사고 행위와 밀접한 영향을 맺고 있기 때문에 사고의 틀이라고 할 수 있는 논리의 형태는 신앙의 단계를 파악하는 기본 요소가 될 수 있다. 이 요

---

21) James W. Fowler, *Stages of Faith: The Psychology of Human Developement and the Quest for Meaning* (New York: HarperSanFrancisco, 1981), 41-52, 89-90, 98-105. 파울러는 에릭슨과 피아제, 콜버거의 이론을 토대로 신앙발달단계이론은 종합적으로 발전시켰다.
22) Ibid., 241-57의 설명과 244-5의 도표를 참고하라.

소를 채택하는 데는 무엇보다도 피아제의 인지발달 이론이 큰 역할을 했다.

둘째, 관점의 채택이란 신앙이 발달하면서 함께 이루어지는 관점의 변화를 말하는 것으로서, 인간은 신앙이 발달할수록 자신만의 관점에서, 타인의 관점, 더 나아가서 객관적이고 일반적인 관점도 고려할 수 있게 된다.

셋째, 도덕 판단의 형태는 콜버그(Lawrence Kohlberg)의 도덕발달이론의 영향으로 도입한 요소이다. 콜버그의 도덕 발달이론은 똑같은 상황에 대한 똑같은 판단이라고 할지라도 그 판단에 이르게 된 근거에 의해 도덕적 발달 수준은 다르다고 하는 것으로, 결국 도덕적 판단의 근거가 성숙하는 것이 도덕적으로 성숙하게 되는 것이라고 한다.

넷째, 사회의식의 테두리는 관계적인 신앙을 전제한 것이다. 신앙은 관계적이기 때문에 신앙을 형성함에 있어서 반드시 그 신앙을 둘러싸고 있는 사람들로 구성된 테두리가 있다. 이 사회의식의 테두리는 신앙이 발달할수록 더욱더 확장되며, 또한 새로운 의미로 이해된다.

다섯째, 권위의 장소는 자신의 판단에 대해 의미를 부여하는 근거를 의미한다. 즉, 개인이 가장 중요하다고 여기는 의미에 대하여 어디에서 그 근거를 찾느냐 하는 권위의 출처에 관련된 것을 말한다.

여섯째, 세계관의 형태는, 파울러가 소위 '궁극적 환경'이라고 부르는 것으로 각 개인이 처해 있는 가장 포괄적인 삶의 테두리 또는 의미의 영역을 말한다. 말 그대로 세계를 이해하는 전체적인 관점이다.

일곱째, 상징적 기능이란, 경험이나 논리의 영역으로 수용할 수 없는 무의식적이고 감성적인 영역에 포함된 신앙의 상징들에 대한 우리의 반응 혹은 이해를 말하는 것이다. 신앙의 상징들에 대한 우리의 반응과 이해는 발달 단계에 따라 달리 나타난다.

(ii) 신앙발달단계

파울러의 신앙발달 단계는 다음과 같이 총 일곱 단계로 이루어져 있다.[23]

영아기 – 미분화된 신앙단계(Undifferentiated Faith)[24]

파울러는 이 시기를 단계에 포함하지 않고 단계 이전의 시기, 즉 "0단계"라고 명명했다. 왜냐하면 영아기가 무의식의 세계를 형성하는 시기인 동시에 이후의 신앙발달을 위한 기초인 '하나님 형상의 사전 틀'(pre-image of God)을 형성하는 시기이기 때문이다. 이 시기에서 발전된 상호성의 질, 신뢰, 자율성, 희망과 용기(또는 이와 상반되는 것들)는 이후 모든 신앙발달의 기초가 된다(또는 모든 것을 침해하려는 위협이 된다). 내용을 볼 때, 이 시기에 대한 이해는 에릭슨의 인격 발달 이론의 첫 단계, 즉 '기본적 신뢰 대 기본적 불신'을 전적으로 수용했음을 알 수 있다. 다음 단계로의 이동은 상징의 사용을 가능하게 하는 사고와 언어가 나타나면서 가능해진다.

1단계 – 직관적–투사적 신앙 단계(Intuitive-Projective Faith)[25]

이 단계는 3세에서 7세의 어린이들에게 가장 전형적으로 나타난다. 이 단계의 주요한 특징은 무한한 상상력을 사용하지만 논리적 사고는 불가능하다는 사실이다. 따라서 이 시기의 신앙은 환상과 현실을 구분하지 못하는 경향이 있으며 자기중심적이다. 이 단계의 위험은 상상력이 지나쳐 억제될 수 없는 공포 혹은 파괴적인 이미지들에 사로잡히게 되는 것과 금기나 도덕적 교리적 기대를 강요하여 상상력을 악용하게 되는 것이다. 이 단계는 구체적 조작적 사고가 가능해지면서 다음 단계로 이동하게 되는데, 그것을 촉진하기 위해서는 그냥 그렇게 보이는 것과 실

---

23) Fowler, *Stages of Faith*, 117-213; 사미자, 「종교심리학」, 152-73.
24) Fowler, *Stages of Faith*, 119-21.
25) Ibid., 122-34.

제의 모습을 구분할 수 있는 기초를 세워주어야 한다.

2단계 – 신화적-문자적 신앙(Mythic-Literal Faith)단계26)

이 단계는 7, 8세에서 11, 12세의 어린이들에게 주로 나타나는 신앙발달양상이다. 이 단계의 어린이들은 구체적 사고가 가능하기 때문에 자신의 삶을 인과적으로 파악할 수 있다. 따라서 신앙 이야기를 논리구조를 따라 서술할 수 있다. 그러나 설화의 주인공들을 신인동형론적으로 이해하며, 그 이야기로부터 성찰적인 어떤 개념을 도출하지 못하고, 설화가 주는 표면적 의미를 그대로 받아들이는 경향이 있다.

3단계 – 종합적-인습적 신앙(Synthetic-Conventional Faith)단계27)

이 단계는 사춘기의 전형적인 신앙형태가 나타나는 단계이다. 이 단계에서 개인의 경험은 가족의 범위를 초월해 다양한 사회집단으로 확대되며, 이와 관련해 신앙은 다양한 범위 속에서 일관된 방향을 제시해 준다. 이 단계는 다양한 입장의 견해들을 받아들이긴 하지만, 단지 개인에 따라 나타나는 차이라고 이해하며, 자신이 속해 있는 이념 혹은 신앙의 범위에 대한 객관적이고 성찰적인 입장은 지니지 못하다. 파울러는 이것을 "순응주의"라고 표현했다. 이 단계의 위험성은 다른 사람들의 기대가 지나치게 내면화되어 자율성의 발전 가능성이 상실되는 것이다. 다음 단계로의 이동을 촉진하는 방법은 공식적인 입장과 충돌되는 사건이나 견해들이 자신이 속해 있는 공식적인 배경들과 어떤 관계가 있는지 비판적 성찰을 할 수 있도록 하는 것이다.

---

26) Ibid., 135-50.
27) Ibid., 151-73.

4단계 - 개별적-성찰적 신앙의 단계(Individual-Reflective Faith)[28]

이 단계에서는 공식적인 입장을 가지고 있던 상징에서 의미를 도출해내는 "비신화화"가 일어난다. 이전에는 중요한 타인들의 상호인격적 범위에 근거하여 그 정체성과 신앙 구성들을 유지하였던 자아가 이제는 더 이상 다른 사람들에 대한 자신의 역할이나 의미의 구성에 의하여 정의되지 않는다. 오히려 새로운 자신의 정체성과 세계관을 가지고 자신의 의미의 틀을 구성한다. 이 단계에서는 자아와 이념에 대해 비판적인 성찰을 할 수 있는 능력이 오히려 위험성이 될 수 있다. 그것은 자신의 비판적 성찰을 통한 자아가 실재나 혹은 다른 사람들의 세계관과 지나치게 동일시되는 자기도취적 성격을 띨 때 나타날 수 있다.

5단계 - 결합적 신앙의 단계(Conjunctive Faith)[29]

이전의 단계가 보편적인 것을 자신의 것으로 개별화하였다면, 이 단계는 비평적 성찰을 통해서 구분되고 무시되었던 입장들을 자신의 것과 통합하는 시기이다. 이전의 신앙이 자주적인 신앙이라고 한다면, 이 시기의 신앙은 내적으로 성숙한 신앙이라고 할 수 있다. 자신이 속한 집단에만 국한되지 않는 인정과 포용의 신앙이다. 파울러는 이 시기에서 일어날 수 있는 위험요소를, 진리에 대한 역설적 이해로 인한 자족감 혹은 냉소적인 후회가 일어날 수 있는 점이라고 지적했다.

6단계 - 보편적 신앙의 단계(Universalizing Faith)[30]

파울러는 이 단계에 속한 사람들은 모든 종교적 차이를 넘어 보편적이고도 포괄적인 신앙을 소유하고 있다고 하면서 이 단계에 도달한 사람들은 아주 희귀하다

---

[28] Ibid., 174-83.
[29] Ibid., 184-98.
[30] Ibid., 199-211. 복음주의적 관점에서 볼 때, 파울러의 신앙발달이론이 지닌 문제점은 바로 이 보편적 신앙단계이다.

고 하였다. 그리고 그러한 단계에 도달한 인물로서, 간디(Mahatma Gandhi), 말년의 마틴 루터 킹 2세(Martin Luther King, Jr.), 캘커타의 테레사(Mother Teresa of Calcutta) 수녀 등을 소개한다. 이상에서 살펴본 파울러의 신앙발달단계 이론은 기독교 신앙적 관점에서 수용할 수 없는 문제점들을 안고 있다.31)

ii) 종교교육심리적 신앙발달 단계 이해

일반적으로 현대 종교발달심리학자들이나 종교교육자들은 종교심의 발달을 다음과 같이 여섯 단계로 나눈다.32)

첫째는 유아기(출생~7, 8세)의 신앙단계이다. 이 시기는 아직도 신앙의 형태가 이루어지지 않은 종교발달기이다. 심리적으로 유아의 종교적 깨우침은 애정적 관계, 단순한 놀이, 마술적 표현 형태 등을 취하면서 부모를 통해 이루어진다. 다시 말하면, 이 시기는 무의식으로 받아들이며 동의하는 시기이다.

둘째 단계는 아동기(7, 8~12, 13세)로서 모방의 시기이다. 이 단계에서 아동은 자연스럽게 생각이나 감정, 주변에서 발생하는 모든 행동거지를 흉내 낸다. 정신적 관점에서 볼 때, 이때의 종교는 사고적이기보다는 감정적이고 즉흥적이다. 이때는 따지는 이론 능력과 추리 능력이 부족하므로 토론 없이 자신에게 주어지는 것을 받아들인다. 이 시기는 수동적으로 받아들이는 시기이다.

셋째 단계는 청소년기(12, 13~16세)로서 사춘기에 해당된다. 지적, 윤리적,

---

31) 이상에서 살펴본 파울러의 신앙발달단계 이론이 지닌 문제점은 다음과 같다. 첫째, 통계조사의 한계점과 문화적(미국인만을 대상) 제한점으로 인한 일반화의 문제가 있다. 과연 불교나 샤머니즘의 기복적인 신앙이 깊이 뿌리를 박고 있는 한국 사회에서도 똑같은 단계의 신앙발달이 이루어질 것인지는 검증되지 않은 문제이다. 둘째, 파울러는 신앙을 기독교적이 아닌 보편적 것으로 이해함으로써 기독론적인 신앙의 정체성을 상실했고, 회심을 이 전까지의 신앙발달 단계를 재요약한다고만 일축함으로써, 회심의 신앙의 출발점으로서의 역할을 약화시켰다. 이것은 그의 이론이 하나님 앞에서의 죄인으로서의 인간 이해와 회심을 통한 본성의 변화와는 무관한 인간 자아의 발달 이론이라는 비판을 받게 만들었다. 콜버그는 파울러가 자신의 이론에 하나의 통일된 이름을 붙이고자 한다면 차라리 윤리적 발달이라고 불러야 한다며 파울러의 이론이 다분히 도덕적이고 윤리적인 측면으로 치우쳤음을 비판하기도 했다.
32) 윤주병, 「종교심리학」(서울: 서광사, 1986), 114 ff. 참조.

종교적인 면에 눈이 새롭게 열리기 시작하며 생리적인 변화가 일어난다. 사춘기 청소년은 주어진 설명에 이의를 제기하고 종교가 무엇이며 그것이 인간 생활에 왜 필요한지 등 궁금한 것에 대해 질문하고 그것에 대한 확실한 설명을 요구한다. 그들은 자기가 생각하고 있는 이상의 체계에 부합하고 이치에 합당할 때 믿는다. 그리고 사춘기 현상은 청소년에게 신앙생활로부터 멀어지게 하고 경우에 따라서는 일시적으로 신앙생활에 열성적이도록 한다. 특히 성적인 호기심이 생겨나고, 더 나아가서 이 호기심에 의해서 이루어진 성적 행위에서 오는 죄책감 때문에 신앙생활이 해이해져 간다. 또한 이해 못하는 종교의식에 대해 무관심하거나 혹은 반항적이 될 수 있다. 그 결과 청소년들은 종교에 대한 애착심이 사라지고 종교적인 속박에서 벗어나려는 강한 욕망이 생겨난다. 이 시기는 토론과 이의를 제기하면서 받아들인다.

넷째 단계는 후기 청소년기(16~19세)로서 인격화된 신앙기이다. 이때의 신앙은 어느 정도 확고한 신념 아래 이루어지기 때문에 덜 흔들린다. 또한 사고와 의지가 성숙되어가며, 성급하고 격한 자기감정을 진정시키고 자신을 억제하려고 한다. 반대로 때로는 아주 무관심하게 되어 포기상태에 빠지기도 한다. 다시 말해서, 이 시기는 신앙이 확고해지고 생기가 있으며, 기분에 덜 좌우되고, 확신을 갖고 실천적인 신앙심을 갖는다. 즉, 이 시기는 확신을 갖고 받아들이는 시기이다.

다섯째 단계는 청년기(19~29세)이다. 청년기 종교심은 인격 발달의 양상과 일치하며, 확실하지 않은 양가감정에 의해서 그리고 내재화와 주관화의 경향에 의하여 특징 지워진다. 청년기의 시작(18-19세경)은 인격의 안정과 동시에 사회 안에 결정적 개입을 특징으로 하는 전환점을 드러낸다. 청년기는 학교생활, 결혼 문제, 직장 생활의 시작 등을 감안해 볼 때 직업 활동적인 관점에서 준비, 훈련의 필요성이 증대되므로 보통 35세까지 연장된다.

청년기의 사회심리적 상태는 자기를 완전히 둘러싸고 있는 사회적 환경으로부터 그리고 습득된 경험으로부터 조건 지워진다. 그러므로 종교심도 이와 같은 사회적 경험을 통해 성숙되어 역동적 균형에 도달하기 시작한다. 그러나 모든 청년이 자명하게 종교적 관심을 갖고 살아가는 것은 아니다. 청년들은 종교적 문제에 관해 다원적 감정을 가지고 있다.

여섯째는 종교적 성숙 단계이다. 이 단계에서 나타나는 종교적 성숙의 특징은 다음과 같다: i) 통합성이다. 성숙한 종교심은 현재의 행동태도 안에 이전의 종교적이고 심리적인 모든 역사를 통합한다. 이것은 발달단계의 대표적인 문제가 처리되고 적절하게 해결되는 것을 말한다. 종교심은 자기 풍요성과 분화 안에서 내재화된 후 인격의 총체적 특성이 되는 점에서, 즉 내적 구조의 정상에 절대적이고 기본적 가치가 되는 점에서 성숙된다고 할 수 있다. ii) 능동적인 동기적 자율성이다. 능동적인 자율성은 욕구, 욕망, 본능에 기본적으로 더 이상 예속되지 않고 그것 자체가 행동태도의 동기적 원천이 된다. 성숙한 종교심은 광신적이거나 강압적인 것이 아니다. 광신주의는 무비판적이고 무분별한 감정으로 이루어진 무의식적인 힘으로부터 나온 미성숙한 욕구에 의해 유지된다. iii) 역동성이다. 성숙한 종교심은 고정되지 않고 항상 개인을 위해 개방되어 있다. 성숙한 종교심은 본질적으로 철학적이고 과학적인 탐구경향으로 인해 항상 더 좋고 더 충분한 응답을 탐구한다. 또한 성숙한 종교심은 달성된 확실성의 기초위에서 가장 위대한 진리를 지향하는 모험을 감행한다. 이로 인해 종교적으로 성숙한 사람의 체험 안에서는 신앙에 대한 확실성과 회의가 모순되지 않는다. 성숙은 사실상 심리학적이든 사회적이든 간에 고정과 퇴보의 위험을 피하려는 무한정한 능력으로부터 측정된다. iv) 귀결성이다. 성숙한 종교심은 총체적이고 역동적이기 때문에 생의 모든 부분에서 이치에 맞는 행동을 자극하지 않을 수 없다. 성숙한 종교심은 인간의 자유를 인정하기 때문에 책임 있는 선택과 존재론적 의무를 요구한다. 이 배경 안에서 성숙한 종교심은 사랑, 창조성, 자유, 정의감, 겸손 등 인간의 가장 중요한 감정을 가지고 그것을 실현해 나간다.

이상에서 살펴본 인격과 신앙은 모두 하나님의 형상을 닮아 창조된 인간이 지닌 인지적, 관계적 능력에 의해 발달과정을 거치게 된다. 즉, 여러 관계 속에서 경험하는 일들을 그대로 모방해 따라하는 '동화'(assimilation), 그것들을 자신에게 적합하게 맞추어 받아들이는 '조절적 수용'(accommodation and adaptation) 그리고 이러한 과정을 기존의 자신의 인격과 일치하도록 만드는 '조직화'(organization)의 과정을 통해서 자기 인격의 틀(scheme)을 형성하고 발달시켜 간다.33) 다음에는 이러한 인격과 신앙의 성숙한 특성을 알아보고 목회지도자로서 어떻게 그러한 성숙한 인격과 신앙을 갖춰나가야 할 것인지를 살펴본다.

3. 목회지도자의 자기 개발 지향점과 방안

인격과 신앙은 리더의 자기 개발에서 가장 중요한 요소다. 이 둘은 상호보완적이며 동시에 불가분의 관계에 있다. 목회지도자의 인격이 성숙하면 신앙도 역시 성숙해지며, 신앙이 성숙해지면 목회자의 인격 역시 성숙해진다. 목회지도자에게 희망적이면서 동시에 부담과 각오를 다지게 만드는 것은 앞의 내용에서 보듯이 인격과 신앙이 모두 정체되거나 타고나지 않는다는 사실이다. 인격과 신앙은 모두 리더의 하고자 하는 마음과 실천으로 점점 더 성장하고 성숙해 간다. 노스하우스(Peter Northouse)는 이러한 성숙한 인격과 신앙을 지닌 리더의 특성 다섯 가지를 다음과 같이 소개하고 있다: 첫째, 타인을 존중한다, 둘째, 타인을 섬긴다, 셋째, 공정하다, 넷째, 정직하다, 다섯째, 공동체를 세우는 사람이다.34) 따라서

---

33) "피아제 이론," 이철수 외 공저, 「사회복지학사전」(서울: 블루피쉬, 2009)
34) Northouse, 「리더십: 이론과 실제」, 526-34.

여기서는 성숙한 리더가 지니는 바람직한 인격과 신앙의 특성이 무엇인지에 대해 우선 알아보고, 어떻게 그러한 성숙한 리더의 인격과 신앙을 개발해야 하는지 살펴보기로 하자.

1) 성숙한 인격과 신앙

무엇보다 목회지도자는 성숙한 인격과 함께 성숙한 신앙의 소유자가 되어야 한다. 성숙한 신앙과 관련된 영성에 관한 설명은 목회자의 자질 부분에서 언급이 되어 있으므로 여기서는 성숙한 인격과 더불어 이와 관련된 일반적인 성숙한 신앙의 특성을 살펴보기로 한다. 성숙한 인격이 어떠한가에 관해서는 여러 견해가 있을 수 있다. 여기서는 일반적으로 인간의 심리적 발달을 연구하는 학자들이 공통적으로 꼽고 있는 성숙한 인격의 특성을 살펴보기로 한다.

(1) 성숙한 인격

성숙한 인격은 다음과 같은 공통적인 특성을 지니고 있다.[35] 첫째, 자신과 타인에 대해 현실적인 관점을 지니고 있기 때문에 자신과 타인에 대한 비교적 정확하고 객관적인 평가를 내릴 수 있다. 따라서 성숙한 사람은 자신과 타인을 필요이상으로 비하하거나 우상화하지 않는다. 둘째, 자신과 타인을 있는 그대로 수용한다. 즉, 성숙한 사람은 자신과 타인에 대한 현실적 인식을 바탕으로 옳고 그름의 잣대가 아니라 자신과 타인이 모두 불완전함에도 불구하고 하나의 인격체로서 진실하고 참되게 상대를 신뢰하며 인정하며 받아들인다. 따라서 타인과 긍정적으로 관계를 맺고 유지할 수 있다. 셋째, 현재를 직시하고 충실하게 살아가는 동시에 미래에 대한 확실한 목표를 지니고 있다. 즉, 현실과 미래에 대한 균형 있는 건강한 태도

---

[35] John D. Carter, "Maturity," in *Wholeness and Holiness*, ed. H. Newton Malony (Grand Rapids: Baku Book House, 1983), 184-8, 사미자, 「종교심리학」, 222-5에서 재인용한 내용을 보충했다.

를 지니고 살아간다. 넷째, 바람직한 가치관을 지니고 있다. 성숙한 사람은 자신의 인격과 통합된 가치관을 가지고 있으므로 자신의 계획과 행동이 추구하는 삶의 목표와 가치와 조화를 이룬다. 따라서 성숙한 사람은 본능적 욕구의 차원을 넘어서는 목적과 가치를 지니고 있으며 가치관 없이 살아가지도 또한 강박적으로 도덕에 얽매여서 살아가지 않는다. 다섯째, 자신을 꾸준히 개발시키며 공동체를 위한 삶을 살려고 노력하는 사람이다.

(2) 성숙한 신앙

성숙한 신앙의 특성은 학자에 따라 다르게 언급할 수 있지만, 대체로 다음과 같이 설명하고 있다.36) 첫째, 하나님과의 관계에서 자신과 타인을 이해하려고 노력한다. 모든 인간은 죄인이며 따라서 용서를 필요로 하며 구원을 위해 예수 그리스도가 필요하다는 사실을 확신하는 태도이다. 용서하지 않는 것은 인간을 하나님과 같이 흠이 없는 존재라고 인정하는 자세이다. 용서와 구원은 모든 인간에게 반드시 필요한 요소이다. 둘째, 자신과 타인을 있는 그대로 수용하는 태도를 지니고 있다. 그 예로, 예수님이 공생애 기간 동안에 보여주신 많은 사람과의 만남을 들 수 있다. 셋째, 미래를 소망하면서 현재를 충실하게 살아가는 태도를 지니고 있다. 성숙한 신앙인은 영원한 삶을 기대하면서 그 영원한 삶에서 함께하실 하나님께 기쁨을 드리기 위해 매일을 성실하게 살아간다. 즉, 신앙인은 종말적 신앙, 'already, not yet'의 태도로 하루하루를 살아가는 사람이다. 넷째, 성숙한 신앙인은 삶의 '주인'(헬라어 'kurios')이자 가치 기준인 예수 그리스도를 위한 선택과 실행을 실천한다. 다섯째, 성숙한 신앙인은 청지기로서 자신의 삶의 자원들(재능과 은사들)을 효율적으로 개발하고 사용한다.

---

36) Carter, "Maturity," 189-91, 사미자, 「종교심리학」, 226-7에서 재인용.

이상에서 살펴본 성숙한 인격과 신앙은 불가분의 관계인 동시에 상호 보완적인 관계라고 할 수 있다. 하지만 진정한 의미에서 성숙한 인격은 성숙한 신앙이 반드시 그 기초가 되어야 한다. 예수 그리스도 없이 참다운 인격형성은 불가능하기 때문이다. 하지만 신앙이 성숙한 인격을 보장하지는 않는다. 실제로 오래된 신앙인 가운데서 종종 인격적인 문제가 발생하기도 한다. 그러나 인간의 전인적인 측면에서 볼 때, 인격과 신앙의 불일치는 그 사람이 본래 건강하지 않은 사람이라는 사실을 보여준다. 인격이 뒷받침되지 않는 신앙은 독선이 될 위험이 있으며 신앙이 뒷받침되지 않는 인격은 인본주의에 빠질 위험을 안고 있다. 따라서 인간이해의 본질상 성숙한 인격과 신앙은 불가분의 관계이며 상호 보완적일 수밖에 없다. 그러면 목회지도자의 성숙한 인격과 신앙은 어떻게 개발해야 하는가?

2) 성숙한 인격과 신앙의 개발

(1) 신앙과 인격 개발의 공통적 특성

앞서 살펴본 인격과 신앙의 발달 이론을 보면, 조금씩의 차이는 있지만 일반 사회과학의 입장은 인격과 신앙이 비슷한 발달과정을 겪는다는 사실을 보여준다. 또한 기독교교육의 입장에서도 신앙이 본질적으로 인격적인 특성을 바탕으로 하고 있기에 이러한 일반 사회과학적 입장을 공감한다. 이러한 신앙과 인격의 발달의 공통적 특성은 다음과 같이 요약할 수 있다. 첫째, 신앙과 인격은 하나님의 형상을 닮은 영역과 직접적 관련이 있다. 인간은 하나님의 형상을 닮아 인격적, 관계적 특성을 지니고 창조되었다. 이러한 인격적 관계적 본질이 신앙과 인격의 발달을 가능하게 한다. 둘째, 신앙과 인격의 발달은 선천적 요소와 후천적 요소에 의해 영향을 받는다. 인간은 태어나면서부터 신앙적으로 '하나님을 알만한 것'(롬 1:18-9)과 인격적으로 유전적 요소를 지니고 태어난다. 그리고 성장하면서 선천적인 요소와 후천적 요소가 결합되어 다양한 모양의 신앙과 인격으로 바뀌어 간다. 셋째, 아주 어린 시절의 '중요한 타자들'(significant others)이 신앙과 인격에 매우 중요한 영향을 미치고 있다. 인격과 신앙은 모두 영아기와 유아기에 무의식적으로 형성되는 매우 기초적인 토대를 지니게 된다. 넷째, 신앙과 인격은 개인의 성장 발달 단계에 따라 영향을 받는 대상의 범위가 확장된다. 즉, 개인의 성장단계에 따라 인격과 신앙 모두 개인에게 영향을 주는 대상들이 변화하고 확장된다. 다섯째, 발달 단계에서 가장 중요한 시기는 청소년과 청년기이다. 이 시기에 자아의 윤곽이 어느 정도 형성되고 이에 따라 세계관의 기초가 만들어진다. 여섯째, 개인을 둘러싼 '준거집단'(reference group, 準據集團)37)의 역할이 매우 중요하다. 인격과 신앙의 핵심요소인 가치관이나 세계관의 학습은 개인이 속한 준거집단이 결정적인 영향을 미친다. 따라서 이러한 신앙과 인격발달의 인지적 관계적 공통적 특성을 바탕으로 신앙과 인격의 개발과정을 통합하여 살펴보도록 한다.

(2) 신앙과 인격개발 방안

하나님께서는 인간을 창조하시고 인간에게 가장 필요한 두 종류의 공동체를 주셨다. 그 것은 바로 가정과 교회이다. 이 두 조직은 모두 신앙과 인격 개발에 필수적인 바탕이자 환경이다. 따라서 신앙과 인격개발의 방안은 가정과 교회, 이 두 공동체를 건강하게 만들고 그 안에서 각 개인이 자랄 수 있을 때 가능하다.

i) 건강한 가정과 인격개발

인생의 초기부터 시작하여 계속하여 개인에게 영향을 미치는 중요한 요소는

---

37) 준거집단이란 한 개인이 자신의 신념·태도·가치 및 행동방향을 결정하는 데 준거기준으로 삼고 있는 사회집단을 말하며, 준거집단은 개인에 대하여 두 가지 기능을 한다고 한다. 하나는 개인에 대하여 행위의 기준을 설정하는 기능이고, 또 하나는 개인이 자기 및 다른 사람을 평가할 때에 그 평가의 기준을 제공하는 기능이다. 「두산백과」, 2013년 7월 24일 접속.

가정이다. 특히 가정에서도 부모의 영향은 신앙과 인격발달에 가장 지속적으로 영향을 미친다. 부모와의 관계 속에서 자녀는 부모를 자신과 동일시하고 모방하면서 가장 중요한 타자인 부모의 반응에 따라 의식적 무의식적으로 부모로부터 배운 것을 내면화시킨다. 이러한 내면화과정을 통해 우리는 양심이나 가치관, 규범, 사회질서, 세계관 등을 갖추어 간다. 따라서 부모가 중심이 된 가정의 건전한 가치관이나 민주적이고 일관성 있는 양육태도는 매우 중요하다.38) 무엇보다 부모와의 긍정적 애착관계는 안정된 정서와 자율성 형성에 매우 중요하다.

건강하고 일관성 있는 가정의 양육 태도는 인간의 초기 신앙형성, 특히 신앙대상인 하나님에 대한 개념과 그분과의 인격적 관계를 형성하는데 매우 중요한 역할을 한다. 물론 신앙 또는 믿음은 하나님의 선물임에 틀림없고 하나님의 은혜에 전적으로 의존해 있다. 하지만 이러한 신앙이 성장할 수 있는 조건과 상황을 마련해 주는 역할은 가정의 몫이라고 할 수 있다. 콜린스는 건강한 가정을 세우기 위한 몇 가지 중요한 지침을 다음과 같이 제시하고 있다.39) 첫째, 가정에 대한 헌신을 격려하라. 가정을 하나님께서 주신 귀한 선물로 여기고 그 가정을 위해 헌신하는 일을 귀하게 여기고 존중해야 한다. 둘째, 서로의 의견이 맞지 않을 때라도 존중해 주라. 가족 구성원은 '같아지지 위해서'(for the sameness)가 아니라 '하나 되기 위해서'(for the Oneness) 존재한다. 비록 가족 구성원이 서로 의견이 다르더라도 변함없이 사랑하고 있다는 사실을 확인시켜주는 일은 매우 중요하다. 셋째, 가족 돌보는 일을 매우 중요하게 여기라. 건강한 가정은 가족 구성원 중에서 힘없고 연약한 이들을 돌보는 일을 소중하게 생각한다. 넷째, 가정의 규범과 책임을 잘 알도록 하라. 건강한 가정이 안정을 누리려면 일관성 있고 예측 가능한 지침과 분명한 책임을 통하여 잘 조직화되어 있어야 한다. 다섯째, 융통성이 있도록 하라. 건강한 가

---

38) 사미자, 「종교심리학」, 231.
39) Gary R. Collins, 「가정의 충격」, 안보헌, 황희철 역 (서울: 생명의 말씀사, 1997), 141-52.

정은 위기나 갈등, 혹은 예상치 못했던 변화에 직면하였을 때에도 서로에게 여유를 주고 수용할 내면의 공간을 가지고 잘 적응할 줄 안다. 여섯째, 올바른 대화를 우선순위에 두라. 건강한 가정은 가족끼리 기꺼이 이해하려는 자세와 자신이 느끼고 있는 바를 다른 가족에게도 알려 주려는 태도를 가지고 있다. 건강한 가족 구성원들은 서로의 의견을 적대감 없이 정직하게 말하고 그 의견을 들으려고 노력한다. 일곱째, 건강한 가정을 유지하기 위해 재정적 자원, 안전과 용납을 경험할 수 있는 정서적, 영적 자원들을 지니고 있어야 한다. 여덟째, 동일한 신앙을 소유하라. 신앙심이 깊을수록 결혼 생활의 만족도가 높으며 가족들도 신체적으로나 정신적으로 더 건강하다.

이와 더불어 부모들은 정서적, 영적 발전과 더 나은 건강을 위해 몇몇 소그룹에 참여하는 노력이 필요하다. 부모들은 지원그룹, 회복그룹, 성경공부그룹, 기도회, 사회봉사그룹 등에 참여함으로써 가정을 건강하게 만드는데 도움을 받을 수 있다.[40] 특히 핵가족화가 정점에 이른 도시화된 사회에서 가족들이 다른 건강한 가족 구성원들을 만나기가 쉽지 않다. 따라서 의도적으로 건강한 가정을 유지하고 발전시키기 위해 부모들은 소그룹을 통한 지지와 후원 및 도움을 발견하는 일이 필요하다.

부모로서의 바람직한 자녀 양육의 공통된 태도는 다음과 같다.[41] 첫째, 자녀를 격려하여 그들이 긍정적 자아상을 갖도록 한다. 둘째, 자녀들과 함께 시간을 보내며 사랑으로 대화한다. 셋째, 긍정적 가정 분위기를 조성한다. 넷째, 영적 가치관을 심어준다. 다섯째, 일관성 있고 균형잡힌 훈련을 시킨다. 여섯째, 자녀들이 부모를 자랑스러워하게 만든다. 일곱째, 건강한 공동체(교회, 이웃)를 만들기 위해 힘쓴다. 여덟째, 자녀들에게 안전하다는 느낌과 정서적 신뢰감을 준다. 아홉째,

---

40) Jack Hayford, et al., *Seven Promises of a Promise Keeper* (Colorado Springs: Focus on the Family, 1994), 110-1.
41) Collins, 「가정의 충격」, 260.

훌륭한 결혼 생활의 본을 보여준다. 열째, 돈에 대한 가치관과 돈을 지혜롭게 사용하는 법을 가르친다. 열한째, 자녀들이 책임감을 갖게 해준다. 열두째, 가치관과 정직하고 성실한 인격을 가르치는 데 열정적이 된다.

ii) 건강한 소그룹 공동체와 신앙개발

위에서 성숙한 인격개발을 위해서 건강한 가정이 필요하며 그러한 가정은 어떠해야 하는지를 살펴보았다. 그리고 그러한 건강한 가정이야말로 성숙한 신앙개발에 가장 중요한 자원이라는 사실 역시 살펴보았다. 성숙한 신앙개발을 위한 건강한 가정의 필요에 더하여, 또 하나의 중요한 일은 건강한 공동체 또는 소그룹을 만들거나 참여하는 일이다. 경영과 관리, 조직과 관료제를 중심으로 움직이는 기존의 전통적 목회 패러다임을 대체할 자발적이며 대면적인 동시에 분권적이며 민주적인 특징을 지닌 안정된 소규모 공동체인 소그룹은 현대사회의 다원화와 관계성의 욕구 충족 및 빠른 변화에 적합한 상호 관계적이며 유기적이기에 포스트모던 사회의 변화에 적절하게 대응하는 동시에 집합적(에클레시아)이면서 동시에 분산적인(디아스포라) 구조를 통하여 교회 내의 생명력과 건강성을 담보하며 교인 개개인의 성장과 성숙을 도모하기 위한 적합한 대안이라고 할 수 있다.[42]

소그룹 공동체가 신앙개발에 필요한 구체적 이유는 다음과 같다. 첫째, 소그룹 공동체는 훈련과 양육에 매우 유용한 장(場)이 되기 때문이다. 신앙이 제대로 성숙하지 못하는 이유는 신앙에 대해 제대로 배우지 못하거나, 신앙적 삶의 모델을 보지 못했기 때문이다.[43] 소그룹 안에서 생활하며 다른 사람의 신앙생활을 보면서 배우는 모델링을 통한 훈련과 양육이야말로 가장 효과적인 신앙과 인격 개발 방안이다. 사실 대부분의 경우 신앙적인 삶의 실제 모델을 보고 배울 수 있는 기회는 전

---

42) 정재영, 「소그룹의 사회학」, (서울: 한들출판사, 2010), 20-1.
43) 박영철, 「셀 교회론」, (서울: 요단출판사, 2004), 89-92.

통적 교회 구조에서는 쉽지 않다. 하지만 삶을 나누고 그러한 삶을 가까이서 지켜보며 평가할 수 있는 소그룹에서는 그리스도의 주권을 인정하고 그것을 실천하는 삶이 어떠한 것인지를 분명히 보고 배울 뿐만 아니라 모델링(modeling)을 통해 강화 발전시켜 나갈 수 있다.

둘째, 소그룹 공동체는 교회의 본질적 모습인 교제의 회복을 통한 치유와 성장을 경험하게 한다. 현대 기독교의 대표적 문제 중의 하나가 개인주의이다. 이러한 교회의 개인주의는 교회의 본질인 공동체성에 부정적인 영향을 미친다. 이러한 개인주의를 극복하기 위한 효과적 방안 중의 하나가 소그룹이다.44) "소그룹이 없는 교회는 복음의 가장 기본적인 본질 중 하나인 진실하고, 풍성하며, 깊은 기독교의 교제를 경험하지 못한다."45) 소그룹 안에서 구성원들은 안전감을 바탕으로 자신을 개방하고 상대를 수용하며 서로 돌봄을 통해 성령 안에서 하나님께서 주신 목표를 이루어나가는 함께 성장하는 공동체를 이룬다. 교회갱신의 대표적 학자인 스나이더(Howard Snyder)는 소그룹을 "현대 도시 사회에서 복음의 교제를 위한 가장 효과적인 구조"이며 "교회 내의 새로움을 위한 은사의 발견과 사용에 대한 최대의 희망을 제공하여 준다"고 평가한다.46)

셋째, 소그룹은 기억과 소망의 신앙공동체로서 해석적 기능을 통해 지체들의 신앙과 자아의 발전을 촉진시킨다.47) 변화를 위한 재사회화 과정은 신앙공동체라고 하는 사회적 조건 안에서 사회화를 주관하는 사람들과의 강한 감정적 동일화과정을 상당히 반복해야 한다. 이 과정에서 신앙공동체 내의 중요한 타자들인 신앙의 선배들이나 지도자들이 새로운 관점이나 세계를 중재한다. 신앙적 회심은 신앙공동체의 역할을 앞선 경험이다. 하지만 이러한 신앙적 회심의 경험을 계속해서 심

---

44) Julie A. Gorman, *Community That Is Christian* (Wheaton: Victor Books, 1993), 57-77.
45) Howard A. Snyder, 「새 포도주는 새 부대에」, 이강천 역 (서울: 생명의말씀사, 1981), 160.
46) Snyder, 「새 포도주는 새 부대에」, 159.
47) Stanley J. Grenz, 「조직신학」, 신옥수 역 (고양: 크리스챤다이제스트, 2003), 715.

각하게 받아들이기 위해서는 이전의 삶의 상황을 대신하는 근거 구조를 제공하는 신앙공동체가 필수적이다.48) 그리고 이러한 새로운 근거 구조인 신앙공동체 안에서 새로운 중요한 타자와의 상호작용과 대화에 의해 개인의 주관적인 현실이 바뀌게 된다.49)

이 밖에 소그룹 공동체는 신앙발전에 중요한 요소 중의 하나인 기도생활을 촉진시키며, 전신자의 사역자화를 통해 개인의 신앙 갱신과 활력에 도움을 준다. 소그룹은 기도하는 것을 매우 중요하게 여긴다. 소그룹 교회들은 모임에서 전체 시간의 "3분의 1 내지 절반을 기도하는 데 사용한다."50) 신앙인들 모두가 사역자가 되어 일하지 않으면 교회는 그 본질적 생명력을 잃게 된다.51) 사실 오늘날 전통적 교회는 교회 신자들의 10-15퍼센트만이 교회의 기능에 필요한 사역을 하고 있다.52)

4. 목회지도자의 계속적인 자기개발 능력과 하나님의 인도하심

1) 목회지도자에 필요한 관리능력

목회리더십은 하나님께서 주신 역량과 책임을 가지고 하나님께서 자신에게 위탁하신 집단이 그 집단을 향한 하나님의 목적을 이룰 수 있도록 영향력을 행사하는 과정이다.53) 그리고 영향력을 행사하는 데 바탕이 되는 기저 요소는 앞서 살펴

---

48) Peter L. Berger and Thomas Luckman, 「지식형성의 사회학」, 박충선 역 (서울: 홍성사, 1982), 211.
49) Berger and Luckman, 「지식형성의 사회학」, 212.
50) Ralph Neighbour, 「셀교회 지침서」, 정진우 역 (서울: NCD, 2001), 44.
51) Paul R. Stevens and Phil Collins, 「평신도를 세우는 목회자」, 최기숙 역 (서울: 미션월드 라이브러리, 2000), 11.
52) Neighbour, 「셀교회 지침서」, 43.
53) Clinton, *The Making of a Leader*, 127.

본 지도자의 인격과 신앙이다. 이러한 지도자의 인격과 신앙이 교회에 영향을 미치는 과정에 필요한 능력이 관리능력이라고 할 수 있다. 이러한 관리능력은 전문지식, 개념능력 그리고 관계기술로 이루어져 있다.54)

(1) 전문지식

전문적 지식은 리더가 맡고 있는 교회 사역에 필요한 여러 가지 기본적인 지식들을 말한다. 이러한 기본적인 지식들은 대부분의 경우 목회사역자의 신학교육과정에서 습득하도록 준비되어 있다. 성서신학, 체계신학, 실천신학 등의 과목과 실습을 통해 습득하는 전문적 지식들이 바로 목회지도자가 목회현장에서 인격과 신앙을 바탕으로 목회의 효율성을 위해 준비하는 내용들이다. 목회지도자를 위한 전문적 지식은 신앙과 교회전통에 따라 조금씩 그 내용과 과정이 다르다.

(2) 개념능력

목회지도자의 개념능력은 분석력, 논리적 사고, 개념형성, 귀납적 추리능력, 연역적 추리능력 등이 포함된다. 이러한 목회자의 개념능력은 목회과정에서의 효과적인 판단, 예견, 직관, 혼란과 불확실 가운데서 의미와 원리를 발견하는 능력의 바탕이 된다. 개념능력은 어떠한 현상을 분류하고 범주를 구별하며 개발하는 능력과 복잡한 관계를 파악하고 문제에 대한 창의적 해결책을 수립하는 능력과 직결된다. 효과적 목회리더십을 위해서 목회자는 여러 목회현장의 현상을 분석하고, 동향을 인식하며, 변화를 예측하고, 기회와 잠재적 문제들을 인식하는 개념능력을 갖추어야 한다.

---

54) 이상욱, 「현대조직의 리더십 적용」(서울: 시그마프레스, 2004), 264-6.

(3) 관계기술

관계기술은 사람의 행동과 교회 내의 여러 집단에 대한 지식, 다른 사람의 감정과 태도와 동기를 이해하는 능력 그리고 분명하고도 설득력 있게 의사소통할 수 있는 능력을 말한다. 관계기술은 평신도 지도자, 부사역자, 교단 지도자와 협력적 관계를 발전시키고 유지하는 데 필수적이다. 또한 관계기술에서의 설득과 의사소통은 목회리더십에 있어서 핵심적인 영역인 '실행'(execution)에 직접적인 영향을 미치므로 리더십의 효율성을 높이는 핵심적 요소이다.

(4) 감성지능과 사회지능

이 밖에 목회리더가 개발해야 할 주요 관리능력 요소로는 감성지능과 사회지능이 있다. 감성지능은 최근에 관심을 끌고 있는 자신의 한계와 가능성을 객관적으로 파악해서 자신의 감정을 잘 다스리며 상대방의 입장에서 상대를 진정으로 이해하고 타인과 좋은 관계를 유지하는 능력이며, 사회지능은 특정상황에서 리더십의 요건을 판단하고 적합한 반응을 선택할 수 있는 능력이다.[55]

감성지능은 다음의 다섯 가지 요소로 이루어져 있다. 첫째, 자기 기분과 정서를 이해해 이것이 자신의 리더십행위와 어떻게 연관이 있는가를 이해하는 '자기인식'(self-awareness), 둘째, 충동을 자제하고 상황에 적합하게 자신의 정서를 표현하는 '자기조절'(self-regulation), 셋째, 돈이나 지위보다 과제 그 자체에서 만족을 얻기 위해 열정을 가지고 일하는 '자기동기부여'(self-motivation), 넷째, 타인들이 자신의 정서와 행동에 어떠한 기분과 정서적 반응을 보이는가를 이해하는 '감정이입'(empathy), 다섯째, 언어와 비언어적 의사소통을 사용해 자신의 감정을 타인에게 정확하게 표현하는 '사회적 기술'(social skill)이다.

---

55) Ibid., 266-8.

사회지능의 두 가지 주요 구성요소는 '사회적 지각력'(social perceptiveness)과 '행동 유연성'(behavioral flexibility)이다. 사회적 지각력은 집단 또는 조직에 관련된 부서의 필요성, 문제 그리고 집단과 조직에 영향을 미치려는 시도를 하는 구성원의 특징, 사회관계 및 집합적 과정을 이해하는 능력이다. 행동 유연성은 상황 요건들을 적절하게 조화시키기 위해 리더 자신의 행동을 변화시킬 수 있는 능력과 자발적인 변화자세를 의미한다.

2) 리더의 자기개발을 위한 하나님의 인도하심

리더십은 목회지도자가 자신의 생애를 마치는 그날까지 계속해서 하나님의 인도하심을 따라 진행되게 된다. 이러한 주님의 인도를 배우는 일은 단시간에 이루어지는 과정이 아니라, 많은 시간에 걸쳐 여러 단계와 과정을 거치면서 서서히 배우게 된다. 여기서는 이러한 목회지도자의 일생에 걸친 계속적인 자기개발을 위한 몇 가지 하나님의 중요한 인도하심의 방법들을 살펴보기로 한다.[56]

(1) 하나님의 기록된 말씀을 통한 인도하심

목회지도자는 영리 추구나 복리를 추구하는 일반 다른 집단의 지도자와는 달리 '하나님의 목적'에 관심을 가지고 하나님께서 인도하시는 방향을 분별할 수 있어야 한다. 즉, 하나님의 뜻을 분별하는 일에 우선적인 관심을 가져야 한다. 일반적으로 하나님의 뜻을 아는 방법 또는 하나님의 인도하심을 받는 방법은 여러 가지 좋은 자료가 있다. 하지만 가장 기본적이고도 간단하면서도 중요한 인도하심을 받는 방법은 성서를 통해서 하나님의 뜻을 분별하는 방법이다. 이러한 기록된 하나님의 말씀을 통해 인도하심을 받는 일은 목회지도자로서 핵심적 특성이라고 할 수

---

[56] Clinton, *The Making of a Leader*, 127-45.

있다. 성서를 통한 인도하심의 확신은 목회지도자가 영향력을 행사하는 영적 권위의 기초이며 하나님께서 자신의 뜻을 나타내시기 위해 사용하시는 가장 일반적인 방법이다. 인성개발 이전 단계에서의 말씀은 가치관을 형성하는데 도움을 주며, 인성개발단계에서의 말씀은 성품형성이나 시험을 통한 성장을 이루게 하며, 사역단계에서의 말씀은 영적권위의 형성과 사역철학 및 결정 그리고 영적 성숙과 활력을 돕는다.57) 하나님과의 개인적인 교제 가운데서 목회지도자는 하나님의 말씀을 묵상함으로, 다른 이의 말씀을 들음으로 하나님의 인도하심을 받는다. 다니엘이 하나님으로부터 받은 인도하심은 다니엘이 예레미야 27장과 29장을 묵상할 때였다(단 9장). 이 말씀을 읽고 난 후 다니엘은 금식하면서 백성의 죄를 회개하게 된다. 사도행전 8장의 에디오피아 내시는 이사야 53장을 읽다가 빌립의 가르침으로 삶이 변화되었다.

(2) 섭리적 접촉(Divine Contacts)

하나님께서는 목회지도자에게 가장 적절한 때에 가장 필요한 것을 공급해 주심으로 당면한 문제를 깨닫게 하거나 바른 방향을 제시하신다. 이러한 섭리적인 접촉은 사람일 수도 있으며, 우연히 들은 설교말씀이나 찬송 또는 한 권의 책일 수도 있다. 섭리적 접촉은 지도자의 잠재력을 확증하거나 격려하기 위해 또는 어떤 특정 문제에 관한 해결방안을 주시기 위해, 지도자의 시야를 넓히기 위해, 도전을 주시거나 새로운 사역의 문을 열어주시기 위해 하나님께서 만나게 하시는 사람인 경우가 있다. 사도행전 9장 27절에서 바울이 교회지도자들로부터 신뢰받지 못하고 있을 때 바나바를 만나게 되는 것이 대표적인 섭리적 접촉의 예이다. 사도행전 10장에서는 베드로가 고넬료를 만남으로 복음이 모든 사람을 위한 것임을 깨닫게 되

---

57) Ibid., 154.

었다. 섭리적 접촉은 지도자의 생애에 서로 얽혀있기에 중요한 시기에 다시 경험하기도 하며 서로에게 도움을 주기도 한다. 따라서 지도자들은 섭리적 접촉에 대해 민감해야 하는 동시에 자신이 섭리적 접촉의 도구가 될 수 있음 역시 기억하여 성령님의 인도하심에 귀를 기울여야 한다.58)

(3) 멘토(Mentor)

하나님께서는 지도자를 개발하시기 위해 잠재적인 당신의 일꾼을 위한 멘토를 준비하신다. 멘토링(mentoring)이란, 섬김과 헌신과 격려의 마음을 지닌 사람이 예비지도자의 잠재력을 보고 개발시키거나 잠재력을 개발할 수 있도록 중대한 영향을 미치는 과정이다. 사도행전 11장에서 바나바는 바울의 멘토가 되어 안디옥 교회에서 사역하였다. 바나바는 또한 사역의 중도 탈락자였던 마가 요한을 회복시켜서 훌륭한 초대교회 일꾼이자 복음서의 저자로 키웠다(딤후 4:10-11). 멘토에 적합한 사람은 다른 사람의 내적 잠재력을 발견할 수 있는 사람이며, 잠재력의 개발 과정에서 겪는 실수와 실패를 인내할 수 있는 사람이며, 예비지도자의 발전에 필요한 일들을 알고 제시할 수 있는 동시에 비전과 걸맞는 역량을 지닌 사람이다. 멘토들은 다른 사람을 격려하는 은사인 긍휼과 헌신, 권면, 믿음, 지혜로운 말씀 등을 지니고 있다. 이러한 은사를 사용하여 멘토는 격려의 조언을 하거나, 예비지도자를 돕기 위해 위험을 무릅쓰며, 필요한 자원을 연결해주며, 모범과 기대를 통해 도전하며, 필요한 정보와 재정적 필요를 제공하며, 예비지도자의 신뢰와 지위와 명예를 위해 함께 사역하며, 자신을 능가하도록 예비지도자의 능력을 확대하기 위한 자유를 기꺼이 허용한다.59)

---

58) Ibid., 128-30.
59) Ibid., 130-2.

(4) 중복 확증(Double Confirmation)

'중복 확증'을 통한 하나님의 인도하심은 하나님께서 자신의 뜻을 한 가지 이상의 방법으로 분명하게 확인시켜주시는 특별한 인도하심을 뜻한다. 사도행전에 나타나는 사도 바울의 회심의 경험은 사도 바울 자신뿐만 아니라 다메섹에 거주하는 하나님의 사람인 아나니아에게도 하나님께서 나타나셔서 말씀하신다(행 9:10-6). 사도행전 10장의 고넬료와 베드로의 만남 역시 고넬료와 베드로의 중복 확증을 통해 이루어진다. 사사기에 나오는 사사 기드온의 부르심 역시 이러한 중복 확증의 예라고 할 수 있다(삿 6:36-40). 거듭된 하나님으로부터의 확증은 조직의 중대한 결정에 대한 하나님의 보장과 리더의 영적권위를 뒷받침해 주는 동시에 지도자로의 당위성과 필연성을 확보하게 만든다.

이러한 거듭된 확증의 전형적인 유형은 대체로 다음의 네 단계를 거친다. 첫 번째, 하나님의 뜻을 알기 위해 확실한 하나님의 말씀이 필요한 결정적인 순간이 발생한다. 두 번째, 하나님께서 직간접적으로 지도자에게 방향을 제시하신다. 세 번째, 하나님께서 제시한 방향에 대해 다른 사람을 통해 확인해 주신다. 네 번째, 하나님께서는 확실하게 이 두 번의 나타내심을 주권적으로 연결되게 하신다.[60]

(5) 부정적인 예비하심(Negative Preparation)

하나님께서는 지도자로 하여금 당신이 준비하신 부정적인 상황을 겪게 하심으로써 다음 단계로 나아가기 쉽게 하신다. 부정적 예비하심에는 좋지 못한 사건, 사람, 갈등, 핍박, 경험들이 있다. 이러한 부정적 예비하심에서 헤쳐 나오고자 하는 지도자가 지녀야 할 태도는 현재의 상황으로부터의 도피가 아니라 현재 처해 있는 어려운 상황에서의 해방이며 새로운 상황을 위한 준비로 부정적 예비하심을 볼

---

60) Ibid., 133.

수 있어야 한다. 대표적인 성서의 예가 출애굽 이전에 이스라엘 사람들이 겪었던 어려움들이다. 이러한 지도자를 성장시키기 위한 부정적 예비하심에는 결혼 과정이나 관계에서의 어려움, 직업이나 사역에서의 위기, 다른 동역자와의 갈등, 개인의 영적 생활이나 현재 역할에 대한 불만족, 자녀들과의 어려움, 생활형편의 어려움, 기후나 지리적 조건의 어려움, 고립의 기간, 영향력 발전을 제한하는 상황 등을 들 수 있다.61)

(6) 육신적 행위(the Flesh Act)

실수를 통해 배우는 대표적인 경우가 바로 지도자의 육신적 행위이다. 특히 영적으로 민감하지 못한 지도자의 경우 자신의 잘못된 욕심으로 인해 하나님께서 가르치시는 방법이 아닌 인간적인 방법을 선택하거나 그렇게 행동할 때가 바로 그러한 경우이다. 또한 이것은 우리의 짐작으로 하나님의 뜻을 예단하고 하나님께서 이루어주실 것을 재촉하는 경우이다. 즉, 지도자의 삶에서 어떤 인도하심을 따라 결정 내려야 할 경우에 하나님께서 선택하신 방법을 제대로 분별하지 못하고 자신이 선택한 인위적 방법을 서둘러 실행해 나타나는 결과가 대부분 육신적 행위들이다.

이러한 육신적 행위로 인한 결정은 결국에는 사역과 삶에서 부정적인 결과를 초래한다. 대표적인 예가 창세기 16장에 나오는 사라와 아브라함이 하갈을 이용하여 후사를 보고자 하는 내용이다. 여호수아 9장의 기브온 거민과 맺은 화친의 경우, 이사야 39장의 유다 왕 히스기야가 바벨론 사신에게 자기 나라의 재산과 무기를 공개한 일 등을 들 수 있다. 교만이나 조급함으로 인하여 하나님과 의논 없이 행하는 일들이 종종 이러한 육신적 행위로 나타나며 부정적인 결과로 귀결되는 경우

---

61) Ibid., 134-6.

가 많다.62)

(7) 하나님의 확증(Divine Affirmation)

사역을 하는 과정에서 목회지도자는 어떤 시점에서 자신의 사역이 가치 있는 일이며 자신의 삶이 하나님께 소중한 것이란 사실을 하나님으로부터 확증받을 필요가 있는 경우가 있다. 이러한 확증은 지도자에게 새로운 힘을 준다. 즉, 하나님의 확증은 지도자가 다시 한 번 하나님으로부터 인정받는 특별한 체험으로서 궁극적인 목적을 향한 새로운 의욕과 하나님을 계속하여 섬기고자 하는 소망을 새롭게 한다. 아브라함에게 주기적으로 나타나셔서 확증을 주시는 하나님(창 12:1-3; 창 15장), 비를 구하는 기도에 응답하시는 하나님(삼상 12:13-9)을 통해 영적권위를 인정받은 사무엘이 이러한 예라고 할 수 있다. 지도자를 향한 하나님의 확증은 다양하게 나타난다. 환경의 주권적 변화, 내적 음성, 다른 종류의 직접적 계시, 꿈이나 환상, 천사의 현현, 예언적 말씀, 기적적인 사건, 외부적으로 드러난 특별한 축복 등이 이러한 하나님의 확증의 예라고 할 수 있다.63)

(8) 책을 통한 인도하심

다른 사람의 전기나 글 등을 통해 얻게 되는 간접 경험이나 삶과 사역에서의 교훈 등이 또 다른 하나님의 인도하심의 방법이다. 효과적인 사역자들의 공통된 특징 중의 하나는 이들이 많은 독서를 하는 사람들이며, 독서를 통해 삶과 사역에 필요한 중요한 가르침들을 찾아내어 적용하는 능력을 갖추고 있다는 사실이다. 책을 통한 배움은 직접 경험해야 배울 수 있는 많은 것들을 짧은 기간에 습득할 수 있게 해준다.64)

---

62) Ibid., 136-8.
63) Ibid., 138-40.
64) Ibid., 140-1.

이 밖에 인생의 위기와 갈등 역시 지도자가 하나님을 의지하는 믿음과 사역에서 통찰력을 얻는데 사용된다. 이러한 위기와 갈등에 대해 지도자는 위기와 갈등 뒤에 숨어 있는 하나님의 의도와 선하심을 기억하며 이것들을 통해 하나님을 더욱 신뢰하며 인격적으로나 사역의 측면에서 성숙하고 성장하도록 하는 자세가 필요하다.

제4부 목회리더십과 목회상황

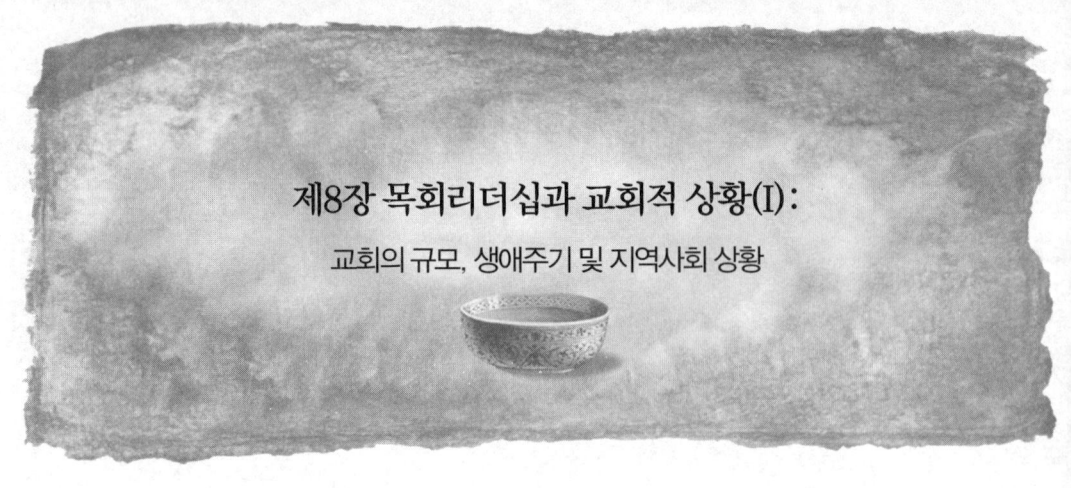

제8장 목회리더십과 교회적 상황(I):
교회의 규모, 생애주기 및 지역사회 상황

목회리더십의 효과적인 구현을 위해서는 목회자 자신이 속한 교회가 처해 있는 상황의 진단과 평가가 중요하다. 교회가 처해 있는 상황의 진단과 평가에서 고려해야 할 대표적인 요소로 '교회의 규모'(size), '교회의 생애주기'(life cycle) 그리고 '지역사회의 상황적 특성'을 들 수 있다. 먼저 목회리더십의 효율적인 행사를 위해 교회의 규모에 따른 리더십을 살펴보기로 하자.

1. 교회규모와 리더십

모든 교회는 그 규모에 상관없이 하나님 앞에서 동일한 비중과 의미와 중요성을 지니고 있다. 성서 어디에서도 교회규모와 관련된 구체적 언급이나 '작은 교회' 또는 '큰 교회'란 용어는 등장하지 않는다.[1] 사실 교회의 규모를 결정하는 기준을 정하는 일은 쉽지 않다. 또한 그 기준을 정했더라도 그 기준은 문화와 사회 또는 교

---

1) 성서는 오늘날 의미하는 규모로 교회를 평가하고 있지 않다. 오히려 요한계시록 2장과 3장에 걸쳐 등장하는 소아시아의 일곱 교회들 중 오늘날 의미하는 작은 교회들이 하나님께 칭찬받는 교회들이었음을 볼 수 있다.

회적 상황에 따라 달라질 수 있기도 하다. 하지만 교회규모를 논하는 일이 본 장의 내용과 직접 관련이 없으므로, 교회규모를 정의하는 기준을 교회의 '낮 예배 평균 출석 성도 수'로 삼아 글을 진행하고자 한다.

사실 교회 규모를 정하는 데는 다음의 여러 기준이 있다. 먼저, 교회 규모에 따른 목양적 특성을 파악하고 그 적용을 학문적으로 분류하는데 선구적인 도움을 준 미국 성공회 목회자 로세지(Arlin Rothauge)는 교회 규모를 '헌신된 일꾼의 수'에 따라 다음과 같이 교회 규모를 분류하였다: 헌신적 일꾼 50명 내외의 '가족형 교회'(the Family Church), 헌신적 일꾼 50-150명 교회인 '목양형 교회'(the Pastoral Church), 헌신된 일꾼 150-350명 내외의 교회인 '프로그램형 교회'(the Program Church) 그리고 300명 이상의 헌신된 일꾼이 있는 '기업형 교회'(the Corporate Church).2) 또한 미국의 대표적 교회성장 연구가인 쉘러(Lyle Schaller)는 '평균 예배 출석자'를 기준으로 한 교회의 분류에서 예배 출석자 평균 40명 이하의 교회를 최소형, 평균 예배 출석자 수 50-100명의 교회를 소형, 평균 예배 인원 100-200명의 교회를 중간형, 175-225명의 교회를 어중간한 크기, 225-450명을 대형, 700명 이상을 특 대형으로 분류하고 있다.3)

이와 유사한 분류로 시카고 무디 교회 협동목사였고 교회 경영학 분야의 전문가였던 존스(Bruce Jones)도 소형교회를 목양형 교회 크기 미만, 즉 예배 출석인원 100명 미만의 교회를 작은 교회로 분류하고 있다.4) 이 밖에 미국 침례교(American Baptist Churches) 총회 부총무로 일했던 매드선(Paul Madsen)은 소형교회를 위

---

2) Arlin J. Rothauge, *Sizing Up a Congregation for New Member Ministry* (New York: Seabury Professional Service, 1984), 5, 7-36. 로세지는 성공회 목회자로 새 가족의 정착이 교회 규모에 따라 달라야함을 설명하면서 교회규모를 4가지로 분류하여, 교회규모에 따라 다른 리더십을 적용하여야 함을 최초로 학문적으로 제시하였다.
3) Lyle E. Schaller, 「중형교회 컨설팅 보고서」, 임종원 옮김 (서울: 요단, 1999), 4; Bruce W. Jones, 「목회리더십과 경영」, 주상지 옮김 (서울: 생명의 말씀사, 1994), 166에서 재인용.
4) Jones, 「목회리더십과 경영」, 164.

한 그의 저서 *The Small Church-Valid, Vital, Victorious*에서 200명 이하의 교회를 소형교회라고 정의했다.5) 한편 한국의 대표적 교회성장연구기관 중의 하나인 '한국교회성장연구소'는 작은 교회를 정의하기를 출석교인 '100명 미만의 교회', 중소형 교회를 '100-300명 미만', 중중형 교회를 '300-500명 미만', 중형 교회를 '500-1000명 미만', 중대형 교회를 '1000-2000명 미만' 그리고 대형 교회를 '2000명 이상'의 교회로 좀 더 세분해 나누었다.6) 본 장에서는 이러한 기준들을 염두에 두고 다음과 같이 분류하여 논의를 전개하고자 한다: 출석교인 50명 미만의 가족형 교회, 출석교인 50명-400명 미만의 목양형 교회, 출석교인 400명-2,000명 미만의 프로그램형 교회, 출석교인 2,000명 이상의 기업형 교회.

1) 가족형 교회(출석교인 50명 미만 교회)

(1) 특징

가족형 교회는 대체로 이름 그대로 교회가 가족적인 분위기이며 대부분 이러한 가족적인 분위기를 이끌어가는 부모 역할을 하는 평신도 지도자들이 있다. 이 같은 교회는 목회자가 주로 목회적 돌봄에만 주력할 것을 요구한다. 그외 다른 전체적인 지도력은 부모역할을 하는 교인들이 주도하는 경향이 있다. 이러한 교회의 내적 특성을 이해하지 못하는 초년 목회자들은 평신도 리더십과 갈등의 소지가 있을 가능성이 높다. 하지만 가족형 교회라고 할지라도 목회자가 교회를 개척한 경우는 이와 달리 목회자가 부모노릇을 하는 경우가 일반적이다.

---

5) Paul O. Madsen, *The Small Church-Valid, Vital, Victorious* (Valley Forge, PA: Judson Press, 1975), 10.
6) 교회성장연구소 교회경쟁력연구센터 편, 「한국교회 경쟁력 보고서」(서울: 교회성장연구소, 2006), 37.

가족형 교회는 교회의 재정적인 한계로 인해 목회자들이 임시발판으로 삼는 경향이 있으며 목회자의 이동이 잦다(2-3년에 한번 꼴). 이러한 교회에서 목회자가 어려움을 겪는 경우는 신학교를 막 졸업하거나 담임 목회경험이 거의 없는 꿈 많은 신참 사역자가 신학교에서 배운 대로 좌충우돌하게 되는 경우이다. 의욕적인 신참 목회자는 여러 가지 것들을 시도하지만 교인들은 그것들이 교회 형편에 적합하지 않음을 알고 있기 때문에 새로운 목회자의 리더십에 따라 움직이려고 하지 않는다. 왜냐하면 이러한 교회는 목회자가 자주 바뀌는 상황에서 목회자의 다른 성향에도 불구하고 교회를 유지하기 위한 나름대로의 생존비결을 체득하고 있기 때문이다.

가족형 교회에서는 목회자의 은사나 장점, 특기 등이 제대로 발휘되지 못한다. 이러한 경우, 새로운 목회자는 이것을 가족형 교회의 특징에 따른 어려움이라고 생각하지 않고 자신의 리더십에 대한 도전이나 무시로 받아들이게 된다. 이때부터 목회자는 교회사역에서 의미를 찾지 못하고 다른 목회지를 찾기 시작하거나 열정을 상실한 채 목회를 하게 된다. 대부분의 사역자들은 이와 같은 경험을 통해 교회에 대한 부정적인 견해를 갖게 되고, 이것이 목양전반에 투영되는 경우가 많다. 이렇게 목회자에 의해 부정적 평가를 받는 교회들은 자신들의 낮은 자존감을 내부적인 정서적 결속으로 극복한다. 그리고 이러한 교회는 목회자에 대한 의존도가 낮기 때문에 목회자가 잘못해도 교회가 크게 영향 받지 않는다.

(2) 목회자의 역할

이러한 교회 상황에서 목회자의 역할은 우선적으로 목양 중심의 활동에 집중하는 것이다. 그리고 설교, 예배인도, 심방 등과 같은 목회자 고유의 활동에 더하여 교회 내에서 부모역할을 하는 평신도 지도자들과 좋은 관계를 맺고 그들의 사역에 자문과 상담역할을 함으로써 간접적인 지도력을 통해 교회를 이끌어 갈 필요가 있다. 가족형 교회에서는 목회자가 오래 섬기면 섬길수록 영향력이 커지기 때문에 교인들의 신뢰를 얻기 전까지는 이러한 간접 목회리더십이 효과적이라고 할 수 있다. 이러한 가족형 교회의 목회리더십 획득을 위해서는 목회자가 적어도 10여 년 가까이를 함께 머물며 사역하고 섬기는 것이 필요하다. 3-4년 정도까지는 목회자가 기존의 중심평신도 지도자들에게 양보하고 의견을 존중하는 것이 좋다. 4-5년 정도가 되면서 지도력의 혼란이 온다. 사람들이 목회자의 장기사역에 대해 심각하게 받아들이기 시작하기 때문이다. "과연 이 목사에게 마음을 줘도 되겠는가?", "믿을만한가?" 등의 의문들이 나오게 된다(사실 이것이 이제까지 목회자를 믿고 따르다가 목회자가 떠남으로 인해 결국 상처를 입어왔던 가족형 교회에 속한 교인들의 아픔을 볼 수 있는 지표이다). 사실 이러한 교회에 신학교를 갓 졸업한, 경험이 일천한 사역자가 부임하지 않는 것이 바람직하다. 만약 경험이 많지 않은 목회자가 이러한 교회를 섬기게 될 경우는 이러한 교회의 특징을 잘 이해하고 준비해야 한다. 어떤 경우, 경제적인 필요와 교회적인 필요에 따라 겸임사역자가 오랫동안에 사역하는 것이 바람직하기도 하다.

(3) 리더십 발휘 시의 주의 점

가족형 교회에서 목회리더십을 행사할 때 주의할 점은, 목회자가 어느 정도 시간이 지난 후 부모역할을 하는 평신도 지도자에 대한 일반 교인들의 불평을 등에 업고 그들과 정면충돌해서는 안 된다는 사실이다. 목회자가 자주 바뀌면서 그들이 학습한 것은 이러한 갈등을 견디지 못하고 목회자가 목회지를 옮길 경우, 결국 교회를 떠나지 않는 이상 부모역할을 하는 평신도 지도자와 교회생활을 다시 해야 한다는 사실이다. 그러므로 교인들은 목회자의 편을 들기보다 부모 노릇을 하는 평신도 지도자의 편을 들어야 한다는 사실을 경험을 통해 알고 있다.

2) 목양형 교회(50-400명의 출석교인)

(1) 특징

목양형 교회는 목회자가 교회리더십의 중심에 서게 된다. 이러한 교회는 크기의 특성상 여러 명의 평신도 지도자들이 목회자를 도와 리더십을 발휘한다. 그러므로 평신도 리더들을 지도하고 조정할 중심인물인 목회자가 필요하다. 그러므로 목양형 교회는 담임목회자와 목회자를 돕는 평신도 리더들과의 원활한 의사소통이 매우 중요하다. 그리고 목회자가 자신의 권위를 평신도 리더들에게 적절하게 위임하여 책임을 맡기고, 그들이 성취한 것을 즉각적으로 알아주는 것이 매우 중요하다. 이 규모 교회는 교인들이 서로 어느 정도는 잘 알고 지내는 상태이기 때문에 서로 알아가는 데 시간이 걸림으로 새로운 교인들이 교회의 구성원으로 정착하는데 어려움을 겪는 경우가 많다.

목양형 교회의 성장은 주로 목회자의 인기와 효율성에 따라 이루어진다. 사람들이 이러한 교회에 가입하는 이유는 목회자와 교인들 간의 관계에 대한 긍정적 소문 때문인 경우가 많다. 따라서 새 가정이 올 경우 다른 이가 아니라 목회자가 직접 방문하고 접촉하는 것이 바람직하다. 일단 교인이 늘어서 목회자가 교인들을 돌보는데 시간과 체력적인 어려움이 있을 경우 보통 한두 사람의 부사역자를 청빙하여 담임목회자의 목회활동을 돕게 하는 경우가 많은데, 이것이 성공하는 경우가 많지 않다. 왜냐하면 사역자들이 늘게 되면 그만큼 담임목회자의 행정관리 시간과 노력이 더 들고, 여전히 교인들은 담임목회자의 직접 돌봄을 기대하기 때문이다.

교회성장에서 가장 어려운 규모의 변화가 목양형 교회에서 프로그램형 교회로의 변화이다. 그 이유는 첫째, 교인들이 교회가 커짐으로 인해 목회자와의 직접적인 관계를 잃고 싶지 않기 때문이며, 둘째, 교회의 대 가족적인 분위기(oneness feeling)가 깨어지기를 바라지 않기 때문이고, 셋째, 이러한 목양형 교회의 목회자는 자신의 목회의 보람과 재미를 직접적인 교인 돌봄에서 찾는데 그것을 잃고 싶지 않기 때문이다. 주변에서 흔히 볼 수 있는 교회의 형태가 이러한 목양형 교회들이다(미국의 경우 2/3가 이러한 목양형 교회로 알려져 있다).

(2) 목회자의 역할

목양형 교회는 교인들이 자신들의 영적필요를 담임 목회자를 통해서 충족받기를 원하며, 따라서 목회자가 직접 인도하는 성경공부나 기도모임이 중요한 비중을 차지한다. 교인들은 자신들의 위기나 필요에 목회자가 직접 개입하여 돌봐주기를 바란다. 이러한 교회는 목회자가 교인들의 필요에 가능한 빨리 반응하는 것이 중요하다. 그러므로 목회자가 시간에 쫓기는 어려움에 봉착하게 된다. 하지만 대부분의 교인들은 목회자의 분주함을 알기에 적절한 수준의 관심과 지도와 돌봄에 대체로 만족해 한다.

목양형 교회는 조금 더 성장하게 되면 목회자가 교인들을 상세하게 알기가 어려워지기 때문에 교인들이 많아질 경우 목회자가 이들을 놓치게 되며 이로 인해 교회가 다음 규모로 성장하는데 어려움을 겪게 된다. 대체로 한 사람의 목회자가 어느 정도 개인 사정을 깊이 알고 사역하는 범위가 약 300여 명 정도로 알려져 있기에 한 사람의 목회자로서는 이러한 정도의 규모가 한계적이라고 할 수 있다.

어떤 목회자는 이러한 목양형 규모에서 자신의 목회적인 장점을 가장 잘 발휘하며 이러한 교회를 평생 담임한다. 이 규모에 적합한 리더십의 요소는 좋은 대인관계 기법이다. 목양형 교회의 목회자는 모든 교인들의 삶의 전 영역에 직접 참여하며 그들과 부대끼는 것을 즐긴다. 목양형 교회의 적절한 리더십 유형은 솔직하고도 관계중심적인 리더십이며, 외향적이며 자신을 잘 드러내는 솔직한 유형의 목회자가 자신의 장점을 가장 잘 발휘할 수 있는 교회규모이다.

(3) 리더십 발휘시의 주의 점

목양형 교회는 목회자를 돕는 평신도 지도자들에게 적절한 위임이 필요하며, 그에 따른 응분의 보상이나 알아줌이 필요하고, 이 과정에서 의사소통의 기법이 중요한 역할을 한다. 위임과 분담 그리고 알아줌이 적절하지 않을 경우, 목회자는 과로하게 되고 외톨이가 되며, 지치게 되어 교회의 다른 지도자들로부터 비난을 받게 될 위험이 있다. 목회자의 탈진이 가장 잘 일어나기 쉬운 상황이 바로 이 규모의 교회이다. 그 이유는 교인들이 교회성장을 원하면서도 교회성장에 따른 대가를 지불하려고 하지 않고, 교회의 규모가 커졌는데도 여전히 목회자의 직접적 돌봄과 관계를 이전 수준으로 원하기 때문이다.

3) 프로그램형 교회(500~2,000명의 출석교인)

(1) 특징

프로그램형 교회는 교인들 간의 개인적 친밀감을 어느 정도는 유지하지만 여전히 목회자의 직접적인 영적지도력을 필요로 한다. 전문 사역자를 적절히 잘 사용하고 있는 행정적으로 조직이 잘 짜여진 교회나 효과적으로 셀을 잘 운용하고 있는 교회 중에 이러한 유형의 교회가 많다. 전문사역자들이 일부 담임목회자가 담당하는 역할을 부분적으로 대행하며 교인들도 이러한 역할 대행에 대해 동의하여 적정 수준의 목양적 돌봄을 받음에 만족하지만 삶의 중요한 사건이나 일의 경우는 담임목회자의 직접 돌봄을 필요로 하는 경우가 이러한 교회의 특징이다. 소그룹 교회의 경우, 평신도 지도자들이 소그룹을 인도하면서 상당 부분 담임목회자가 하는 목양적인 기능을 분담한다. 어느 정도의 어려운 목양적 필요는 소그룹 지도자들인 평신도 리더에 의해서 해결되고 평신도 리더들의 판단과 교인들의 직접적인 요청이 있을 경우는 담임목회자가 개입한다. 대부분의 경우 프로그램형 교회의 교인들은 목회자와 많은 시간을 보내며 직접적인 돌봄을 받을 것으로 기대하지 않는 대신 교회가 제공하는 탁월한 프로그램과 시설 등을 통해 만족을 얻는 경우가 많다.

(2) 목회자의 역할

프로그램형 교회에서도 담임목회자는 여전히 목회리더십의 구심점 역할을 한다. 하지만 담임목회자 역할은 교인들과의 직접적인 만남보다는 주요 전문 사역자나 소그룹 리더들과 교회의 주요 행사와 일들을 계획하고 준비하는데 대부분의 시간과 노력을 쓴다. 프로그램형 교회의 담임 목회자는 반드시 대부분의 시간을 주요부서 목회 지도자들을 발굴하고 훈련하며, 감독하고 평가하며 격려하는데 투자해야 한다. 따라서 목회자는 평신도 사역자들을 돕고 전체 프로그램을 조정하기 위해 교인들과의 직접적인 접촉이 제한적일 수밖에 없다.

목양형 교회에서 프로그램형 교회로 전환될 때, 목회자는 자신들이 우선적으로 대인관계중심의 직접적인 목양을 즐기는 대신 프로그램을 개발하고 발전시키는데 관심을 가지지 않으면 안 된다. 이 과정에서 목회자가 어느 정도의 갈등을 겪을 수 있다. 하지만 이 단계에서 목회자는 리더십의 발휘라는 측면에서 교인과의 접촉이 아니라 주요 전문 사역자나 평신도 소그룹 사역자들과의 대면적 대인관계를 더욱 강화해야 한다.

이 과정에서 다양한 교인들과 교회의 욕구들을 분석하고 종합하여 교회가 나아갈 전체적인 사역방향을 정리해야 한다. 이때 담임목회자는 자신이 담임하는 교회의 사역철학과 사역선언문 등을 통해 대인관계적인 측면에서의 부족을 공동의 가치와 목표 추구라는 의미부여를 통해 보충하는 일이 필요하다. 그리고 전체 교인들이 그 방향에 대해 공감하게끔 설득할 수 있어야 한다. 또한 목회자는 사역철학에 굳건히 서서 교인들을 그 공감대로 향해 움직이게끔 지도할 수 있어야 하며, 평신도 지도자들이 이 목회철학에 함께 동참할 수 있도록 설득하고 동참하도록 해야 한다. 소그룹중심의 프로그램형 교회의 핵심적 과제는 평신도 지도자들의 신뢰와 성실성을 계발하고 계속적인 영적성장을 위해 애쓰는 것이다.

(3) 리더십 발휘시의 주의 점

교인과의 대면적 접촉이 줄어들고 목회자가 프로그램이나 행사에 관심을 두기 때문에 자칫 교인들의 실제적인 영적, 목양적 필요를 간과할 위험이 있다. 만약 담임 목회자가 교인들의 영적, 목회적 필요에 항상 우선순위를 두지 않는다면, 프로그램형 교회는 실패하게 된다. 또한 목회자가 직접적인 목양사역에서 한발 물러서 있기 때문에, 목회자로서 자신의 보람이나 만족이 줄어들 경우가 있다. 만약 목회자가 행정적인 사역에서 오는 만족을 배울 수 없다면, 이 같은 교회로의 변환을 다시 한 번 고려하는 것이 좋다.

4) 기업형 교회(2,000명 이상의 출석교인)

(1) 특징

기업형 교회의 공통적 특징은 주일 낮 예배의 수준이 질적으로 월등하다는 점이다. 담임목회자는 주로 설교와 예배의 인도에 더 많은 노력을 투자하는 것이 일반적이다. 교회의 복합적이고 다양한 이질성을 담임목사의 설교와 예배를 통해 하나로 만들고, 목회자 개인의 카리스마적 리더십을 통해 담임목회자에 대한 신뢰를 유지 발전시킨다. 이러한 교회에서 담임목사가 교인들의 이름을 기억하기를 기대하기는 어렵다. 대부분의 중요한 심방이나 돌봄은 교구목사나 수석부목사가 담당하게 된다. 기업형 교회의 교인들은 담임목회자와의 친밀함이나 직접적인 목양관계를 그 교회가 지닌 다양하고 질적으로 높은 수준의 프로그램에서 얻는 만족과 바꾸어야 한다. 이 같은 교회의 담임목회자의 경우 주로 강한 카리스마를 지니고 오랫동안 목회한 경우가 많다. 목회자는 복잡한 교회구조를 안정적으로 유지하는 그 교회의 상징적인 구심점이 된다.

　기업형 교회와 프로그램형 교회의 차이는 기업형의 교회가 훨씬 복잡하고 다양하다는 것이다. 많은 영역에서 평신도 사역자들이 영향력을 발휘하는 위치에 서게 되며, 교회행정의 구심점에 강력한 평신도 지도자들이 공식적으로 등장해(부모 노릇하는 평신도 지도자) 영향력을 행사하면서 그 교회를 꾸려간다. 하지만 평신도 지도자들은 다양하고 전문화된 사역의 분야에서는 전적으로 전문사역자들에게 의존해 있다. 그렇기 때문에 기업형 교회의 성패는 전문사역자의 선택과 이들 전문 사역자들이 서로 협력하면서 교회의 다양한 사역들을 조화롭게 꾸며갈 수 있는 능력이 있는가의 여부에 달려 있다. 목회사역자들 간의 조화와 협력이 여의치 않을 경우 이 유형의 교회는 효율성과 활기를 잃기 쉽다.

　(2) 담임목회자의 역할
　사실 이 규모의 교회가 되었을 때 목회자가 가장 힘들어 하는 것은 자신의 교회를 위한 모델이나 교육기회가 거의 없다는 점이다. 팀 목회에 대한 여러 가지 이론들과 세미나가 도움이 되기는 하나 여전히 그 수준은 미흡하다. 대부분의 목회 지도력에 대한 관심이 고조되는 시기도 이 같은 교회의 출현과 시기적으로 일치한다. 인사와 그에 따른 위임이 매우 중요하며 부사역자들끼리의 관계와 담임목회자와의 관계에 대한 관심과 훈련이 필요하다. 이때 담임목회자의 역할은 대기업의 회장의 역할과 비슷하다. 중요한 부사역자들의 인사(人事)와 그들의 협력과 효율성에 대한 평가와 지도력의 발휘가 중요하다.
　한 가지 중요한 사실은 많은 전문사역자들이 있는 경우 담임목회자가 인사 시 다양한 성향의 사람들을 조화롭게 서로 보완적으로 배치하는 것이 바람직하다는 것이다(실행이 강한 사람과 사무와 규정의 뒷받침을 잘하는 사람의 조화가 그 예라 할 수 있다). 이 유형의 교회에서는 카리스마적 리더십에 필요한 담임목회자의 영성과 담임목회자의 목회비전에 관한 끊임없는 격려와 의사전달과정과 의사결정의 효율성과 피드백이 중요하다.

(3) 리더십 발휘시의 주의점

기업형 교회는 참고할 만한 모델이 흔치 않기 때문에 자신만의 독특한 통찰력과 목회의 기법이나 기술도 필요하지만, 무엇보다 거대한 규모의 구성원들을 하나로 만들 영적 리더십이 필요하며, 이를 전달하는 효과적이고 통찰력 있는 설교가 필요하다. 즉, 탁월한 영성과 설교 및 탁월한 행정기법과 지도력이 조화를 이뤄야 한다.

2. 교회의 생애주기(Life-Cycle)와 리더십

다른 모든 사회 조직과 마찬가지로 지역교회 역시 조직으로서의 생애주기를 가지고 있다. 조직의 침체는 대체로 기업의 생애주기와 밀접한 관련이 있다. 이러한 생애주기는 태동기, 성장기, 성숙기, 쇠퇴기 그리고 소멸로 이루어진다. 이러한 조직의 생애주기는 조직의 내외적 여건이 끊임없이 변화하기 때문에 발생한다.7) 사람의 경우, 나이에 따른 생애 발달 단계에 따른 특성이 있고 연령별 특성에 따른 적절한 행동 양식과 해야 할 과제들이 있듯이, 교회 역시 교회의 생애주기특성에 적합한 과제들이 있다. 만약 목회지도자가 교회의 생애주기 특성을 제대로 파

---

7) 박영배, 「현대조직관리」 (서울: 도서출판 청람, 2010), 477 조직 변화의 내적요인으로는 의사결정과정의 비효율성, 의사소통의 왜곡 및 방해, 독선적 리더십 스타일 등이 있으며, 외적요인으로는 사회적 요구의 변화, 자원의 변화, 인구나 경제환경의 변화, 과학기술의 변화 등을 들 수 있다.

악해 적절하게 리더십을 행사하여 교회의 생애주기를 새롭게 할 수 있다면, 교회는 갱신하고 부흥할 수 있다(아래의 도표 참조).8) 만약 목회지도자가 교회의 생애주기를 제대로 파악하지 못할 경우, 그 교회는 정도의 차이와 시간의 차이는 있지만 쇠퇴기를 거쳐 소멸하게 된다.

　목회리더십에서 고려해야 할 상황적 요인의 하나로써 교회가 속해 있는 생애주기를 이해하는 일은 목회지도자에게 매우 중요하다. 목회자가 자신이 섬기는 교회의 생애주기를 제대로 파악할 경우, 목회자는 교회의 생애주기에 적합한 리더십 행태를 취할 것이며, 이러한 적절한 리더십에 의해 교회는 하나님께서 허락하신 자원을 극대화하여 효율적이고 건강한 그리스도의 몸을 이루게 될 것이다. 따라서 본 장에서는 조직의 생애주기를 태동과 출생, 성장, 성숙, 쇠퇴의 네 단계로 요약하여

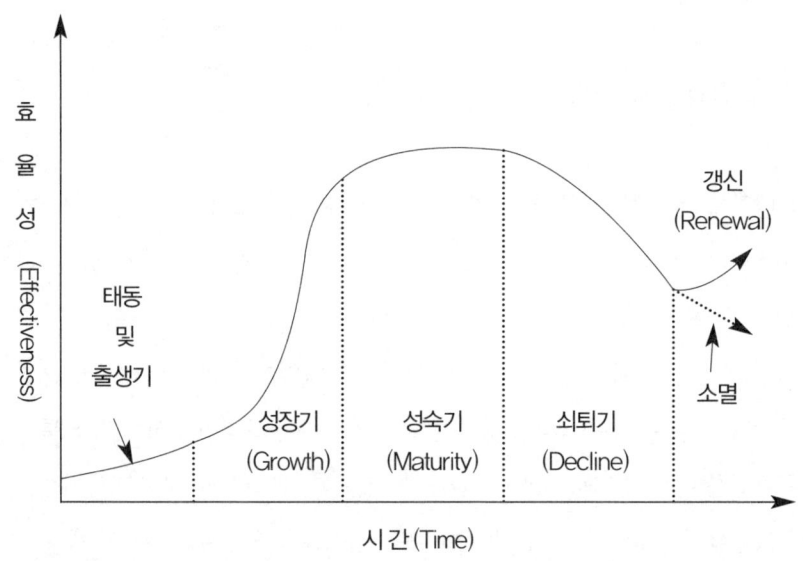

---

8) Shawchuck and Heuser, *Leading the Congregation*, 158, 161; Richard W. Beatty and David O. Ulrich, "Re-engineering the Mature Organization," in *Managing Change*, ed. Todd D. Jick (Homewood, IL: Richard D. Irwin, 1993), 60-3.

살펴보고 각 단계에서 목회지도자가 해야 할 일들을 살펴보기로 한다.9)

1) 태동과 출생기: 교회 창립의 구성요소들(비전, 신앙, 목표)

태동과 출생기는 교회 창립에 필요한 구성요소들을 정립하고 정리하여 명확히 하는 시기이다. 이 단계에서는 얼마나 많은 수의 사람이 함께 하느냐보다 어떠한 사람(신앙적으로 꿈을 함께 꾸는 사람)이 함께 하느냐가 가장 중요하다.

태동과 출생기와 관련된 첫 번째 요소는 '비전잉태'(dreaming)이다. 교회의 태동과 창립은 잘 정리되고 여럿이 함께 소유한 비전이 필수적 요소로 작용한다. 교회지도자는 구체적이고 누구나 쉽게 알 수 있고 공감하는 비전을 제시하고 전달할 수 있어야 한다. 이때 목회자는 주요 구성원들과 함께 사명선언문(vision statement), 가치선언(value statement), 표어(slogan) 등을 함께 작성함으로써 비전수립을 좀 더 용이하게 할 수 있으며, 동시에 구성원들이 비전을 좀 더 공고하게 공유하도록 할 필요가 있다.

비전은 초기 교회구성원들이 꿈꾸는 교회상(敎會像), 즉 신앙적 이상과 가치에 대한 열망을 담고 있어야 한다.10) 교회의 태동과 창립을 위한 비전 만들기에 도움이 되는 질문들은 다음과 같다: i) 우리는 어떤 그리스도인을 이상적인 그리스도인이라고 생각하는가? ii) 우리 교회는 또 하나의 교회가 아니라 왜, 이 지역, 이 시기에 세워져야 하는가? iii) 우리가 꿈꾸는 이상적인 그리스도인을 만들기 위해 어떤 프로그램을 계발해야만 하는가? iv) 이와 같은 프로그램을 만들기 위해서 어떤 사역팀이 필요한가? v) 이와 같은 사역팀을 만들기 위해 나는 어떤 지도자가 되어야 하는가? vi) 내가 꿈꾸는 지도자가 되기 위해 가정, 동료, 친구 등으로부터 어떠

---

9) 교회와 관련한 조직의 생애주기에 대한 자세한 설명은 Dale, *Pastoral Leadership*, 81-92; Philip Kotler and Alan Andreasen, *Strategic Marketing for Nonprofit Organizations* (Englewood Cliffs, NJ: Prentice-Hall, 1987), 396-419; Shawchuck and Heuser, *Leading the Congregation*, 157-63를 참조하시오.
10) Gary Yukl, 「현대조직의 리더십 이론」, 이상욱 역 (서울: 시그마프레스, 2004), 345.

한 도움을 필요로 하는가?

　　태동과 출생기와 관련된 두 번째 요소는 '신앙'(beliefs)이다. 교회는 그 태동에 신학적인 확신과 신앙적인 가치관들을 정리하여 구성원들이 공유하고 있어야 한다. 이러한 신앙이 그 교회의 신앙공동체로서의 통합과 질서 및 예배와 교회정치/행정 행태를 결정하는 기초가 되기 때문에 매우 중요하다. 교회 구성원들은 자기 교회가 가장 우선적으로 추구할 신앙적 특성과 가치를 함께 기도하며 선정하고 다듬어야 한다.

　　태동과 출생기와 관련된 세 번째 요소는 '목표'이다. 목표는 비전을 달성하기 위한 실천적이고 시간 제한적이며 구체적인 특성을 지닌다. 이러한 목표는 정해진 시간표 내에서 이루어져야 할 양적인 것이 될 수도 있고 질적인 것이 될 수도 있다.11) 교회는 두 가지의 목표, 즉 내부적 목표와 외부적 목표를 지니고 있다. 내부적 목표는 운영과 생존을 위한 목표로서 교회교인성장목표, 예산, 건물 등에 대한 목표가 이에 해당된다. 외부적 목표는 사역의 목표라고 할 수 있는 것으로서 교회의 독특한 자기 정체성, 사역방향들, 지역사회에 대한 접근 등을 구체화한 것이다. 현재 자신이 목회하고 있는 교회의 외부적 목표를 가장 쉽게 파악하는 방법은 올해 교회예산, 인력, 관심 등이 어디를 향하고 있는지를 점검해보면 된다.

　　목표계발을 위해 목회지도자가 해야 할 일은 다음과 같다: 1) 목표에 대해 설교하고 가르치고 의논할 기회를 제공하라, 2) 목표에 따른 우선순위를 정하라, 3) 목표를 구체화하라, 4) 목표에 따른 책임을 분담하라, 5) 규칙적으로 점검하라. 끝으로 목회지도자는 교회의 목표에 따른 인력과 재정과 기타 자원의 조직과 은사와 재능과 자원함으로 이루어지는 공식적 조직 그리고 개인적인 필요와 요구에 따라 형성되는 비공식적 조직(만남/관계)이 모두 필요함을 알고 그에 따라 지도력을 발휘

---

11) Ibid., 347.

해야 한다.

2) 성장기: 비전과 신앙과 목표의 지속적 유지와 발전의 필요

교회 초기 구성원들의 열정과 신앙과 자원함으로 교회의 활력과 성장이 이루어지는 시기이다. 교회성장에서는 이 시기가 교회의 성장 잠재력이 발휘되는 시기라고 보며 대략 교회 개척 후 대략 6-10년의 시기가 이에 해당한다.

이 시기에 목회자는 지속적으로 교회의 목표와 비전을 붙잡고 나아가며, 교인들이 서로 신뢰하며 좋은 관계를 유지하도록 돕고, 교인들의 필요와 요구를 파악하고 그것들을 충족시키려고 노력하며, 교인들에게 비전과 목표 달성에 따른 적절한 보상과 격려를 제공한다. 이 시기에는 교회의 새로운 구성원들이 기존의 교회 비전과 신앙과 목표에 동의하고 이를 확장하도록 하는 일이 매우 중요하다. 즉, 새로 가입하게 되는 교인들이 교회의 꿈과 이상을 자신의 것으로 삼는 과정이 핵심과제이다. 교회는 새가족 과정이나 소그룹 모임을 통해 이를 이루어 나가도록 하는 것이 좋으며, 이때 목회자는 가능하면 새가족 과정을 본인이 직접 담당하여 교회의 비전과 신앙과 목표에 대해 명확하게 나누는 것이 좋다.

3) 성숙기: 창립 1세대들의 비전과 목표가 달성되는 시기

교회가 창립된 이후, 시간이 흘러가고 발전됨에 따라 교회 구성원들이 다양해진다. 이 시기는 교회가 창립될 당시의 비전과 목표들이 성취되거나 성취를 눈앞에 두게 되는 시기이다. 그럼으로 인해 성장기의 성공과 성취에 안주하게 될 위험이 있다.12)

교회는 이 시기에 교회 고유의 문화와 행정행태가 자리 잡게 되며, 그렇기에

---

12) Ibid., 249.

사람이 아닌 제도와 규칙에 의한 운영으로 자칫 교회가 경직화되고 관료화될 위험이 있다. 이러한 교회의 경직화는 교회의 내외적 변화에 대한 민감성과 적응력을 떨어뜨리게 만들어 교회의 정체를 가져온다. 이에 더하여 이 시기는 초기 창립 구성원들인 목회자와 주요 평신도 지도자의 교체가 일어남으로써 교회가 자칫 갈등에 노출될 위험이 있으며 창립 정신이나 비전이 약화되어 점점 침체기에 들어서게 된다. 사실 교회갱신의 가장 적절한 시기는 바로 이때이다. 왜냐하면 쇠퇴기로 들어서게 되면 교회는 갱신을 위한 자원과 활력을 상당부분 잃어버리기 때문이다.

4) 쇠태기: "그 때가 좋았는데"로 대표되는 기간

어떤 조직의 쇠퇴기를 가늠할 수 있는 가장 대표적인 특징은 그 조직이 과거의 성공이나 영화를 되씹으며 자주 "왕년에"를 이야기하는 것이다. 이 시기에 교회들이 범하는 두 가지 대표적인 실수는 다음과 같다. 첫째, 자칫 쇠퇴기를 극복하기 위한 방안으로 집권적 경영과 통제를 할 경우 의사소통의 부재와 조직의 경직화를 가속시켜 쇠퇴가 심화될 위험에 빠진다.13) 둘째, 목회지도자는 이 시기에 교회 갱신의 방안으로 교회가 성장기에 사용하여 효과를 보았던 프로그램들을 다시 사용하려는 경향이 있다. 하지만 이러한 시도는 변화의 특성상 성공하기 희박하다. 목회지도자가 조직으로서의 교회가 겪는 생애주기를 파악하여 적절하게 쇠퇴기에 접어들기 전 교회의 갱신의 방안을 마련한다면 교회는 다시금 생애주기를 새롭게 시작하게 된다.

이러한 교회의 생애주기는 개 교회의 내외적 여건과 목회지도자와 주요 평신도 지도자의 교체 과정 등에 따라 달라진다. 하지만 모든 사회 조직들이 이전보다 훨씬 빠른 변화의 여건 가운데 있음을 볼 때, 앞으로의 교회생애주기는 이전 교회

---

13) Ibid., 250.

생애주기보다 좀 더 빠른 진행을 보일 것으로 예상된다. 대체로 교회보다 훨씬 생애주기가 짧은 기업의 경우, 일반적으로 그 생애주기를 30년으로 본다.14) 교회의 갱신과 관련한 자세한 내용은 다음 장에서 좀 더 살펴보기로 한다.

3. 지역사회 상황과 리더십

목회자가 교회사역에서 리더십을 발휘할 때 고려해야 하는 요소는 이미 언급한 교회규모와 교회생애주기 외에 지역사회의 상황이다. 이것은 교회를 둘러싸고 있는 문화와 지역사회의 급격한 구조적 변화, 예를 들면, 탈종교화, 핵가족화, 도시화, 생활양식의 변화 그리고 개발로 인한 지역사회의 특성 변화 등이다.

목회가 세상 가운데서 이루어지는 하나님의 왕국을 세우고 확장해가는 일이라면, 세상을 대표하는 오늘날의 문화에 대한 이해는 필수불가결하다. 나아가서 이러한 문화 속에서 진행되는 여러 가지 사회적 변화 역시 목회리더십에서 고려해야 할 사안이다. 사회의 커다란 문화변동의 추세에 대해서는 이 책의 말미에 있는 '리더십과 미래목회'에서 자세하게 언급할 것이므로, 본 장에서는 지역교회와 가장 밀접한 관련이 있는 지역사회의 변화로 그 범위를 한정하여 살펴보도록 한다.

교회를 둘러싼 지역사회의 변화는 교회 구성원의 급격한 변화를 가져오거나, 생활양식의 변화를 가져와 교회 구성원 간의 여러 갈등을 일으키는 원인이 되기도 한다. 또한 교회를 둘러싼 사회구조의 점진적 변화 또한 리더십에 영향을 미친다. 즉, 전체적인 고령화와 농촌사회의 초고령화와 국제결혼으로 인한 다문화로의 변화이다. 나아가서 지역사회에 직접 영향을 미치는 국가적 경제위기 같은 변화 역

---

14) Ibid.

시 목회자의 리더십 실행에 고려해야 할 중요한 요소가 된다. 예를 들면, 지난 1990년대 중반에 발생한 IMF위기 당시의 교회 재정 운용이나 교회 신축, 이전, 증축, 개축 등의 취소나 보류 등을 들 수 있다.

그러면 지역사회의 상황에서 가장 중요한 요소인 지역사회의 문화특성 중 대표적인 몇 가지를 다음에서 살펴보자. 인간에게 있어서 문화는 물고기에게 있어서 물과 같다. 문화는 사람들의 세계관과 인생관 및 생활양식에 직간접적으로 영향을 미친다. 따라서 목회자가 효과적으로 리더십을 발휘하기 위해서는 자신이 섬기는 교회가 어떠한 지역 문화적 특성을 지니고 있는지 알아야 할 필요가 있다. 지역 문화적 특성으로 들 수 있는 요소들은 다음과 같다.15)

1) 지역사회 문화특성 파악

문화는 특정 집단의 특성을 나타내는 사고방식과 생활양식으로 대표되는 이념과 규범, 형식적 비형식적 사회구조로 이루어진다. 이러한 지역사회 문화는 대체로 다음과 같은 범주를 통해 파악할 수 있다.16)

지역주민의 활동성과 관련하여 지역주민들이 활동적인가 아니면 조용한 삶을 즐기는가? 지역 사람들이 가족 중심형인가 아니면 업무나 사회적인 성공지향형인가? 지역주민들이 공동체 의식이 강한가 아니면 개인주의 의식이 강한가? 정치적으로 어떠한 특정 성향이나 정당에 대한 선호가 있는가? 지역주민들은 개발론자들이 많은가 아니면 환경보호론자들이 많은가? 지역적으로 변화를 달가워하지 않고 전통적이고 보수적인 경향이 많은가 아니면 전통보다 변화나 혁신을 추구하자 하는 경향이 많은가? 교회가 속한 지역사회가 종교적으로 기독교에 대하여 열려 있는가 아니면 폐쇄적인가? 지역사회의 인구이동이 많은 편인가 아니면 별로 없는

---

15) Glenn Daman, 「중·소형교회 성공 리더십」, 김기현, 민경식 역 (서울: 대한기독교서회, 2006), 41-8.
16) Ibid., 44-8.

편인가? 인구이동이 많으면 그 요인은 무엇인가? 지역사회가 문화적으로 동질적인가 아니면 다원화되어 있는가? 지역주민들이 주된 경제적 기반이 직장생활인가 아니면 농업이나 어업인가? 직업인의 경우는 전문직이 많은가 아니면 일반 노동자가 많은가? 지역사회 주민들의 학력은 어떠한가? 지역주민들이 하이테크의 영향에 민감한가 그렇지 않은가? 이 밖에 지역사회 문화를 알려주는 지표들로는 지역사회의 주요 축제나 행사의 종류, 모임의 주요 장소, 주요 지역단체 등이 있다.

2) 지역사회 종교특성 이해

지역사회마다 해당 지역사회의 종교적 분포가 다르다. 그리고 각 지역에 따라 기독교의 비율이 다르며 동시에 기독교에 대한 선호도 역시 다르다. 따라서 지역교회는 자신들이 속해 있는 지역사회의 이러한 종교적 특성을 이해해야 한다. 이러한 일반적 종교인구분포는 10년마다 시행되는 국가적인 인구센서스 조사 결과나, 5년마다 시행되는 가족통계조사 등을 지역의 주민센터나 통계청의 자료를 통해 참조하면 도움이 된다.

지역사회의 종교적 성향을 파악하기 위해 다음과 같은 조사가 도움이 된다.[17] 첫째, 지역주민들이 교회에 대해 일반적으로 어떻게 생각하는가? 둘째, 사람들이 교회에 출석하지 않는 이유가 무엇이라고 생각하는가? 셋째, 자신이 만약 교회를 출석한다면 어떤 교회를 출석하고 싶은가? 넷째, 지역주민으로서 교회에 바람이 있다면 어떤 것인가?

3) 지역사회 인구 특성 이해

교회가 속한 지역사회에 대한 기초 통계 조사들은 가까운 지자체나 인터넷 매

---

[17] Rick Warren, 「새들백교회 이야기」, 김현회, 박경범 역 (서울: 디모데, 1996), 216-7.

체에서 쉽게 구할 수 있다. 이 가운데 해당 지역사회의 인구특성 자료는 교회의 현재 계획 수립과 미래의 준비에 필요하다. 이를 바탕으로 목표연령집단을 설정할 수 있고 연령집단의 특성에 알맞은 목양 준비를 효과적으로 할 수 있다. 인구 특성 이해에 필요한 내용들은 다음과 같다: 나이-지역민들의 평균 연령과 각 연령별 인구 분포의 현황, 가족상태-각 가정의 자녀수와 자녀들의 나이 대, 수입수준과 사회적 지위-지역 주민의 평균 수입과 평균적인 사회경제적 지위(하층, 중하층, 중산층, 중상층, 상층 등), 고용과 경제적 기반-지역주민의 고용 상황과 주요 직업, 종교적 배경-특정 종교의 분포 비율, 교회와의 지리적 원근의 정도.18)

이상에서 살펴본 지역사회의 문화적 이해를 바탕으로 목회자는 어떻게 사역의 방향을 설정할 것인가를 다음의 기준을 가지고 정해야 한다.19) 첫째, 어떻게 지역민들에게 복음을 전해야 할 것인가? 둘째, 지역의 관심을 끌 수 있는 동시에 지역사회의 필요를 채워줄 수 있는 프로그램은 어떤 것인가? 셋째, 이제까지 이 지역의 기존 교회가 채워주지 못하는 신앙적 필요를 어떻게 충족시킬 것인가?

4) 지역사회의 변동의 요인 이해

이상에서 살펴본 지역사회의 현재 특성 중에는 멀지 않은 시간에 닥쳐올 지역사회의 변화와 변동을 예측할 수 있는 내용들이 있다. 예를 들면, 연령별 인구통계, 지역산업의 특성 등이 그것이다. 하지만 이러한 예측 가능한 변동의 경우도 있지만, 그렇지 않은 변동 역시 발생한다. 대표적인 경우가 국가 주도적인 개발이나 특정지구 지정, 금융위기나 천재지변으로 인한 경제적 사회적 위기 등이 그것이다. 따라서 목회자는 교회와 사회라는 두 세계에 발을 딛고서 깊은 관심을 가지고 이 두 세계를 관찰하고 연구해야 효율적인 목회리더십을 발휘할 수 있다.

---

18) Daman, 「중·소형교회 성공 리더십」, 43.
19) Ibid., 49.

이상에서 살펴본 교회를 둘러싼 여러 가지 상황들은 조직으로서의 교회가 지닌 본질 가운데 하나가 변화임을 보여준다. 교회 규모의 변동에 따라 교회가 변해야 하며, 교회 생애주기에 따라 교회가 변화해야 하고, 교회를 둘러싼 지역사회의 변화에 따라 교회가 변화해야 한다. 이러한 끊임없는 교회의 내외적인 변화는 당연히 교회의 지도자인 목회자들의 리더십의 변화를 요구한다. 특별히 교회가 성장과 확장할 때보다, 교회가 쇠퇴하거나 규모가 줄어들 경우에 목회자에게 거는 리더십의 기대가 크다. 따라서 본 장의 교회를 둘러싼 환경적 변화를 바탕으로 다음 장에서는 이러한 변화에 대응하여 어떻게 교회의 생애주기를 늘리거나 새롭게 하기 위한 목회리더십에 대해 살펴본다.

제9장 목회리더십과 교회적 상황 (II) : 교회갱신과 목회리더십

　세상의 모든 것은 시간의 제약아래 있기에 변화한다. 하나님의 소유인 시간의 제약 아래 있는 것 가운데 변화하지 않는 것이 없다. 조직으로서의 교회 역시 이러한 변화에서 예외일 수 없다.1) 특별히 그 어느 때보다 변화의 속도가 급격하고 그 정도가 광범위한 오늘날 시대에 교회는 어느 때보다 급격한 변화의 소용돌이 속에 있다. 이러한 변화는 조직으로서의 교회에 위협이 되는 동시에 교회가 계속 성장하고 발전할 수 있는 기회가 되기도 한다. 미래목회 패러다임에 관한 저술로 잘 알려진 이성희는 "변화는 곧 생존이다"라고 말하기도 한다.2) 즉, 교회가 안팎의 환경에 적절히 대응하지 못할 경우 쇠퇴하고 소멸하게 되지만, 안팎의 변화에 적절하게 대응할 경우 성장과 발전을 경험하게 되기도 한다. 따라서 오늘날 '변화와 혁신'은 리더십의 핵심요소가 되고 있다.3)

---

1) Aubrey Malphurs, 「침체된 교회 부흥 전략」, 남성수 역 (서울: 아가페, 2000), 56-7.
2) 이성희, 「미래목회 대 예언」 (서울: 규장문화사, 1998), 12.
3) 이학종, 「조직개발론」 (서울: 법문사, 2002), 3.

1. 교회 갱신의 필요성 – 변화와 생존

1) 사회와 기업조직의 변화 [4]

산업혁명 이후로 인류역사는 비약적으로 변화 발전하였다. 이러한 발전은 이전 인간이 1만년 동안 이룩한 발달보다 훨씬 더 큰 진보와 발전이라고 할 수 있다. 특히 인류역사의 발전이 정보와 지식의 전달에 의한 것임을 감안할 때, 20세기 후반의 컴퓨터와 인터넷으로 인한 정보화의 발달은 우리 사회를 기하급수적으로 변화 발전하게 만들고 있다. 이러한 사회 발전에서 예측할 수 있는 변화는 다음과 같다. 첫째, 무엇보다 정보통신의 발달로 인한 정보화의 급격한 발전이 계속될 것이다. 이로 인해 세계적으로 민주화와 인권에 관한 관심이 높아질 것이다. 또한 사이버 세계의 확장과 정보전쟁이 치열해질 것이다. 둘째, 전체적인 가난은 줄어들지만 여전히 국가 내부와 국가 간의 빈부격차는 더욱 커질 것이다. 셋째, 의료복지 수준이 높아질 것이며 평균수명이 길어지고 고령화가 가속화될 것이며 의료비용 역시 증가할 것이다. 넷째, 환경변화와 생태계 보존에 관한 관심이 증가할 것이다. 다섯째, 수자원과 화석자원을 포함한 자원의 부족이 심화될 것이며 이로 인한 대체 에너지, 재생에너지에 대한 개발이 촉진될 것이다. 여섯째, 인간관계의 수평화 평등화가 확장될 것이다. 권위주의와 계층구조가 약화되며 양성평등, 네트워크를 통한 참여적 민주주의가 확대될 것이다. 하지만 여전히 사회 내부적으로는 정보든, 자원이든 소유한 자와 그것을 필요로 하는 자 사이에 계층적 차이는 계속될 것이다.[5]

사회에서도 변화에 가장 영향을 받는 곳은 바로 기업이다. 기업의 생애주기

---

4) 미래사회 전반에 걸친 변화에 관한 더 자세한 내용은 박영숙 외 3인, 「유엔미래보고서 2025」(서울: 교보문고, 2011); LG경제연구원, 「2010 대한민국 트렌드」(서울: 한국경제신문, 2005)를 참조하시오.
5) 박영숙 외 3인, 「유엔미래보고서 2025」, 8-22.

는 다른 사회조직에 비해 짧다. 1965년 우리나라 100대 기업 중 30년이 지나기까지 존속한 기업은 13개에 불과하다. 우리나라 100대 기업의 30년 생존율은 13%, 세계 100대 기업의 30년 생존율은 38%, 미국의 경우는 21%, 일본은 22% 이다.6)

100년 동안 1등을 지켜온 기업도 망하였다. 기업 세계에서 흥망성쇠는 100년된 기업이라도 비켜가지 않는다. 1880년 설립된 코닥은 거의 1세기 동안 경쟁자가 없을 정도로 성공가도를 달렸다. 하지만 디지털 사진기의 등장 이후 매출이 감소하기 시작했다. 만회를 위해 약국 체인점 등에서 디지털 이미지를 인화할 수 있도록 장비사업을 벌이기도 했으나 변화된 소비 행태를 되돌리기엔 역부족이었다. 마침내 코닥은 2011년 1월 법원에 파산보호신청을 했다.

한때 각 분야에서 독보적인 1위 자리를 차지했지만 채 10년도 안 되는 세월 동안 몰락의 길을 걸은 기업들의 예는 이밖에도 많다. 중간 매매상을 배제한 직접 판매로 1990년대 IBM, HP를 위협하며 컴퓨터 업계의 기린아로 불렸던 '델'(Dell)은 요즘 언론에 등장하는 일조차 가물가물할 정도로 영향력이 사라져 가고 있다. 모토로라도 유사한 사례다. 세계 최초의 모바일 전화로 2003년까지만 해도 경쟁자가 없을 정도였지만 스마트폰 시대에 적응을 못해 2011년 구글에 매각되었다. 자바 프로그램 언어로 1990년대 최고의 정보기술(IT) 기업으로 군림했던 썬마이크로시스템즈는 고가 서버 수요가 급감하면서 2010년 초 오라클에 인수됐다.

소니의 추락도 빼놓을 수 없다. 20년 전만 해도 소니의 워크맨은 지금의 아이팟처럼 최고의 인기 아이템이었다. TV, 카메라, 캠코더 등에서 소니를 따라잡을 기업은 없어 보였다. 하지만 소니가 영화, 음악산업으로 영역을 넓히면서 균열이 생기기 시작했다. 정작 본업인 전자제품 분야에서 경쟁력을 상실하기 시작했다. 경

---

6) 「매일경제」, 1998년 8월 14일, 36면, 이학종, 「조직개발론」, 6에서 재인용.

쟁업체들이 하드웨어에서 소프트웨어 중심으로 전환하고, 혁신적인 디자인과 기능을 갖춘 삼성, LG전자의 공세에 최고 혁신 기업이라는 옛 명성을 잃고 말았다.

기업조직 변화의 또 다른 대표적 예는 타자기로 유명한 스미스 코로나의 경우이다. '1906년 세계 최초로 휴대용 타자기 개발, 1957년 전자타자기 개발, 1960년 전자사전 및 개인용 워드프로세서 개발, 1989년 세계 최초로 휴대용 워드프로세서 개발'의 기록은 컴퓨터가 대중화되기 이전 '기록의 역사'에서 중요한 족적을 남긴 스미스 코로나가 이룩한 업적이다. 이 회사는 100년간 세계 제일의 타자기 업체로 군림했고 수많은 '세계 최초'라는 타이틀을 갖고 있었다. 하지만 지금 이 회사의 이름을 기억하는 이는 많지 않다. 1995년 미국 델라웨어 법원에 스미스 코로나가 파산보호 신청을 했다는 마지막 뉴스 이후 이 회사가 만든 타자기는 지금 국내 인터넷 골동품 시장에서 거래되고 있을 뿐이다.[7]

2) 교회의 변화

기업만큼은 아니지만 오늘날 교회 역시 변화의 소용돌이에 휩쓸리고 있다. 특히 신앙적 특성을 지닌 교회에 가장 심각한 영향을 미치는 사회적 추세를 꼽는다면, 바로 개인주의와 경험주의이다. 이 두 가지 요소는 모두 포스트모더니즘의 특징적 요소이다.[8] 개인주의적이고 직접 참여하여 경험하고 싶어 하는 이 세대에 제대로 대응하지 못하고 있는 오늘날 한국에는 교회 출석하지 않는 기독교인이 약 100만 명 가까이 존재한다.[9] 그러면 오늘날의 한국교회가 직면한 변화의 도전은 무엇이며 어떻게 변화를 준비해야 할 것인가? 한국교회가 직면하고 있는 변화는

---

7) "100년간 1등' 타자기 회사?…이젠 이름도 모른다," 「한국경제인터넷 판」, 2010-10-06 접속.
8) 조성돈, "포스트모던 시대의 리더십," 「월간목회」, 2013년 5월호 (145-9), 6월호 (145-9)를 참조하시오.
9) 이들 교회에 출석하지 않는 교인들을 '안나가'를 거꾸로 읽어 '가나안'이라 칭하고 있다. 이에 관한 더 자세한 내용은 「크리스찬투데이」, 2013년 4월 25일 인터넷판, 2013년 4월 27일 접속; 정숙희, 「그들은 왜 교회를 떠났을까?」(서울: 홍성사, 2007)을 참조하라.

많이 있지만 요약하면 다음과 같이 다섯 가지로 설명할 수 있다.

첫째, 교회 양극화의 심화이다. 교회의 대형화가 가속되고 소형교회의 교인 감소현상이 심화될 것이다. 즉, 이러한 현상은 한국뿐만 아니라 미국 역시 마찬가지로 겪고 있는 문제이다. 지난 10년 동안(2000-2010) 미국의 대형교회는 2배 이상 증가하였으나, 소형교회는 교인이 감소했고, 이로 인해 교회 전체적으로는 교인 수가 감소했다.10) 대형교회의 시설과 시스템을 이용한 예배와 다양한 프로그램을 통해 개인주의적 경험적 측면을 충족하려는 이 세대에서 이러한 양극화는 더욱 심화될 것으로 보인다.

둘째, 경험적이고 관계적인 프로그램이 더욱 늘어날 것이다. 개인주의에서의 관계적 결핍을 해소할 교회 내의 교육과 훈련을 목적으로 한 소그룹 모임, 가정 사역 그리고 신앙을 현장에서 직접 체험할 기회를 제공하는 선교 사역 등이 교인들의 관심을 끌 것이다.11) 한편 이러한 체험적 경향은 교인들을 교회의 행정과정에 참여하게 만드는 동시에 개인주의적 특성으로 인해 목회자의 탈권위화와 교회 조직의 민주적 절차 및 평신도의 사역을 촉진 확장하게 될 것이다.

셋째, 교단이나 교파의 전통보다 개인의 판단에 따른 교회 선택과 개교회 중심적 태도가 증가할 것이다. 전통과 교리에 대한 충성이 약해지는 세대의 특성상, 교회선택은 교파나 교단에 의해서가 아니라 자신의 판단에 따라 선택하게 된다. 이러한 개인의 판단에 기초한 교회선택은 교회의 의사결정과 체제에도 영향을 미치기 때문에 교회의 중요 결정들이 교단이나 교파의 영향에서 벗어나 독자적인 개교회 중심으로 흐르는 경향이 많아질 것이다.

넷째, 복음적인 교회와 목회자의 설교가 교회 선택에 더욱 중요한 영향을 미

---

10) David A. Roozen, "A Decade of Change in American Congregations 2000-2010," http://faithcommunitiestoday.org/decade-change, 2013년 7월 30일 접속.

11) Ibid.

칠 것이다. 진리의 상대성을 주장하는 포스트모던의 격랑 속에서 신앙의 확실성을 필요로 하는 교인들은 확실한 복음의 진리에 바탕을 둔 복음적 교회를 선호할 것이며, 동시에 그러한 복음적 진리를 명확하게 전달하는 설득력 있는 설교를 교회 선택의 중요한 기준으로 삼을 것이다.12)

다섯째, 인구의 고령화로 인해 자연적 교인감소가 예상되나 이를 충원할 젊은 세대가 부족함으로 인해 장기적으로 교인 수가 줄어들 것이며, 이로 인해 장기적으로 한국교회의 재정적 어려움이 예상되며, 이로 인해 교회재정의 투명성에 관한 관심이 높아지는 동시에 재정관련 갈등이 많아질 것이다. 따라서 교회의 재정 상태에 직접적 영향을 받는 선교나 복지관련 프로그램들의 요구와 교회 자체의 유지와 관련된 비용 등의 증가, 교회 내 프로그램의 선택을 두고 세대 간의 갈등과 어려움이 예상된다.13)

2. 교회 갱신에 필요한 리더십 -
건강하고 생동력 있는 교회를 위한 목회리더십

교회의 내외적 변화는 위기인 동시에 기회이다. 교회가 변화에 적절하게 대응하지 못할 경우 교회는 쇠퇴와 소멸의 몰락과정을 겪게 된다. 그리고 이러한 몰락은 대체로 다음과 같은 다섯 단계를 거치면서 진행된다: 1) 성공으로 인한 자만감의 단계, 2) 비전이나 목표에 따른 엄밀한 검토 없이 더 많은 조직 확장을 꾀하는 단

---

12) 웹(Joe Webb)의 '미국교회 패러다임변화 55가지,' 이성희, 「미래목회 대 예언」 (서울: 규장문화사, 1998), 8-10에서 재인용 요약.
13) http://careynieuwhof.com/2013/06/12-cultural-trends-church-leaders-cant-ignore-but-might/, 2013년 7월 30일 접속; Douglas D. Webster, 「기업을 닮아가는 교회」, 오현미 역 (서울: 기독교문사, 1995)는 오늘날 교회가 이러한 사회조직의 특성을 닮아가는 측면을 비판적으로 설명하고 있다.

계, 3) 방만한 확장에 따른 위험과 위기 가능성을 부인하는 단계, 4) 위기극복을 위해 애쓰는 단계, 5) 유명무실하거나 소멸하는 단계.

하지만 교회가 변화에 적절하게 대응할 경우 교회는 새로운 성장과 성숙을 통해 건강하고 생동력 있는 조직을 거듭나는 경험을 하게 된다. 효과적 리더십은 이러한 과정을 가능하게 하여 조직에 새로운 활력을 주고 변화하는 환경에 적응을 용이하게 만든다. 교회에서 이러한 변화가 일어나야 하는 영역은 세 부분이다. 첫째, 교회 구조의 변화, 둘째, 교회 구성원들의 행동변화, 셋째, 교회가 사용하고 있는 여러 가지 기법이나 기술의 영역의 변화가 그것이다. 따라서 목회지도자는 바로 이 세 가지 영역, 즉 구조와 행동과 기술(technology) 영역에서의 변화를 통해 교회의 변화를 이루어나가야 한다.[14]

앞서 살펴본 목회사회학 연구소가 조사 발표한 '소속 없는 신앙인 조사 결과보고서'에 따르면 약 100만 명의 교회를 떠난 신앙인들 가운데 교회 출석의지를 밝힌 사람이 67% 가까이 되며, 교회 재출석시 올바른 리더십이 있는 건강하고 생동력 있는 교회에 출석하고 싶다는 입장이 절반이 넘는 52.2%에 달하고 있음을 볼 때 교회가 변화해야 할 방향으로서 건강하고 생동력 있는 교회는 매우 중요하다.[15]

1) 건강하고 생동력 있는 교회의 특징

변화에 대응하고 변화를 사용하여 교회를 혁신시키는 목적은 바로 교회를 건강하게 하는 동시에 생동력을 유지하게 하기 위한 것이다. 생동력 있는 교회가 지니는 공통적인 특징은 다음과 같다. 첫째, 모든 사람들이 의미 있는 사역에 참여하도록 격려하고 돕는 교회이다. 이러한 과정을 통해 교회내의 직분이나 지위가 사역의 전부가 아님을 깨닫고 자신의 은사에 따라 의미 있는 분야에서 섬기는 교회이

---

14) 박영배, 「현대조직관리」, 478-10.
15) 「크리스챤투데이」, 2013년 4월 25일 인터넷판, 2013년 4월 27일 접속.

다. 둘째, 다양한 예배를 통해 교회의 각 구성원들의 영적인 필요와 선호도를 채우려는 교회이다. 셋째, 사역에서 지도력의 중요성과 평신도 사역의 중요성에 중점을 두는 교회이다. 넷째, 탁월하고도 현실감 있게 교회의 사역과 예배를 끊임없이 변화, 혁신시키려고 노력하는 교회이다. 다섯째, 교인간의 상호관계를 시대에 뒤떨어진 구조나 관료적인 체제 안에만 국한시키려는 유혹을 물리치는 교회이다.

2) 교회갱신에 필요한 리더십 요소

교회의 생애주기의 갱신을 통해 교회를 생동력 있게 만드는데 요구되는 목회지도자가 지녀야 할 리더십의 요소는 '예측'과 '혁신'과 '탁월성'이다.16) 즉, 섬기는 교회의 구조와 행동과 기술(technology) 영역에서 예측, 혁신, 탁월성의 추구가 필요하며, 이러한 요소는 노력으로 갖출 수 있는 능력이다.

(1) 예측능력

예측 능력이란 사회나 조직, 기관들에 속한 사람들의 새로운 관심, 추세 그리고 기회 등과 같은 징조나 신호들을 읽을 수 있는 능력 또는 미래를 읽을 수 있는 능력이라고 할 수 있다. 목회자가 성령 하나님의 인도하심에 대한 깊은 깨달음으로 교인들의 영적 관심, 추세, 경향 등을 파악할 수 있는 능력이 이에 속한다.

예측능력의 개발과 향상을 위해 목회자는 다음의 사항이 필요하다. 첫째, 목회지도자는 하나님께서 인도하시는 방향을 볼 수 있어야 한다. 목회리더십의 핵심은 자신이 섬기는 교회를 향한 하나님의 뜻을 이루는 일이다. 따라서 목회자는 무엇보다 하나님의 인도하심에 대한 분별력과 깨달음이 있어야 한다. 즉, 속도보다는 방향이 제대로 되어야 한다는 것이다. 따라서 목회자는 자신에게 적합한 방식

---

16) 생애주기의 갱신을 위한 이 세 요소에 대한 자세한 설명은 Shawchuck and Heuser, *Leading the Congregation*, 165-81를 참조하시오.

을 통한 깊이 있는 영성의 계발이 필요하다. 이때 다음의 질문이 도움이 된다: 자신이 누구이며 어디에 와 있으며, 하나님은 오늘날 나의 어디에 나의 무엇인가?

둘째, 목회지도자는 교회의 의사결정과정에 영적분별력을 발휘할 수 있는 능력이 있어야 한다. 이를 위해 목회지도자는 교인들로 하여금 하나님의 인도하심에 대한 분별력을 갖도록 해야 하며, 다음과 같은 기본적인 원칙 두 가지를 명심해야 한다. i) 만약 당면한 현안이 교회의 현재와 미래에 중차대한 것일 경우, 투표하는 방식을 피하는 것이 좋다. 투표하기보다 하나님의 음성을 확실히 듣기 위해 기도하고 잠잠히 기다리라. 투표의 결과는 항상 결과에 대해 불만족하는 사람이 있기 마련이다. ii) 사역에서 문제가 발견될 경우, 그 즉시 해결책을 강구하거나 의논하기보다 시간과 여유를 두라. 이는 기도할 시간을 얻고 실수를 줄이기 위함이다. 문제가 발견되거나 생긴 장소에서 즉시 해결하지 않는 것은 자칫 졸속으로 인한 실수의 위험을 줄이는 동시에 감정적인 결과로 인한 더 큰 어려움을 방지할 수 있게 한다. 따라서 시간과 장소를 달리해 문제의 해결책을 강구하고 의논하는 것이 좋다. 짧게는 10분 정도의 쉬는 시간을 가지거나 좀 더 신중해야 할 경우, 서로 간에 혹은 다른 사람과도 그 문제나 안건을 서로 말하지 않은 채 보름이나 한 달 정도의 기도시간을 갖는 것도 좋은 시도이다. 이 기간 동안, 목회자는 해당 의사결정과정에 참여하는 교인들에게 매일의 기도방향과 묵상에 필요한 성경구절, 일기쓰기 등의 하나님의 음성을 듣는 방법을 제시해주는 것이 필요하다. 그런 후에 결정을 하는 것이 좋다.

셋째, 목회지도자는 예측능력의 향상과 교회의 상황에 대한 구체적 적용을 위해 미래에 대한 관심을 가지고 이것을 연구를 해야 한다. 연구내용은 첫째, 인구통계적인 조사 결과 설명, 대표적인 사회문화적 변화 추세에 대한 자료, 다음 세대에 대한 연구 등이다. 이러한 연구에서 가장 중요한 것은 10-20년 정도의 예측연구 자료이다. 하지만 오늘날의 급격한 변화와 변동의 추세를 감안하면 목회자는 또한

3-5년 정도의 단기 예측 자료 또한 관심을 가지고 연구할 필요가 있다.

(2) 혁신능력

혁신이란 현재 자신이 지니고 있는 것을 더 낫게 만드는 것, 기존의 자원과 프로그램, 구조 등으로부터 새로운 것을 만들어내는 것을 말한다. 혁신이란 미래의 더 나은 장래를 위해 과거의 성공을 포기하는 것이며 죽음이 있어야 부활이 있듯이 현실의 성공을 잊어버려야 혁신이 용이하다. 목회자들이 종종 범하는 실수 중의 하나는 이전 교회의 성장기에서 효과를 봤던 방법이나 프로그램을 잊지 못하고 위기 상황이나 필요한 경우 무의식적으로 과거의 방법이나 프로그램을 재탕하여 사용하려는 태도이다. 하지만 대부분의 경우 이러한 시도는 그 효과를 기대하기 어렵다. 왜냐하면 처음 그것을 사용하였을 때와 지금은 사람과 환경과 문화가 바뀌었기 때문이다. 목회자의 혁신능력을 향상을 위한 방안은 다음과 같다:

i) 혁신의 바탕이나 기초들을 파악할 수 있어야 한다. 이에는 첫째, 목회지도자 자신이 예측하지 못한 것들, 즉 예측 못한 성공, 실패, 예외적인 일, 둘째, 계획과 프로그램이 현실에서 진행되는 방향과 그 일이 본래 또는 반드시 진행되어야 될 방향과의 차이, 셋째, 사회나 그 지역사람들도 미처 예측하지 못한 변화, 즉 대대적인 감원, 부동산 경기상승 등, 넷째, 지역사회의 인구통계적 변화, 의식구조나 지역사회 구성원의 변화, 지역사회의 분위기 등의 변화를 인지할 필요가 있다.

ii) 지도자는 교회의 프로그램이나 구조의 회생이 아닌 혁신에 관심을 가져야 한다. 이를 위해 첫째, 몇 번에 걸친 노력에도 기존의 프로그램이나 구조나 제도가 회생이 안 될 경우 목회지도자는 그것을 과감하고 명예롭게 그만두도록 해야 한다. 그리고 폐기되는 프로그램이나 제도와 관련된 인적, 시설적 자원들을 적극적으로 재교육하고 재구성하여 재배치해야 한다. 즉, 현실의 부정적 결과를 수용하는 자세가 필요하며 이때가 가장 목회리더십이 필요할 때이다. 예를 들면, 시골, 탄광촌

교회의 어린이 청소년 프로그램이나 교회의 통폐합 문제를 들 수 있다.

　　iii) 새로운 아이디어나 프로그램에 대한 민감성을 지녀야 한다. 목회자는 교인들에게 새로운 사역개발을 적극적으로 권유하고, 적어도 일정기간 짧은 시간 내에 세 번 이상 각기 다른 사람으로부터 비슷한 이야기를 들을 경우, 목회자는 그 사람들을 모아서 함께 그 아이디어에 대해 생각을 나누어 보도록 한다. 그런 후 목회자는 그 타당성을 면밀히 검토한 후 위원회나 연구할 수 있는 기관에 이를 심의해 보도록 권고한다. 교회 내의 자체 건의함이나 사역개발팀, 정기적 사역필요 조사가 도움이 된다.

(3) 탁월성

　　탁월성이란 가장 최상의 것을 최적기에 효과적인 방법으로 해내는 것이라고 하겠다. 탁월성에서 가장 목회지도자에게 필요한 능력은 우선순위의 파악이다. 또한 탁월성은 사역을 내일처럼 하는 자세에서 나온다. 성서에 나타난 황금률 "누구든지 대접을 받고자 하는대로 남을 대접하라"(마 7:12)가 그 원리이다. 탁월성의 향상을 위한 방안은 다음과 같다: 1) 지도자는 일에 익숙해지는 위험을 조심해야 한다. 변화를 두려워하기 때문에 탁월성을 위해 애쓰는 것을 피하거나 너무 일이 익숙하기 때문에 탁월성에 대한 욕구가 없는 경우가 많다. 장기목회에서 오는 많은 문제가 이에 관련되어 있다. 2) 탁월성을 지닌 목회자는 아무리 사소한 사건이나 만남도 귀중하게 여기는 자세를 지닌다(골 3:23, "무슨 일을 하든지, 사람에게 하듯이 하지 말고 주님께 하듯이 진심으로 하십시오"). 3) 목회자의 탁월성은 교회의 탁월성의 모본을 가져온다. 관계를 통한 성장은 보고 배움으로 가장 많이 성장한다(마 11:29-30, "너희는 내게 와서 배우라. 내 멍에는 쉽고 내 짐은 가벼움이니라"). 4) 탁월성을 추구하는 목회자는 계속적인 자기계발에 관심을 가지고 노력하는 사람이며 동시에 다른 사람의 제안이나 말에 귀를 기울이는 사람이다.

3. 리더십의 실행을 통한 교회갱신 방안

1) 교회갱신을 위한 목회리더십의 방향

교회갱신을 막는 문제들 중 한 가지는 교회가 너무 근시안적이어서 교회전체의 상호체계적인 요소들을 보지 못하고 목전에 필요한 한 가지 요소에만 집착한다는 사실이다. 따라서 교회의 갱신에는 필수요소 간의 균형이 요구된다. 균형이 필요한 필수 요소는 비전, 조직, 관계, 영성의 네 가지이다. 첫째, 목회자와 교인들이 교회가 존재하는 목적과 이유, 즉 교회의 비전을 분명히 알아야 한다. 이때 사역의 목표는 간명하면서도, 현실적이어야 하며, 수직적 수평적 영적 균형이 포함되어야 한다. 교회 안건토의의 80%가 재정과 관련된 것이다. 따라서 교회의 주된 토의 주제가 재정분야가 아닌 교회 본연의 목표/목적에 집중하는 교회가 되어야 한다. 둘째, 교회조직의 권한과 의무, 한계 등이 명확하게 규정되어야 하며, 교회의 사역 목표에 알맞게 조직이 짜져야 한다. 그리고 반드시 공식 비공식 피드백 체계가 있어야 한다. 셋째, 관계적 요소에서 성도 상호간의 영적 성장과 자기 가치의 실현 등을 구현할 수 있도록 질적인 관계증진에 관심 기울여야 한다. 넷째, 교회의 사역 방향과 성장을 나타내는 영적인 요소이다. 교회갱신을 위한 목회리더십은 이러한 네 가지 영역을 균형있게 갖추어야 한다.

2) 교회갱신의 출발점과 과정

(1) 교회 갱신의 출발점 – 자신과 하나님과 환경을 제대로 보는 영적자세

지도자의 변화 없이는 교회의 변화는 불가능하다(욜 2:28-29). 교회 갱신 역시 두말할 필요 없이 효율적 목회 리더십에서 시작된다.17) 목회리더십 가운데서 특별히 목회자의 비전의 재정립에서 교회갱신은 시작된다. 교회의 변화는 조직의 본질

상 교회 전체에 긴장을 가져오기 때문에 교회의 최고지도자인 목회자의 변화와 지원이 반드시 필요하다. 동시에 일반 성도들은 지도자인 목회자를 모방하려는 경향이 있기 때문에 교회갱신을 위해서는 무엇보다도 목회지도자가 자신의 목회비전을 새롭게 하는 일이 필요하다.18)

목회지도자의 비전의 재정립은 올바른 목회리더십으로의 변화를 위한 첫 걸음이다. 교회 갱신에 있어서 프로그램, 일, 훈련 그리고 다른 조직 분석이나 환경의 변화 등은 부차적인 요소이다. 교회갱신에서 무엇보다 필요한 일은 지도자의 자기 혁신이다. 이러한 지도자의 자기혁신의 출발점은 목회지도자가 자신을 제대로 파악하고 하나님을 제대로 깨달아 아는 것이라고 할 수 있다. 하나님의 종으로서 목회자 자신이 현재 어디에 있는가를 아는 것은 새로운 출발을 위한 중요한 현실 인식이다. 그리고 이러한 참된 자기이해의 기초는 하나님을 제대로 아는 것이다. 그리고 이를 바탕으로 비로소 상황을 제대로 파악하는 일이 필요하다.

지도자가 자신을 파악하는 것과 하나님을 깨달아 아는 이 두 가지는 모두 영적인 영역에 속하는 일이다. 왜냐하면 근본적으로 인간으로서의 지도자 그리고 그 지도자를 부르시고 사용하시는 하나님, 이 모두가 영적존재이기 때문이다. 지도자로서 비전을 새롭게 하기 위해 세 가지 영역에서 새로운 시각이 필요하다. 하나님, 목회지도자로서의 자신 그리고 이 둘 모두에게 영향을 주고받는 상황이 그것이다.

---

17) Robert D. Dale, To Dream Again: How to help Your Church Come Alive (Nashville, TN: Broadman, 1981); Dale, Pastoral Leadership, 104-15; Shawchuck and Heuser, Leading the Congregation, 69-76; Gangel, Feeding and Leading, 84-99 참조하시오.
18) 박영배, 「현대조직행동관리」, 485.

i) 하나님에 대한 새로운 시각/깨달음/만남

사역과 사명에 대한 새로움은 하나님과의 진정한 만남에서 시작된다.[19] 창세기 3장에서 모세는 광야에서 하나님을 만나게 된다. 그 만남에서 모세는 상대를 모르지만 자신의 이름까지도 아는 존재와 만나게 된다(4절). 나는 상대를 모르나 상대는 나를 아는 이러한 상황은 모세로 하여금 이전까지 경험하지 못했던 신비함에 압도당함과 함께 상대적으로 취약한 상황에 처하게 된다. 그리고 이러한 취약함을 통해 하나님을 만나는데 필요한 낮아짐과 의뢰함을 가지게 된다.

하나님께서는 개인적인 만남을 통해 당신의 비전을 사람과 나누신다(10절). 대부분의 경우 목회자로 하여금 불가능한 꿈, 아니 꿈조차 꾸지 못했던 비전을 품게 만드는 원동력은 하나님의 사람이 하나님의 비전을 소유하게 되면서 시작된다. 교회갱신의 비전은 자신의 내부로부터 오는 것이 아니라 외부, 즉 하나님의 영에 의해서 인도되어서 우리에게 주어지는 비전이다.[20] 따라서 교회갱신은 인간의 필요에 의해서가 아니라(not humanistic), 하나님의 영으로부터 시작되는(but divine) 일이다. 이는 교회갱신의 출발부터 겸손히 하나님께 의뢰하며 그 결과까지도 하나님께 돌리려는 하나님의 주되심과, 교회갱신이 하나님을 위한 일임을 잊지 않고자 하는 영적 자세이다. '불가능'(impossible)을 '가능하게'(I'm possible) 만드는 일은 그 일의 시작부터 끝까지 '나의 존재'(I'm → I am)를 떼어낼 때 이루어진다.

ii) 자신에 대한 새로운 시각

출애굽기 3장 11절 이하에서 하나님을 대면한 모세는 자신에 대한 새로운 이해에 직면한다. "제가 누구관대?", "무슨 말을 할까요?", "저를 믿지 않을 텐데

---

19) 출 3장의 모세의 부르심 부분을 참조.
20) Ibid.

요", "말주변이 없습니다", "제발 다른 사람을 보내세요." 이밖에도 성경은 하나님을 만난 하나님의 일꾼들이 지니는 공통된 반응이 이와 같이 자신의 부족함과 부적합을 고백하는 것임을 보여준다. 사사기 6장 11절 이하의 기드온의 반응, 열왕기상 19장 3절 이하의 엘리야의 두려움, 누가복음 5장 8절의 베드로의 "저는 죄인이로소이다"라는 고백, 누가복음 1장 12절 이하의 침례 요한의 아버지 사가랴 제사장의 반응 등이 그것이다. 하나님의 부르심을 경험한 사람들이 지니는 공통된 반응은 하나님의 능력의 의심이 아니라 너무 좋은 일이나 자신을 통해서는 할 수 없다는 자각에서 오는 반응이 자기부정으로 나타나는 것이다. 지도자가 실패하는 가장 위험한 눈에 보이는 징조는 '내가'('I')라는 단어로 사역의 결과를 평가할 때부터이다. 비전과 사명의 성취도 중요하나 그것들이 질그릇 같은 우리에게 영광스럽게 주어졌음을 감사하고 그것의 성취여부에 상관없이 믿음으로 살아가는 사명자의 자세가 필요하다(히 11:13-16).

iii) 환경을 보는 새로운 시각

기드온의 경우에서 잘 알 수 있듯이 비전만 받는다고 모든 것이 한꺼번에 변하거나 해결되지는 않는다. 출애굽한 이스라엘의 가데스 바네아에서의 열두 정탐꾼의 예는 사역자의 환경을 보는 자세가 얼마나 중요한가를 보여준다(민 13장). "무릇 그 마음의 생각이 어떠하면 그의 사람됨도 그러하니"(잠 23:7)라는 말씀에서 알 수 있듯이 그 사람의 마음의 생각이 그 사람의 됨됨이를 결정한다. 따라서 자신과 하나님에 대한 새로운 시각을 바탕으로 이제까지 자신의 교회와 사역을 둘러싸고 있는 환경적 요소들을 새롭게 평가하고 볼 수 있어야 한다.

(2) 교회갱신을 위한 리더십 실행 단계

교회갱신의 변화를 구체적으로 실현하기 위한 단계별 방안은 다음과 같다.[21]

i) 1단계 – 갱신의 동기부여 단계

(i) 변화와 갱신에 대한 저항

이 단계는 변화의 준비성을 조성하는 동시에 변화에 대한 저항을 극복하는 단계이다. 먼저 목회자는 현실의 문제점 지적과 불만을 적시함으로써 위기감을 조성하여 새로운 변화가 필요함을 느끼게 하도록 해야 한다. 이때 현실에 대한 불만과 함께 교회의 변화에 대한 긍정적 기대감을 함께 지니도록 함으로써 의욕을 고취시킨다. 이때 위기감을 증대시키는 방안으로는 다음과 같은 것들이 있다: a) 극단적인 초긴축 운영을 한다, b) 교회의 현재 문제를 노출한다, c) 교회 내부의 현재 상황진단팀을 만들고 교인들의 의견을 받는다.[22]

변화의 동기유발 단계에서 가장 중요하게 다루어야 할 문제는 변화에 대한 저항/반대를 극복하는 것이다. 사실 대부분의 조직은 조직의 '항상성'(homeostasis)의 특성상 변화를 싫어한다. 그렇기에 변화가 필요한 시점에서도 변화를 위한 혁신을 시도하지 않거나 적절한 시기를 놓침으로 교회가 갱신을 시작할 수 없게 한다. 교회에서의 이러한 변화를 방해하는 대표적 요인들은 다음과 같다.[23]

변화를 방해하는 첫째 요인은 무엇보다도 안일감이다. 이러한 안일감의 원천은 과거의 성공적 관행, 실제위기를 실감하지 못함, 집단이기주의로 인한 '남의 탓', 희생회피적 태도, 현실을 반영하지 못하는 교세나 재정의 지표들, 패쇄적이고도 권위주

---

21) 이 단계에 대한 자세한 설명은 이상욱, 「현대조직의 리더십 적용」, 408-10; Kotter, 「변화의 리더십」, 121-41를 참조하시오.
22) 이학종, 「조직개발론」, 213-4.
23) 이학종, 「조직개발론」, 72-4, 210-2; Yukl, 「현대조직의 리더십 이론」, 330-2; Kotter, 「변화의 리더십」, 59-66.

적인 교회문화로 인한 피드백의 결핍이나 왜곡된 피드백, 교회의 비전 부재 등이다.

둘째, 안일감과 함께 변화를 방해하는 또 하나의 요소는 목회지도자에 대한 신뢰의 부족이다. 목회자에 대한 신뢰 없이는 갱신의 추진은 불가능하다. 셋째, 현재 교회상황에 대한 상이한 이해이다. 상황을 다르게 해석함으로 변화와 갱신의 필요성을 느끼지 못하는 경우가 이에 해당한다. 넷째, 변화의 가능성에 대한 회의와 실패에 대한 두려움이 변화를 주저하게 한다. 다섯째, 변화에 따른 자신들의 이해관계(지위나 영향력) 감소의 염려이다. 교회의 변화로 인해 자신들의 지위나 영향력이 감소하는 경우를 예상할 경우 교회의 주요 지도자들은 변화를 반대 내지는 방해한다. 여섯째, 교회 본연의 가치와 이상에 대한 위협 인지의 정도 차이가 갱신에 대한 이견이나 반대를 불러온다. 일곱째, 비용에 대한 염려 등이 그것이다.

(ii) 변화와 갱신에 대한 저항의 극복 방안

변화에 대한 저항을 극복하기 위해서 공감과 지원을 통해 교인들이 변화를 어떻게 경험하고 있는지를 이해하고, 소그룹 모임을 통한 교육과 의사소통을 통해 변화의 내용과 이유를 충분히 설명하도록 해야 한다. 가능하면 변화과정의 프로그램에 직접 참여시켜서 직접 경험함으로 변화를 수용하도록 하는 방안이 좋다.[24]

ii) 2단계 - 강력한 갱신추진/갱신지원 세력을 구축한다.

갱신의 구체적 방안 모색의 두 번째 단계에서는 갱신과 변화 노력을 이끌기에 충분한 힘을 가진 집단을 구성하는 일이다. 갱신주도지원 세력 또는 반대 세력을 파악하고, 갱신을 지원하는 평신도 지도자를 핵심 지위에 배치하며, 만약 핵심지위의 변동이 어려울 경우 핵심 지도자의 설득이 필요하다.[25]

---

24) 구체적인 변화에 저항하는 경우와 접근방법에 관해서는 Kotter, 「변화의 리더십」, 77의 표에 나타난 설명을 참조하시오.
25) Yukl, 「현대조직의 리더십 이론」, 351.

교회에서 변화를 위한 시도는 기존 교회 내 기존 세력 간의 균형을 위협한다. 변화에 의해 세력이 위협받는 쪽은 변화에 저항하고 방어적이 될 것이다. 반면 변화를 통해 세력을 확장하는 쪽은 변화의 필요성을 정당화하고 변화를 강력하게 추진하려고 할 것이다. 따라서 목회지도자는 이 단계에서 변화에 직접 영향을 받는 개인과 집단을 파악하여 특정 이해관계 개인이나 집단이 변화를 방해할 가능성을 최소화하고 당사자를 설득해 지원을 하도록 해야 한다.26)

동시에 갱신주도세력을 형성해야 한다. 이러한 주도세력은 다음과 같은 특징을 지녀야 한다. 첫째, 교회 내에서 지위적으로 영향력을 행사하는 사람이 포함되어야 한다. 둘째, 현재 위기와 관련된 전문지식과 능력이 있어야 한다. 셋째, 신뢰받는 사람이어야 한다. 넷째, 사람들로부터 인정받는 리더여야 한다. 다섯째, 협동정신(team work)을 지닌 사람이어야 한다.27)

iii) 3단계 - 비전 심기와 나눔

갱신의 세 번째 단계는 참여의 활성화를 위한 바라는 미래상태, 즉 비전을 제시하고 나누는 것이다. 지도자는 변화를 촉진하기 위해 변화의 목적과 이유, 변화를 통해 도달하게 될 바람직한 미래를 제시해야 한다. 이것이 바로 비전과 관련된 사항이다.

비전이란 현실성 있고 믿을 만한 미래상이다. 비전은 교회변화의 설계, 실행 및 평가와 관련해 사람들에게 설득력 있는 내용을 제시하는 동시에 변화가 필요한 이유와 아울러 변화를 위한 노력을 기울일 만한 가치가 있는지에 대해 공동의 목표와 이유를 제공하는 기능을 한다.28) 따라서 비전설정에 있어서 목회자는 교인들이

---

26) 이상욱, 「현대조직의 리더십 적용」, 409.
27) John P. Kotter, *Leading Change* (New York: Harvard Business School Press, 1996), 57
28) 이상욱, 「현대조직의 리더십 적용」, 409.

교회에 대해 지닌 필요, 포부 그리고 꿈 등의 공통분모를 파악해야 한다. 그리고 이렇게 파악된 비전을 분명하고 구체적이며 긍정적인 말로 표현해야 한다. 비전수립 시에 주의해야 할 지침은 다음과 같다: 1) 주요 이해관계자를 참여시킨다. 2) 넓은 호소력을 지니는 전략목표를 파악한다. 3) 과거 교회에서 중요하게 여겨왔던 가치들과 관련된 요소를 파악한다. 4) 확정 전까지 지속적으로 평가하고 정교화한다.29)

(i) 비전에 따른 교회의 종류

비전과 관련해 교회를 구분해 보면 다음과 같이 세 종류로 나눌 수 있다. 첫째는 '희망사항형의 교회'(Wishing Church)이다. 이는 꿈은 있으나 그것이 백일몽이나 희망사항으로 그치는 것으로 현실에 그냥 주저앉아 있는 교회를 가리킨다. 둘째는 '꿈꾸는 교회'(Dreaming Church)이다. 이는 지도자와 회중들이 비전으로 인해 흥분하고 흥이 나는 교회이다. 하지만, 비전을 현실로 바꾸기 위해 노력이나 자원을 들이지는 않는 교회이다. 다시 말하면, 헌신이 없는 비전만 있는 교회이다. 종종 목회자들이 세미나나 좋은 강습회 등을 다녀온 후 이와 같은 꿈을 이야기하고 회중들에게 꿈을 가지게 한다. 그리고 회중들이 이 비전을 위해 눈물 흘리고 안타까워하기도 한다. 하지만 다시 현실에 주저앉고 나아가지 않는 교회가 이러한 유형이다. 희망사항형의 교회와의 차이점은 희망사항형은 꿈을 쉽게 잊을 수 있고 그것을 잊어버려도 별 어려움을 겪지 않으나, 꿈을 가진 교회는 실현되지 않을 경우 교회가 매우 실망하고 상처를 겪는다. 셋째는 '꿈을 실현하는 교회'(Visionary Church)이다. 이는 하나님의 비전이 성취되는 것을 보람으로 삼고 이를 위해 교회가 헌신할 각오가 되어 있으며 필요한 희생을 치루는 교회이다. 앞의 두 교회가 비전에 대해 말한 것과 달리, 이 교회는 구체적으로 기획하고 참여하여 그것의 실현을 보려고 노력하는 교회이다.

---

29) Yukl, 「현대조직의 리더십 이론」, 349.

(ii) 꿈을 실현하는 교회(Visionary Church)의 조건

a) 영성 있는 교회

꿈을 실현하는 교회가 되기 위해서는 하나님과의 만남을 경험하는 지도자와 교인이 되어야 한다(히 11:8). 다시 말하면, 꿈을 실현하는 교회는 말씀, 기도, 만남들과 사건들을 통해 자신들의 교회가 지향해야 할 공통된 비전을 발견하는 영성 있는 교회이다. 따라서 꿈을 실현하는 교회는 자신들에 대한 분명한 자각과 상황을 잘 파악하면서 하나님께 귀를 기울이는 교회이다. 이를 위해 목회지도자가 해야 할 일은 다음과 같다. 첫째, 교인들을 더욱 깊고 살아있는 영성을 갖게끔 지도하며, 둘째, 교인들에게 하나님의 음성을 듣는 방법을 가르치며, 셋째, 하나님의 음성을 들을 수 있도록 교인들이 내적 고요함을 유지하도록 도우며, 넷째, 사람들의 마음을 분별할 수 있는 분별력을 기르며, 다섯째, 교인 각자가 지닌 비전이 어떻게 교회 전체의 비전 실현과 어떻게 조화되는 지를 볼 수 있게 도와주어야 한다.

b) 회중과 함께 꿈을 심고 나눌 지도자들을 발굴하고 양육하는 교회

전통적으로 목회자가 비전을 제시하고 교인들이 그것을 나누어 실행하는 경우가 많다. 그러나 또 다른 유형은 목회자가 교인들의 개인비전을 개발하는 것을 도와서 그러한 비전들이 교회전체의 비전과 조화를 이루도록 지도하고 가르침으로써 하나님의 꿈을 성취하는 방안도 있다. 이러한 방안에는 두 가지가 있다. 첫째는 은사중심의 방법이다. 이는 개인은사를 중심으로 비슷한 은사를 가진 사람들이 모여 훈련받는 방법이다. 둘째는 사역중심의 방법이다. 이 방법은 교회 내의 특정인이 자신이 특별히 받은 사역의 비전을 몇몇 사람과 나누면서 훈련받고 교육받아 사역하는 방법, 즉 사역을 중심한 양육 소그룹이다.

이 단계에서 목회지도자의 역할은 분명하고 설득력 있게 교회의 비전을 전파하는 지도력의 발휘이다. 이를 위해 목회지도자가 해야 할 일은, 먼저 교인들 중에서 교인들을 향한 목회자의 비전 제시를 지지하며, 솔직하게 전달하고, 나아가서

반응을 제대로 전해줄 사람들을 선택한다. 그리고 선택된 주요 지도자들의 숨은 가능성을 파악하고 그들로 하여금 비전의 구체적인 결과들을 그리게 만든다. 지도자는 이 비전의 성취를 위해 기도하며 이를 가용한 교회와 개인의 매체를 사용하여 적극적으로 알리도록 한다. 무엇보다 목회지도자가 그 비전에 취해야 한다. 비전에 대한 열정과 흥분으로 가득차야 한다. 지도자의 태도는 오직 그 비전을 위해 살뿐만 아니라 그 비전을 위해 죽을 수도 있다는 자세를 보여주어야 한다. 그리고 계속하여 비전이 가져다 줄 성취를 선전하고 확신시켜야 한다.

c) 꿈을 나누는 교회(비전을 공유하는 교회)

지도자와 평신도 지도자들이 일치하여 회중을 움직여 나갈 미래의 가능성을 제시하며 현실의 어려움과 혼돈 가운데서 미래를 결정할 중요한 요소들을 분별할 수 있어야 한다. 이 과정은 하나님의 비전이 지도자의 사역이 되어 교회에서 실현되기 위해서 지도자의 비전이 교회회중 공동의 비전이 되는 과정이다. 하나님의 비전이 회중의 비전으로 심겨져야 한다(잠 29:18, 꿈이 없는 백성은 망한다). 지도자는 하나님의 비전이 교인들의 비전이 되게 하고 교인들이 신앙생활 가운데서 그 비전으로 인해 살맛나고 힘을 나게 만들 책임이 있다. 하나님은 강제가 아니라 여전히 우리의 자발적인 반응과 응답을 원하신다.

(iii) 비전심기와 나눔의 핵심과제

비전의 전파와 공유 과정에서 핵심적인 과제는 지도자와 교인 사이의 신뢰관계와 열린 대화 자세이다. 신뢰형성을 위한 첫 번째 과정은 목회자 자신의 개방이다. 자신의 가치관, 삶의 신조, 열망 등등을 주요 리더십 그룹과 나누는 일이다. 신뢰형성을 위한 두 번째 단계는 상대에 대해 민감성을 지니는 것이다. 즉, 상대의 필요, 소원, 가치관, 인생관 등을 적극적으로 듣고 적절하게 반응하는 태도이다.

이 단계에서 열린 대화가 필요한 이유는 대화를 통해 비전을 전달하는 것이 가장 효과적이며, 이 과정에서 문제점이나 개선할 점들을 서로 말하게 될 때 책임감을 가지는 사람들이 늘어나기 때문이다. 열린 대화 시에 도움이 되는 지침은 다음과 같다. 첫째, 비전의 초점을 흐리게 하는 의견이나 특정집단의 사람들의 의견에 치우치지 않도록 해야 한다. 둘째, 비전 전달에서 사람들이 조그만 성공들을 경험할 수 있는 단기적 목표설정이나 시험적인 프로그램이나 사역(pilot program)이 비전의 공유와 확신에 도움이 된다. 셋째, 현실적인 다른 필요들이 너무 많다고 느낄 때 정작 중요한 비전이 약화될 수 있다. 따라서 우선순위를 고수하는 것이 필요하다. 넷째, 교회 내에서 서로 간의 공동체의식, '우리의식'(we-feeling)이 필요하다. 즉, 서로의 일상적인 삶에 관심을 가지고 돌보며 공감하고 모이며 나누는 일이 도움이 된다.

(iv) 사명/사역선언문의 작성

함께 소유한 회중의 비전을 통해 교인 개개인은 그 비전에 적합한 자신들의 소명과 사역의 헌신의 장을 발견하게 된다. 이때 목회자와 교인들이 혼연일체가 되어 함께 지닌 비전을 실현할 방안이 포함된 사명선언문 또는 사역선언문을 작성하는 일이 비전의 구체적 실행에 도움이 된다. 사명선언문(vision statement)에 포함되어야 할 사항은 첫째, 비전이 왜 필요하고 변화가 왜 필요한지에 대한 설명, 둘째, 주요 그룹들과의 관계 설명, 셋째, 핵심적 가치(value)와 신념에 대한 설명, 넷째, 새로 추구하고 지향하는 성과에 대한 설명, 다섯째, 비전달성을 위한 조직구조와 운영과정의 개혁방향 제시, 여섯째, 새로운 목회운영방안과 목회스타일 및 교인들 간의 바람직한 상호협조와 돌봄의 방향 제시이다.30)

iv) 4단계 – 비전의 실행과정

이 단계는 갱신으로 가기 위해 필요한 구조와 활동계획을 수립하는 단계이다.

---

30) 이학종, 「조직개발론」, 218.

앞서 작성한 사명/사역선언문을 바탕으로 활동계획을 시간계획표와 함께 달성 정도를 시각화하고, 이를 실행하는데 필요한 인적, 재정적, 영적 후원과 참여계획을 마련하고 이를 점검할 체계도 마련한다. 이를 위해 목회자는 변화에 대한 상세한 계획을 작성해 성공적으로 이행하기 위한 활동들을 파악하는 동시에 변화에 동참시켜야 하는 개인과 집단을 파악하고 그들로부터 지원을 확보하기 위한 계획을 수립해야 한다. 따라서 변화를 추진하고 이행과정을 점검하고 실행하기 위한 구체적인 조직이나 팀을 만들 필요가 있다.31)

v) 5단계 - 갱신의 추진력 유지

교회 갱신과 관련해 지원의 제공을 체계화하고 조직화하며, 변화주도자에 대한 정서적, 가시적, 영적 지원체계를 갖추도록 한다. 교회 갱신을 위한 새로운 역량과 방법의 개발을 장려하며 그에 걸맞는 새로운 행동을 다양한 방법을 통해 강화하여 갱신의 체제가 정착되도록 한다.

---

31) 이상욱, 「현대조직의 리더십 적용」, 409.

제10장 목회리더십과 교회적 상황(III) : 작은 교회 목회리더십

앞의 장에서 교회의 규모, 생애주기 그리고 교회를 둘러싼 사회적 상황 등의 교회 상황에 따른 목회리더십과 교회생애주기를 새롭게 구축하는 교회갱신에 대해 살펴보았다. 본 장에서는 목회리더십과 관련된 여러 경우의 목회상황 가운데서 한국 주요 교단에서 가장 많은 비중을 차지하고 있는 작은 교회와 관련한 목회리더십을 살펴보기로 한다.

1. 작은 교회의 특성 이해

1) 작은 교회가 처한 현실

소형교회는 그 자체가 지니는 끈끈한 교제, 손쉬운 환경 적응력, 구성원간의 사소통의 용이성과 활동성 등의 특징을 바탕으로 여러 세기에 걸쳐 복음사역 확장에 중요한 공헌을 해왔다.[1] 하지만 이러한 공헌에도 불구하고 전 세계적인 교회의

---

1) Madsen, The Small Church-Valid, Vital, Victorious, 10.

대형화와 양극화 추세로 인해 오늘날 소형교회는 교회 내외적으로 제대로 인정받지 못하고 있음은 물론이고 건강한 발전을 위한 도움도 부족하여 여러 가지 어려움에 직면하고 있다.

대형교회들은 자신들이 지닌 풍부한 자원들은 사용해 계속적으로 자신들의 교회에 적합한 다양하고 새로운 프로그램을 개발하고 이를 통해 사람들을 모으고 있지만 대부분의 작은 교회들은 자체 생존을 위해 자신들의 얼마 되지 않는 자원들을 우선적으로 쏟아야 하기에, 지역사회의 필요나 변화에 효과적으로 대처할 수 있는 작은 교회에 필요한 알맞은 프로그램이나 목회지침서들을 개발하지 못하거나 가지지 못하는 어려움을 지니고 있다. 나아가서 주요 교단의 교육국이나 주요 기독교 출판사들 역시 대형화를 추구하는 한국교회 전반적인 흐름에 묻혀서 대형 교회와 관련된 자료들을 만들고 소개하는 일에는 많은 부분을 할애하고 있으나 작은 교회를 위한 자료나 관련 서적들을 펴내는 일에는 인색하다.2)

이처럼 작은 교회 목회자들은 작은 교회에 대한 부정적 인식과 함께 더욱 더 상대적 불이익을 경험하고 있으며, 이로 인해 크게는 한국교회와 교단 내에서 작게는 지역 사회에서 큰 교회와 작은 교회 간의 양극화의 문제가 더욱 심각해지고 있으며 나아가 교회 본연의 그리스도의 한 몸됨을 더욱 어렵게 만들고 있다.3) 하지만 작은 교회의 문제는 일부 작은 교회만의 문제는 아니다. 왜냐하면 작은 교회가 한국기독교에서 차지하는 비중이 절반이 넘고 중소형 규모인 300명 미만의 교회들을 다 합칠 경우, 전체 한국교회의 80%가 넘는 교회가 작은 교회이기 때문

---

2) 정일웅, "한국 교회 성장방안 연구," 「한국교회의 갈길과 교회 문화」, 한국교회문제연구소 편 (서울: 여수룬, 1996), 52; Madsen, 10.
3) 정일웅, 52.

이다.4) 각 교단 별로 차이는 있으나 작은 교회가 겪는 어려움과 당면한 과제를 방치할 경우, 한국교회의 감소와 건강성의 저하는 필연적으로 닥쳐올 문제라 할 수 있다.

과반수가 넘는 오늘날 작은 교회들의 미래는 그리 밝지 않다.5)「한국교회 경쟁력 보고서」의 조사에 따르면 총 등록 교인 수 대비 출석교인수를 의미하는 '연평균출석률'을 볼 때 작은 교회가 제일 낮으며 대형교회로 갈수록 출석률이 높아진다.6) 즉, 작은 교회는 등록 교인은 많으나 실제 출석하는 교인은 상대적으로 그 비율이 큰 교회에 비해 떨어진다는 사실이다. 또한 교회의 규모가 작을수록 새신자 등록률이 떨어지며 교회 규모가 커질수록 새신자 등록률이 증가한다는 사실을 보여주고 있다. 즉, 교회 규모와 새신자 등록률의 반비례 현상이 의미하는 바는, 앞으로 작은 교회는 더 작아지고, 큰 교회는 더 커지는 교회 간의 양극화 현상이 더욱 심화될 것임을 보여준다.7) 작은 교회는 계속해서 저성장의 어려움을 겪게 되며 결국 대형교회와 빠르게 성장하는 교회와의 격차는 점점 더 벌어지게 된다는 사실이다. 따라서 작은 교회를 위한 연구와 지원은 한국개신교 전체가 관심을 가지고 해결해야 할 문제이다.

2) 작은 교회의 개념적 정의

어떤 교회가 '작은 교회'인가에 대한 정의는 쉽지 않다. '작은'이란 용어는 상대적이며 동시에 주관적이며 상황적이기 때문이다. 작다는 것은 비교 대상이 존재하며, 개인적인 상황이나 교단적 상황에 따라 '작다'라는 의미는 다르다. 어떤 사

---

4) 교회성장연구소 교회경쟁력연구센터 편,「한국교회 경쟁력 보고서」에 따르면 전체 한국주요 개신교단 교회 중 낮예배출석 성도 수 100명 미만의 교회가 전체 52.3%, 100명 이상 300명 미만 교회가 전체 28.4%를 차지하고 있다고 한다. 침례교의 경우는 100명 미만 교회 비율이 73.3%로 조사대상 교단 11개 중 소형교회 비중이 세 번째로 높은 것으로 나타나고 있다(38쪽).
5) 미국의 경우 역시 전체의 약 60%의 교회가 평균 규모에 미달하는 교회이다. Carl S. Dudley, *Making the Small Church Effective* (Nashville: Abingdon, 1978), 19.
6) Ibid., 43, 45.
7) Ibid., 40-1.

람이나 교단의 입장에서는 작은 교회가 다른 사람이나 교단의 입장에서 볼 때는 작지가 않을 수 있다.

사실 '작은 교회'란 용어는 교회의 평균 규모보다 작은 교회를 의미하지만 신학적으로 적절한 용어는 아니다. 하나님 앞에서 어떠한 교회도 오늘날 일반적으로 말하는 작은 교회가 아니기 때문이다. 성서 어디에서도 '작은 교회'란 용어는 등장하지 않는다. 성서는 오늘날 의미하는 규모로 교회를 평가하고 있지 않다. 오히려 요한계시록 2장과 3장에 걸쳐 등장하는 소아시아의 일곱 교회들 중 오늘날 의미하는 작은 교회들이 하나님께 칭찬받는 교회들이었음을 볼 수 있다. 하지만 논의를 하기 위해 '작은 교회'라는 용어를 사용하기로 하며 동시에 작은 교회에 대한 기준은 다르지만 대체로 여러 학자들의 의견을 종합해 논의를 위해 '작은 교회'를 정의하는 기준을 교회의 '낮 예배 평균 출석 성도 수' 100명 미만의 교회로 하기로 한다.8)

목회리더십의 상황적 접근에 의하면 효과적인 사역을 위해서는 교회 규모에 적합한 리더십이 필요하다. 따라서 목회자는 작은 교회 목회 특성에 적합한 목회리더십을 이해해야 한다. 이러한 작은 교회 목회리더십을 살펴보기에 앞서 먼저, 오늘날 우리 주변에 알게 모르게 깔려 있는 작은 교회에 대한 부정적 견해나 잘못

---

8) 교회 규모를 정하는 데는 다음의 여러 기준이 있다. 교회 규모에 따른 목양적 특성을 파악하고 그 적용을 학문적으로 분류하는데 선구적인 도움을 준 미국 성공회 목회자 Arlin Rothauge는 교회 규모를 '헌신된 일꾼의 수'에 따라 분류하여, 헌신적 일꾼 50명 내외의 '가족형 교회'(the Family Church)를 작은 교회로 정하고 있으며, 미국의 대표적 교회성장 연구가인 Lyle Schaller는 '평균 예배 출석자'를 기준으로 한 교회의 분류에서 예배 출석자 평균 40명 이하의 교회를 최소형, 평균 예배 출석자 수 50-100명의 교회를 소형으로 분류하고 있다. 교회 경영학자 Bruce Jones 역시 소형교회를 목양형 교회 크기 미만, 즉 예배 출석인원 100명 미만의 교회를 작은 교회로 분류하고 있다. 한국의 대표적 교회연구기관 중의 하나인 '한국교회성장연구소'는 작은 교회를 출석교인 '100명 미만의 교회'로 기준을 정하였다. 교회성장연구소 교회경쟁력연구센터 편, 「한국교회 경쟁력 보고서」(서울: 교회성장연구소, 2006); Arlin J. Rothauge, *Sizing Up a Congregation for New Member Ministry* (New York: Seabury Professional Service, 1984), 5, 7-36; Lyle E. Schaller, 「중형교회 컨설팅 보고서」(*Middle-Sized Church*), 임종원 옮김 (서울: 요단, 1999), 4, Bruce W. Jones, 「목회리더십과 경영」(*Ministerial Leadership in a Managerial World*), 164, 주상지 옮김 (서울: 생명의말씀사, 1994), 166에서 재인용.

된 인식과 작은 교회의 특성에 대해 살펴봄으로써 작은 교회 목회리더십에 관한 내용을 시작하기로 한다.

3) 작은 교회에 대한 부정적 통념

독일 출신의 미국 경제학자 슈마허(Ernst Friedrich Schumacher 1911-1977)의 저술로 유명해진 '작은 것이 아름답다'란 말은 '골목상권 보호', '갑과 을의 관계'라는 말에 익숙해진 오늘날을 살아가는 우리에게 설득력 있게 다가오는 개념은 아닌 것 같다. 한 번에 소비자의 질과 양의 만족을 충족시키기 위해 대형마트가 가져다주는 자기위주의 편리함에 길들여진 우리는 교회 역시도 'One Stop Shopping'의 개념으로 접근하고 있는 듯하다. 높은 수준의 예배 퍼포먼스, 잘 갖추어진 교육 시설과 시스템, 수준 높은 인적 자원, 다양한 편의 시설과 프로그램을 가지고 있는 대형 교회는 신앙인들에게는 거부하기 어려운 좋은 기회이다. 이러한 경우, 작은 교회와 대형 교회 사이에서 사람들은 선택의 결정을 내리게 되며 이러한 선택에 영향을 미치는 요인이 앞서 언급한 대형 교회의 장점만이 아니라 작은 교회에 대해 사람들이 가지고 있는 드러나지 않은 일반적인 고정관념 역시 작은 교회를 선택하는 것을 주저하게 만든다. 일반 교인들이 작은 교회에 대하여 가지고 있는 대표적인 통념들은 다음과 같다.

(1) 작은 교회와 큰 교회는 교인 수만 차이가 있지 본질상 그 성격이 같다

가장 목회자들을 힘 빠지게 만들고 무기력하게 만드는 것은 대형교회의 목회자세미나나 교회성장대회 혹은 교사세미나 등을 참석한 후 그 좋은 프로그램, 탁월한 인적 자원, 첨단의 기자재가 우리교회와는 상황이 맞지 않음을 깨닫게 되는 현실이다. 하지만 작은 교회는 크기와 규모가 다른 것보다 훨씬 더 커다란 차이가 있다. 다른 말로 표현하면, 생물학에서 서로 종(種)이 다르듯이 작은 교회와 큰 교

회는 근본적으로 다르다. 마치 민족 간에 문화가 다르면 삶의 방식도 다르듯이 작은 교회는 큰 교회와 문화적으로 이질적인 특성을 지니고 있다.

첫째, 재정적인 특성이 다르다.

작은 교회는 재정적으로 '비공식적'(informal) 특성을 지니는 반면 큰 교회는 '공식적'(formal) 특성을 지닌다. 대부분의 수많은 작은 교회들은 큰 교회의 재정 운용 구조와는 달리 비공식적이며 비교적 덜 체계적이다.9) 큰 교회들은 그 자체의 재정규모에 적합한 수입과 지출 절차의 과정이 있다. 일반적으로 조직의 규모가 커질수록 그 절차들에 걸리는 시간이 필요하므로 시간을 충분히 가지고 재정관련 업무를 진행해야 하며 그 절차 역시 서로 잘 알지 못하는 당사자들끼리 업무상의 관계가 될 경우가 있기에 그 과정은 대체로 공식적이 될 수밖에 없다. 이러한 큰 교회의 재정운용 구조와 달리 작은 교회는 재정운용 체계가 비교적 단순하며 비공식적이다. 작은 교회에서 재정지출이 필요한 경우 결재 선을 밟아서 차례로 결재를 받은 후에 지출하는 경우도 있지만 그렇지 않아도 상황을 서로 잘 알고 있기 때문에 비공식적으로 지출 후 결재를 얻는 경우도 흔히 있다.

둘째, 교회지도자 선정 과정이 다르다.

대형교회는 풍부한 인적 자원으로 말미암아 여러 가지 단계별 훈련과정과 검증과정을 거쳐 충분히 검증된 헌신도와 업적으로 나타난 객관적 능력으로 지도자를 세운다. 따라서 대형교회의 지도자들은 잘 만들어진 일꾼이기에 사역 현장에서 쉽게 그 능력을 발휘하는 경우가 많다. 반면, 소형교회의 경우는 사역의 필요는 많으나 한정된 인적 자원으로 인해 충분한 준비와 검증 과정을 거쳐 지도자로 세우기에는 현실적인 어려움이 많다. 따라서 소형교회의 경우는 '준비된 지도자'가 아닌 '지도자로 세워질' 사람에게 사역을 맡김으로써 지도자를 발굴하고 양육하여 세워

---

9) Lyle E. Schaller, *The Small Church is Different* (Nashville : Abingdon, 1982), 18.

나가는 경우가 많다.

셋째, 행정의 관점이 다르다.

대형교회는 교회행정의 관점이 교회전체의 건강성이나 출석이나 헌금의 통계적 추세에 맞추어져 있다. 즉, 개인 개개인이 아닌 교회전체를 행정대상으로 삼아 통계와 프로그램의 효과성 등을 검증하고 지원한다. 하지만 작은 교회는 그 행정의 주된 관점이 교회 전체나 그룹이 아니라 대면적 관계가 행정의 주된 관점이 된다. 어떠한 결정이나 논의를 할 경우, 규정과 규칙도 중요하지만 규정과 규칙이 적용될 교인 개개인의 상황과 가족적 특성 및 가족같은 교회의 전반적인 관계에 미칠 영향도 행정의 고려 대상이다.

(2) 지도자의 그릇만큼 교회는 자란다

교회를 다니면서 흔히 듣는 말은 '목사만큼 교회는 자란다'는 소리이다. 과연 이 말이 사실일까? 그리고 이 말을 듣고 스스로 만족해하는 목사가 (교회가 크든 작든) 얼마나 있을까? 지도자의 크기가 교회의 성장을 결정한다는 말은 교회 규모에 따라 목회자의 자존감이 달라질 수 있음을 의미한다. 과연 그럴까? 사실 이 말에는 우리가 고려해야 할 다음의 두 가지 내용이 있다.

첫째, 엄밀히 말해 지도자의 역량만큼 교회가 성장한다는 말에 생략된 부분을 고려한다면 이 말은 타당성이 있다고 할 수 있다. 그 생략된 부분은 다름 아닌, "다른 조건들이 다 충족되어 있고, 오직 지도력만이 문제가 될 때"라는 전제 조건이다. 교회가 클 수 있는 다른 조건들이 다 갖추어져 있고 오직 '목회자'의 리더십만이 유일하게 남은 조건일 경우, '지도자의 그릇만큼 교회는 자란다'는 말은 옳을 수 있다. 즉, 이러한 일반적인 말은 다른 조건들이 다 충족되어 있고, 오직 지도력만이 문제가 될 때 해당되는 경우이다.

둘째, 올바른 목양의 방법은 교회의 상황에 지도자가 맞추어야 한다. 이것이 우리 주님의 성육신 정신이며 우선적으로 목회에서 지켜져야 할 원리이다(빌 2:6-7). 고린도전서 9장 22-23절에 나타나 있는 사도바울의 목양적 접근 역시 이와 같다: "약한 자들에게는 내가 약한 자와 같이 된 것은 약한 자들을 얻고자 함이요 여러 사람에게 내가 여러 모양이 된 것은 아무쪼록 몇몇 사람들을 구원코자 함이니 내가 복음을 위하여 모든 것을 행함은 복음에 참예하고자 함이라." 교인의 눈높이에 맞춘 목회자의 사역태도야말로 가장 중요한 목회의 자세이다.

따라서 어떤 의미에서 '지도자의 그릇만큼 교회는 자란다'란 말은 '교회의 그릇만큼 지도자는 자란다'라고 바꾸어 말해도 이해가 된다. 물론 목회자의 그릇만큼 교회가 성장한다는 말이 틀린 말은 아니다. 하지만 교회의 성장은 목회지도자 한 사람에게만 달려 있지는 않다. 어떤 경우, 목회자는 잘 준비가 되어 있지만 교회가 그러한 목회자의 비전과 신학을 지지하지 않는다면 그 교회는 지도자의 그릇만큼이 아니라 교회는 '교회의 그릇만큼'만 자라게 될 것이다.

(3) 작은 교회는 큰 교회보다 약하다

이 생각은 마치 중소기업과 대기업을 비교하는 경우와 마찬가지로 결과적인 절대 생산량으로 보면 옳을 수 있다. 하지만 다음과 같이 조직의 효율성이나 조직 자체의 생명력의 관점에서 볼 때는 해당되지 않는다. 첫째, 조직의 효율성의 측면에서 볼 때 작은 교회가 항상 약하지는 않다. 절대 생산량, 즉 교회로 볼 때, 교회의 연 평균 전도인구, 새가족 등록 인원수, 연간 재정 수입, 연간 교회학교 학생 수 등은 큰 교회가 우세하다. 하지만 효율성이란 측면에서 볼 때는 다를 수 있다. 즉, 들어가는 인적 물적 자원의 양에 비하여 도출되는 결과를 볼 때 과연 작은 교회가 큰 교회보다 산술적으로 약하다고 할 수 있을까? 둘째, 조직을 연구하는 사람들은 조직의 크기가 커질수록, 조직의 내적 결속력의 강도는 약하다고 한다. 즉, '약하다', '강하다'는 말은 교회 조직의 규모와는 별개라는 것이다. 사실 위기나 어려움에 직면할 때, 큰 교회보다는 오히려 작은 교회들이 훨씬 적응력이 뛰어나며 위기 대처능력이나 견디는 힘이 강한 경우가 많다.

이상의 작은 교회에 대한 잘못된 통념들은 작은 교회가 큰 교회와는 본질적으로 다르다는 사실을 인식하지 못하기 때문에 기인한다고 하겠다. 따라서 다음에서는 과연 작은 교회가 본질적으로 다른 점인 작은 교회의 특성을 살펴보기로 한다.

4) 작은 교회의 특성

(1) 작은 교회는 강인하다10)

작은 교회는 내적 외적 충격에 버텨내는 힘이 강하다. 작은 교회가 강인한 이유는 첫째, 작은 교회는 기능적으로 짜진 조직이 아니라 관계적으로 묶여진 조직이기 때문이다. 둘째, 작은 교회는 크기의 특성상 구조적으로 순발력이 뛰어나기에 상대적으로 대형교회보다 위기 대처능력이 높다. 셋째, 작은 교회는 목회자와 성도 전체 간의 교회생애주기를 겪으면서 형성된 공유경험이 많다.

(2) 작은 교회는 교회 역사에 버금가는 평신도 지도자들이 지도력의 중심축을 형성한다

중대형 교회는 일반적으로 목회자가 교회 리더십의 중심축에 있다. 하지만 작은 교회는 교회의 여러 가지 일에 목회자와 평신도 지도자들이 늘 함께 의논하고 결정한 경험을 지니고 있기에 큰 교회보다는 작은 교회가 평신도 지도자들의 영향력이 큰 경우가 많다. 물론 이러한 경우의 예외도 있는데, 바로 개척교회나 독립교회

---

10) 작은 교회 특성과 관련하여 쉘러가 제시하고 있는 20가지 특성은 Schaller, *The Small Church is Different*, 28-40를 참조하라. 작은 교회의 이러한 특성은 쉘러의 견해와 Dudley, *Making the Small Church Effective*, 19-27을 참조하여 한국적 상황에 적합하게 수정하여 요약 제시하였다.

등이 그것이다. 개척교회는 개척의 상황에 따라 다르나 일반적으로 목회자가 중심이 되어 개척된 교회의 경우는 작은 교회라고 할지라도 담임 목회자가 교회 리더십의 중심에 있다. 교파적으로 독립교회 역시 대부분의 경우, 목회자에 따라 독립교회로 세워진 경우가 많기에 리더십의 중심에는 목회자가 자리 잡고 있는 경우가 많다.

(3) 작은 교회는 주로 자원봉사자 교인들이 사역의 중심이 된다

일반적으로 큰 교회는 청빙한 전문사역자들이 사역의 중심이 되는 경우가 많다. 하지만 작은 교회의 경우는 대부분 교회의 규모에 따른 사역의 필요와 재정 상황 등으로 인해 담임목회자와 몇몇 평신도 사역자들이 교회의 사역을 담당하는 경우가 많다. 이러한 차이로 인해 작은 교회는 사역자들의 참여도나 관계에 중점과 관심이 주어지나, 큰 교회의 경우는 사역의 성취정도나 완벽성에 중점과 관심이 주어진다.

(4) 작은 교회는 전천후 사역자에게 높은 점수를 주나 큰 교회들은 사역자들의 세부적 전문성에 높은 점수를 준다

작은 교회라고 하여 큰 교회가 지닌 프로그램이나 조직을 갖고 있지 않은 것은 아니다. 교회의 규모는 작지만 교회로서 갖추어야 할 최소한의 조직과 프로그램은 지니고 있다. 하지만 앞서 보았듯이 작은 교회의 경우는 교회 규모로 인해 각 사역 분야에 일일이 전문사역자를 청빙할 필요가 없다. 따라서 담임 목회자와 한 두 사람의 보조 사역자들이 교회의 여러 사역을 해 나가야 한다. 따라서 작은 교회는 여러 사역(multi-tasks)을 두루 잘 해나갈 전천후 사역자를 필요로 한다. 반면 중대형 교회의 경우는 교회 조직 규모로 인해 각 조직과 프로그램에 각각의 사역자를 필요로 하는 경우가 많다. 따라서 큰 교회는 각 분야에 적합한 세부적 전문성을 갖춘 사역자를 필요로 하게 된다.

(5) 작은 교회는 일반적으로 정보전달의 정확성과 친근성이 높다

큰 교회는 조직의 규모로 인한 특성상 일반적으로 정보를 공식적인 통로를 통해서 전달된다. 이로 인해 때때로 교회가 건강하지 않을 경우, 종종 근거 없는 소문이나 잘못된 루머들이 교회를 어렵게 만드는 경우가 있다. 하지만 작은 교회는 규모가 작기에 정보 전달의 신속성이나 정확성이 비교적 높은 편이며, 정보전달의 방식 역시 대인적이며 친근한 방식이 많다.

(6) 작은 교회의 재정조달형태는 대형교회와 다르다

재정조달 형태에 있어서 작은 교회는 교인들이 교회의 필요나 긴급성에 민첩하고 적극적으로 대응하지만, 대형교회는 교인들이 교회의 필요에 대해 직접적으로 느끼지 못하기 때문에 시간적으로, 재정의 운용에 다른 체계가 필요하다. 작은 교회의 경우, 예비비나 긴급구호비, 경조비 등의 비율이 작아도 재정조달형태에 있어서 융통성과 민첩성으로 인해 큰 문제가 되지 않으나, 큰 교회의 경우 자칫 교회의 기능이 마비될 가능성이 있다.

(7) 작은 교회는 좀 더 세대 통합적이다

작은 교회는 교인들의 수적 특성상, 때때로 세대 간의 협동과 교류가 필요하며 종종 함께 하는 프로그램이나 사역들이 많다. 하지만 대형교회일수록, 구성원의 숫적 문제로 인해 세대 간의 구분이 확실한 프로그램을 운용하게 되며 따라서 교회 내에서 세대 간의 이해의 폭이 제한된다.

(8) 작은 교회는 객관적인 시간표보다는 자신들의 상황에 맞는 시간표를 따른다

대형교회일수록 시간엄수나 스케줄에 따른 목회자나 교인의 스트레스가 심각

하다. 하지만 작은 교회의 경우는 경우에 따라 시간스케줄이 융통성이 있다. 그러므로 이러한 경우, 서로 다른 큰 교회와 작은 교회 문화에서 성장한 사람들 사이에서 갈등이 발생할 가능성이 있다. 1/100초 단위로 예배 시작 전 카운트다운 하는 초대형 교회가 있는 반면, 비가 많이 와서 예배시간을 한 10분 늦추는 교회나 농사철에 예배시간을 조절하는 교회가 있다.

(9) 작은 교회일수록 외부사람들을 받아들일 수 있는 관계적인 공간이 넓다

작은 교회의 경우 대부분 교인 수가 적기 때문에 서로 관심을 가지고 돌보며 좀 더 의미 있는 관계가 될 가능성이 높다. 물론, 때로는 '우리끼리'(we-feeling)가 지나쳐서 외부의 새로운 교인을 잘 수용하지 않는 패쇄적인 경우가 있으나, 대부분의 작은 교회의 경우 대형교회의 표피적인 인사와 만남과는 다른 질적인 돌봄을 줄 수 있는 장점이 있다.

(10) 작은 교회일수록 가족, 친척 간의 관계가 교회전체에 영향을 미치는 경우가 많다

작은 교회의 이러한 특성은 장단점이 있을 수 있다. 장점은 이러한 관계로 인해 대형교회가 경험하는 어려움인 교인들의 '뒷문 빠져나가기'(dropout) 비율을 줄일 수 있다. 단점은 소수의 집단에 의해 교회의 중요한 논의나 결정이 왜곡될 위험이 있으며 동시에 가족이나 친척 간의 갈등이 교회에 투사되어 어려움을 줄 위험이 있다.

(11) 작은 교회일수록 위원회나 제직회 등의 기타 공식적인 조직보다는 개인들 간의 협의나 의논에 의해 사역이 진행되는 경우가 많다

큰 교회는 대부분의 경우 의사결정의 과정이나 집행 등이 좀 더 공식적이고 여

러 가지 지침, 교회법들이 중요하게 작용한다. 그러나 작은 교회는 좀 더 관계적이고 개인적인 관심과 의사소통의 바탕 위에 교회가 움직여 나간다. 작은 교회일수록 제직회나 운영위원회 등의 단일기구가 대부분의 다른 영역의 일들을 다 처리하는 경우가 많다. 이때 유의할 사항은 교회의 성장이나 확장이 이루어질 경우 이러한 조직구조를 조금씩 변화시켜 나가야 한다.

(12) 작은 교회는 다양한 관심을 교회 내에서 나눌 수 있으며 교회를 파악하기가 쉽다

대형교회는 교회에 관련된 이슈들 이외에는 교인들 간의 다른 관심사를 다루기 쉽지 않다. 하지만 소형교회(가족형, 목양형)의 경우 일주일 평균 4-6시간을 투자하면 교회의 전반적인 상황을 파악할 수 있다. 중형교회(프로그램형)의 경우 일주일 8-15시간의 투자가 필요하고, 대형교회의 경우 100-200시간의 투자가 필요하기에 일주일 내내 교회에 살아도 모자랄 정도이다. 따라서 작은 교회일수록 평신도들이 쉽게 지도자가 되며 영향력을 미치기가 용이하다.

(13) 상당수의 작은 교회들이 재정적으로 어려움을 겪고 있다

작은교회는 외부(다른 교회, 선교기관)나 내부 (교인들)의 보조금의 도움을 받으며 유지되는 경우가 많다. 재정적 독립이야말로 작은 교회의 건강성과 성숙 가능성을 담보할 수 있는 중요한 요소가 된다.

2. 작은 교회가 극복해야 할 과제

작은 교회의 장점과 더불어 작은 교회가 직면한 문제들이 여러 가지가 있다. 그 중 대표적이라 할 수 있는 작은 교회의 낮은 자존감과 재정적인 어려움을 살펴본다.

1) 낮은 자존감

사회의 전반적인 추세가 대형화를 추구하는 상황 가운데서 교회 역시 작은 교회들은 자신들의 교회 규모로 인해 자신들의 교회에 대한 자존감이 높지 않은 경우가 많다. 이러한 작은 교회가 낮은 자존감을 갖게 되는 원인들을 살펴보면 다음과 같다.

첫째, 기존 자원들의 평가절하이다. 현재 작은 교회는 자신들이 지니고 있는 자원들의 가치를 객관적인 기준보다 낮게 보고 있기에 자존감이 낮다. 둘째, 교회 프로그램의 가능성보다 문제에 관심을 두는 자세가 낮은 자존감의 원인이 된다. 아무리 작은 교회라도 자신의 교회에 적합한 프로그램은 존재한다. 그리고 기존 중대형 교회를 대상으로 한 프로그램이라고 하더라도 어느 정도 그 프로그램의 장점 중 작은 교회에 적합하게 적용할 부분들이 있다. 대표적인 예가 소그룹의 구조이다. 대형 교회들이 지닌 코이노니아의 결핍을 보완하고 교회 본질을 회복하기 위한 소그룹 운동이 사실은 작은 교회에 상당한 활력과 장점을 살리는 시스템으로 정착되고 있다. 셋째, 목회자들의 출신배경의 문화적 차이로 인한 문제점이다. 오늘날 우리나라의 도시화가 90% 이상 진행되었기에 대부분의 목회자들의 성장배경은 도시이며 생활양식도 도시적이다. 그렇기에 이들이 지닌 교회에 대한 패러다임 역시 도시적이다. 특히 이들 가운데 출신교회와 성장하고 훈련받은 교회가 중대형 교회인 경우는 작은 교회에 대하여 부족함을 느끼고 자칫 목회자 자신의 도시의 중

대형 교회 고착 관념으로 인해 낮은 자존감을 지니기 쉽다. 하지만 대부분의 교단에서 도시화에 따른 이농과 직업과 자녀교육의 문제들로 인해 작은 교회들은 농촌과 어촌에 많이 있다. 넷째, 목회자들의 잦은 교체로 인한 작은 교회 내부적인 상처로 인한 낮은 자존감이 있다. 모든 작은 교회가 그렇지는 않지만, 작은 교회 가운데 어떤 교회들은 목회자들이 중·대형 교회로 가는 징검다리 역할을 하는 경우가 있다. 대체로 안정된 목회를 하고 있는 목회자들은 평균 2-3번의 교회이동을 통하여 안정된 목회지를 찾고 정착한다. 이러한 과정에서 중간 단계에 위치하기 쉬운 작은 교회들이 겪게 되는 내적인 정서적 아픔들은 작은 교회의 낮은 자존감의 또 다른 원인이 된다. 다섯째, 이전 교회와의 비교나 전성기 때의 교회 모습과의 비교가 종종 작은 교회에 몸 담고 있는 교인들의 자존감에 영향을 미친다. 여섯째, 오늘날 한국 교회의 문화와 대부분 교단의 교육체제나 훈련프로그램들이 중대형교회야 말로 좋은 교회이며 이들 교회를 닮는 방향이 올바른 목회 방향이라고 인식되게끔 하고 있는 경향이 작은 교회의 자존감에 부정적 영향을 미친다.

2) 재정적 어려움

낮은 자존감과 더불어 작은 교회가 직면하는 어려움 중 가장 흔한 것이 재정적인 어려움이다. 일반적으로 교회는 1/3의 교인들이 교회재정의 2/3 혹은 3/4을 담당한다. 이러한 상황에서 작은 교회는 규모의 특성상 재정의 규모가 작으며, 동시에 재정에서 차지하는 목회자의 사례비의 비율이 크다. 따라서 교회가 적극적으로 프로그램이나 사역의 확장을 위해 쓸 수 있는 재정의 비중이 작다. 교회 성장이 하나의 방안이 될 수 있겠으나 그렇지 못할 경우, 다음과 같은 방안들이 재정적 어려움 타개에 도움이 되는 것이라고 할 수 있다.

첫째, 무엇보다 담임 목회자의 헌금에 대한 신학적 확신이 필요하다. 담임 목회자는 헌금의 기능적 또는 현실적 의미가 아닌 성서적 의미를 깊이 확신하고 신앙생활에서의 헌금이 신앙생활의 헌신도와 직접적 관련이 있음을 깨달아 드림을 통한 신앙의 성숙도를 성취하도록 하여야 한다. 따라서 단기적으로는 설교와 칼럼 등을 통하여, 장기적으로는 청지기교육을 비롯한 기타 양육프로그램을 통한 영적성숙 프로그램을 꾸준히 진행함으로 교인들의 신앙 성숙을 통한 재정적 헌신의 확대를 꾀한다. 둘째, 일반적인 헌금보다는 헌금의 세분화를 시도한다. 구제, 선교, 독거노인, 의료선교 등으로 세분하여 헌금하도록 함으로써 기존 헌금에서 이 분야 재정소요를 긴급한 교회의 다른 현안으로 돌릴 수 있다. 이러한 방안은 교회 구성원의 교육수준이 높을수록, 전문직일수록 효과적인 방법이다. 셋째, 일반적인 헌금보다는 구체적인 헌금이나 특별헌금의 기회를 자주 갖는 방안이 작은 교회 교인들에게는 자신의 중요성과 책임을 확인시키는 기회가 된다. 넷째, 특별한 날이나 절기 또는 행사를 위한 특별 헌금 일을 세워서 헌금한다.

3. 작은 교회에 필요한 목회리더십

이상에서 살펴보았듯이 작은 교회는 작은 교회 나름의 독특한 문화와 특성을 지니고 있다. 마치 결혼하는 모든 부부가 상대를 선택하는 기준이 다르며 선택한 상대에 따라 고유한 부부 간의 관계적 특성이 있듯이 작은 교회 역시 중대형 교회와는 다른 작은 교회에 적합한 목회리더십이 있다.

1) 작은 교회 목회리더십에서의 유의 사항

이상에서 살펴본 작은 교회에 대한 이해를 바탕으로 하여 목회리더십 발휘 시에 유의해야 할 사항을 살펴보면 다음과 같다.

(1) 일반적으로 작은 교회는 목회자의 목회능력보다는 관계가 더 중요하다.

(2) 작은 교회일수록 목회자의 의사소통 기법이 중요하다. 왜냐하면 여러 경우 비공식적인 의사소통과정이 사용되며, 교회내의 가족, 친척관계가 중요하며, 교인들끼리 자신들이 들은 자기 친구들이나 친척들에 대한 언급을 자주 반복하는 경향이 있다.

(3) 작은 교회일수록 목회자와 그 가족들의 개인생활이 더 잘 노출된다.

(4) 작은 교회일수록 목회리더십의 공유를 원한다. 대형 교회는 목회자가 유일한 지도자이기를 바라나, 작은 교회일수록 목회자는 여러 지도자들 가운데 한 사람이기를 기대한다. 서로 의논할 수 있는 크기이며, 비공식적인 관계들이 가능하기 때문에 가능하다.

(5) 작은 교회의 경우 신임목회자들이 교회가 지닌 역량 이상의 목회계획이나 활동을 하려고 하는 유혹을 경험하게 된다. 하지만 작은 교회일수록 교회 전체의 동의와 합의가 중요하기 때문에 목회자는 리더십이 완전히 정착되기 전까지는 이러한 시도를 하지 않는 것이 바람직하다.

(6) 작은 교회 목회자는 소그룹 상황에서 사람들을 움직이는 기법, 즉 상담이나 의사소통 기법 등의 관계적인 영역에 도움이 되는 기법이 필요하다. 반면, 대형교회의 목회자는 큰 집단을 대상으로 사역하는 기법, 즉 프로그램의 평가나 적합한 사역자의 훈련과 배치 등의 행정적인기법들이 필요하며, 의사결정과정에 대한 기법이 도움이 된다.

2) 작은 교회 목회리더십을 위한 실제적 제안

(1) 작은 교회 목회자는 늘 작은 교회의 특성을 염두에 두고 사역을 해야 한다. 작은 교회의 목회자들은 교회 규모의 특성상 계획되지 않은 일들이 발생하거나 방해받는 것들에 대해 익숙해져야 하며, 개인이나 가족들의 프라이버시가 이상적으로 지켜지지 않는 것을 알고 있어야 하며, 목회에서의 모든 대화나 만남이 상대방의 친척이나 지인들이 관여되어 있음을 기억해야 한다.

(2) 작은 교회일수록 교회의 특별행사의 변경이나 행사의 예정되지 않은 변화는 조심하는 것이 좋다. 왜냐하면 작은 교회일수록 그러한 특별행사에 참여가 계획된 인원들의 영향력이나 그들이 전체 교인에 차지하는 비율이 크기 때문에 자칫 후유증이 중대형교회에 비해 심각할 수 있다. 그리고 가능하면 가용한 자원으로 목표들을 달성하려고 해야 하며, 친교시간이나 기타 관계를 희생하는 교회 일을 의논하는 모임에 주의를 기울여야 한다. 교회의 작은 성공이나 교인들의 모임에 대해 즉각적이고도 적극적인 반응을 보이는 것이 좋으며, 비록 제대로 된 모임이나 기관이 아니더라도 그것에 실망하지 말고 격려하고 인정하는 것이 좋다.

(3) 작은 교회목회자들이 직면하는 어려움 가운데서 사역에서의 갈등이 종종 교회의 본질이나 프로그램 등이 아니라, 가족들 간의 갈등이나 기존 교회의 전통들로 인해 생기는 경우가 종종 있다. 만약, 교회의 목적이나 목표 등에 우선적인 관심을 가진 목회자가 이러한 작은 교회의 특징에 적응을 하지 못하게 될 때, 점점 마음의 벽을 갖게 되거나 새로운 교인들에게 관심을 돌리게 되는 경우가 많다. 특히 전통이 오래된 교회의 경우, 신임 목회자가 상대적으로 교인 평균보다 젊을 경우, 교회 내의 분열이나 갈등이 생길 가능성이 높다.

4. 작은 교회 성장 방안

작은 교회는 비록 자신들이 지닌 장점과 만족감에도 불구하고 대부분의 경우 상황적으로 또는 교회 자체의 비전으로 인해 교회 규모의 확장을 시도한다. 이러한 경우, 목회리더십의 관점에서 작은 교회의 성장방안을 간략하게 제시해 본다. 이러한 성장 방안의 효율적 준비를 위해 무엇보다 교회의 장점, 자원들을 재평가하는 과정이 필요하다. 이와 관련하여 도움이 되는 진단 질문은 본 장의 끝에 제시되어 있다.

1) 어떤 종류의 사람이 우리교회에 오지 않는가를 연구한다

목회자나 교회 지도자들의 즉흥적이거나 연례적으로 해왔던 단기적인 전도전략이 아니라, 2-3개년 계획을 수립하여 지역사회에서 교회의 영향력이 미치지 않는 영역이나 부류의 사람들에게 전도할 전도전략을 수립하고 계획 실행한다.

2) 작은 교회에 적합한 새가족 관리에 필요한 전략과 방법을 개발한다

작은 교회 새가족 정착에 필요한 전략과 방안을 강구할 때 고려할 사항은 다음과 같다. 첫째, 대형교회와는 달리 새가족을 많이 접할 기회가 적다. 둘째, 작은 교회는 새가족이 될 경우 대형교회와 같은 익명성이 없기 때문에 적응하는데 힘이 들 경우가 있다. 셋째, 작은 교회는 이미 기존 구성원들의 무의식적인 동료의식이 형성되어 있기 때문에 조직의 특성상 외부인이 쉽게 융화되기가 쉽지 않다. 넷째, 작은 교회의 새가족들이 성공적으로 적응하는 비율이 커질 경우 기존의 구 멤버들의 소외감이나 박탈감이 교회성장의 위기가 될 수 있다. 특히 기존 집단의 가까운 사람이나 목회자가 새 구성원들과 가깝게 되거나 더 많은 시간을 보내게 될 경우 이와 같은 박탈감이나 소외감은 심해질 수 있다. 이것의 해소, 또는 예방대책이 필요하다. 즉, 신구 교인의 효과적 융화방안의 개발이 필요하다.

3) 교회의 예산, 인력, 사역의 시간 배분을 관찰하여 현 교회의 우선순위를 파악하고 전도와 새가족 발굴에 우선순위가 주어지도록 재배치한다

앞에서 언급했던 교회가 간과해 왔던 계층이나 연령층 또는 지역 등을 조사 발굴하여 이들에게 다가 가는데 필요한 새로운 프로그램, 사역들 혹은 접근방안을 마련한다. 예산, 인력의 배분과 전도 대상의 특성을 고려한 전도훈련의 수립이 필요하다.

[교회의 현재 모습 이해와 사역 영역 진단을 위한 질문]

작은 교회의 성장을 위한 첫 번째 단계는 현재 자신의 교회의 모습과 가진 것들을 정확히 이해하는 데서 시작된다. 다음의 질문들은 바로 이러한 교회의 자기 이해와 중요 사역 영역에서의 진단을 위해 도움이 되는 질문들이다.11)

1. 교회 이해를 위한 질문

1) 우리 교회의 두드러진 특징은 무엇인가?
2) 교회의 두드러진 특징이 우리 교회의 사역에 어떻게 구체적으로 나타나고 있는가?
3) 지난 10년 동안 우리 교회의 성장률은 얼마나 되는가? 이러한 교회 성장/감소에 영향을 끼친 내적 요인은 무엇이며 또한 외적 요인은 무엇인가?
4) 교회의 조직 유형은 어떠한가? (교회의 목회자 중심의 전통적인 의사결정 구조와 절차를 지닌 조직인가? 아니면 소그룹을 특징으로 하는 수평적인 의사결정 구조를 지니고 있는가? 등등) 그리고 이 조직적 특성이 우리 교회의 사역과 프로그램에 어떻게 영향을 미치는가?
5) 현재 우리 교인들이 행하는 사역에 가장 큰 영향을 끼치고 있는 시대적 또는 지역사회의 풍조나 유행은 무엇인가? 그리고 그것은 어떠한 방식으로 영향을 주었는가?

2. 예배 진단을 위한 질문
1) 우리 교회의 모든 교인과 모든 연령의 그룹이 예배에 참여하는 방식을 예배의 어

---

11) 작은 교회의 자기 이해와 사역 진단을 위한 질문들은 Daman, 「중·소형교회 성공 리더십」, 368-74에서 가져와서 본 저술에 적합하게 기술하였다.

떤 요인들이 연령층이나 신앙정도를 반영하고 있는지 조사해보라. 예배 스타일에 따른 참여 정도나 예배 스타일의 선호도 등을 조사하는 것이 도움이 된다.
2) 예배에서 교인들이 하나님과 인격적인 만남을 가질 수 있도록 찬양, 죄의 고백, 교제, 응답의 헌신(드림) 등의 요소에 얼마나 관심을 가지고 있는가?
3) 예배를 개선할 수 있는 방법을 생각해보라. – 새로움을 위한 '변화'와 예측 가능성을 위한 '안정'의 두 요소가 예배의 역동성을 가져올 수 있는 방안을 강구하라.

3. 전도와 외부봉사 진단과 방안

1) 지역사회가 가장 필요로 하는 것이 무엇인지 우선순위대로 열 가지를 나열해보자.
2) 교회가 현재 하고 있는 사역 중에 지역 사회의 욕구를 충족시키고 있는지 그리고 충족시킬 수 있는 것이 무엇인지 생각해보라.
3) 현재 교회에서 하고 있는 프로그램 중 가장 중요한 다섯 가지를 열거하여, 그 가운데 불신자와 지역사회를 위한 프로그램이 어떤 것이 있는지를 파악하고 그 효과는 현재 어떠한지 그리고 효과를 더 높이려면 어떻게 해야 하는지를 생각해보라.
4) 우리 교회가 내년에 우선적으로 할 수 있는 전도행사를 몇 가지 생각해보라. 그리고 각 전도행사의 목적과 전도지역 및 목적을 달성하기 위한 방안을 적고 그 행사의 홍보방안을 마련해보라.
5) 위에서 시행하는 전도행사의 후속조치를 어떻게 할 것인지 방안을 강구하라.

4. 제자훈련 프로그램 진단

1) 현재 교회 내에서 진행되고 있는 제자 훈련 프로그램을 파악해보고, 각 프로그램의 주 대상이 누구인지, 교회 내 그룹 중 제자훈련 프로그램에서 제외된 그룹은 없는지, 또는 훈련이 신앙 발달에 따라 단계별로 잘 준비되어 있는지를 조사

해보라.
2) 제자훈련 프로그램에 포함되어야 할 다음의 영역이 잘 준비되어 있는지를 점검해보라.

　　i) 새신자 양육프로그램, ii) 성서연구와 적용, iii) 성숙한 삶을 위한 단계별 과정,
　　iv) 교회 봉사와 헌신을 위한 은사발견 과정과 실습의 기회 제공. 이러한 프로그램을 점검해보고 필요한 경우 프로그램을 개설하도록 하라.

3) 새신자가 참여할 만한 봉사와 사역의 영역을 개발하여 직접적인 경험을 통해 훈련의 효율성을 높이도록 하라.
4) 교인들의 멘토링 프로그램(1:1 양육)의 유무와 멘토링 제도의 활성화가 필요하다.

5. 교인들에 대한 교회의 지원 진단

1) 교회는 어떻게 교회 일꾼들을 영적으로 지원하는가? 사역에 참여하는 모든 사람을 위해 특별히 기도하는 기도의 동역자가 있는가?
2) 교회는 교인들을 훈련프로그램에 참여시킬 수 있는 예산을 확보하고 있는가?
3) 사역의 기회가 생길 때 교회가 그것을 교인들에게 알릴 효과적인 방법이 있는가?
4) 주기적으로 은사를 발견할 수 있는 진단 프로그램을 운용하고 진단 결과에 따라 은사에 적합한 사역을 부여할 제도적 장치와 운용할 사람이 있는가?
5) 교회는 교회 각 부서나 사역의 업무와 역할의 분명한 구분이 있으며 그 분야의 사역자들이 그것을 잘 이해하고 있는가를 점검하라.
6) 교인들이 사역의 결과를 보고했을 때 그 수고에 합당한 알아줌과 인정받을 수 있는 제도가 마련되어 있는가?

6. 교회 영성 진단

1) 기도진단

(1) 교회의 기도생활을 다음의 항목을 참조하여 평가하라.

* 교인들은 자신이 섬기는 이들을 위해 기도하고 있는가?
* 지도자들은 교인들을 위해 기도하는 모임을 갖고 있는가?
* 교회 지도자들이 자신이 맡은 일을 위해 함께 모여 기도하는가?
* 어떤 중요한 결정을 내리기 전에 교인들은 기도하는가?
* 목회자는 기도시간을 따로 가지고 기도하는가?
* 특별히 목회자를 위해 중보하는 기도 동역자가 있는가?
* 교인들이 기꺼이 서로 자신의 기도제목을 나누는가?

(2) 교인들은 하나님께 절대적으로 의존하는가? 그리고 하나님의 능력 없이는 아무것도 할 수 없다는 사실을 잘 알고 있는가?

(3) 교회의 어떤 사역에 더 집중적인 기도가 필요한가?

(4) 교인들은 언제 함께 기도할 기회를 가지는가?

(5) 교인들은 서로를 위해 언제 얼마나 기도하는가?

2) 순종진단

(1) 교인들은 삶의 모든 영역에서 하나님의 말씀에 합당한 삶을 살고 있는가?

(2) 교인들은 인간관계를 잘 발전시키고 있는가? 그래서 서로에 대한 책임의식을 가지고 있는가?

(3) 교인들은 다음 사항과 관련하여 어떻게 구체적으로 삶에서 순종하고 있는가?

* 하나님을 향한 태도와 행동
* 자신을 향한 태도와 행동

* 교회를 향한 태도와 행동

* 자신의 가정을 향한 태도와 행동

* 자신의 직업을 향한 태도와 행동

* 이웃과 국가를 위한 태도와 행동

(4) 교인들은 하나님의 말씀을 알고자 하는 열정과 그 말씀을 자신의 삶에 적용하고자 하는 열정을 가지고 있는가? 교회는 교인들의 이러한 열정을 어떻게 더 발전시키고자 노력하고 있는가?

3) 사랑진단

(1) 교인들은 예배 시간 이외에도 서로 교제하기 위해 시간(빈도와 정도)을 할애하는가?

(2) 하나님과 이웃에 대한 사랑이 교인들로 하여금 이웃에게 그리스도를 전하겠다는 열정을 불어넣고 있는가? 교인들이 잃어버린 영혼에 대해 더 큰 사랑의 태도를 가지도록 하기 위해 교회는 무엇을 어떻게 할 수 있는가?

(3) 처음 출석한 이들 가운데 얼마나 많은 사람들이 그 다음에 또 찾아오는가? 교회에 두 번 나온 사람이 교회에 정착하는 비율은 얼마나 되는가? 새신자들이 기존 교인의 교회 생활과 교회 사역에 동화되도록 하기 위해 교회는 어떠한 구체적인 노력을 하고 있는가?

(4) 교인들이 어려운 일에 처한 이들을 당연히 돌보는가? 교인들이 슬픔이나 괴로움 등 감정적으로 힘든 상황에 빠진 다른 사람들을 돕는 방법에 대해 적절한 훈련을 받고 있는가? 교회는 물질적으로 어려운 사람들 또는 상이나 기타 위기를 당한 사람들에게 실질적인 도움을 주는 조직이나 시스템을 갖추고 있는가?

(5) 교회에는 문제를 일으키는 교인을 훈육하고 치리하는 제도가 있는가? 과거에 어떤 교인이 명백한 죄를 지었을 때 교회는 그 일을 어떻게 처리하였는가?

(6) 교회는 새로 들어오는 교인들을 위한 새신자반이나 제자훈련반을 운영하고 있는가? 또는 청소년이나 기타 다른 연령층을 위한 이와 비슷한 프로그램을 운영하고 있는가?

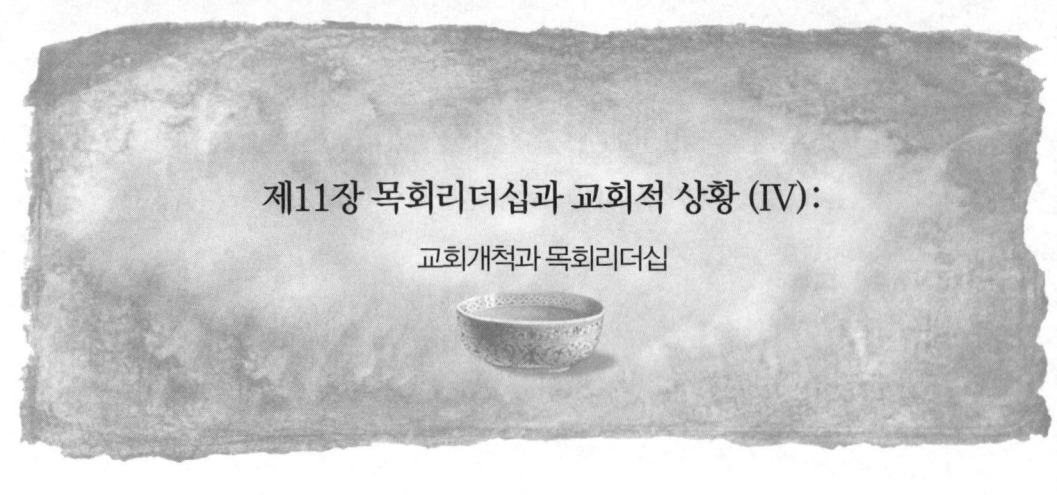

제11장 목회리더십과 교회적 상황 (IV):
교회개척과 목회리더십

모든 사람의 영적 필요를 채워주는 교회는 이 땅에 존재하지 않는다. 각 교회는 그 시대와 상황에 적합한 사람들의 영적 필요를 채워주기 위해 세워지고 존재한다. 따라서 시대를 막론하고 교회 개척은 매시대마다 반드시 필요한 일이며 전도와 교회 성장에 가장 효과적인 방법이 되고 있다. 이러한 교회개척이 가져다주는 장점은 다음과 같다.[1] 첫째, 오래되고 안정된 기존 교회보다 더 빨리 성장한다. 그렇기 때문에 교회성장 학자들은 기존 교회의 갱신보다는 새로운 교회의 개척이 전체 교회 관점에서는 더욱 효과적이라고 주장한다. 둘째, 개척교회가 전통교회보다 더 복음전도에 효과적이다. 즉, 복음화에는 개척교회가 더 효과적이다. 셋째, 개척교회가 목회리더십 획득이 훨씬 용이하다. 기성교회에서 목회리더십의 획득에 소요되는 기간은 평균 5년 이상이 걸린다. 하지만 개척교회의 목회자는 이러한 리더십을 초창기부터 지니고 목회를 시작한다. 그렇기에 목회자의 역량을 충분히 발휘할 수 있는 여건이 된다. 넷째, 개척교회는 새로운 영적 필요에 대한 기대감을 채울 준비가 되어 있다. 새 포도주를 새 가죽부대에 담는 작업이 바로 교회개척이다.

---

1) Aubrey Malphurs, 「21세기 교회개척과 성장과정」, 홍용표 역 (서울: 예찬사, 1996), 61-6.

그러므로 교회의 개척은 오늘날 성장이 멈춘 한국교회의 가장 효과적인 돌파구인 동시에 개신교회 신앙과 영성의 선순환적 변화를 위한 가장 효과적인 방안이라고 할 수 있다.

1. 한국 개척교회의 현주소

오늘날 한국 개척교회의 절반 정도가 담임 목회자의 자비로 개척되고 있으며 평균 개척비용은 약 9천만 원 정도 소요되고 있다.2) 또한 약 과반수(52.4%)에 해당하는 개척교회들이 개척멤버가 없이 목회자 단독으로 개척을 하고 있다. 개척당시의 최소 인원으로 2가구 4-6명이며, 6개월은 10-15명, 1년은 15-24명, 2년은 20-35명, 4년-5년에는 35-38명 정도에 이르며 이러한 시기에 재정자립의 정도를 이루게 될 경우 개척교회에서 정착교회로 전환된다.3) 교회성장연구소의 「Church Plating」에 의하면, 개척 시 평균 성도 수는 약 7명, 개척 6개월 후에는 15명, 개척 1년 후에는 24명, 2년 후에는 34명, 개척 2년 후부터 성장의 어려움을 겪는데 그 이유는 목회자 가정의 사모와의 갈등 그리고 목회자 자신의 탈진이나 재정적 어려움 등에서 찾는다.

개척교회 생애주기는 대략 5년 정도이며, 개척 시작에서 6개월 미만은 진입

---

2) 교회성장연구소, 「Church Planting: 한국의 교회개척에 대한 심층 연구보고서」, (서울: 교회성장연구소, 2003), 55, 59-60. 개척자금의 경우, 분립 개척의 경우 1억 8천여 만원, 개인 개척의 경우, 약 5천만원 정도가 소요되는 것으로 보인다. 개척형태는 개인 자비개척이 50.4%, 모교회 개척이 14.6%, 개척교인과 담임목사가 함께 부담하여 개척한 경우는 7.7%, 개인이 지원하여 개척한 경우7.3%, 교단이나 기관 단체의 개척은 3.6% 정도이다.
3) 박관희, "개척교회의 자립주기와 그 특성 연구" 「한국기독교신학논총」, vol. 76 (2011, 7월): 340; 이신철, "회심자 중심의 교회개척," 「개혁신학과 교회」, vol. 12 (2002): 245-64; 교회성장연구소, 「Church Plating」, 51, 68-9. 개척교회의 자립은 재정적 자립과 함께 스스로 재생산과 양육할 수 있어야 하며, 사역자를 배출하여 선교적 책임을 할 수 있는 요소가 갖추어졌을 때를 진정한 자립이라 할 수 있다.

기, 6개월 이상에서 1년 미만은 성장기, 1년 이상에서 3년 미만은 성숙기, 3년 이상에서 5년 미만은 쇠퇴기를 겪으면서 교회는 해산되거나 소멸/ 또는 또 다른 교회를 돕는 재생산 단계가 된다.4) 이러한 자료를 바탕으로 볼 때, 개척교회가 자립하는 조건으로는 월평균 헌금액이 160만원과 1년 헌금액이 2,000만원, 출석교인은 약 36-45명 정도일 때인 것으로 나타나고 있다.5)

주요 교단별 교회개척 추세를 보면 다음과 같다.6) 한국 교회는 대략 한 해 평균 700여 개 교회를 개척하고 있다. 교단 가운데 가장 많은 수의 교회를 개척한 대한예수교장로회 합동측은 해마다 190여 개씩 교회를 개척하고 있다. 통합측과 감리회는 150-180여 씩 교회가 개척되고 있다. 성결교는 교단의 개척훈련원 운용과 함께 해마다 70여 개씩 교회를 개척하며 꾸준히 성장하고 있다. 기독교한국침례교 역시 평균 매년 70개 교회를 개척하고 있다. 침례교는 3,000개 교회를 목표로 매년 100개 교회가 세워지기를 기대하고 있으며, 단독 개척은 지양하고, 대형 교회가 모교회가 되어 개척하거나 몇 교회가 협력해 대지나 건물을 구입해 개척하고 큰 교회가 교인을 파송하는 개척을 권장하고 있다. 대한예수교장로회 고신측 교회는 매년 20여 개씩 교회를 개척하고 있다. 기장교단은 비전 2015운동을 결의하고, 100회 총회가 열리는 2015년까지 숫자적 개척보다는 주제가 있는 개척을 지향하

---

4) 명성훈,「교회개척의 원리와 전략」(서울: 제네시스21, 1997), 38-9; 박관희, "개척교회의 자립주기와 그 특성 연구," 325, 328, 340.
5) 박관희, "개척교회의 자립주기와 그 특성 연구," 340. 박관희는 개척당시의 최소 인원으로 2가구 4명으로 보았고, 6개월은 10명 이상, 1년은 15명 이상, 2년은 20명 이상, 3년은 25명 이상, 4년은 30명 이상, 5년은 35명 이상을 개척교회에서 정착교회로 전환되는 변화라고 보았다. 교회성장연구소의「Church Plating」의 조사에 의하면, 개척 시 평균 성도 수는 약 7명, 개척 6개월 후에는 15명, 개척 1년 후에는 24명, 2년 후에는 34명, 개척 2년 후부터 성장의 어려움을 겪는데 그 이유는 목회자 가정의 재정적 정서적 결핍과 동시에 사역에서의 부담을 느끼는 사모와의 갈등, 그리고 목회자 자신의 탈진에서 찾는다. 교회성장연구소,「Church Plating」, 68-9.
6) 가능한 최신 자료는「목회와 신학」에서 한국의 주요 대한예수교장로회 통합측을 포함한 대한예수교장로회 합동측, 기독교대한감리회, 기독교대한성결교회, 기독교한국침례회, 대한예수교장로회 고신측의 3년간(2005년-2007년) 개척 현황 자료를 취합하여 2008년에 발표한 자료여서 좀 더 최신 자료를 찾지 못한 아쉬움이 있다.

는 점이 돋보인다.[7]

2. 교회개척의 주요 요소 및 개척교회 성장 요인들

1) 교회개척의 주요 요소[8]

(1) 개척지 선정

장소는 교회 성장의 가장 중요한 요소 가운데 하나다. 먼저는 하나님의 인도하심을 따르는 것이 필요하다. 일반적으로는 교회가 참으로 필요한 곳 또한 인구가 유입되고 변화가 일어나는 신흥 개발 지역이 좋다. 그런 정보를 개인이 파악하기 어렵기에 교단 차원에서 파악해 개척자들에게 알려 주고 기도하면서 선택하게 하는 것이 필요하다. 새들백교회를 개척한 워렌(Rick Warren)은 미국 지도를 걸어 놓고 도시들을 표시해 놓고 기도하면서 하나님의 인도하심을 구했는데 빠르게 성장한 지역에 이끌렸다고 말한다.

(2) 개척자 선정

개척교회 성장의 중요한 또 다른 요소는 개척 목회자다. 그러므로 개척자를 잘 선정하는 것이 중요하다. 준비된 개척자는 개척을 성공으로 이끈다. 개척자의 선정과정은 각 교단별로 차이가 있지만 대체로 개척자를 선정하는 가장 중요한 기준을 꼽는다면 다음과 같다: 1) 비전을 제시하고 이루는 능력, 2) 동기를 부여해 사람들을 움직이게 하는 능력, 3) 사역에 주인 의식을 만드는 능력, 4) 불신자를 전도

---

7) 김보경, "교단별 교회 개척 현황," 「목회와 신학」, 2008년 5월, 46-7.
8) 최승호, "교단별 교회 개척 정책에 대한 평가 및 제언," 「목회와 신학」, 2008년 4월, 85-9.

하는 능력, 5) 배우자의 협력이다. 만약 이러한 부분이 현저하게 부족하다면 개척이 아닌 다른 목회를 생각해야 한다.

(3) 개척자 훈련

훈련은 전문가를 만든다. 아무리 개척자의 적성을 천부적으로 태어났어도 훈련하지 않고는 능력자가 될 수 없다. 개척은 아무것도 없는 곳에 교회를 세우는 가장 어려운 일을 감당하는 것이다. 그러므로 더 철저한 훈련이 필요하다. 목회 철학을 세우고, 팀을 만들며, 설교하며 예배를 인도하고, 전도하며, 사역 계획을 세우고 실행하는 등 전반적인 목회를 이해하고 계획하고 실행하도록 훈련해야 한다. 또한 자신의 은사에서 탁월함을 드러내도록 반복적으로 훈련해야 한다. 따라서 교단은 신학교의 교과 과목도 점검해야 하고, 특별히 개척을 하려고 하는 사람들을 준비시키는 프로그램이나 전담기구를 통한 과정이 필요하다.

(4) 개척자 후원

복음을 가장 효과적으로 전파할 수 있는 수단인 교회개척을 혼자서 하는 것은 위험하다. 복음이 전파되는 일을 가장 싫어하는 사탄이 그러한 교회개척을 그냥 두고 보지 않기 때문이다. 그러므로 개척자에게 충분한 후원이 있어야 한다. 먼저 중보기도 후원자가 필요하며, 또한 물질 후원자가 필요하며, 더 나아가서 동역자가 필요하다. 교단은 개척자에 대해서 그런 마음을 가지고 후원해야 한다.

2) 개척교회 성장 요인

개척교회의 생애주기는 앞에서 살펴본 바에 의하면 5년 내외이다. 즉, 교회가 개척되고 5년 정도가 지나면서 교회가 자립하게 될 것인가 아니면 쇠퇴하거나 소멸하게 될 것인가가 결정된다는 것이다. 개척교회의 생존율은 대략 10-15% 정도이다.9) 교회가 개척되어 자립하기까지 성장에 영향을 미치는 주요 요인을 살펴보면 다음과 같다.

(1) 새신자 정착과 새벽기도를 중시하는 목회방식

초기 개척교회의 성장에 영향을 미치는 중요한 두 가지 요인은 새신자와 새벽기도이다. 특히 개척 후 6개월이 지난 후부터는 새신자 등록비율이 교회의 지속적 성장에 매우 중요한 요인이 된다. 따라서 새신자가 방문할 경우, 가장 빠른 시간 내에 심방을 통해 교회에 정착을 시키는 것이 필요하며 동시에 심방 이후에도 정착을 위한 체계적 양육 프로그램이 구비되어야 한다.10)

새벽기도는 개척 구성원들이 지닌 신앙의 질적 정도를 보여주는 것으로 낮예배 10명보다는 새벽기도 10명이 실제적으로 교회 내에 미치는 역동이 훨씬 크다고 볼 수 있다. 동시에 기도 자체가 가져다주는 영적 역동성이 성장에 직접적으로 영향을 미친다.

(2) 교회 개척 방식

교회 개척 방식과 관련해 개척 자금과 교회성장은 연관성이 없다. 개척자금이 많을수록 개척교회의 성장률이 높게 나타난다든가, 출석성도의 수가 더 많다든가 하지는 않다는 것이다.11) 오히려 교회 개척 방식에서 주목해야 할 부분은 초기 개척 시에 단독 개척이 아니라 분립개척이나 자원자와 협동 개척 등의 개척멤버의 수가 개척 초기의 성장에 커다란 영향을 미친다. 적어도 초기 1년에서 2년 정도까지는 평신도 개척 멤버가 개척 초기의 성장에 영향을 미치는 것으로 볼 수 있다. 이는

---

9) 명성훈, 「교회개척의 원리와 전략」, 3.
10) 교회성장연구소, 「Church Plating」, 102-3.
11) Ibid., 101

개척교회의 전도방식이 관계전도가 주를 이루기 때문에 개척 초기멤버가 많을수록 관계전도의 비율 역시 높아지기에 그러하다. 하지만 장기적으로는 개척교회 초기 멤버의 수가 교회의 장기적 성장과 자립에 큰 영향을 미치지 않는다. 그리고 개척 초기 구성원 수와 함께 개척목회자의 개척교육의 유무와 부교역자와의 협동사역 형태 등은 개척교회 성장에 도움이 된다. 개척교육을 통한 내적 준비와 함께 주어지는 정보들은 성공적 개척에 중요한 영향을 미친다.12) 많은 개척교회 목회자들은 개척을 준비하는 목회자들에게 무엇보다 '소명감과 열정을 가질 것'을 요구한다. 특히 협동 사역자가 있는 개척의 경우는 초기 개척사역의 2-3년차에 오는 탈진을 예방하여 개척교회의 계속적인 탄력적 성장이 가능하도록 한다.

(3) 목회자 개인 특성

목회자의 목회연수가 개척교회 성장에 중요한 요인이 된다. 즉, 목회를 경험한 연수가 많을수록 개척교회에서 성공적으로 목회할 가능성이 높다. 특히 개척시작부터 초기 6개월까지는 목회경험이 중요하게 작용한다. 따라서 신학교 졸업 후 바로 개척하는 것보다는 부사역자로 사역경험을 한 이후에 개척하는 것이 성공적 개척에 도움이 된다. 즉, 교회개척 전까지 새신자 사역, 기도 사역, 양육 훈련 등의 목회경험을 쌓은 후 개척교육을 받고 개척멤버를 확보한 후 개척하는 형태가 성공적인 교회개척에 매우 긍정적인 요인이 된다.13)

---

12) 박관희, "개척교회의 자립주기와 그 특성 연구," 322.
13) 교회성장연구소, 「Church Plating」, 106-7; 박관희, "개척교회의 자립주기와 그 특성 연구," 337.

3. 교회개척을 위한 단계별 목회리더십

개척 목회자들이 개척에서 가장 중요하게 생각하는 것이 바로 개척자의 소명과 비전 및 자기이해이다. 그 다음이 개척멤버의 확보, 개척지역에 대한 치밀한 조사연구, 재정확보 등이 개척에서 목회지도자가 염두에 두고 준비해야 할 내용이다. 개척을 준비하는 목회자의 80%가 처음 개척하는 사람들이며, 이들의 준비기간은 평균 1년 4개월이며, 개척 전 목회경험은 평균 9년 4개월 정도이다. 개척목회자들은 대체로 하루 2시간 정도 기도하며 1시간 13분 정도 성경을 읽는다. 한 달 평균 3.6권의 책을 읽으며 세미나는 연 평균 3회 정도 참석하는 것으로 나타나고 있다.14) 따라서 개척교회 목회지도자가 준비하여야 할 내용은 비전을 포함한 목적과 가치 선언문을 포함한 지역사회조사와 초기 개척 멤버의 구성과 관련된 것들이다.

1) 1단계: 개척 준비

창립준비 단계는 다음의 세 가지 작은 단계로 이루어진다: 첫째, 개척의 소명과 새로운 교회의 비전 그리고 개척자 자신의 이해, 둘째, 개척 팀의 준비와 양성, 셋째, 비전에 적합한 전략의 계획-목표 집단 선정, 접근방법 모색. 사실 이러한 단계는 교회의 개척뿐만 아니라 기존 교회의 갱신을 위한 방안이기도 하다. 이러한 개척을 위한 준비가 충분히 잘 갖추어질수록 교회는 역동적이고도 탄력 있는 다음 단계의 발전을 이루게 된다. 그렇기에 서두르지 말고 자신의 시간표가 아닌 하나님의 시간표를 염두에 두고 충실하게 준비하는 자세가 필요하다.

---

14) 교회성장연구소, 「Church Plating」, 114.

(1) 교회 개척의 소명과 교회관과 관련된 비전 및 개척자 자신의 이해

i) 소명과 교회의 비전

교회의 개척은 개척을 위한 목회자의 소명과 교회관과 관련된 비전으로 시작된다. 무에서 유를 창조하는 교회개척이라는 하나님의 사역은 소명과 비전 없이는 불가능하다. 교회성장학자 명성훈은 이와 관련하여 다음과 같이 단정적으로 말한다: "하나님께서 당신의 영광과 인간의 영혼구원을 위해서 나를 개척목회자로 삼으셨다는 신적 명령(divine imperative)에 대한 절대 확신이 없이는 개척을 시작하지 말아야 한다."15) 물론 이러한 소명과 더불어 상황적인 여건들이 개척을 하게끔 흘러가는 경우가 대부분이다. 하지만 이러한 부수적인 개척의 필요에도 불구하고 여전히 개척에서 가장 중요한 씨앗은 영혼을 위한 교회 개척의 소명이다.

교회의 개척은 목회자의 마음 밭에서부터 시작된다. 목회자는 현대인의 영적 필요를 늘 관심을 가지고 연구하며, 그러한 영적 필요가 채워지는 첫 출발이 지역교회임을 알고 영적필요를 충족시킬 수 있는 교회를 마음속에 그려야 한다. 이렇게 가꾸다 보면, 어느 순간 그러한 교회를 위해 하나님께서 이 시대 이 장소에 자신을 부르시고 계시다는 사실을 깨닫게 된다.16)

새로운 교회에 대한 비전은 세워지는 교회가 평생 지향해야 할 방향을 제시할 뿐만 아니라, 개척할 신앙 공동체의 하나 됨을 고무시키며, 동기를 유발하고 변화의 방향을 제시하며, 결과 평가의 기초를 제공한다.17) 따라서 개척목회자는 자신의 마음속에 이러한 비전이 무르익었는가를 기도와 말씀을 통하여 점검하여야 한다. 개척을 위한 비전 심기에 도움이 되는 질문은 다음과 같다. "주님께서 내게 허

---

15) 명성훈, 「교회개척의 원리와 전략」, 41.
16) 배태훈, "교회 개척목회자가 들려주는 교회개척 10계명," 212 (210-22), 목회와 신학 편집부 편, 「교회개척」(서울: 두란노 아카데미, 2010).
17) Malphurs, 「21세기 교회개척과 성장과정」, 357-60.

락하신 그래서 내가 꿈꾸는 교회의 가장 우선적인 비전은 무엇이 되어야 하는가?" 이 질문에 대한 대답은 예수 그리스도의 지상명령인 마태복음 28장 19-20절이 제시하고 있다. 잃어버린 사람을 찾아가고, 전도하고, 양육하는 일이 그것이다.18) 이러한 지상명령의 기초 위에서 당신이 당신의 교회가 어떠한 교회로 알려지기를 원하며 그렇게 하기 위해 무엇을 어떻게 해야 할 것인가를 모색하는 일이 필요하다. 즉, 지상명령 성취의 일환으로써 하나님께서는 '또 하나의 교회'(another church)가 아니라 전무후무하게 '내가 섬길 유일무이한 교회'(the church)를 위해 자신의 마음 밭에 '주님이 기뻐하실 교회'의 모습을 심으셨다는 사실을 깊이 깨달아야 한다.19)

ii) 비전선언문(Vision Statement)과 사역선언문(Mission/Purpose Statement) 작성

개척준비를 하는 목회자의 마음속에 자리 잡은 새로운 교회의 비전을 정립하고 확인하는 데 도움이 되는 것은 비전선언문이고 이 비전을 어떤 구체적인 목표를 통하여 달성할 것인가를 기록한 것이 사역선언문이다.20) 이러한 비전선언문과 사역선언문을 작성하는 이유는 이 과정에서 목회자는 좀 더 구체적으로 자신이 꿈꾸는 교회의 명백한 방향을 재확인 할 수 있으며 동시에 이러한 꿈을 실현하는 실제적인 방법과 이를 개척팀원들과 함께 나누는 방법도 알게 된다.

비전선언문의 작성에 도움이 되는 질문들은 다음과 같다: 하나님께서 당신 자신에게 개척하시도록 부른 교회에 대한 당신의 꿈은 무엇인가? 비전 선언문은 당신에게 영감을 주고 있는가? 다른 사람들이 이해할 수 있는 방식으로 비전 선언문

---

18) Ibid., 172-84.
19) Ibid., 118. 이러한 비전의 고유함과 특별함을 맬퍼스는 "신적 엄지 지문"이라 표현하고 있다.
20) 명성훈, 「교회개척의 원리와 전략」, 93-6.

이 표현되어 있는가? 다른 사람들을 도와 비전선언문을 이해하고 동참할 수 있게끔 당신 자신이 그것을 잘 이해하고 있는가? 이를 통해 비전은 상징이나 구호, 관련 성경구절 등으로 표현할 수 있게 된다.

사역선언문은 비전선언문에서 제시한 비전을 이루기 위해 어떠한 사역이나 방법을 선택할 것인가를 기술한 것이다. 이는 자칫 비전이 막연하고 모호한 이상적인 구호에 그칠 위험을 방지하고 개척목회자 자신으로 하여금 개척하는 교회가 지향해야 할 사역의 구체적 내용을 발견하고 그에 적합한 프로그램과 교회조직을 구성하는데 도움을 준다. 이러한 사역선언문 역시 짧은 구호로 표현할 수 있는 구체적 행동지침으로 만드는 것이 좋다. 끝으로 목회자는 이상에서 구체화된 비전과 사역선언문을 기회가 닿는 대로 소책자나 간단한 영상이나 글로 만들어 설교나 여러 만남의 기회에서 개인의 블로그나 페이스북 등을 통하여 전달하도록 한다.

iii) 개척을 위한 목회자 자신의 이해

교회의 개척은 비전으로 시작되지만 이 비전이 실현되기 위해서는 철저한 준비가 필요하다.21) 따라서 교회 개척을 마음에 품고 있다면 무엇보다 먼저 목회자는 자신을 정확하게 이해하도록 노력해야 한다. 그런 후 개척교회 교육을 통해 자신의 부족한 점이나 도움이 필요한 자원들을 점검하고 개척을 준비하는 일이 필요하다.

(i) 목회자의 자기이해

자기이해를 통해 교회를 개척하는 목회자는 자신이 교회를 개척하는데 있어서 장점과 약점을 파악하게 된다. 즉, 목회자의 자기이해는 몇 가지 검사와 평가를 통해 개척준비 과정에서 목회자 자신에게 무엇이 필요한지 그리고 어떠한 도움이

---

21) 교회성장연구소, 「Church Plating」, 116.

필요한지를 깨달아 충실한 개척의 준비를 가능하게 만든다.22)

목회자의 자기이해의 첫 번째 영역은 재능과 영적은사이다. 일반적으로 널리 교회나 세미나 등에서 사용하는 은사점검표가 도움이 된다. 이러한 영적은사의 점검에서 자신의 지배적인 주된 은사와 보조적인 은사를 파악하도록 한다. 단독개척의 목회자는 리더십과 믿음, 전도와 복음전파(설교)의 은사가 도움이 된다.23)

두 번째 자기이해의 영역은 열정이다. "열정이란 필요한 것을 이루기 위해 장기간 동안 목적에 우리 자신이 매진하도록 만드는 하나님께서 주신 능력"이다.24) 개척목회자는 자신이 개척할 교회의 모습으로 자신의 내면이 타오르는가를 점검함으로 열정을 파악할 수 있을 것이다. 이와 더불어 목회자는 자신의 내면의 열정을 다른 사람에게 전달하고 싶은 또는 나누고 싶은 강한 욕구를 느끼는 것을 통하여 열정을 점검할 수 있다.

자기이해의 세 번째 영역은 기질(성격)이다. 대개의 경우 목회자들은 여러 경우를 통하여 자신의 성격을 검사해 본다. 기질검사나, MBTI 검사 등을 통하여 자신의 성격이나 기질을 확인하고 자신의 기질이 사역에서 어떠한 강점과 약점이 있을 가능성을 알아보는 것이 개척준비에 도움이 된다.25)

개척목회자 자기이해의 네 번째 영역은 자신의 리더십 유형 이해이다. 자신이 어떠한 리더십 유형을 지니고 있는가를 파악하게 되면 사역의 효율성을 위해 의사전달이나 대인관계에서 어떻게 해야 할 것이며 어떠한 부분을 보완해야 할 것인가를 알 수 있다.

개척목회자 자기이해의 다섯 번째 영역은 자신의 인생주기 이해이다. 이 땅에

---

22) 개척목회자의 자기이해 5 가지 영역에 대한 더 자세한 내용은 Malphurs, 「21세기 교회개척과 성장과정」, 124-30을 참조하시오.
23) Malphurs, 「21세기 교회개척과 성장과정」, 138-9.
24) Ibid., 125.
25) 본 저서의 5장에 나와 있는 간이기질검사표와 간이 MBTI검사지와 5장의 목회자 자기이해 부분을 참조하시오.

지음 받은 어떠한 존재도, 생물이든 사회적 조직이든 시간의 제한을 벗어날 수 없다. 그리고 이 시간은 우리가 어떠한 일을 계획하고 준비하는데 있어서 반드시 고려해야 할 중요한 요소이다. 개척을 준비한 목회자 역시 자신의 인생의 시간이 어디에 와 있는가를 인식함으로 교회의 개척에서 자신의 역할과 그 역할에 걸맞는 준비를 할 수 있게 된다.

(ii) 개척 교육

개척교회의 자립율이 25% 정도에 머물며, 개척한 교회들의 10-15% 정도만이 생존한다는 통계들은 외부적 상황이 이전보다 복음에 호의적이지 않은 탓도 있겠지만 또 다른 중요한 이유는 개척하는 목회자의 대다수(77%)가 개척과 관련된 교육을 받지 않고 개척하기 때문이기도 하다.26) 따라서 개척교회의 성장 및 자립과 밀접한 연관이 있는 목회지도자의 교회 개척교육은 매우 중요하다. 개척교육을 통해 목회자는 자신의 교회 개척과 관련된 내적 자세의 재확신과 더불어 구체적인 준비 영역과 정보와 노하우를 습득할 수 있다. 개척 교육 시에 목회자는 교회 개척에 반드시 필요한 능력인 새신자의 심방과 정착 및 전도 사역의 노하우를 습득해야 한다.27)

(2) 개척 팀과 후원자의 준비와 양성

i) 개척멤버 및 후원자의 준비

교회개척을 위한 또 하나의 중요한 준비는 후원자와 개척멤버를 준비하는 일이다. 후원자는 세 분야, 즉 기도, 시간, 재정 영역의 후원자를 확보해야 한다. 후

---

26) 교회성장연구소,「Church Plating」, 117.
27) Ibid., 118.

원자 확보에서 명심할 점은 후원의 구체적인 시간을 한정하여 후원자를 모집하는 일이다. 그래야만 후원자의 부담을 덜어주어 후원자확보가 용이하게 된다.[28]

새로운 교회를 시작하는 일은 세상에서 가장 외로운 과정 중의 하나이다. 따라서 개척을 위한 팀 구성은 매우 중요하다.[29] 그리고 이러한 개척을 위한 팀 구성은 성서적인 접근법이며 가장 효율적인 성공적인 개척의 방법이다(예수님의 사역의 예 – 마 6:7; 눅 10:1; 사도 바울의 예 – 모든 전도여행에는 동역자가 있었다). 개척 팀은 다양한 은사를 통해 초기부터 교회의 균형 있는 사역을 가능하게 하며, 단독 개척보다 시너지 효과를 통해 더 많은 사역일 할 수 있게 하는 동시에 관계전도가 중요한 초기 개척교회의 전도에서 초기 새신자의 증가에 도움이 된다.[30]

개척 시작부터 처음 1–2년 사이는 재정적 요인보다는 평신도 개척멤버의 숫자가 교회의 성장에 중대한 영향을 미친다. 즉, 개척멤버의 숫자가 많을수록 초기 교회의 안정과 성장은 쉽게 이루어진다. 하지만 이때 주의할 점은 개척목사가 지닌 교회와 목회 비전을 같이 공유한 사람들로 이 초기 멤버가 구성되어야 한다는 점이다. 즉, 같은 교회관을 가지고 있는 사람들이 개척멤버가 되어야 한다. 개척 팀은 적어도 개척 전 3–6개월 전까지는 구성되고 훈련되어 창립을 준비하는 것이 바람직하다.[31]

이러한 개척팀을 구성하는 기준과 과정은 다음과 같다.[32] 첫째, 경건하며 사회적으로 인정받는 구성원을 위한 충분한 기도와 성령의 인도하심을 구하라(행 16:6–10). 둘째, 자신의 교회관과 목회관에 관심이 있는 개인전도와 소그룹 성경공부를 시작하라. 셋째, 이들 가운데 상호보완적인 은사를 지녔고 동시에 새로운

---

28) 박창현, "한국교회의 개척방식의 문제점과 그 대안," 교회성장연구소, 「Church Plating」, 153-4.
29) Malphurs, 「21세기 교회개척과 성장과정」, 380.
30) Ibid., 381.
31) 명성훈, 「교회개척의 원리와 전략」, 151.
32) Ibid., 50, 116-7.

교회에 대한 꿈으로 개척에 기꺼이 동참하고자 하는 성품이 신실한 사람들을 접촉하여 핵심 개척팀을 구성한다. 이때 가능하면 기존 신앙생활에서 교구나 목장에서 리더십을 경험한 사람이면 더욱 적합하다.

개척을 위한 팀은 4-8가정 정도가 좋으나 그렇지 않고 2-4가정 정도라도 무방하다.33) 개척팀 구성에서 가장 유의해야 할 점은 숫자보다 더 중요한 것이 개척팀원이 서로 교회에 대한 같은 비전을 가지고 있는가의 여부이다. 왜냐하면 개척팀의 멤버가 많을 경우 초기 교회의 예배나 조직, 재정 등의 체계를 빨리 안정시키는 데는 도움이 되나, 성장과 성숙 단계를 거치는 과정에서 교회의 비전이 약화되어 성장 탄력성을 잃어버리기 쉽다.34) 하지만 비전을 공유한다는 조건에서 볼 때, 개척팀의 규모가 크면 클수록 성공적인 개척이 되기 쉽다. 미국 남침례교의 교회 개척의 경우, 50명 이상으로 시작하는 교회는 50명 미만으로 시작하는 교회보다 성공률이 3배 이상 높다고 한다.35)

ii) 개척 팀의 훈련

같은 교회에 대한 비전을 가지고 기꺼이 그 꿈에 동참하고자 하는 사람들로 개척 팀이 구성되었다면, 그 다음은 개척 팀을 훈련하고 양육하는 과정이 필요하다. 우선적으로 개척 팀을 훈련하는데 있어서 첫 번째 할 일은 개척 팀 구성원들의 은사와 성격 검사를 간략하게 하는 일이다. 이를 통해 서로의 은사와 성격을 알아 사역에 효율성과 갈등의 예방을 꾀할 수 있다.

개척 팀을 잘 훈련하는 일은 세심한 배려와 계획이 필요하다. 따라서 이들을

---

33) Charles L. Chaney, *Church Planting at the End of the Twentieth Century* (Wheaton, Illa; Tyndale House, 1991), 198.
34) Malphurs, 「21세기 교회개척과 성장과정」, 382-3.
35) C. Peter Wagner, *Church Planting for a Greater Harvest* (Ventura, CA: Regal Books, 1990), 120.
36) Christian A. Schwarz and Christoph Schalk, 「자연적 교회 성장 실행지침서」, 이준영, 오태균 공역 (서울: NCD, 2000), 102-3.

훈련할 훈련프로그램이 제대로 준비되어야 한다.36) 10주 내지는 12주 정도의 소그룹 훈련프로그램을 통해 목회자는 자신의 교회관과 그에 따른 목회철학을 나누며, 이에 기초한 기본적인 신앙의 기초 및 성장과 성숙 단계에 따른 과정을 배우도록 한다.37) 이러한 개척 팀으로 준비될 때의 훈련 프로그램에 더하여 교회가 성장 발달함에 따라 이들을 지도자로 계속적으로 훈련하는 신앙성숙도에 따른 단계별 프로그램을 준비해야 한다. 예를 들면, 새들백교회의 야구 베이스 모델이 좋은 예이다. 이 교회의 훈련 프로그램 단계는 야구의 1루에 해당하는 새신자와 새가족을 위한 기초 반인 101번으로 시작하는 반을 시작으로, 영적 성숙으로 이끄는 200번대 반, 사역에 필요한 내용과 기법들을 가르치고 훈련시키는 300번대 반 그리고 예수 그리스도를 증거하는 선교에 동참하도록 하는 400번대 반으로 구성되어 있다.38)

(3) 비전에 적합한 전략과 계획 – 전략 지역과 목표 집단 선정, 접근방법 모색

i) 전략지역의 선정과 기초적 지역조사

목회자는 개척의 비전을 마음에 담았을 때부터 시작해 성장가능성이 있는 지역 가운데서 자신의 은사를 염두에 두고 목표지역을 선정하도록 해야 한다. 그리고 끊임없이 그 목표지역의 필요와 자신의 목회적 은사를 어떠한 사역으로 나타낼 것인가를 기도하면서 연구해야 한다.39) 여기에 포함되는 요소는 개척대상 지역의 인구학적 조사 및 복음에 수용적인 지역 여부 조사이다. 전략지역은 복음에 수용적인 토양을 지닌 곳이어야 한다. 대체로 다음과 같은 조건을 지닌 곳이 개척대상

---

37) Malphurs, 「21세기 교회개척과 성장과정」, 432.
38) Ibid., 409.
39) 박창현, "한국교회의 개척방식의 문제점과 그 대안," 154-5.

지로 적합하다고 여겨진다: 첫째, 신도시와 같이 새로 형성되는 지역의 거주자들, 둘째, 생활양식과 삶의 환경이 급속히 변동되는 지역, 셋째, 지배적인 종교나 특정 종교에 대한 배타성이 없어 타 종교에 대해 관용적인 지역, 넷째, 분쟁이나 위기가 심각한 지역, 다섯째, 가난이나 사회적 편견 등의 불우한 환경지역, 여섯째, 가까운 곳에 교회를 찾기 힘든 지역, 일곱째, 부근의 교회들이 잘 성장하고 있는 지역.40)

개척대상 지역이 몇 군데 선정된 후 이를 놓고 개척팀 및 후원팀과 함께 기도하며 성령의 인도하심을 구하면서 개척대상 지역의 기초조사를 병행한다. 이때 유의해야 할 점은 성령의 인도하심에 대한 완전한 개방성과 순종의 자세이다(행 16:9-10). 또한 자신의 은사와 특성의 고려이다. 개척목회자와 개척팀의 성격이나 은사가 전략지역의 사람들을 접촉하는데 어떠한 영향을 미칠 것인가를 고려해야 하며, 이를 염두에 두고 지역의 기초조사가 이루어지면 좋다. 이러한 지역의 기초조사에는 다음과 같은 기본적 요소가 포함되어야 한다: 첫째, 총 주민 수, 둘째, 주요 사업장들이나 직업들, 셋째, 인구유입률, 넷째, 주요 목표 집단 인구수의 총 주민수 대비 비율, 다섯째, 지역 주민들의 가계별 평균소득. 이상의 요소들을 고려해 개척 팀과 함께 모여 전략 개척지를 선정한다.

ii) 전략 수립 - 선택과 집중

전략지역이 선정되었다면 지역사회의 영적 필요에 적합한 성서적인 전략과 비전을 실현할 프로그램의 개발이 필요하다. 개척교회는 자원의 제한으로 인해 목회지도자가 자신의 은사와 교회의 자원에 적합하게 목회적 역량을 전문화하는 것이 좋다. 하나님께서 자신에게 주신 은사를 파악하고 그 은사와 교회의 사역을 접

---

40) 명성훈, 「교회개척의 원리와 전략」, 120-1

목할 수 있어야 한다. 그리고 교회의 사역은 지역사회 진단을 통해 그 지역이 필요로 하거나 지역에 적합한 접근 방법을 자신의 목회적 역량과 접목해 지역주민을 찾아가는 교회가 되어야 한다. 목표 집단의 선정에서 있어서 잊지 말아야 할 점은 교회개척은 잃어버린 영혼을 좀 더 효율적으로 구원하려는 목적에서 시작되었다는 사실이다. 따라서 개척교회의 전략수립은 이 우선적인 목표에 집중해야 개척을 원하시는 하나님의 뜻을 성취할 수 있다. 우리가 오늘날 우리가 교회성장에서 인정하고 있는 사실 중의 하나는 성장의 약 80%가 '전입성장'(transfer growth)이라는 현실이다.[41]

이러한 은사와 자원의 선택과 집중에서 고려해야 할 현대 목회의 중요한 패러다임은 바로 '평신도의 사역자화'와 '소그룹 사역'이다. 포스트모던의 개인주의와 주관적 체험의 중시는 다가오는 세대에서 교회가 지향해 가야 할 커다란 좌표가 평신도의 사역자화와 소그룹 운동이다. 그리고 이 두 가지를 충족시키는 목회 구조적 패러다임은 바로 소그룹사역이다.[42]

리전트 대학의 스티븐스(Paul Stevens)는 신자들 모두가 사역자가 되어 일하지 않으면 교회는 그 본질적 생명력을 잃게 된다고 지적한다.[43] 사실 오늘날 전통적 교회는 교회 신자들의 10-15퍼센트만이 교회의 기능에 필요한 사역을 하고 있다.[44] 따라서 오늘날 개인적 참여와 체험을 선호하는 포스트모던 시대의 개척교회는 전통적 목회구조가 아닌 모든 신자가 사역에 적극적으로 참여하는 평신도 사역자화를 추구하는 소그룹 목회 구조가 적절한 패러다임임을 보여준다.

이러한 소그룹 목회구조는 교회개척의 기본 정신인 잃어버린 영혼을 찾는데

---

41) Malphurs, 「21세기 교회개척과 성장과정」, 392.
42) 교회개척에서의 소그룹 사역에 관해 더 자세히 알고 싶으면, 한만오, "건강한 미래형 소그룹 사역을 위한 효과적인 전략," 「복음과 실천신학」, vol.16 (2008 봄): 34; Malphurs, 「21세기 교회개척과 성장과정」, 322-51를 참조하시오.
43) Stevens and Collins, 「평신도를 세우는 목회자」, 11.
44) Neighbour, 「셀교회 지침서」, 43.

있어서도 가장 효과적인 패러다임이라고 할 수 있다. 따라서 개척교회 소그룹의 기본 구조는 신자의 그룹(닫힌 소그룹)과 신자와 불신자가 섞인 그룹(열린 소그룹)의 균형이 필요하다. 닫힌 소그룹과 열린 소그룹 두 종류 모두 한 회중 내에 필요하다.45) 열린 소그룹은 그 개방성으로 인해 불신자들이 쉽게 신자들의 삶과 교제를 접할 수 있기에 전도의 가능성이 높으며 미숙한 신자들이 성숙한 신자들의 본을 받아 영적 성장과 발전을 도모하기 용이하다. 따라서 열린 소그룹은 영혼 구원과 새 교인의 교회 정착에 장점이 있는 반면, 신자들 간의 깊이 있는 교제가 그룹에 섞여 있는 불신자나 새신자들로 인하여 제한되는 문제가 있다.46) 반면, 닫힌 소그룹은 구성원을 철저히 기존 신자들로 제한한다. 따라서 그룹 내에서 서로의 삶을 나누고 깊은 신앙적 문제들을 함께 나누며 영적 교제를 하기에 용이하다. 하지만 교회 내 불신자들이 소외감을 느끼기 쉬우며 복음전도에 제한이 있고 자칫 소그룹 자체의 교제에 만족하며 소그룹이 패쇄적이 될 위험이 있다.47) 따라서 소그룹 사역 교회는 소그룹을 통해 소그룹 지도자들의 교제와 나눔과 섬김을 체험하고 성장하도록 하는 동시에 열린 소그룹을 통해 교회의 지상 과제인 잃어버린 영혼들을 구원하는 복음전도의 첨병의 역할을 해야 하기에 두 기본 구조의 적절한 균형이 요구된다.

iii) 교회의 위치 선정

개척교회가 들어설 지역 선정도 중요하지만 교회가 그 지역사회의 어디에 위치할 것인가는 더욱 중요한 경우가 많다. 특히 주차장이 어느 정도 확보된 기성교회와 달리 개척교회는 대부분의 경우 주차장 시설이 거의 없기에 지역주민들이 걸어서도 올 수 있는 있도록 쉽게 잘 눈에 띄면서도 편하게 올 수 있는 위치에 자리 잡

---

45) 이에 대한 더 자세한 설명은 다음을 참고하라. Neighbour, 「셀교회 지침서」, 299-305; 박영철, 「셀 교회론」, 290-2.
46) 박영철, 「셀 교회론」, 290-1.
47) Ibid., 291-2.

는 것이 좋다. 이와 같은 교회 위치 선정을 위해 고려해야 할 요소는 다음과 같다: 첫째, 개척교회가 자리잡은 위치는 가시성과 접근성이 좋아야 한다. 둘째, 크기: 목회비전과 재정상황에 따라 다르겠지만 교회의 성장을 고려하여 중간에 다시 옮기는 일을 피하기 위해 적어도 3년 이상 목회할 수 있을 정도의 크기와 시설을 갖추도록 하는 것이 좋다. 셋째, 건물의 모양: 가능하면 교회의 이미지를 살릴 수 있는 건물이면 좋다. 넷째, 하천이나 높은 언덕 혹은 철로 같이 통행이 막히는 곳은 피하여 약간 높은 정도의 위치가 좋다. 다섯째, 주차장이나 대형집회로 쓸 수 있는 공공건물이나 공원 또는 놀이터와 가까운 곳을 택하라. 여섯째, 사람들이 접근하기 어렵거나 금지되어 있는 지역을 피하라. 일곱째, 건물임대료를 제외하고도 적어도 1년 이상 견딜 수 있을 재정 한도 내에서 구하라. 여덟째, 건물 임대차 관련 사항이나 규제와 관련된 사항을 꼼꼼히 알아보고 정하라. 아홉째, 가능하면 대중교통이 편리한 곳에서 가까운 곳을 정하라. 마지막으로, 쉽지 않지만 반경 300미터 이내에 다른 교회가 없는 곳으로 정하라.[48]

iv) 재정조달과 집행계획

개척목회자에게 있어서 개척 시 가장 염려되는 영역 중의 하나가 바로 재정의 조달이다. 적어도 개척 후 3년 정도 필요한 재정 수요와 공급 계획을 구체적으로 입안할 필요가 있다. 왜냐하면 대체로 개척 후 초기 2년간은 어느 정도 처음의 각오와 비전으로 잘 견디어 나가지만 2년에서 3년 정도에서 목회자나 목회자의 배우자가 지속적인 스트레스나 탈진으로 인해 정체를 겪는 경우가 많이 있다.[49] 이러한 경우에 재정적인 위기까지 목회자에게 닥칠 경우는 개척교회가 지닌 성장잠재

---

48) 명성훈, 「교회개척의 원리와 전략」, 166-7; Aubrey Malphurs, 「21세기 교회개척과 성장과정」, 홍용표 역 (서울: 예찬사, 1996), 455-8.
49) 교회성장연구소, 「Church Plating: 한국의 교회개척에 대한 심층 연구보고서」 (서울: 교회성장연구소, 2003), 68-9.

력이 줄어들 위험이 있다. 따라서 개척목회자는 적어도 초기 3년간 소요될 것으로 예상되는 재정적 필요와 이를 뒷받침할 자신에게 유용 가능한 다양한 재정적 자원들을 6개월 단위로 정리 파악하고 있어야 한다.

    재정 조달에 있어서 개척목회자가 명심해야 할 원리는 바로 재정은 필요나 요청에 의해서가 아니라 비전에 응답해 채워진다는 사실이다. 대부분의 재정후원자들은 본인들의 후원이 의미 있고 역동적이라고 여겨지는 분야에는 규칙적으로 기부한다. 따라서 다음의 후원 방안에서 제시되는 후원가능자들에게 개척교회의 비전을 알리고 설득하는 일이 가장 중요하다. 개척목회자는 자신의 교회를 통해 큰 일을 성취하시기 원하시는 위대하신 하나님과 함께 하기에 크게 생각하고 큰 비전을 품을 필요가 있다.50)

    재정 조달을 위한 방안은 다음과 같다. 첫째, 가장 먼저 모교회를 통한 개척의 경우는 교회 개척 시 한 번 크게 돕는 경우나 그렇지 않고 모교회의 선교 예산에서 지교회의 재정을 정례적으로 지원하는 방안이 있다. 또 하나의 방법은 모교회가 교회 예산이 아니라 예배를 드릴 때나 특별한 모임에서 지교회를 위한 헌금을 작정하고 작정한 헌금을 교회로 보내는 방안이다. 두 번째 방안은 개척 멤버들 가운데 핵심 그룹의 사람들이 재정과 관련하여 서로 초기 개척부터 약 3년 정도 소요될 경비와 이에 합당한 재정조달 방법을 함께 강구하는 방법이다. 세 번째는 해당 교회의 개척에 관심을 가지는 친구들이나 가족 친지들의 후원이다. 네 번째 방안은 교단이나 특정 단체가 재정 후원자가 될 수 있다. 다섯 번째 방안은 목회자 개인이나 배우자의 재정적 능력이다. 개척목회자가 특정 직업이나 사업을 통해 교회의 재정을 조달하는 경우이다.

---

50) Malphurs, 「21세기 교회개척과 성장과정」, 79-80.

v) 비전을 반영한 역동적 예배와 설교

개척목회자는 자신의 교회관이 예배에 반영되도록 해야 독특하면서도 역동적인 예배를 통한 교인들의 영적필요를 충족시킬 수 있다. 이때 예배의 종류는 명확하게 그 목적과 대상을 구체적으로 정해 그에 적합하게 진행되어야만 모든 예배가 교인들에게 다른 예배와 다른 경험을 할 수 있는 기회를 제공한다.51) 이때 유의할 점은 교인들의 예배에 대한 직접 참여를 독려하여 이를 통한 신앙 성장과 헌신을 경험하도록 하는 일이다.

설교는 역설적으로 개척교회 목회자가 가장 심혈을 기울여 준비해야 할 요소이다. 새로운 지역에서 교회를 찾고 있는 기존 교인들의 경우 우선적으로 목회자의 설교를 통하여 교회를 정할 것을 고려하기 때문이다. 바람직하기는 최소한 6개월씩 2년 정도의 설교를 의도적으로 계획해 준비하라. 이 기간이 개척교회가 창립 단계에서 성장기로 접어드는 시기이기 때문에 목회자의 설교는 더욱 중요하다. 설교는 가능한 기억하기 쉽고 실천적 요소를 포함하도록 준비하며 가능한 성서를 중심으로 한 설교로서 현대적 언어와 창조적이며 긍정적인 분위기의 설교가 좋다.52)

2) 2단계 - 교회의 창립

창립 준비는 개척팀이 정해져서 훈련과 양육이 시작되자마자 바로 준비하는 것이 좋다. 개척 팀과 함께 교회의 창립을 준비하기 위해 담임 목회자는 개척팀에게 기획, 홍보, 초청, 섭외, 순서, 시설, 안내 등으로 구분해 역할을 맡기고 확인하는 일이 필요하다. 이러한 교회 창립에 필요한 일들 가운데서 먼저 창립일의 선정에 대하여 알아보자.

---

51) Ibid., 274-8.
52) Ibid., 285-9.

(1) 창립일의 선정

창립일의 선정은 우리나라의 경우 창립예배의 순서자 관계로 인해 월요일에 드리는 경우가 많다. 하지만 월요일 낮 시간의 창립예배는 자칫 지역주민의 참여 없는 창립이 되기 쉽다. 따라서 가능한 창립예배는 지역 주민이나 이웃 교회의 교인들이 부담 없이 참석이 가능한 목요일이나 토요일 저녁으로 정하는 것이 바람직하다.53) 하지만 피해야 할 날도 있는데 그것은 연휴나 특별히 기후적으로 혹독한 시기는 피하는 것이 좋다.54) 왜냐하면 앞서 언급했듯이 개척교회들이 위치하고 목표그룹으로 삼고 있는 사람들은 그 지역주민으로 걸어서 교회를 올 수 있어야 하는 상황이기에 너무 무더운 날씨나 혹독하게 추운 날씨나 태풍이나 장마 등의 궂은 날씨는 피하는 것이 좋다.

(2) 교회 이름

새로 시작하는 많은 교회들이 준비단계에서 대부분 교회이름을 짓는다. 창립을 구체적으로 준비하면서 개척팀과 목회자가 교회이름을 지을 때 고려해야 할 요소는 다음과 같다.

첫째, 다른 교회와 구별이 되는 이름이어야 한다. 자칫 너무 유명하거나 바로 인접한 교회의 이름과 유사한 교회명을 사용함으로써 윤리적으로 문제가 되거나 개척교회로서의 독특성을 잃지 않도록 해야 한다. 둘째, 전략 지역과 목표그룹의 특성을 고려해 이름을 지어야 한다. 교단적 구분이 점점 불분명해지고 있는 시기이기에 도시지역에서는 교단 이름보다는 이들 목표지역의 사람들에게 친숙하거나 적합한 이름을 짓는 것이 좋다. 그 지역의 유명한 지명이나 특성들이 반영된 이름이면 좋다. 시골지역의 경우는 교파나 교단의 이름을 분명하게 사용하는 것이 불

---

53) 명성훈, 「교회개척의 원리와 전략」, 213.
54) Malphurs, 「21세기 교회개척과 성장과정」, 448-9.

필요한 오해나 초기 이동하는 신자들을 정착시키는 데 도움이 된다. 셋째, 가능한 한 부르기 쉽고 기억하기 쉬운 짧은 이름을 사용하는 것이 좋다. 넷째, 지역에 친숙하지만 지역에 한정되지 않는 융통성 있으며 은혜스럽고 성장의 가능성을 담고 있는 이름이면 좋다. 다섯째, 교회 이름에 특정한 신학적 특성이나 교파적 특성의 느낌이 나는 부분은 사용을 하지 않는 것이 좋다. 다섯째, 개신교회의 특징을 의심받을 수 있는 이름을 사용하지 않도록 조심하라. 여섯째, 비록 의미가 있을 이유가 있지만 가능하면 특정한 인물이나 사건의 이름을 개척하는 교회명으로 사용하는 일은 피하라.55)

(3) 창립예배의 홍보

개척교회는 이웃의 기성교회와는 여러 가지 면에서 열악한 부분이 있기에 무엇보다 홍보에 애를 쓰는 것이 필요하다. 명성훈은 교회의 홍보에 대하여 다음과 같이 말한다: "교회는 기업과는 비교할 수 없는 가치를 제공하는 기관이다… 그럼에도 불구하고 흔히 그것을 그토록 싱겁고 매력 없는 방법으로 소개하는 것이 얼마나 모순적인가! … 교회에 대한 잘못된 인상은…: 교회 자체의 문제 때문이 아니라 교회를 알리는 방법에 실패하기 때문이다."56)

교회의 창립 홍보 전략에는 대표적으로 다음과 같은 것들이 있다: 첫째, 우편발송 홍보이다. 이는 모든 가능한 사람에게 새로운 교회에 대한 홍보책자 또는 전단지를 담임 목사의 편지와 함께 발송하는 방법이다. 이때 교회안내 전단지는 해당 지역정서에 맞되 교회의 독특한 목적과 사역목표를 매력적으로 기술해야 한다. 기본적으로 교회의 주소, 전화번호, 찾아오는 길의 안내지도 등은 반드시 포함되어야 한다. 그리고 비신자의 관점에서 목표그룹에 적합하게 작성되어야 하며, 질

---

55) Malphurs, 「21세기 교회개척과 성장과정」, 450-4; 명성훈, 「교회개척의 원리와 전략」, 213-4.
56) 명성훈, 「교회개척의 원리와 전략」, 216-7.

적으로 가장 좋은 것으로 제작하며, 창립일 2일 전쯤에 도착하도록 하는 것이 좋다. 둘째, 모든 가능한 사람에게 직접 방문하는 방법이다. 물론 오늘날처럼 거주구조가 접근이 어려운 상황에서 쉽지 않은 방법이지만 많은 기도와 진지한 접근만 있으면 의외로 좋은 결실을 맺을 수 있다. 중요한 요소는 방문자의 차림새와 태도와 접근 방법이다. 셋째, 지역주민들에게 쉽게 눈에 띄는 광고방법을 사용하는 것이다. 아파트의 엘리베이트 내부 광고란이나 지역상가 안내책자 등에 비용을 들여서 광고하는 것이 대표적인 경우이다. 넷째, 이벤트를 통한 창립광고이다. 연예인 초청 잔치나 주부나 장애인 노인들을 위한 흥미 있는 행사를 통하여 창립을 홍보하는 방법이 그것이다.57)

(4) 창립주일 이후의 기획

창립일 당일은 사실 많은 방문객들로 인해 개척교회지만 썰렁하지 않다. 하지만 대부분의 개척교회가 경험하는 바와 같이 문제는 바로 창립 다음 주일부터이다. 창립 주일에 참석했던 사람들 가운데는 그 다음 주에도 개척교회를 방문하는 경우가 있을 것이다. 그런데 정작 그 다음 주에 창립주일이 주었던 좋은 인상을 계속해서 갖지 못하는 경우에 개척교회에 참여하는 것을 주저하게 될 것이다. 따라서 창립을 준비할 때 개척팀은 적어도 다음 3-4주 동안은 연속하여 교회의 비전에 걸맞는 특별한 예배 순서와 음악 그리고 이벤트 등을 계획하는 것이 좋다.58)

(5) 기존 교회와 목회자의 협조를 구하라.

개척교회가 지역 교회에 환영받지 못하는 이유 중의 하나는 기존 교회에 위협이 될 가능성이 있기 때문이다. 특히 근접한 지역이나 심지어 같은 건물에 새로운

---

57) Ibid., 217-21.
58) Malphurs, 「21세기 교회개척과 성장과정」, 466-7.

교회가 들어서는 경우는 대립적인 관계가 심각해진다. 따라서 개척팀과 목회자는 동일교단은 물론이고 지역사회의 타교단의 교회들에게도 교회 창립 이전에 충분한 인사와 협의를 하도록 노력해야 한다. 이때 가장 좋은 접근 방식은 새로이 개척되는 교회가 교인의 수평이동이 아니라 철저하게 비신자와 비교인들 대상으로 설립되는 것임을 보여주는 것이다.[59]

3) 3단계 - 성장, 성숙, 재생산 단계

일반적으로 건강한 아기는 잘 먹으면 성장한다는 사실은 불변의 진리이다. 따라서 개척교회의 계속적 성장에서 목회자와 개척팀이 준비하는 예배와 설교는 매우 중요하다. 특히 한정된 자원의 선택과 집중을 통해 교회개척의 토대가 되는 교회설립의 비전에 따른 예배와 행사와 설교를 일관되게 지속하는 일은 매우 중요하다. 이를 통해 그 지역에 해당 교회의 존재 의미가 부각되며 새로운 영적 필요가 채워짐으로써 새로운 영혼들을 얻을 수 있다. 이와 관련해 새들백교회의 워렌은 "당신 교회의 모든 프로그램의 목적을 항상 분명히 하라. 목적과 관계없는 프로그램은 없애버리라…. 프로그램은 언제나 당신의 목적을 섬기는 종이어야 한다."[60]

개척비전에 기초한 교회의 설립 목적에 충실함과 함께 시기에 가장 중요한 일은 개척멤버들을 훈련시킬 때의 소그룹 훈련 과정을 확장하고 질적으로 강력하게 다듬어 나가는 일이다. 즉, 목회자는 평신도 지도자들을 발굴 양육해 사역자로 만드는 동시에 소그룹의 다양화와 예배의 역동성과 설교의 탁월성을 통해 교인들과 지역사회의 영적 필요를 충족시켜가는 과정이 성장과 성숙의 가장 중요한 과정인 것이다.

---

59) 명성훈, 「교회개척의 원리와 전략」, 225.
60) Rick Warren, 「새들백교회 이야기」, 김현회, 박경범 역 (서울: 디모데, 1996), 161.

4. 교회개척 시 주의해야 할 일과 대처방안

1) 교회개척에서 범하기 쉬운 실수들

(1) 너무 일찍 전문사역자를 청빙하는 일

대체로 출석교인 중 장년이 100명 정도 되기까지는 기다리는 것이 좋다. 왜냐하면 소형교회나 개척교회를 찾는 사람들의 경우는 대개 목회자의 직접적 돌봄을 선호해서 그런 경우가 많기 때문이다. 또한 교회 설립 초기에는 담임 목회자의 목회철학과 가치관들을 담임 목회자가 직접 여러 경로를 통해 전달하는 일이 필요하다.

(2) 건물을 너무 일찍 구입하는 일

교회를 개척해 안정기에 접어들면서 교회가 겪는 도전은 예배처소인 교회당의 건립이다. 자칫 이러한 교회당 건립이 오히려 교회의 성장 역동성을 교회의 비본질적인 부분으로 향하게 만들 우려가 있다.61) 또한 교회가 우선적으로 사용해야 할 사역의 우선순위가 교회당의 구입이나 건립으로 인해 잘못될 위험도 있다.

(3) 갖추어지지 않은 평신도 사역자를 너무 일찍 지도적 위치에 세우는 일

i) 교회 사역자를 세울 때 다음의 사항을 참고하여 일꾼으로 세우는 것이 좋다.

---

61) 박영철, 김현철, 홍순석 진행, "개척교회의 공동체성 만들기," 91-101, 목회와 신학 편집부 편, 「교회개척」 (서울: 두란노아카데미, 2010), 93.

(i) 다른 교회에서 평신도 지도자로 있던 사람

(ii) 성경지식이 많은 사람

(iii) 열정이 많은 사람

(iv) 신앙연조가 오래 된 사람

(v) 과거 사역경험이 많은 사람

(vi) 빈말로 추켜세우는 사람

ii) 사역자를 세울 때 참고할 사항들

(i) 아내가 그 사람에 대해 좋게 평가하는가?

(ii) 겸손하고 담임목회자의 비전을 지지하는가? 혹시 자신의 꿈을 이루려 하는 사람이 아닌가?

(iii) 이전 교회에서 좋은 평판을 얻었던 사람인가?

(iv) 당신이 그 사람을 좋아하고 그 사람도 당신을 좋아하는가?

(v) 사람의 능력이나 재능보다 항상 그 사람의 성품을 중시하라.

(vi) 신앙적인 방향이나 신학을 서로 나눌 수 있는 사람인가?

2) 교회 개척에서 목회자가 겪는 어려움과 해결방안

(1) 어려움들

교회 개척 시 목회자가 경험하는 영역별 어려움들은 다음과 같다. 첫째, 개인적 어려움으로 육체적, 경제적, 가족적 어려움 등이 그것이다. 둘째, 교인들로 인한 어려움으로 함께 하던 교인들이 교회를 떠나거나 배신하거나 공격하는 경우 등이 이에 속한다. 셋째, 목표와 관련된 어려움으로 계획의 실패나 목표의 미달 등으로 인한 좌절과 탈진의 어려움이 이에 속한다.

(2) 어려움의 구체적인 예들

i) 친구나 지인(아는 사람)들로부터의 고립: 교회친구, 동기나 동창 혹은 이웃, 가까운 친척들과의 교제로부터 멀어짐(자신을 포함하여 배우자와 아이들이 같은 어려움 겪음), 새로운 관계들을 만들어나가야 하는 스트레스, 교회가 작음으로 인해 동년배 집단이나 또래 집단 혹은 비슷한 취향이나 배경을 가진 사람들과의 만남이 어려움.

ii) 자원의 부족(결핍)에서 오는 어려움: 교회가 새로 설립되고 작음으로 인해 예배, 교육, 심방, 행사 등에 필요한 인적·물적 자원들이 충분히 공급되지 못함으로 오는 어려움, 특히 성경공부, 예배의 음악, 의사결정과정에서의 의논상대의 결핍이 가장 두드러지는 어려움, 결국 이 모든 것을 목회자 자신이 나서서 해결해야 하는 어려움.

iii) 육체적인 피로감: 목회자와 그 가정이 모든 것을 우선적으로 책임지고 교회의 주요 기능들(전도, 교육, 봉사, 친교, 예배)을 주도적으로 준비하고 실행하여야 함으로 인해 오는 육체적인 과중한 부담, 더욱 힘든 것은 교회의 목회자로서 우선적으로 해야 할 일이 많음에도 교인들의 우선적인 필요에 부응하려고 목양 외의 부가적인 일에마저도 힘을 쏟아야 하는 경우가 많음, 교인의 이사, 아이들 돌봐줌 등등.

iv) 눈에 보이는 결과가 나오지 않음으로 인해 겪는 실망: 이 문제는 목회자 자신의 분명한 목회철학과 이와 관련된 구체적 목표설정이 없어서 생기는 경우가 많다. 목회 자체가 지니는 결과 측정의 어려움이 있지만 개척과정에서 6개월 단위로 구체적 목표를 설정하고 그 목표달성을 점검하는 것이 도움이 된다. 목표가 분명하지 않으면 결과를 측정할 수 없다. 따라서 구체적인 월별목표, 분기기별목표, 연 목표 등을 6개월 단위로 점검하는 것이 도움이 된다.

v) 직접적인 핍박과 공격으로 인한 어려움: 지역사회의 이웃들로부터의 어

려움, 교인들 가정의 어려움의 원인이 교회라고 여겨져서 오는 어려움, 건강의 어려움 등.

(3) 어려움에 대처하는 방안들

i) 자신의 관점을 재확인한다.
　(i) 내가 지금 하고 있는 교회개척의 중요성을 재인식, 확신함이 필요하다. 톰작(Larry Tomczak)은 하나님의 동맥과 정맥이란 "교회를 짓는 것과 잃어버린 영혼을 구원하는 것"이라고 하였다. 중세기에 바티칸성당 건립공사에서 어느 사람이 일을 하고 있는 석공에게 무엇을 하고 있느냐고 질문하자 한 석공의 대답은 "나는 돌을 깎고 있어요"라고 대답했으나, 또 다른 석공은 "나는 성당을 짓고 있어요"라고 대답했다.
　(ii) 내가 하고 있는 교회개척이 중요하며 꼭 필요한 이유의 재확신이 필요하다. 새로운 교회가 불신자들에게 가장 잘 전도하기 때문에 교회개척은 반드시 필요하다. 20년 이상된 기존교회가 불신자들에게 전도하는 경우는 0-20%, 그러나 개척교회나 새 교회의 경우 60-80%의 불신자를 얻는다.
　개척교회가 불신자 전도에 효과적인 현상이 일어나는 이유로는 첫째, 교회가 시간이 지나가면서 자신들의 자원과 힘들을 내부에 있는 기존 교인들의 욕구와 관심에 쏟으려고 하는 경향으로 인해 교회 밖의 사람들에게 소홀해지기 쉽기 때문이다. 개척교회들은 본질적으로 자신들의 관심이 교회 바깥으로 향해 있으며 복음을 전하기 위해 교회 바깥 사람들의 말과 태도에 민감하게 반응한다. 기존의 교회는 개척교회만큼 교회바깥의 소리에 민감하지 않다. 대체적으로 20-30% 정도 이상의 새로운 교회가 없이는 지역적으로나 교단적으로 새로운 신자나 교인들을 얻기가 어려워지며 전체적으로 감소하게 된다. 골목마다 교회가 있더라도 이 현상은 마찬가지이다. 그러므로 20-30% 이상의 새롭게 개척되는 교회가 없으면 성장이 정체되거나 감소하게 된다. 지역의 복음화는 기존의 교회보다는 새로운 교회를 개척함으로 더욱 효과적으로 이룰 수 있다.

둘째, 개척교회는 새로운 세대와 기성교회에 실망한 사람들이 자리 잡기 용이하다. 뒷문으로 빠져나가는 교인들이나 기존의 교회에서 영적만족을 느끼지 못하는 세대나 사람들에게 개척교회가 대안이 될 수 있다.

셋째, 개척교회는 기존의 교회와는 다른 창조적이거나 혁신적인 교회모습을 꿈꾸는 사람들에게 대안이 될 수 있다. 이렇게 됨으로 기존의 교회들이 새롭게 되는 일에 자극이나 기폭제가 된다.

그러므로 우리가 지금 하고 있는 개척교회는 하나님 나라 확장을 위한 가장 중요한 도구이며 가장 효과적인 하나님 나라 확장의 방법이다. 동시에 사회와 국가의 건강한 변화를 가져올 수 있다.

(iii) 성공에 대한 관점의 변화가 필요하다. "교회가 성장한다면, 내 영혼이라도 담보 잡히겠다"는 숫자지상주의의 결과, 새로운 한 영혼이나 적은 무리이나 함께 드린 예배의 의미나 기쁨보다 빈자리와 빠져나간 사람들의 공간들이 눈에 더 들어온다. "가진 자는 더 가진다." 1명의 새로운 교인, 매번 예배드림에서 오는 감동과 감사를 가지는 사람에게 하나님께서 더 부어주신다. 한 명의 영혼, 한 번의 예배, 한 번의 심방과 상담, 이러한 것에 관심과 의미를 부여하는 것이 중요하다.

(iv) 다른 관점을 위해 도움이 되는 질문들

첫째, 오늘 예배는 얼마나 영적이면서도 충만한 예배를 드렸는가? 몇 명 왔으며 누가 왔는가보다 우리 교회는 참석한 사람들에게 얼마나 관심을 가지고 있고 돌보고 있는가? 참석하지 않은 사람의 영적상태와 형편에 관심을 가지는가? 아니면 교회 나오지 않은 것만 관심을 가지는가?

ii) 하나님께서 우리 교회가 무엇을 하기를 원하시는가? 라는 질문의 관점에서 교인들이 하는 일에 관심과 주의를 기울이라.

이렇게 다른 관점에서 자신의 교회를 볼 수 있을 때 교회가 영성의 회복과 충만을 유지하게 되며, 생산과 결과의 관점에서가 아니라 하나님의 왕국의 관점에서 교인들을 이해하고 격려하게 되며, 이를 바탕으로 한 목회자의 관심과 격려는 교인들로 하여금 5리를 넘어 10리를 가게 만든다. 또한 교인들에게 사역을 맡길 때는 자신이 잘 알고 난 다음에 그 사역을 맡기라. 이는 목회자의 권위의 문제와 목표확인 및 효율성을 저해하는 문제 발생을 예방하기 위해 필요하다. 리더는 앞서가는 사람이지 뒤에서 독려하는 사람이 아니다.

건강한 커뮤니케이션 기법을 계발하도록 노력해야 한다. 늘 긍정적으로 말하고, 칭찬하고 난 뒤 격려하는 어법이 필요하다. 칭찬은 코끼리도 춤추게 한다. 나무랄 때는 일대일로 만나 일 자체를 가지고 지적하고 대안을 제시하던지 함께 찾으라. 그러나 이때에도 그 사람의 됨됨이에 대해 언급하지 않도록 주의해야 한다.

iii) 목회자 자신의 영적재도약을 시도하라.

교회개척은 영적싸움이므로 영적인 대응방법이 필요하며 이를 준비해야 한다. 그러기 위해 첫째, 소명의 재확인, 둘째, 하나님께 전적으로 의지하고, 교회의 작은 일들부터 하나님 손에 올려놓는 것이 필요하다. 가족이나 자기 관리에 관심을 가져라. 가족시간의 확보, 배우자와의 대화, 규칙적 운동 및 영적휴식과 관련한 계획을 세우고 실행하도록 한다. 이 밖에 목회자는 개척에서 오는 어려움을 해결하기 위해 지역의 좋은 목회조언자를 구하고 도움을 청하는 방법도 도움이 된다.

iv) 개척팀을 일찍부터 준비하고 훈련시키라.

이는 탈진의 예방에 중요하며, 지도자 발굴에도 좋은 기회를 제공한다. 개척자에게 가장 필요한 두 가지 자질은, 첫째, 사람들을 모을 수 있는 능력, 둘째는 모인 사람들을 계발하고 인도할 수 있는 역량이다. 교회개척실패자의 공통된 첫 번째 특징은 평신도사역자를 발굴, 양육, 훈련하지 못한 것이다. 자칫 개척팀이 아닌 개척 집단이 될 위험이 있으므로 철저하게 개척의 비전(워렌의 표현에 따르면 '목적'에 따른)에 기초한 훈련이 중요하다.

4) 개척 목회자의 가족 관계

배우자와의 관계가 건강하지 못하거나 교회개척에서의 전적인 격려와 도움이 없으면 개척은 불가능하다. 개척을 성공적으로 하기 위해서는 배우자, 자녀와 관계를 증진하는 일에 관심과 시간을 쏟아야 한다. 대체로 개척 2-3년 사이에 어떤 경우에는 성장의 슬럼프를 겪는데 이는 목회자 자신의 탈진도 이유 중의 하나이지만 또 하나의 중요한 이유는 담임 목회자의 사모가 개척 상황에서 겪는 여러 가지 스트레스에 압도당하기 때문인 경우가 많다. 목회가 안정되고 난 뒤, 자녀와 아내를 돌아보려 할 때는 이미 늦은 경우가 종종 있으며 이로 인해 후회하게 된다.

그러나 교회개척이 항상 목회자 가족에 부정적 영향만을 미치지는 않는다. 교회개척이 목회자 가족에 긍정적 영향을 미치는 경우는 다음과 같다.[62] 첫째, 교회개척은 개척 목회자 개인의 일이 아니라 어떤 형태로든 가족 모두가 함께 영향을 받고 참여하게 되는 일이다. 따라서 개척교회는 개척목회자 가족 모두의 보람 있는 결과물이 된다는 장점이 있다. 둘째, 교회개척은 기성교회에서의 담임 목회자 사모에게로 향하는 과중한 기대와 역할부담을 줄여줄 수도 있다. 왜냐하면 개척교회는 기존 교인들이 기대하는 사모에 대한 고정관념이 강하지 않고 새로운 사모상을 만들어갈 수 있기 때문이다. 셋째, 사실 개척교회는 돌보아야 할 교인의 수가 많지

---

62) Malphurs, 「21세기 교회개척과 성장과정」, 158-3.

않기에 기성교회보다 목회자 자신의 자기 돌봄과 가족 돌봄에 더 많은 시간과 관심을 쏟을 수 있다.

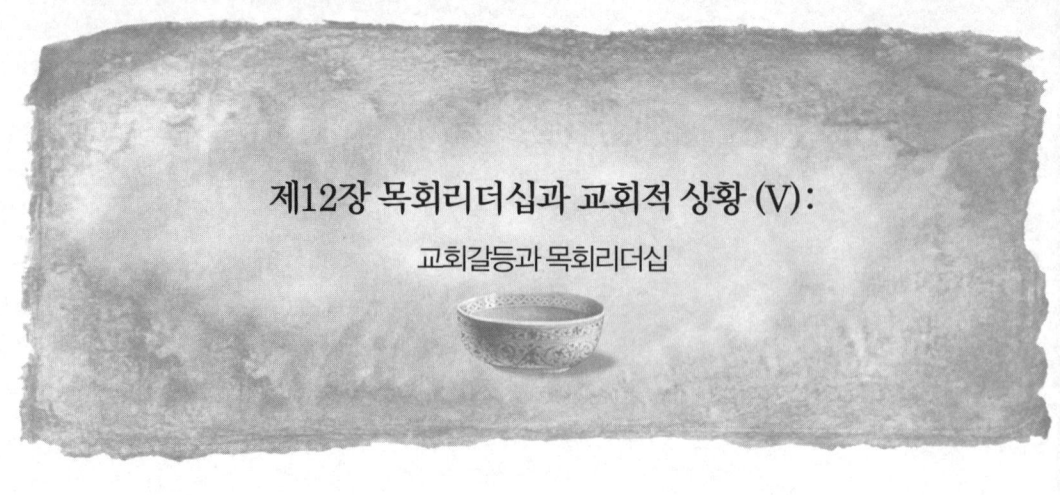

제12장 목회리더십과 교회적 상황 (V):
교회갈등과 목회리더십

왜 목회자가 갈등을 연구해야 하는가? 목회자의 사역터인 교회가 불완전하다는 말인가? 결론적으로 말하면 그렇다. 갈등의 원천은 교회의 본질로부터 나온다. 갈등은 교회의 두 가지 본질, 즉 신적인 동시에 인적인 특성에서 이미 존재한다. 교회의 신적 특성에서 볼 때, 교회는 예수님의 몸, 신부, 하나님의 백성, 세상으로부터 구별된 사람들로서 구원받은 거룩한 하나님의 백성들이다(요 17:14,16). 하지만 교회의 인적 특성, 즉 성화적 측면에서 볼 때, 교회는 그리스도를 삶의 중심에 모시고 살아가려고 노력하는 사람들의 모임이며, 오해, 이질적인 구성원, 인간관계에서 오는 어려움, 조직의 문제 등을 안고 하나님의 백성으로서 이 땅에 하나님의 나라가 이미 도래해 있음을 보여주려고 노력하면서 살아가는 사람들의 모임이다. 이 과정 속에서 세상에서 하나님의 통치를 구현하려고 하는 삶은 필연적으로 세상과의 갈등을 일으키며, 동시에 세상에서의 영향력 때문에 교회 내에서도 갈등이 보편적인 현상이 된다.1) 하

---

1) Larry L. McSwain and William C. Treadwell Jr., *Conflict Ministry in the Church* (Nashville: Broadman, 1981), 8; Kenneth O. Gangel and Samuel L. Canine, *Communication and Conflict Management* (Nashville: Broadman & Holman, 1992), 155-177; Donald C. Palmer, *Managing Conflict Creatively* (Pasadena: William Carey Library, 1990).

지만 해결되지 않는 갈등은 잠재적으로 교회의 힘과 자원과 사역의 목적을 와해시킬 위험이 있으며, 갈등의 해소방법에 따라 같은 종류의 갈등이 파괴적인 갈등이 될 수도, 건설적인 갈등이 될 수도 있다.[2]

교회성장학자 쉘러(Lyle Schaller)는 "대체로 어느 때건 전체교회의 약 3/4의 교회가 비생산적인 갈등의 결과로 인해 사역이 심각할 정도로 위축되고 있으며, 이 중 약 1/4에 달하는 교회의 경우는 내부 갈등이 심각하여 교회 자체의 내부갈등을 감소시켜야 교회의 새로운 방향설정과 확장을 위한 자원과 힘의 전환이 가능하다"고 말한다.[3] 그리고 이러한 심각한 교회갈등의 대부분의 경우(약 90%)는 목회자가 직·간접적으로 갈등의 어느 한쪽의 당사자로써 개입되어 있다.[4] 드러커(Peter Drucker)는 "교회 지도자의 가장 중요한 업무는 갈등을 예상하는 것이다"라고 주장한다.[5] 그러므로 목회지도자는 갈등관리의 연구를 통해 원하든 그렇지 않든 찾아오는 갈등을 교회가 성숙하고 성장하는 건설적 방향으로 리더십을 발휘할 필요가 있다.

1. 갈등의 일반적 이해

어원적으로 갈등의 문자적 의미는 "서로 치다, 서로 때리다"의 의미를 지니고 있다.[6] 갈등의 일반적 정의는 "둘 이상의 존재가 자신들의 판단에 함께 공유할 수

---

[2] David Augsburger, *Caring Enough to Confront* (Ventura: Regal, 1981), 11-2.
[3] Lyle E. Schaller, "Foreword," in Speed Leas, *Leadership & Conflict* (Nashville: Abingdon, 1982), 7.
[4] Norman Shawchuck and Roger Heuser, *Managing the Congregation* (Nashville: Abingdon, 1996), 249.
[5] Peter F. Drucker, *Managing the Non-Profit Organization: Principles and Practices* (New York: HarperBusiness, 1992), 9. 오스트리아 출신의 미국 경영학자 드러커(Peter Drucker)는 2005년 11월 11일 작고했다.
[6] Speed Leas and Paul Kittlaus, *Church Fight* (Philadelphia: Westminster, 1973), 28.

없는 목표를 가지려고 하는 상황"이라고 할 수 있다.7) 이를 좀 더 풀어쓰면, 갈등이란 "둘 이상의 존재(생각, 사람, 공동체, 혹은 국가)가 함께 머물 수 없는 공간(목표)에 동시에 같은 자리를 차지하려고 시도하는 상태"라고 할 수 있다.8) 그리고 갈등과 관련하여 종종 언급되는 용어는 '갈등관리'(conflict management)이다. 갈등관리의 방법은 '갈등해소'(conflict resolution)와 '갈등통제'(Controlling Conflict)의 두 가지 방법이 있다. '갈등해소'란, 갈등 상황에 처해 있는 당사자들 자신들이나 제3자가 갈등을 해결하여 본래 있었던 서로 간의 다른 점이나 감정들이 더 이상 존재하지 않는다는 의미이다. 반면에 '갈등통제'란 비록 상대방에 대한 선호도나 적개심이 존재하더라도 단순히 갈등을 관리해 갈등의 부정적 결과들을 줄이려는 시도를 의미한다.9)

1) 갈등의 구성요소

갈등은 그것이 발생할 수 있는 다음의 다섯 가지 요소나 조건들이 갖추어져야 가능하다.10)

첫째, 서로 상관관계가 있어야 한다(interdependency or interrelations).

교회 교인과 목회자의 갈등이 발생하는 이유는 서로 이미 맺어진 교인과 담임목회자라는 관계가 존재하기 때문이다. 이러한 갈등의 정도는 관계의 질적 깊이에 따라 달라진다(삼상 20:1-2의 다윗과 요나단의 예, 삼상 26:21과 25절의 결과). 즉, 유사한 갈등이라도 관계의 정도와 갈등 당사자가 처한 상황에 따라 다른 양상을 띤다.

둘째, 서로 저항하며 경쟁적으로 애쓰는 과정이 있어야 한다.

---

7) Ross Stagner, *The Dimensions of Human Conflict* (Detroit: Wayne State University, 1967), 136.
8) Shawchuck and Heuser, *Managing the Congregation*, 250.
9) 이 두 가지 개념의 차이에 관하여 좀 더 자세한 논의는 다음을 참고하라. Richard E. Walton, *Interpersonal Peacemaking, Confrontations and Third Party Consultation* (Reading: Addison-Wesley, 1969), 5.
10) 윤대혁,「인간관계와 커뮤니케이션」(서울: 탑북스, 2010), 284-6.

한 쪽이 포기하면 갈등은 발생하지 않는다. 즉, 갈등이 생길 여지가 있을 경우, 어느 한 쪽이 포기하거나 그 상황을 벗어나면 갈등은 생기지 않는다. 즉, 목회자와 교인이 갈등 상황에 처해 있을 경우, 어느 한쪽 목회자나 교인이 교회를 떠나면 더 이상 갈등이 생길 여지가 있었던 것이 중지된다.

셋째, 목적의 소유 상태가 양립할 수 없어야 한다.

즉, 갈등이 성립되려면, 갈등 당사자가 서로 동시에 목적을 소유할 수 없는 상황이어야 한다. 만약 갈등 당사자들이 어떠한 지위나 자원을 얻기 위해 서로 애쓰는 상황에서 그 지위나 자원이 당사자들에게 동시에 돌아갈 수 있는 상황이 생긴다면 그리고 갈등의 정도가 심각하지 않아 개인적인 감정의 골이 깊어지기 전의 상태라면 갈등은 자연스럽게 해소되게 된다.

넷째, 상대의 방해나 간섭을 인지하고 있어야 한다.

갈등은 지각을 통해 나타난다. 잠재되어 있는 상황에서는 갈등은 발생하지 않는다. 잠재적 갈등 당사자들이 서로가 동시에 양립할 수 없는 동일한 목적을 위해 애를 쓴다는 사실을 인지하는 순간부터 갈등은 시작된다.

다섯째, 반대와 협력을 선택할 수 있는 상황이어야 한다.

반대만이 가능할 경우는 전쟁이나 싸움이지 갈등은 아니다. 반대로 오로지 협력만이 선택으로 남아 있을 경우는 갈등이 아니라 순응이나 복종의 상태가 된다.[11]

2) 갈등의 순기능과 역기능

갈등을 반기고 즐기는 사람은 많지 않다. 대부분의 경우 갈등이란 단어는 사람들에게 부정적으로 와 닿는 느낌을 수반하는 단어이다. 하지만 갈등이 경우에 따

---

[11] Gangel and Canine, *Communication and Conflict Management in Churches and Christian Organizations*, 131-2.

라서는 교회에 긍정적 영향을 미치는 경우도 있다. 이러한 갈등의 순기능과 역기능에 대하여 살펴보면 다음과 같다.[12]

갈등의 순기능은 첫째, 갈등은 조직이나 개인의 문제점에 대해서 관계자들의 관심을 갖게 하는 계기가 되어 변화를 초래하게 할 수 있다. 둘째, 갈등이 합리적으로 해결되면 쇄신이나 변동 및 발전과 재통합의 계기가 될 수 있다. 셋째, 갈등은 조직이나 개인에게 창의성, 진취성, 적응성, 융통성을 향상시킬 수 있다. 넷째, 갈등은 침체된 조직을 거기에서 벗어나 더욱 생동하게 하는 계기가 될 수 있다. 다섯째, 갈등은 구성원들의 다양한 심리적 요구를 충족시키는 계기가 될 수 있다. 여섯째, 갈등은 조직 내의 갈등을 관리하고 방지할 수 있는 방법을 학습할 수 있는 기회를 제공한다.

갈등의 역기능은 첫째, 갈등해결을 위해 노력하는 동안은 성과나 목표달성에 매진할 수 없으므로 개인이나 조직에 부정적 결과를 준다. 둘째, 갈등은 조직의 안정성, 조화성, 통일성을 깨뜨릴 수 있다. 셋째, 갈등은 조직이나 개인의 창의성이나 진취성을 질식시킬 수 있다. 넷째, 갈등은 조직 내의 작은 문제에만 집착하여 환경을 무시할 수 있다.

3) 갈등의 원인과 진행과정

(1) 갈등의 일반적 원인

갈등의 원인은 매우 다양하다. 여기서는 일반적으로 목회사역에서 발견되는 주요 갈등 원인을 기준으로 다음의 다섯 가지를 살펴본다.[13]

---

12) 박영배, 「현대조직행동관리」 (서울: 도서출판 청람, 2010), 352-4; Shawchuck and Heuser, *Managing the Congregation*, 249-50.
13) Shawchuck and Heuser, *Managing the Congregation*, 251-4.

첫째, 한 개인의 내면적인 혼란과 어려움으로 인한 내적 갈등이다. 개인의 이익과 공익이 대립되는 경우 개인이 겪는 갈등이나 개인이 배우자를 선택하는 과정에서 겪는 갈등 역시 이에 속한다. 또는 신앙인이 하나님의 기대와 이를 이루지 못하는 신앙적 갈등도 여기에 속한다. 대표적인 예로는 사도 바울의 로마서 7장 15-24절의 고백을 들 수 있다.

둘째, 대인관계로 인한 갈등이다.

이는 서로 간의 맞지 않은 성격, 삶의 유형에서 오는 갈등을 말한다. 이러한 갈등은 의견이나 안건의 차이가 아니라 각자의 느낌들로부터 오는 경우가 많다. 주로 다음의 세 가지 원인이 교회 내에서의 대인관계갈등의 주원인이 되는 경우가 많다. 첫째, 태도의 다름에서 오는 갈등이다. 어떤 사람이나 안건에 대한 느낌이나 관점이 다름으로 인해 생기는 대인간의 갈등으로 편견, 고정관념, 특정 신념 등이 이에 속한다. 둘째, 신앙적 헌신정도의 차이에서 오는 갈등이다. 같은 신앙을 소유하고 있으나 신앙의 표현방법이나 정도의 차이가 다름으로 인해 오는 갈등이 여기에 속한다. 예를 들면, 교회정회원제도의 도입 갈등, 건축 헌금의 작성과 방법에 관한 문제, 특정 프로그램의 진단과 평가 방법에서의 차이 등을 들 수 있다. 넷째, 의사소통의 문제로 인한 갈등이다. 의사소통의 문제는 앞서 언급한 원인들이 문제가 되어 생겨난 패쇄적이며 외골수적인 의사전달방법에서 기인하는 갈등을 말한다. 의사소통에서의 갈등은 대인관계갈등을 더욱 악화시키는 주요한 요인이 된다.

셋째, 의견의 다름에서 오는 갈등(Substantive Source)이다.

두 당사자 혹은 두 집단 간에 사실, 목적, 수단 등에 대한 견해나 의견 등이 다름으로 인해 야기되는 갈등이다. 여기에는 다음의 네 가지 종류가 있다. 첫째, 사실, 상황에 대한 인식이나 의견의 다름에서 오는 갈등, 둘째, 문제해결 방법이나 수단 등에 대한 의견이 다름에서 오는 갈등, 셋째, 서로의 목적의 다름에서 오는 갈등, 넷째, 가치관의 다름에서 비롯된 갈등이다. 이 네 가지 종류의 갈등에서 가장 해결이 어려운 갈등은 가치관의 다름에서 오는 갈등이다. 왜냐하면 가치관의 영역은 개인의 존재 의미나 삶의 목적과 관련된 근본적인 영역이기에 그 부분을 양보하기가 어렵기 때문이다.

넷째, 구조적인 갈등이다.

조직이 지닌 구조적인 원인으로 말미암아 생기는 갈등으로, 계층, 성별, 세대 차이나 조직의 불분명한 역할규정이나 미비한 규약 등으로 인한 갈등이 이에 속한다. 대체로 교회 내에는 다음의 네 가지 구조적 갈등원인들이 있다. 첫째, 불명확한 역할이나 조직구성으로 인한 갈등이다. 제직회, 위원회, 당회 등의 조직의 역할이나 그 구성원의 책임, 업무영역의 불분명함으로 인해 발생하는 갈등이 여기에 속한다. 둘째, 목회자의 역할에 대한 혼동으로 인한 갈등이다. 목회자 자신이 인지하고 있는 역할과 교인들의 기대하는 역할과의 차이에서 오는 갈등이 이것이다. 셋째, 목회자의 지도력 유형에서 오는 갈등이다. 목회갈등에서 가장 흔한 불평이나 갈등 분야이다. 한 조사에 의하면 목회자가 교회를 그만두는 이유의 46%가 목회자의 지도력무능에서 온다고 보고되고 있는데, 그 내용을 보면 그 절반인 23%의 목회자가 너무 소극적이어서 문제가 된다고 응답하였다(예를 들면, 정이 없다, 게으르다, 아무것도 안한다, 등등). 나머지 23%는 목회자가 너무 권위주의적이어서 교인들과 자주 다투기 때문이라고 응답하고 있다.14) 넷째, 교회의 성장이나 감소 때문에 생기는 갈등이다. 교인 수가 감소하는데 따른 경제적, 심리적 어려움으로 인한 갈등은 일반적인 현상이다. 하지만 교회가 성장하기에 생기는 갈등은 이해하기 쉽지 않다. 하지만 교인 수가 늘어나는데 따른 필요한 교회의 구조증설에 대한 이해의 다름 및 교인 증가로 인해 유입된 새로운 인력과 기존 인력과의 화합, 활용이 갈등의 불씨가 되는 경우가 종종 있다. 그리고 이로 인해 교회의 성장잠재

---

14) Speed Leas, "Inside Church Fight," interviewed by Marshall Shelley and Kevin Miller, *Leadership*, vol. 10 (Winter 1989): 15.

력이 급격히 감퇴된다. 드러커는 조직이 20% 이상 성장 또는 감소하면 위기상황이라고 말한다.15)

다섯째, 사회 문화적 갈등이다.

교회내의 프로그램과 자원 배분, 예배 형식에서의 세대간 또는 계층 간의 견해차로 인한 갈등이 그 한 예라고 할 수 있다. 이 밖에도 이민교회에서의 언어적 차이에서 오는 갈등, 모 교회 영어권 목사와 이중 언어의 소수민족 목사의 갈등 등이 이에 속한다.

(2) 교회 갈등의 주요 영역과 갈등의 일반적 진행과정

i) 교회 갈등의 세 가지 주요 영역

교회의 갈등은 주로 다음의 세 가지 영역, 즉 가치, 목표, 방법에서 발생하며 그 영역에 따라 갈등의 진행과정에서의 정도가 달라진다.16) 만약 교회가 갈등을 제대로 해결하지 못할 경우 그 갈등은 다른 영역으로 그 영향이 미치게 되어 심각한 양상을 띠게 된다.

(i) 가치와 전통의 영역에서의 갈등

이 영역의 갈등은 가장 해결하기 어려운 갈등영역이다. 자신의 존재의미에 대한 의문을 가져오기 때문에 매우 타협하기 힘든 영역의 갈등이다. 하지만 세대가 급격히 변화하고 사회가 빠르게 발전해 가는 상황에서 이 영역의 갈등은 증가하게 된다: 386세대, X세대, 베이비부머세대 등등. 교회의 존재목적, 교인의 구성에 대한 생각, 신학적인 주요 이슈들에 대한 차이들이 이에 속한다.

---

15) Shawchuck and Heuser, *Managing the Congregation*, 254.
16) Ibid., 251.

(ii) 목적이나 목표 영역에서의 갈등

두 번째로 어려운 영역의 갈등은 목적이나 목표의 다름에서 오는 갈등이다. 왜냐하면 앞서 언급했듯이 목적이나 목표들은 실제적으로 개인이나 조직의 가치와 전통에서 파생되기 때문에 해결하는데 어려움을 겪는 교회의 갈등이다. 일반적으로 이러한 목표 영역의 갈등이 발생하는 교회는 적어도 다음의 어느 한 가지나 두 가지 모두에서 문제를 지니고 있다. 첫째, 사명에 대한 분명한 인식이 부족하다. 이럴 경우 더 바람직한 목표를 비교하여 결정할 기준이 결여되기 쉽다. 둘째, 목표의 갈등을 겪는 공동체에는 자신들이 설정한 목표를 교회가 추구해야 한다고 주장하는 적대적인 집단들이 존재한다.17)

(iii) 방법이나 수단 영역에서의 갈등

목적이나 목표를 달성하기 위한 방법이나 행동들이 이에 속하며 가장 해결하기 용이한 어려움이 적은 갈등 영역이다. 하지만 이 영역의 갈등 역시 상대방에 대한 신뢰정도, 서로 간의 의사소통의 효율성의 정도 그리고 집단 내에서의 결속력 정도에 따라 격렬하며 위험해질 수 있다.18) 이러한 방법을 둘러싼 갈등을 해결하기 위해서 담임 목회자는 교회의 프로그램과 예배들을 계획하는데 창의적인 방법들을 모색하도록 노력하는 것이 필요하다.

---

17) 밀러(Calvin Miller)는 교회 내에 존재하는 적대자들을, 고질적으로 거만한 사람, 선천적으로 호전적인 사람, 절대 타협하지 않는 고집불통인 사람, 꼬치꼬치 남의 흠을 들추어 교회의 본질적 사명을 흐리는 사람, 목회자가 불평하지 못하게 할 때에 동의하지만 항상 슬픈 듯이 말하는 부류의 사람, 항상 동의하는듯 하다 "그렇지만"이라고 토를 다는 사람들 등 여섯 가지로 분류해 설명하고 있다. 이에 대한 더 자세한 설명은 다음을 참고하라. Calvin Miller, *The Empowered Leader: 10 Keys to Servant Leadership* (Nashville: Broadman & Holman, 1995), 140-5. 또한 교회 내에서 이러한 사람들을 효과적으로 다루는데 대한 자료는 다음을 참고하라. H. Norman Wright, *How to Get along with Almost Anyone* (Dallas: Word, 1989), 129-44; Cecil G. Osborne, *The Art of Getting along with People* (Grand Rapids: Zondervan, 1980), 99-111.

18) Shawchuck and Heuser, 260.

ii) 갈등의 진행과정 5단계

갈등의 진행과정은 개인과 집단의 다양성만큼이나 복잡하고 역동적이다. 갈등의 진행과정을 알아보기에 앞서 갈등의 진행과정에 영향을 미치는 다섯 가지 요소들을 살펴보면 다음과 같다. 첫째, 개인이 지닌 갈등에 관한 선이해인 가정들이 갈등의 진행과정에 영향을 미친다. 즉, 사람들마다 갈등에 대해 지닌 저마다의 기존 관념 선지식(갈등이 무엇이다, 갈등은 이렇게 해소해야 한다 등등)이 갈등의 진행과정에 영향을 미친다. 둘째, 갈등 당사자들이 처해 있는 상황이다. 갈등이 일어날 구체적 상황에 대한 이해의 차이, 갈등 당사자가 학습한 이전의 경험들, 당사자 간의 관계의 질적 정도, 교회 내의 규약 존재 유무 등이 그것이다. 셋째, 실제 갈등의 발생이 사람들 사이에 알려지게 되는 단계이다. 합리적이고 타당한 과정을 거쳐 갈등이 공개적으로 표출되었는가 아니면 급진적이고 폭력적으로 표출되었는가의 여부가 또한 갈등 진행과정에 영향을 미친다. 넷째, 갈등 당사자들의 갈등해결노력 여부와 방법 역시 영향을 미친다. 다섯째, 갈등의 해결 역시 갈등의 진행 과정에 영향을 미친다. 해결이 긍정적일 경우 교회의 성숙과 성장이, 부정적일 경우 교회의 분열이나 계속적인 다른 갈등의 영역으로 번져갈 위험이 있다.

(i) 1단계: 다른 사람에 대한 비난이 없이 문제를 즉각적 해결할 수 있는 단계

이 단계는 해결방법에 이견이 있을 수 있으나 모두가 문제를 해결할 수 있다고 믿고 노력하는 단계이다. 그러므로 대부분의 사람들은 이 단계를 갈등으로 여기지 않는다. 점심 식사의 메뉴를 정하는 일이나 가까운 거리의 교통편의 선택이나 업무상의 불편함을 서로 기꺼이 감수할 수 있을 정도의 문제 등이 이 단계에 속한다.

(ii) 2단계: 의견불일치, 자신의 입장을 옹호하는 단계

이 단계는 구체적인 경우에 일반화시키게 되는 갈등의 초기로서, 신뢰가 감소

되기 시작한다. 상대방을 적대적으로 대하지는 않지만 그 상대방에게 조심하며 정보를 흘리지 않으려고 하는 단계이다. 이 단계가 갈등 해결의 가장 좋은 단계이기에 갈등 당사자 간의 대화를 촉진하는 것이 더 심각한 갈등으로 번지는 것을 막는 예방책이다.

(iii) 3단계: 상대를 이기려는 경쟁의 단계

이 단계는 자기 방어나 옹호의 소극적 단계에서 나아가 상대를 이기려는 입장으로 바뀐다. 이 단계에서 사람들의 편 가르기가 시작되며, 상황을 과장하고, 이분법(모 아니면 도)적으로 되며, 과도한 일반화가 진행된다. 이 단계도 여전히 갈등 해결을 위한 가능성이 높으므로 서로 믿고 만나 의견교환할 수 있는 기회와 분위기를 조성하는 노력이 필요하다.

(iv) 4단계: 이기는 정도를 넘어 상대에게 고통을 주려는 분쟁의 단계

이 단계에서 갈등 당사자들은 상대를 이기려는 마음에서 더 나아가 상대방에게 상처를 입히거나 제거하려는 단계로 바뀐다. 이제까지의 갈등의 주제를 벗어나 서로가 상대방은 절대적으로 나쁘다라는 도덕적이고 근본적인 가치를 가지고 상대를 평가하게 된다. 정의와 진실, 심지어 하나님의 뜻 등의 말은 우리 쪽의 것이고, 불의, 거짓, 사탄 등의 용어는 상대방을 결정짓는 특징이 된다. 이 단계에서는 당사자 간의 갈등 해결이 사실상 어렵기 때문에 갈등 해결을 위해서는 외부의 공정하고 신뢰받는 제 삼자의 개입이 필요하다. 자칫 교회 내의 분쟁에서 교회 내부의 동의 없는 교단의 섣부른 개입은 교회의 갈등을 더 악화시킬 수도 있다는 점을 명심해야 한다.

(v) 5단계 : 돌이킬 수 없는 상황

이 단계에서는 수단과 방법을 가리지 않고 상대의 멸망과 항복을 원하기 때문에 갈등이 해소될 수 있는 가능성이 거의 없다. 이 단계에서는 갈등의 해결보다는 더 이상 상처를 주지 않고 서로 관계를 정리할 수 있는 방법을 모색하는 경우가 많다. 교회의 분립이 대표적인 경우이다.

4) 교회 갈등의 초기 징조와 예방

예방은 가장 중요한 문제해결 방법이다. 그리고 예방을 위한 주요 방법은 그 증상이 나타나기 전이나 증상의 아주 초기에 그 문제를 피하거나 해결하기 위해 조처를 취하는 일이다. 따라서 목회갈등 역시 갈등의 초기 징조를 알고 일찍 조처를 취하는 일이야 말로 갈등해결에 있어서 가장 좋은 방법이다. 목회갈등의 초기 징조가 어떠한지에 대해 살펴보면 다음과 같다.

(1) 목회갈등의 초기 징조들

목회사역에서 교회 내 갈등이 발생할 가능성을 예측할 수 있는 대표적인 징조를 살펴보면 다음과 같이 여섯 가지로 요약할 수 있다.[19]

i) 급격한 사회 환경적 변화

교회는 사회 속의 한 조직으로서 끊임없이 교회가 속한 사회 및 문화와 상호작용하며 발전해 나간다. 따라서 교회를 둘러싼 주변 지역사회가 경제적으로 어려움을 겪을 때나 사회적으로 급격하게 변화를 겪을 경우 교회는 평소보다 쉽게 갈등을 일으킨다. 따라서 목회자는 교회를 둘러싼 지역사회나 국가의 급격한 변화가 발생

---

19) Aubrey D. Hay, "Conflict: Early Warning Signs," *Church Administration*, vol. 39 (November 1996): 8-9; Leas, *Moving Your Church Through Conflict*, 13-5.

할 경우 교회를 좀 더 관심 있게 돌볼 필요가 있다. 대표적인 경우가 1997년의 IMF, 급격하게 산업단지나 기타 개발로 인하여 급변하는 농촌이나 어촌지역 등이 이에 속한다.

ii) 교회 내에 부정적 소문이 많아짐

교회의 건강성을 측정하는 대표적인 척도는 바로 그 교회에 얼마나 많은 루머가 있는가이다. 개인 역시 마찬가지이다. 자주 루머를 만들고 루머에 휘둘리는 사람들은 대체로 영적으로나 정신적으로 건강하기 못한 삶을 사는 경우가 많다. 따라서 교회 내에서 루머가 많아질 경우 목회자는 교회 내에서 갈등이 발생할 가능성이 높다는 사실을 알아야 한다. 왜냐하면 교회의 루머는 대체로 교인들의 불만을 반영하는 경우가 대부분이기 때문이다. 이때 목회자는 정기적인 모임을 가능한 빠짐없이 개최하고 참석하여, 적극적으로 의사소통을 하도록 노력해야 하며, 자신의 목회에서 의사소통이 닫힌 영역이나 집단이 있는가를 점검해야 한다. 그리고 루머에 대해서 적극적으로 대처하고 사실 여부를 알리고 당사자와의 건강한 만남을 추진하고 오해나 잘못된 정보를 전달하지 않도록 노력해야 한다.

iii) 교회모임참여 빈도의 감소

목회지도자는 교인들의 교회모임 참여 빈도의 감소를 단순히 교회성장의 관점에서 파악하기보다는 교회의 건강성이란 관점에서 목회진단의 측정 지표로서 볼 필요가 있다. 기존의 교인들이 정기적으로 참석해왔던 모임에 불참하는 이유는 개인의 신앙적 문제가 있을 수 있지만 대체로 갈등을 피하기 위해 서로의 만남을 기피하는 경우가 많다. 특히 교회 주요 평신도 지도자가 교회모임참여를 줄이게 될 경우 목회자는 반드시 그 원인을 가능한 빨리 파악하는 것이 좋다.

iv) 교회출석과 헌금의 감소

기존교인의 교회 모임 참여빈도의 감소와 관련이 있는 갈등의 징조는 교회출석인원의 지속적 감소와 헌금의 감소이다. 일반적으로 헌금의 감소보다도 예배참석숫자가 더욱 빨리 변하는데 이는 교회에 헌신하는 교인들일수록 예배참석을 충실하게 하기 때문이다. 대체로 교회의 초기 갈등 상황에서 일찍 교회를 떠나는 사람들의 경우는 교회에 대한 책임감이 결여된 경우가 많아서 재정적으로 그들의 기여도가 낮은 편이다. 따라서 목회자는 교회갈등의 지표로써 교회출석과 헌금의 추이를 주기적으로 파악할 필요가 있다.

이 두 가지 지표에 관해서는 교회의 이전이나 건축에서도 마찬가지로 그 특징이 나타난다. 교회의 이전이나 건축 시에 예배참석 교인들이 증가하더라도 헌금의 증가가 정비례하여 늘지는 않는다. 왜냐하면 출석 교인이 온전한 교회회원으로 자리 잡아 재정적인 책임을 감당하기까지는 시간이 걸리기 때문이다.

v) 교회 중요 평신도 지도자의 변화

교회 내에서 중요한 리더십을 행사하는 평신도(장로, 권사, 안수집사, 교사 등)의 사임, 이사, 전입으로 인한 평신도 지도력의 변화 역시 교회 내 갈등의 전조가 될 수 있다. 이러한 일은 기존 교회 내에서 평신도 지도자들의 역할 변화에 따르는 힘의 균형에 변화를 가져오기 때문에 자칫 이러한 변화가 건설적이고도 긍정적으로 진행되지 않을 경우 교회는 어려움을 경험하게 된다. 이러한 중요 평신도리더십의 변화는 부정적으로 나타날 경우 소모적인 논쟁과 갈등으로 자칫 교회의 역동성을 저해하고 건강성을 해칠 위험이 높다. 따라서 목회지도자는 평신도 리더십의 변화를 서두르지 말고 교회 내의 합리적인 합의에 바탕한 과정을 거쳐 충분한 동의와 지지를 바탕으로 추진하도록 해야 한다.

vi) 담임 목회자 태도의 변화

담임 목회자의 모임참석이나 교인들과의 접촉빈도의 변화 및 범교회적 모임의 참석 변화 역시 교회 갈등을 예측할 수 있는 지표라고 할 수 있다. 이와 같은 담임 목회자의 목양태도의 변화는 여러 원인이 있을 수 있다. 무엇보다 목회자의 스트레스나 탈진 또는 건강이 그 원인일 수 있으며, 또 다른 이유는 목회자가 목회지를 옮길 가능성이 있을 경우 역시 이러한 현상이 나타날 수 있다.

(2) 목회갈등의 주요 예방 방안

앞에서 살펴본 교회 갈등의 초기 징조들은 목회상황과 교회의 특징에 따라 여러 가지 예방과 해결방안이 있을 수 있다. 하지만 여기서는 이러한 징조들을 미연에 예방하거나 대처하는데 필요한 공통적이고도 기본적인 방안을 제시한다.

i) 교회 내의 모든 영역에서 평소에 정기적인 모임을 가져야 한다

갈등의 발생부터 시작하여 그 진행에 이르기까지 가장 좋은 예방방안은 교회의 모든 조직에서의 정기적 모임을 장려하고 그 피드백에 목회자가 관심을 가지는 일이다. 지도자는 이런 모임들 통해 교인들이 자신들의 속생각이나 감정들을 표출할 수 있고 해소할 수 있게끔 인도해야 한다. 숨겨진 상처는 두면 둘수록 크게 곪고 큰 흉터를 남긴다. 목회자 간의 농담에는 '회의'(會議)가 '회의'(懷意)를 낳는다는 말이 있다. 하지만 교회의 사명과 비전에 바탕을 둔 효율적이고 건강한 의사소통이 있는 정기적인 모임은 교회의 건강과 균형 있는 발전에 필수적인 요소이다. 특히 오늘날 포스트모던 시대의 참여적이며 동시에 경험을 추구하는 현대인들의 내적 욕구는 이러한 정기적인 모임을 통한 사역참여로 나타나야만 건강하고 역동적인 교회가 될 수 있다.

ii) 갈등의 징조가 발견되었을 경우, 목회자는 전체적인 모임보다는 좀 더 소규모로 교인들을 접촉하는 횟수를 늘려야 한다

만약, 목회자가 자신의 교회에서 갈등의 징조를 발견했을 경우, 정기적인 교회의 모임과 아울러 교회의 당면현안 문제들을 의논할 수 있도록 소규모로 교인들을 만나고 의견을 청취하며 적극적으로 교인들이 의사표현을 할 수 있도록 격려해야 한다. 모임의 규모가 커질수록 사람들은 자신들의 견해를 표현하기보다는 익명성에 의지해 적극적인 의견개진을 하지 않는 경향이 있다. 따라서 교회의 갈등징조가 발견되었을 경우, 목회자는 교인들과의 접촉을 피하거나 무시하지 말고 좀 더 적극적으로 여러 사람들을 소규모로 만나도록 해야 한다.[20]

iii) 평소에 목회자는 교인들이 자신들의 의견을 충분히 표현할 기회와 여건을 조성하도록 해야 한다

갈등예방은 물론이고 갈등의 관리에 이르기까지 모든 과정에서 목회지도자는 교인들이 각자 서로의 생각들을 표현할 수 있는 충분한 자유와 격려 그리고 열린 자세의 경청이 필요하다. 목회자의 열린 태도와 수용적인 자세는 갈등의 예방과 해결에 필수적인 의사소통 자세이다. 마치 몸에서 가장 중요한 것 중의 하나가 혈액의 순환이듯이 교회의 혈액 순환은 바로 교인들의 마음에서 우러나오는 혈액인 의견이 잘 순환하도록 하는 것이다. 이것을 가능하게 하는 것이 바로 목회자의 개방적이며 수용적인 의사소통 태도이다. 따라서 섬기는 교회에서 갈등의 징조를 발견했을 경우, 목회자는 먼저 하나님 앞에서 자신의 개방성과 수용성을 점검해보아야 한다. 그것이 갈등 예방과 해결의 시작인 것이다.

---

20) Palmer, *Managing Conflict Creatively*, 66-7.

2. 갈등의 해결과정과 방안

갈등해결의 가장 좋은 방법은 이미 언급한 바와 같이 예방이다. 하지만 일단 갈등이 발생한 경우 어떠한 과정을 거쳐 해결하며 효과적 갈등해소방안은 어떠한 지 알아본다.21)

1) 갈등해결과정 단계

이상의 성공적 갈등해결을 위한 조건들을 갖추면 갈등해결은 일반적으로 다음과 같은 단계를 거쳐 해결의 과정을 밟아간다: 문제파악, 필요한 정보 수집, 대안 모색, 대안선택, 화해와 양보를 통한 해결.

(1) 1단계: 문제의 파악

갈등해결의 첫 번째 단계는 비난하거나 판단하는 자세가 아닌 갈등이 되는 문제점을 가능한 객관적으로 정확하게 파악하는 일이다.22) 이 단계는 간단하게 보이나 갈등상황에 놓여 있는 교회나 집단은 정서적으로 흥분상태에 놓여 있기 때문에 자신들에게 무슨 일이 일어나고 있는지를 정확하게 찾아내는 일은 쉽지 않다. 또한 때로는 갈등상황에서 지도자들은 무슨 일이 벌어지고 있는지에 대해 많이 알고 싶지 않거나 쉽게 문제를 해결하려고 할 수도 있다. 그래서 불완전한 정보나 편향된 정보 그리고 너무 감정에 치우친 정보들이 갈등당사자들을 비이성적이 되게 하여 종종 현실과 동떨어진 문제인식을 하게 만들어 문제를 쉽게 처리하게끔 만든다.23)

---

21) 이 부분의 설명은 다음을 수정하고 보완하여 참고했다. 양병모, "지역교회갈등의 해결방안 및 제안," 「복음과 실천」, 39권 (2007): 411-6.
22) Jeanette Jeffries, "Grow through Positive Management of Conflict and Criticism," Church Media, vol. 12 (Summer 1997), 15.
23) Leas, Moving Your Church through Conflict, 27.

일반적으로 갈등을 현실적으로 인식하지 못하게 방해하는 것에는 다음의 네 가지가 있다. 갈등을 영적으로 해석하는 것, 부인하는 것, 평가 절하하는 것, 자책하는 것 등이 그것이다. 첫째, 갈등을 영적으로 해석하는 전형적인 표현은 흔히 교회에서 볼 수 있는 다음과 같은 태도이다. "우리가 정말 필요한 것은 문제에 대한 토론이 아니라 기도입니다. 우리의 무릎을 먼저 꿇고 우리의 죄를 고백하면 하나님께서 모든 것을 해결해 주실 것입니다." 둘째, 부인하는 것의 대표적 표현은, "나는 아무런 문제가 없다고 봅니다. 나는 여기 있는 모든 분들과 잘 지내고 있습니다. 왜 모두들 쓸데없이 떠들고 안달합니까? 실제는 아무 문제가 없습니다"이다. 셋째, 평가절하의 표현은, "우리는 이런 사소한 것에 우리의 시간을 낭비해서는 안 됩니다. 우리는 지금도 우리 주변에서 주님을 알지 못하고 죽어가는 수많은 영혼들에 둘러싸여 있습니다. 어찌하여 우리는 썩어질 것들에 그렇게들 연연해합니까? 우리는 좀 더 본질적인 문제, 좀 더 영원한 것에 관심을 가지고 집중해야 합니다"이다. 넷째, 자책의 표현은 "우리가 제대로 일하지 못했습니다. 모두 다 우리의 잘못입니다" 등으로 이러한 갈등의 비현실적 인식이 정확한 문제파악을 방해한다.[24]

이와 달리 건강한 교회는 감정을 억압하지 않고 열린 자세로 감정을 표현하기를 권장한다. 갈등을 회피하는 것은 더 많은 문제, 즉 건설적인 변화를 가져올 기회를 잃게 만들거나, 분노를 축적하거나, 감정의 전이, 불화의 증가, 소문의 증가를 가져오며, 뒤에서 험담하는 행동 등을 만들어 낸다.[25]

---

24) Ronald S. Kraybill, "Handling Holy Wars," *Leadership*, vol. 7 (Fall 1986): 32; Leslie B. Flynn, *When the Saints Come Storming in* (Wheaton: Victor Books, 1988), 28.
25) Palmer, *Managing Conflict Creatively*, 17-8.

(2) 2단계: 정보 수집

정보 수집 단계에서 필요한 정보는 다음과 같은 것들이 있다: 갈등의 원인들, 갈등의 내용, 갈등의 단계 그리고 갈등의 상황. 이 밖에 갈등에 관련된 당사자들이 어떻게 모두 갈등에 직간접적으로 상호 관련되어 있는지의 여부, 갈등 당사자는 아니지만 갈등을 가장 가까이서 객관적으로 보고 있는 사람들은 누구인가, 갈등관련 당사자들 중 지도자나 중재자는 누가 될 수 있는가 등을 파악하는 것 또한 중요하다.

또한 이러한 갈등에 관한 정보를 어떤 방식으로 수집할 것인가를 결정하는 일도 필요하다. 예를 들면, 갈등 당사자들과 객관적 관찰자들을 면접함으로 정보를 수집할 것인가? 아니면 소그룹 토론이나 설문지를 사용할 것인가 등이다. 마지막으로 수집한 정보를 어떻게 나눌 것인가도 이 단계에서 고려해야 할 사항이다. 갈등이 간단하지 않고 복잡하다면 서면보고가 효과적이며 이에 대한 반응의 의견이 필요하다.26)

최초의 자료 수집과정은 갈등 당사자 모두가 자료수집 과정에 참여할 수 있도록 서로의 관심을 나누도록 격려하는 것부터 시작해야 한다. 그러므로 갈등 관련 당사자나 집단들은 정확한 정보를 교환하고 수집할 수 있도록 적정 수준의 신뢰와 자원함이 있어야 한다. 만일 신뢰가 부족하다면 긴급히 해야 할 다음 단계는 신뢰를 만들 수 있는 환경을 만드는 과정이다. 신뢰형성을 위한 구체적인 방안들은 다음과 같다. 첫째, 사람들이 안건들에 관해 의견이 다를 수 있음을 용인하라. 둘째, 다른 상대방에게 힘을 실어주기 위해 그들에게 귀를 기울이라. 셋째, 회복할 수 없을 정도로 상처받지 않도록 상대방에게 안전한 공간을 제공해 그들 역시 다른 사람을 회복할 수 없을 정도로 상처주지 않도록 하라.27) 이와 같이 정보를 수집하고 지

---

26) Ibid., 68-70; Leas, *Moving Your Church through Conflict*, 29.
27) Shawchuck and Heuser, *Managing the Congregation*, 262.

도자들과 그것을 나눈 다음에는 갈등이 교회 지도자들에 의해 해결될 수 있는 문제인가 아니면 해결을 위해 다른 사람이나 집단의 도움이 필요한가를 고려해야 한다.

(3) 3단계: 대안모색

갈등해결을 위한 모임에서는 난상토론을 통해 가능한 많은 대안들을 모색해야 한다. 더 많은 의견들이 제안될수록 더 많은 사람들에게 더 큰 유익을 가져다 줄 해결책을 발견할 가능성이 더욱 커진다.[28] 이러한 대안모색 과정은 반대자들과 불평하는 사람들이 자신들의 의견을 개진할 수 있는 의사소통과정을 제도화할 것을 요구한다. 이러한 의사소통과정의 제도화가 가져다주는 유익은 다음과 같다. 첫째, 반대의견이 더 심한 갈등으로 축적되지 않도록 그것을 표출할 수 있도록 도움을 준다. 둘째, 이러한 토론의 장은 각 구성원들로 하여금 작은 일에 있어서의 갈등을 직면하는 경험을 할 수 있게 만들어 더 심각한 갈등의 상황을 다루는데 중요한 도움을 줄 수 있다. 셋째, 이러한 토론의 기회는 갈등상황에 대한 적절한 개입을 위한 준비에 대해서 반복해 익숙하게 함으로써 갈등 상황을 건설적으로 해결할 수 있도록 준비시켜 준다.[29]

(4) 4단계: 대안선택

대안을 결정하는 것은 매우 중요한 단계이다. 교회 지도자들은 서로 협력하여 도출된 최선의 해결책들이 대부분의 사람들이 동의한 것임을 알게 하고 그것을 갈등해결방안으로 선택한다. 만약 해결책이 상호 협력으로 도출되기 불가능한 경우,

---

28) Leas, *Moving Your Church through Conflict*, 33.
29) Robert Lee and Russell Galloway, *The Schizophrenic Church* (Philadelphia: Westminster, 1969), 179-80.

교회 지도자 모임은 투표로 결정할 수 있게 한다. 하지만 교회의 존망을 위태롭게 하는 문제인 경우는 다수결이 아닌 좀 더 전체 의견이 많이 반영될 수 있는 방안을 모색함이 좋다.30)

(5) 5단계: 갈등해결 및 그 이후

갈등을 해소할 방안에 대한 집단의 지지를 위해 일치점을 발전시키는 것이 필요하다. 화해나 양보는 일치점을 요구하게 된다.31) 갈등해결 이후 갈등의 당사자들은 자기 자신들과 자신들의 가족이나 친구들을 돌아볼 필요가 있으며 하나님과의 관계를 위한 시간을 갖는 것이 바람직하다.32)

2) 효과적 갈등해결 방안

갈등해결에는 두 가지 접근방안이 있다. 하나는 갈등을 일으키는 원인을 제거함으로써 해결하는 방안이며, 다른 하나는 근본적인 해결이 불가능할 경우 더 이상 갈등이 교회의 하나됨과 효율성을 저해하지 않도록 관리하는 방안이 그것이다. 먼저 일반적인 갈등해결 방안을 살펴보도록 하자.

(1) 일반적인 갈등해결 방안33)

i) 직면(confrontation): 갈등해결의 가장 보편적인 방법이다. 갈등 당사자들의 직접 대면을 통하여 갈등의 원인이 되는 문제를 분석하고 상호간의 입장을 밝히

---

30) Leas, *Moving Your Church through Conflict*, 33.
31) McSwain and Treadwell, 45.
32) 갈등해소 이후의 일들에 대한 좀 더 자세한 자료는 다음을 참고하라. Glenn Booth, "Picking Up the Pieces after Conflict," *Church Administration*, vol. 39 (November 1996), 16-7.
33) 박영배,「현대조직행동관리」, 365-70.

고 오해도 해소함으로써 상호간의 이해를 확장하여 갈등을 해결하는 방법이다. 하지만 이 방법은 갈등의 골이 깊어질수록 사용하는데 한계가 있다.

ii) 상위목표나 공동 경쟁대상의 제시: 갈등당사자가 공동으로 해결해야 할 상위목표를 제시함으로써 갈등을 무마시키거나 공동으로 위협을 느끼는 적을 설정해 힘을 모으도록 하는 방법이다. 조직의 상위목표는 갈등당사자 모두가 소망하는 것이지만 독자적으로 달성하기 힘든 목표이기에 이를 달성하기 위해 현재 갈등상황을 유보, 완화하게 된다. 예로는 국가적 행사나 교회적 행사 또는 안보위기의 확대 등을 만들어 갈등을 유보 내지는 완화하는 방안이다.

iii) 자원의 증대: 희소자원을 대상으로 한 경쟁 시에 자원을 추가 확보하여 배분해 모두가 목표로 하는 것을 얻을 수 있도록 하는 방법이다. 하지만 조직전체의 자원은 제한되어 있으므로 이 영역의 갈등해결은 다른 부분의 부족으로 나타나 갈등이 다른 부분으로 옮겨지는 결과를 초래하기 쉽다. 예를 들면, 한정된 복지 예산에서 정치적 이슈 때문에 어느 특정 분야에 예산을 일방적으로 쏟아 부을 경우 다른 부분에서 재정적 어려움이 발생한다.

iv) 타협(compromise): 대립되는 주장에서 당사자들이 부분적인 양보를 통해 합의점에 도달하는 방법이다. 타협에서 중요한 점은 갈등 당사자들이 문제를 해결하려는 적극적인 자세를 가지고 있어야 한다는 점이다. 이때 협상의 초점을 사람에 두는 것이 아니라 갈등을 일으킨 문제 그 자체에 두어야 한다. 타협에는 당사자 간 협상(bargaining)과 제3자의 중재(third party arbitration)의 방법이 있다.

v) 상관의 명령이나 권위에 의한 해소: 집단간 갈등을 갈등 당사자들보다 높

은 계층의 사람이 개입해 자신의 권한을 이용해 갈등을 해결하는 방법이다. 이 방법은 심화갈등을 신속하게 처리할 수 있으나 갈등을 근본적으로 해결하지 못하기 때문에 갈등발생 요인은 여전히 잠복해 있는 문제를 안고 있다.

vi) 완화(smoothing): 당사자들의 차이를 축소해석하고 유사성이나 공동이익을 강조함으로 갈등을 완화하는 방법이다. 예를 들면, 노사는 한배, 앞에서 끌고 뒤에서 밀고 등의 표현이 이에 해당한다.

vii) 교육이나 훈련을 통한 갈등당사자의 태도개조: 교육이나 훈련을 통해 갈등을 일으키거나 일으킬 소지가 있는 사람들의 태도를 변화시키는 방법이다.

viii) 구조적 해결방안: 규정과 절차의 제정, 조직단위 합병이나 업무배분변경 등의 조직구조의 변경을 통한 조직재설계, 인사교류, 조정담당직위 및 기구신설(국무총리 행정조정실이 여기에 속한다), 이의제기나 청원제도의 활용, 보상체계의 합리적이고도 공정한 개편 등이 갈등해결의 구조적 접근방안에 속한다.

(2) 효과적인 갈등관리 접근
갈등 관리에는 문제해결지향과 관계지향의 두 접근 방법이 있다. 문제해결지향은 당면한 문제에 대한 해결방안을 찾도록 돕는 반면, 관계지향은 갈등 당사자 간의 적대와 불신을 감소하는데 도움을 준다.

i) 문제해결지향 방안[34]
문제해결지향은 당면 문제에 대한 해결책을 발견하는 것을 돕는 방안으로써

---

[34] 이상욱, 「현대조직의 리더십 적용」 (서울: 시그마프레스, 2004), 107-9.

그 과정은 다음과 같다.

첫째, 갈등의 구체적 이유를 파악하라.

갈등해결의 첫 번째 단계는 갈등의 원인을 파악하기 위해 갈등 당사자들에게 갈등에 대한 각자의 견해를 표현할 기회를 주는 것이다. 이때 막연하고 추상적인 표현이 아니라 구체적이고 명확하게 갈등에 대해서 설명하도록 한다. 관련 정보를 공개해 공유하며 각자의 견해를 뒷받침하는 자료들을 함께 검증하고 확인하도록 한다.

둘째, 공유목표와 가치를 파악하라.

갈등이 발생할 때 일반적으로 당사자들은 서로의 다른 점, 즉 불일치 요소들에 집중한다. 그리고 자신들의 입장을 선택하고 옹호하며 강화하는 주장을 펴게 된다. 대부분의 갈등의 경우, 상대의 관점이나 욕구를 이해하려는 노력은 하지 않는다. 하지만 갈등해결을 위해 지도자는 갈등 당사자들이 인식하는 차이점보다 더 중요한 공동의 목표와 가치가 있음을 확인시키고 이를 통해 갈등의 정서적 정도를 완화시키며 통합적 해결을 위한 태도를 갖추도록 한다.

셋째, 수용할 수 있는 다양한 해결책을 고려하라.

갈등 당사자들이 함께 모여 대안적 해결책 모색을 하도록 한다. 만약 함께 모일 수 없는 상황이라면 각 당사자들은 상대가 수용 가능한 해결책을 제시하도록 한다. 이러한 여러 수용 가능한 해결책들 가운데서 갈등 당사자들은 자신이 우선적으로 얻고 싶은 것을 대가로 자신에게는 중요하지 않지만 상대에게는 중요할 수 있는 방안을 제공해 해결의 실마리를 찾을 수 있다.

넷째, 갈등 당사자들이 공동의 추가 이익을 얻을 수 있는 방안을 파악하라.

갈등의 해결은 어느 정도 서로의 양보를 바탕으로 이루어지기에 타협책이 각자 만족할 만한 내용이 아닐 수 있다. 그러므로 이때 양측 모두에게 공동의 이익을 증대시킬 수 있는 방안이 있다면 갈등해결은 더욱 용이하게 될 것이다. 예를 들면,

어느 한 쪽이 유리한 갈등 방안이 채택될 경우 다른 한 쪽에는 갈등의 원인과는 직접 관련이 없지만 형평성을 고려해 특별한 다른 대안을 제공하는 경우이다.

다섯째, 쟁점을 독립적으로 해결하는 일을 피하라.

문제는 어느 하나가 독립적으로 발생하지 않는다. 따라서 갈등의 해결에서 문제들이 상호 관련되어 있을 경우 모든 쟁점이 되는 문제를 해결할 때까지는 개별의 문제해결은 유연하게 잠정적으로 합의하는 것이 좋다.

여섯째, 합의내용에 대한 상호약속을 분명히 하기 위해 확인하라.

여러 가지 이유로 갈등해결을 위한 노력을 다하지 못하고 어중간하게 합의할 경우가 있다. 이러한 경우 갈등이 해소되었음을 선언하기 전에 양쪽 당사자에게 비록 불만족한 합의이지만 약속을 확실하게 지킬 것을 약속하도록 하는 과정은 매우 중요하다. 이를 위해 먼저 양쪽 당사자들이 합의내용과 의무사항을 명확하게 이해했는지를 확인한 후, 가능하다면 실제 합의한 내용에 대해 합의문서나 양해각서를 작성하도록 한다.

ii) 관계지향 해결 방안[35]

갈등이 심화되어 당사자 간에는 갈등해결책을 찾을 수 없을 경우, 조정자가 필요하며 조정자는 갈등해결책을 제시하기 전 갈등 당사자 간의 상호이해를 증진하고 불신을 줄이기 위한 관계개선을 시도하는 일이 필요하다. 이를 위해 과정은 다음과 같다.

첫째, 관계개선에 대한 관심을 표명하라.

대인갈등의 당사자들은 자칫 갈등으로 인해 자기만이 어려움을 겪고 있다고 생각하기 쉽다. 따라서 갈등 당사자로 하여금 갈등은 자신뿐만 아니라 상대방과 함

---

35) Ibid., 109-10.

께 섬기는 교회에도 아픔을 주고 있다는 사실을 깨닫도록 구체적인 사례를 들어 설명하여 관계개선에 대한 관심을 불러일으킨다.

둘째, 공정성을 유지하고 양측을 수용하라.

조정자가 어느 한쪽을 편드는 것처럼 보이지 않도록 하는 일이 중요하다. 양측을 수용하고 존중하며, 대화에서 각자가 공평한 기회를 제공해야 한다. 이때 조정자는 갈등 당사자 모두가 지닌 공동의 더 큰 목표와 가치를 상기시키며 협력적 태도와 상호이해가 공동체의 유익을 위해 그리고 각자를 위해 필요하다는 사실을 알리도록 한다.

셋째, 긍정적이지 못한 태도를 금지하라.

위협, 모욕, 고정관념표현, 과장하거나 일반화하는 말이나 태도 등은 갈등을 악화시켜 문제해결을 방해한다. 따라서 발언 시에 서로의 말을 가로채지 않도록 규칙을 정하고 부정적인 영향을 미치는 앞의 행동을 하지 않도록 사전에 동의하고 약속을 받도록 한다. 만약 회의 과정에서 이러한 부정적 행동과 말이 나올 경우 지적하고 중단할 것을 요구해야 한다.

넷째, 양측이 서로에 대하여 지각하고 있는 내용을 조사하라.

상대에 대한 이해의 부족, 즉 자신의 행동이 상대방에게 어떻게 영향을 미치는가를 자각하지 못함은 갈등을 심화시킨다. 따라서 상호이해의 증진을 위해 각자가 상대방을 어떻게 생각하고 있는지를 아무런 방해를 받지 않고 간략하게 시간을 정해 서술한다. 각자의 발표가 끝난 후에는 상대방의 이해여부를 확인하기 위해 들은 내용을 상대로 하여금 재진술하게 한다. 이 과정을 통해 각자는 자신의 행동이 상대에게 어떻게 받아들여지는가를 알게 되어 오해한 행동, 피해야 할 표현 등을 파악하게 된다.

다섯째, 양측에게 변화의 방법을 제안하고 지키도록 하라.

관계 개선을 위해 각자의 행동에서 변화시킬 수 있는 것을 제안하도록 한 후, 그 제안이 적절하다고 상대가 동의하는지를 확인하도록 한다. 서로의 방법을 수용할 경우, 합의한 내용을 다시 한 번 확신시키고 실행할 것을 약속하도록 한다.

3. 교회규모에 따른 갈등의 특징과 해결방안

모든 조직은 내부구성원의 규모가 커질수록 여러 가지로 그 내적 역동성이나 특성이 달라진다. 갈등의 특징과 해결방안 역시 교회 규모에 따라 달라질 수밖에 없다. 따라서 갈등의 특징과 해결방안을 교회규모별로 분류해 제시한다.[36]

1) 가족형 교회의 갈등과 해결방안

(1) 특성

가족형 교회와 같이 작은 규모의 교회에서는 목회자와 교인들 간의 갈등이 오래 지속되지 않는다. 왜냐하면 작은 규모로 인해 목회자와 교인 간의 갈등이 교회 전체에 미치는 영향이 매우 크기 때문이다. 따라서 가족형 교회는 교회 갈등이 표면화되는 경우 역시 매우 드물다. 서로 다른 연령, 일하는 유형 등이 서로 다르게 섞여 있는 가족 같은 조직이기에 이러한 작은 교회들은 갈등을 회피하거나 억누름으로 갈등을 해결하기 때문에 다툼이 적은 경향이 있다. 하지만 가족형 교회가 심각한 갈등을 겪을 경우 그 갈등은 종종 오래 지속되며 그 여파는 매우 심각하다. 구

---

[36] 본 란의 교회규모별 갈등의 특징과 해결방안은 다음의 내용을 부분수정보완한 것이다. 양병모, "교회갈등의 주요 원인과 특성," 「복음과 실천」, 37권 (2006 봄): 326-31.

성원이 적으며 친밀한 속성 때문에 교회의 갈등은 대체로 매우 격렬하다.37)

(2) 일반적인 문제점들

가족형 교회의 갈등에서 찾아볼 수 있는 가장 일반적인 문제점은 두 가지이다. 첫째는 가족형 교회들이 갈등을 자주 억압하거나 회피하는 것이다. 다른 의견을 가지고 있는 사람들이 그것을 표현하는 것이 허용되지 않고 기존의 평신도 지도력에 도전하는 것을 부적절하게 여긴다. 갈등이 발생했을 때 교인들은 갈등을 직면해 처리하기를 힘들어 한다. 둘째는 일단 갈등이 표출되었을 경우 갈등 당사자들이 자신들의 견해를 끈질기고 비합리적으로 유지하기 때문에 그 갈등은 강렬하고 오래 지속된다.

(3) 갈등해결의 제안점

이러한 교회들이 작기 때문에 종종 교단 지도자들이 느끼기에는 이런 가족형 교회의 문제가 자신들의 우선순위나 관심 밖에 있다고 느끼기 쉽다. 그렇기에 가족형 교회의 교인들은 교회 자체 내에서 문제를 해결하려고 하며 갈등을 억누르거나 회피하려고 하는 특성이 있기에 일단 갈등이 발생할 경우 그 정도는 심각하며 따라서 갈등 해결에는 오랜 시간이 필요하다.

갈등을 지닌 가족형 교회 문제를 해결하기 위해 외부 컨설턴트나 교단적 영향력을 사용하거나 다른 단기 개입 방법을 사용하는 것은 바람직하지 않다. 갈등해결의 최선의 길은 아직 상호 간의 관계가 무너지지 않은 회중을 대상으로 예방적인 노력을 기울이는 것이다. 이 과정에서 갈등 당사자가 아닌 교인들은 심각한 현재의 갈등을 이해하고 해결하는 기법을 터득할 수 있다. 보통 새로 부임하는 목사가

---

37) Doran McCarty, *Leading the Small Church* (Nashville: Baptist Sunday School Board, 1991), 159.

시도하는 장기 개입은 가족형 교회의 하부 구성원들의 문제들을 분리해 교회 안에서 해결하도록 시도하는 방향이 되어야 한다. 교인들 스스로 갈등을 해결하려고 결심하고 자신들의 견해에 따라 결정하도록 돕는 것이 장기적으로 그 갈등의 문제를 해결하는 실제적인 해결방법이다.

2) 목양형 교회의 갈등과 해결방안

(1) 특성

목양형 교회에는 보통 교회 내에서 여러 하부 집단들 간의 긴장이나 갈등의 경험들이 존재한다. 목양형 교회는 가족형 교회보다는 규모가 크기 때문에 통일된 일체감이 존재하지 않으며 교인들은 교회 내의 여러 조직들 간의 차이들을 경험하곤 한다. 담임목회자가 교회의 하부 집단들 사이에서 가교 역할을 잘하게 되면 보통 교회가 조용하고도 매끄럽게 움직인다. 하지만 만약 담임목회자가 어느 한 편에 서거나 하위 집단들 간의 차이점을 강조하게 되면 갈등은 어려운 국면으로 접어들며 그 갈등의 한 가운데 담임목회자가 자리하게 된다. 이럴 경우, 각 집단들은 자신들이 지닌 목회자에 대한 인식을 바탕으로 목회자를 반대하거나 혹은 지지하게 된다.

(2) 일반적 문제들

목양형 교회는 가족형 교회보다는 갈등이 빈번하다. 목양형 교회의 갈등은 주로 담임목회자와 연관되어서 생긴다. 즉, 담임목회자가 '자신들을 지지 하는가'의 여부나, '담임목회자를 좋아하지 않는다'는 말 그리고 '담임목회자가 자기들을 위해 무엇을 해주지 않는다는 것 등을 예로 들 수 있다. 목양형 교회에서 흔히 발생하는 잘못은 목회자가 교회 생활의 중심에 있기에 교인들이 자신들로 인한 갈등의 문제나 어려움을 목회자의 탓으로 돌리는 것이다.

(3) 갈등해결의 제안점

가족형 교회와는 달리, 목양형 교회에서 갈등을 억제하는 한 가지 요소는 교회가 어려움에 처한다는 공감대이다. 목양형 교회의 교인들은 갈등에도 불구하고 교회를 유지할 수 있는 자신들의 능력에 대해 가족형 교회만큼 확신이 없다. 이들은 현재의 목회자가 아니더라도 목회자를 필요로 한다. 목양형 교회 교인들은 목회자에게 너무 의존하고 있기에 목회자에 의한 문제가 아닌 파벌들 사이에 존재하는 문제는 스스로 직면하거나 해결하지 못한다. 그러므로 목회자가 목양형 교회에서의 갈등을 해결하려면 힘들지만 교인들로 하여금 자신들이 겪고 있는 어려움과 해야 할 일들에 따르는 책임을 깨닫게 하고 직면시키는 직간접적인 개입을 해야 한다.

3) 프로그램형 교회의 갈등과 해결방안

(1) 특성

프로그램형 교회에서 담임목회자는 교회 갈등의 영향에서 벗어나지는 않지만 목양형 교회의 담임목회자만큼 갈등의 중심에 자리하지 않는다. 이 규모의 교회는 종종 교인들이 관심을 가지는 부교역자나 다른 전문 사역자 혹은 파트타임 사역자들이 있으므로 이들과 이들을 둘러싼 교인들로 이루어진 소집단들이 파벌을 형성해 갈등을 일으키는 경우가 많다. 프로그램형 교회는 훨씬 더 복잡한 조직이므로 사람들이 갈등을 인지하고 해결하는 노력을 기울이기까지는 목양형 교회보다 더 오랜 시간이 걸린다.

(2) 일반적인 문제들

프로그램형 교회의 사역자들은 서로 간의 관계에 영향을 미치는 특권의식이나 냉소적 태도, 능력, 자신의 전문영역, 의사소통 그리고 공정한 규정 등에 특별한 주의를 기울여야 한다. 이러한 특별한 민감성은 더 큰 규모인 기업형 교회보다 프로그램형 교회에서의 갈등 예방을 위해 더욱 필요하다. 프로그램형 교회에서 종종 교인들이 개입되지 않은 사역자들끼리 갈등의 문제가 발생하기도 하며 사역자들이 이를 직면하고 해결하기도 한다.

(3) 갈등해결의 제안점

갈등이 좀 더 광범위하게 다루어져야 할 필요가 있을 경우, 교회의 주요 하부기관들의 대표와 지도자들이 함께 모여 문제를 해결하기 위해 의논하고 방안을 모색하는 것이 좋다. 이와 같은 규모의 교회에서는 교인 전체가 갈등해결을 위해 모이는 경우는 드물다. 만약 개인적으로 갈등을 해결하기보다는 집단이 효과적일 경우 집단적인 차원에서 갈등해결을 시도할 수 있다. 또한 교회 기관의 대표들이 갈등 당사자 집단의 실제적인 대표자가 아닌 경우 공식지도자들이 아닌 갈등집단의 해당 비공식 지도자들이 모여 갈등해결을 모색하는 것도 현명한 방법이 될 수 있다. 그런 후 이들이 모여 서로의 차이를 해소할 방안을 강구한 다음 교회의 공식 기구나 위원회에 건의하는 것이 실제적인 갈등해소의 방법이 될 수 있다.[38]

---

38) Ibid., 46.

4) 기업형 교회의 갈등과 해결방안

(1) 특성과 문제

기업형 교회의 갈등의 특성과 문제는 프로그램형의 경우와 크게 다르지 않다. 하지만 기업형 교회에서의 갈등은 대체로 교회 전반에 영향을 미치지 않는 동시에, 모든 사람이 그 결과에 대해 큰 관심을 보이지 않는다. 모두가 갈등에 대해 무관심 하지는 않으나 교회 전체적으로 보아 프로그램형의 교회에 비해 그 관심의 정도가 차이가 있다.

(2) 갈등해결의 제안점

교회지도자들은 갈등 당사자들과는 무관한 사람들을 갈등해결에 필요한 결정을 내리는 위치에 놓지 않도록 조심해야 한다. 만약 어떤 갈등의 문제가 교회 전체에 영향을 미치기 때문에 전체 회중의 결정을 필요로 할 경우, 담임목회자는 모든 교인들이 그 문제에 대한 충분한 정보를 가질 수 있도록 해야 하며, 동시에 교회의 모든 구성원들이 참여할 수 있도록 해야 한다. 특히 대형 교회의 지도자들이 종종 교회에서의 작은 문제들에 무관심할 수 있으므로 지도자는 갈등을 무시하는 것이 해결방법이 아님을 늘 명심해야 한다.39)

---

39) Ibid.

4. 갈등해결을 위한 리더십

1) 상생(Win-win)을 위한 리더의 갈등관리 전략과 방법

(1) 전략: 양 당사자가 서로 상생관계를 유지하기 위해 리더는 어떠한 갈등관리 전략을 펼쳐야 하는가? 다음 열 가지 사항이 도움이 된다.

첫째, 서로 다른 전제조건, 가치, 기대, 이익이 무엇인지 관찰해야 한다.
둘째, 전문가적 언어도 일반인이 쉽게 이해할 수 있도록 전환해야 한다.
셋째, 개인적 모독이나 공격을 피하고 상대방 동의 없이 주제변경이 되지 않도록 대화를 조정해야 한다.
넷째, 상호간의 근본적이고 핵심적인 문제를 표현하여 상호이해의 폭을 넓혀야 한다.
다섯째, 토론 시 사람과 문제를 분리하여 감정적인 갈등확산을 방지해야 한다.
여섯째, 공정성을 못 느끼는 패배자는 계속 분노와 좌절의 사이클을 가동하므로 승자가 모든 것을 가지려 해서는 안 된다.
일곱째, 대화전의 상대에 대한 모욕, 부당한 대우에 대한 기억을 최소화시켜야 한다.
여덟째, 참여자들은 종종 상징적 이익을 가질 수 있으므로 영향 받는 모든 편을 포함하도록 해야 한다.
아홉째, 정보의 흐름을 개방함으로써 영향 받는 모든 사람들을 참여시킬 수 있다.
열번째, 대화 시 종종 부당한 대우를 느끼면 철수나 침묵을 지속하게 된다. 이 경우 불평을 가진 당사자들과 계속적인 관계를 유지할 필요가 있으므로 의사소통 채널을 계속 개방해야 한다.

(2) 상생을 위한 통합적 갈등관리 지침
리더의 통합적 갈등관리는 갈등이 조직의 수용한계를 벗어날 정도로 악화내지 확대되는 것을 막고 유리한 결과를 이끌어내는데 도움을 주는 조건을 마련함으로서 갈등을 상생의 통합적 해결로 마무리하도록 유도하는 과정을 의미한다. 이러한 통합적 전략의 실현에 필요한 리더의 행동지침은 다음과 같다.

i) 성급한 판단을 피하고 객관적인 묘사적 언어를 사용하라
관계 내에 갈등이 발생할 때 무엇보다도 먼저 피해야 할 것이 성급한 판단이다. "저 사람 때문에 이런 문제가 발생했다", "저 사람은 그만한 문제도 그냥 못 넘긴다" 또는 "우리관계는 엉망이다"라는 식으로 결론부터 내려놓게 되면 서로에게 좋은 결론을 찾는다는 것은 애시 당초 그른 일이다. 한쪽에서 판단부터 내려놓고 문제를 접근하게 되면 다른 쪽은 자신의 가치가 무시되었다고 느끼기 때문에 감정적으로 반응하게 되고 때로는 적대감까지 가지게 된다. 따라서 성급한 판단을 피하고 문제를 되도록 객관적인 방향으로 표현해야 한다.
문제를 객관적으로 표현하기 위해서는 묘사적인 언어를 사용해야 한다. 묘사적인 언어란 상대방을 비난하거나 동기를 해석하지 않고 일어난 일을 그대로 기술하는 표현법을 가리킨다. 즉, 자신의 가치나 판단을 개입시키지 않는 표현법을 일컫는 것이다. 문제나 갈등의 이슈를 객관적으로 묘사하는 것이 통합적 해결책을 찾기 위한 출발점이 된다.

ii) 과거 지향적 논의를 피하고 현재 지향적으로 접근하라

갈등이 생겨났을 때 이것을 과거 지향적으로 해결하려는 자세는 매우 위험하다. 과거 지향적 접근법이란 문제의 역사를 거슬러 올라가 "왜" 이런 문제가 생겨났는지를 따지는 것, 즉 문제의 근원을 찾으려 하는 접근법이다. 우리는 어떤 문제가 발생했을 때 거의 습관적으로 그 원인을 찾으려고 한다. 사실 문제는 근본적으로 치유되어야 재발하지 않기 때문에 원인을 찾아 그것을 제거하려는 태도는 결코 잘못된 것이 아니다.

그러나 갈등상황에서 문제의 근본원인을 찾고자 하는 것처럼 무모한 일은 없다. 왜냐하면 문제의 근본은 사람에게 있는 것이어서 그 근본을 찾으려 하다 보면 반드시 서로에게 책임을 물을 수밖에 없는 것이다. 자신의 입장에서 볼 때는 모든 것이 상대방의 책임이어서 아무리 근원을 따져보아도 자신의 잘못은 없는 것같이 보이겠지만 인간사는 결코 그렇지 못하다. 아무리 잘못이 많은 사람도 그 사람의 입장에서 볼 때는 그 잘못을 초래한 상대방의 잘못이 눈에 보이기 때문이다. 그러므로 이런 형국에 이르게 되면 갈등의 해결은 커녕 서로에 대한 적개심만 생겨나게 되어 그 관계는 새로운 갈등 속에 빠져들고 만다. 설사 잘잘못을 따지는 게임에서 한 사람이 패배해 자기가 원인을 제공했다고 자인하는 경우가 생겼다 하더라도 모든 문제가 깨끗하게 해결되는 것은 아니다. 당면한 문제야 해결될 수도 있겠지만, 이 해결방식으로 인해 죄인으로 판명된 사람은 그 관계 자체에 불만을 품게 되어 결국 더 큰 갈등을 불러일으키게 된다.

따라서 갈등은 현재지향적인 방법으로 해결해야 한다. 현재지향적인 방법이란 현재 이 시점에 우리가 가진 문제가 무엇인지를 따지는 것이다. 그 문제를 누가 초래했느냐는 개의치 않고 "어떠한" 문제가 존재하는지만을 논의하는 것이다. 과거지향적 논의를 피하고 "현재 우리 교회는 서로에 대한 신뢰감이 부족하다는 문제를 갖고 있다"라는 현재 문제의 진단에만 그쳐야 한다. 그런 다음에 이 문제를 "어

떻게" 해결해야 할 것인가에 대한 구체적인 논의를 벌이는 것이 통합적 갈등관리의 핵심이다.

iii) "너" 메시지를 피하고 "나" 메시지를 사용하라

"너" 메시지란 메시지의 초점을 상대에게 두는 것이며, "나" 메시지란 그 초점을 자신에게 두는 것이다. 즉, 전자는 문제가 되는 상대의 행동을 그 사람의 인격이나 동기 또는 의도와 연결 지우는 메시지이며, 후자는 문제가 되고 있는 상대의 행동으로 인해 자신이 어떠한 감정 상태에 빠져 있으며 어떠한 영향을 받고 있는지를 나타내는 메시지이다.

예를 들면, 딸의 귀가시간이 늦었다고 화를 내는 아버지를 향해 딸이 "세상에 대학 다니는 딸을 10시까지 들어오게 하는 사람은 아빠밖에 없을 거예요. 아빠는 너무 구식이야. 모든 것을 자기 식으로 생각하고 자식들을 이해하려 하지 않잖아요?"라고 항의한다면 이것은 "너" 메시지다. 반면에 그 딸이 "아빠, 아빠가 제 귀가시간을 너무 엄격히 통제하니까 제가 얼마나 힘든지 아세요? 친구들과 같이 놀고 있어도 즐겁지 않고 걱정만 앞서요. 그리고 친구들이 중요한 일이 있어도 저를 아예 빼버려요"라고 한다면 이것은 "나" 메시지이다.

"너" 메시지는 상대방의 자아에 대한 공격으로 이어지므로 문제를 해결하기보다는 심화시킬 가능성이 더 높다. 이를테면, 앞에서 딸의 공격을 받은 아버지는 "그래 아빠는 원래 그런 사람이다. 그래서 어쩔래"라는 식으로 나오기 쉽다. 그러나 "나" 메시지는 현재 내가 겪고 있는 문제에 대한 상대의 배려를 호소하는 성격이 강하므로 상대의 협조를 얻게 될 가능성이 높다. 따라서 통합적으로 갈등을 해결하려고 한다면 문제를 표현할 때 "나" 메시지로 표현하는 것이 바람직하다.

iv) 말을 신중하게 선택하라

갈등상황에서 말의 영향력은 대단하다. 똑같은 말도 갈등상황에서는 왜곡되어 해석될 수 있기 때문에 가급적 경직된 언어보다는 부드러운 말을 사용함으로써 갈등 상황의 분위기를 긍정적으로 만들어야 한다. "아 다르고 어 다르다", "말 한 마디로 천냥 빚을 갚는다." 그리고 "오는 말이 고와야 가는 말도 곱다"라는 속담들도 어려운 상황에서 말의 선택이 얼마나 중요한가를 보여주는 것이다.

말을 선택할 때는 상대방의 자존심과 체면을 염두에 두어야 한다. 따라서 상대방의 인격이나 능력 또는 인간적 가치를 부정하는 언어를 사용하여서는 안 된다. 이를테면, 상대의 문제점을 지적할 때 "너는 정말 구제불능이다"라는 식의 표현은 옳지 못하며 "이러한 점은 개선되었으면 좋겠다"는 식으로 표현하는 것이 바람직하다. 또 상대방이 어떤 주장을 하였을 때 "그런게 아니라"는 식의 부정적인 반응보다는 "그 점도 좋지만, 내 생각은 이렇다"라는 식의 긍정적인 반응을 보이는 것이 훨씬 효과적일 수 있다.

v) 상대의 말을 경청하라

갈등상황에 처하다 보면 자신의 주장만을 내세우기가 쉽고 상대의 말을 무시하려는 경향이 강해지는데 서로가 자기주장만 내세우다 보면 대화의 단절이 일어나 갈등을 해결하기는커녕 오히려 감정의 골만 깊어지게 된다. 따라서 가능한 한 상대가 스스로의 입장을 충분히 피력할 기회를 주고 상대의 말을 경청할 필요가 있다.

상대방의 말을 듣는 것은 수동적인 행위가 아니다. 열심히 상대방의 주장을 경청하는 것은 매우 적극적인 행위이다. 경청을 통하여 상대방이 주장하는 요지를 분명하게 이해할 뿐만 아니라 경청은 상대방으로 하여금 자신의 메시지가 전달되고 있음을 확인하게 되어 협조적인 분위기를 조성하는 데 도움이 된다.

vi) 즉각적으로 대응하지 말라

갈등대응행위 중에서 침묵의 힘은 가장 소홀히 다뤄진 영역 중의 하나이다. 그러나 전략적으로 잘 사용된 침묵은 갈등상황에서 매우 효과적일 수 있다. 상대방의 주장에 즉각적으로 반응하기보다는 3-4초 정도 침묵했다가 천천히 반응을 보이는 것이 여러 모로 좋다. 반응을 지연시키다 보면 감정의 고조를 방지할 수 있을 뿐만 아니라 보다 좋은 대응책을 찾아낼 수 있는 시간도 벌 수 있다. 뿐만 아니라 상대방은 자신의 의견이 경청되고 있다고 느끼기 때문에 협조적으로 나오게 된다. 따라서 이성적인 상태에서 갈등을 풀어나가기 위해서는 때로는 침묵할 줄도 알아야 한다.

vii) 자신의 잘못을 인정할 줄 알라

갈등상황에서 리더가 자신의 잘못을 인정하는 것은 쉬운 일이 아니다. 특히, 갈등을 경쟁으로 인식하는 경우에는 잘못을 인정한다는 것이 패배를 자인하는 것으로 생각되기 쉽다. 그러나 통합적으로 갈등을 관리하려고 한다면 스스로의 잘못도 인정할 줄 알아야 한다. 적절하게 자신의 잘못을 시인하는 것은 갈등의 실마리를 푸는 기폭제 역할을 하기 때문이다.

잘못의 시인은 상대방의 입장을 이해한다는 표현과 함께 갈등상황에 대한 자신의 해결노력을 보여줌으로써 갈등이 경쟁 상태로 빠져드는 것을 미연에 방지한다. 이런 솔직한 태도에 접하게 되면 상대도 나를 다른 눈으로 보게 되며 결국에는 스스로의 잘못도 시인하게 된다. 따라서 갈등을 발전적으로 해결하기 위해서는 우선 자신의 잘못을 솔직하게 시인하는 용기가 필요하다.

2) 지도자를 위한 기타 갈등해결 제안

첫째, 사적인 일인 경우는 개인적인 수준에서 해결하라.

둘째, 갈등은 즉시 해결하려고 노력하라.

셋째, 상대방을 존중하라.

넷째, 상대방의 입장이 충분히 느껴질 때까지 경청하라.

다섯째, 대화 시에 1인칭을 사용하라(상대방을 비난하거나 공격하거나 일반화하는 것을 피하라).

여섯째, 서로의 일치점과 불일치점을 파악하라.

일곱째, 대화를 현재 당면한 문제 하나만으로 한정시켜라.

여덟째, 상대방의 인격에 대한 발언을 금하라. 자신의 말이 겸손한 표현인가를 확인하라.

아홉째, 자신의 감정이 진실하며 적절한가를 확인하라. 이것이 신뢰의 회복에 도움이 된다.

열째, 상대방이 피할 수 있는 여유를 주라.

열한째, 자신의 위치를 이용하지 말라.

열두째, 승패를 떠나라.

제13장 목회리더십과 커뮤니케이션

커뮤니케이션은1) 사람으로부터 사람에 대해 어떤 사실이나 의사를 전달하는 것이다. 인간이 관계적 본질을 지닌 존재이기에 관계를 떠나서는 살 수가 없다. 그리고 관계는 커뮤니케이션에 의해서 이루어지는 과정이다. 그렇기에 사람들은 삶의 3/4 이상의 시간을 커뮤니케이션에 쓴다.2) 즉, 인간사회는 인간 상호 간에 사실이나 의사를 서로 전달하는 것에 의해 성립되고 유지되어 간다고 할 수 있으며, 삶의 성공여부 역시 커뮤니케이션의 능력에 의해 좌우된다 해도 과언이 아니다.

조직에 있어서 커뮤니케이션은 조직 활동을 효과적으로 하기 위한 핵심요소이다. 커뮤니케이션이 효과적으로 이루어지지 않으면 조직 활동의 손실도 크고 구성원 개개인의 노력이 조직의 성과에 연결되기 어렵다. 커뮤니케이션 방법이 서툴렀다든지, 커뮤니케이션 통로가 막혔다든지 하면 소통이 되지 않는 영역이 생겨나 그 속의 인간관계도 원만하게 진행되지 않을 뿐만 아니라 나아가서 오해나 갈등을 심화시키는 일이 발생할 수도 있다.

하나님께서 위탁하신 예수 그리스도의 몸된 교회를 위한 섬김은 은혜 위에서

---

1) 본 장에서는 '커뮤니케이션'과 '의사소통'을 같은 의미로 혼용하여 쓰기로 한다.
2) Fred Luthans, *Organizational Behavior*, 6th ed. (New York: McGrow-Hill, 1992), 466.

이루어지지만 교회를 섬기는 청지기로서의 목회자는 자신이 맡은 사역에서의 효율성을 중시하게 한다. 특히 목회지도자의 의사소통 능력은 교회의 건강성 및 성장과 매우 밀접한 관계가 있다.[3] 목회지도자가 하나님으로부터 받은 비전을 공유하고 참여를 이끌어내어 이를 구체적인 사역의 영역으로 정착시키는 일련의 과정에서 커뮤니케이션은 핵심적인 요소로 작용한다. 목회자가 강단에서 설교를 통해 비전을 선포하고 동참을 호소하며, 회의의 의사결정과정을 통해 비전을 구체화시키고 개인과 집단 구성원의 참여를 통해 비전을 실현하는 이 모든 과정에서 커뮤니케이션은 직접적으로 리더십에 영향을 미친다. 따라서 목회리더십은 효과적인 커뮤니케이션이 없이는 발휘될 수 없다. 본 장에서는 목회리더십에서 필수적인 요소인 커뮤니케이션의 이해, 리더십에서 필요한 커뮤니케이션 그리고 커뮤니케이션의 주요 과제에 관하여 살펴보기로 한다.

1. 커뮤니케이션의 이해

1) 커뮤니케이션의 중요성

리더십의 핵심적인 요소는 '영향력'이다. 그리고 이 영향력은 커뮤니케이션을 통해 이루어진다. 리더십에 미치는 커뮤니케이션의 중요성을 다음의 세 가지 영역으로 나누어 살펴보면 좀 더 이해하기 쉽다.

첫째, 커뮤니케이션이 중요한 이유는 구성원들의 작업(사역)만족도와 직결되기 때문이다. 리더가 전달하는 메시지가 애매모호하고 늘 왜곡된 것들만 전달되고

---

[3] 신응섭 외 5인, 「리더십의 이론과 실제」, 365.

불분명한 경우, 구성원들은 혼란을 겪게 되고 일에 대한 만족도가 떨어지게 된다. 그러므로 지도자는 항상 자신이 전달하고자 하는 바를 명확하고 확실하게 그리고 가장 왜곡이 적게 일어날 수 있는 채널을 통해 전달하는 것이 중요하다. 그러기 위해서는 언어적/비언어적(verbal/nonverbal) 방식을 골고루 활용하고, 수직/수평(lateral) 채널을 다각적으로 동원하고, 공식/비공식 채널도 두루 활용해서 어떻게든 자신이 전달하고자 하는 바를 확실하게 전달할 수 있도록 노력해야 한다.

둘째, 커뮤니케이션은 생산성과도 직결되기에 중요하다.

효과적인 커뮤니케이션을 위해서는 올바른 채널 선택, 공감적 경청(effective listening), 피드백의 활용을 통한 커뮤니케이션이 중요하다. 특히 화자가 어떤 메시지를 전달하더라도 결국 청자인 구성원들의 동기유발을 좌우하는 것은 그 메시지 자체가 아니라 그것을 받아들이는 '청자가 이해한 내용'이다. 화자인 목회지도자가 사역의 중요성과 기대되는 결과 등에 대한 확신을 명확하게 심어주지 못하면 사역을 하는 이들은 제대로 동기부여 될 수가 없다. 즉, 커뮤니케이션이 동기 유발의 가장 중요한 요소가 된다.

셋째, 커뮤니케이션은 구성원들의 이직율에 중요한 영향을 미친다.

리더가 구성원이 수행해야 할 작업을 명확하게 있는 그대로 설명을 해 줄때 구성원의 이직이 낮아진다고 한다. 이는 구성원들의 동기유발 및 결과의 확인을 통한 사역이나 업무의 만족도에 커뮤니케이션이 영향을 미치기에 커뮤니케이션은 사역이나 일을 계속하는가 아니면 그만두는가의 결정에 중요한 영향을 미친다.

2) 커뮤니케이션의 정의

커뮤니케이션은 '나누다', '전달하다', '참여하다', '공유하다'라는 뜻의 라틴어 '커뮤너스'(communus)에서 유래한 말이다.4) 사실 커뮤니케이션은 상황과 용도에 따라 다양한 개념으로 이해된다. 일반적으로 사람들이 서로 나누는 이야기는 '대화'라고 하며, 상담자가 내담자와 의사소통을 하는 것은 '상담'이라고 한다. 교사가 학생에게 의사를 전달하는 것은 '교육'이라고 하며, 목사가 교인들에게 말씀을 전달하는 행위는 '설교'라고 한다. 이처럼 상황에 용도에 따라 불리는 이름은 다르나 그 본질은 커뮤니케이션이다.5)

  이러한 커뮤니케이션은 학문적 관점에 따라 또한 그 의미가 다르게 이해된다. 첫째, 구조적 관점에서의 커뮤니케이션은 정보가 한 곳에서 다른 곳으로 이동하는 것으로 주된 관심은 정보가 어떻게 하면 신속하고 정확하게 전달되는가에 있다. 수학적 커뮤니케이션, 통신공학 등의 분야에서 주로 사용하는 의미이다. 둘째, 의미론적 관점이다. 이것은 상징체계를 통한 의미의 공유를 커뮤니케이션으로 보고, 화자가 암호화한 내용을 청자가 해독하는 과정에 관심을 두고 있다. 이 관점에서 커뮤니케이션을 연구하는 분야는 언어학, 문학 등이다. 셋째, 기능주의적 관점이다. 이것은 어떤 의도를 가지고 정보를 전달해 상대에게 영향을 미치는 것을 커뮤니케이션으로 이해한다. 주된 관심은 화자의 의도와 결과로 나타나는 효과에 관심을 가지고 커뮤니케이션을 접근한다. 행동과학, 사회심리학, 상담학 분야에서의 커뮤니케이션에 대한 이해가 이에 속한다. 그렇기에 사회과학에 속하는 리더십에서 커뮤니케이션은 단순한 전달만을 뜻하지는 않는다. 리더십에서의 성공적인 커뮤니케이션은 '의미의 전달과 이해', 나아가 화자(話者, speaker)가 청자(聽者, listener)에게 일어나기를 바랐던 변화가 실제로 일어나는 것을 뜻한다.6)

---

4) 양춘희 외 2인, 「비즈니스 커뮤니케이션」 (서울: 북코리아, 2004), 13; 윤대혁, 「인간관계와 커뮤니케이션」 (서울: 탑북스, 2010), 77; 안성호, 김일석, 「현대 리더십의 이해」 (서울: 신광문화사, 2010), 201.
5) 이강옥 외 2인, 「21C 리더십의 새로운 패러다임」 (서울: 무역경영사, 2003), 236.
6) 안성호, 김일석, 「현대 리더십의 이해」, 201.

이상에서 살펴본 바와 같이 커뮤니케이션은 상황과 용도 그리고 관점에 따라 다양한 의미를 지니고 있다. 이러한 다양한 커뮤니케이션의 이해에서 공통적인 요소를 바탕으로 간략하게 정의하면, 커뮤니케이션은 '개인 간 또는 집단 간에 공통의 상징체계를 사용해 지식과 정보를 전달함으로써 의미를 공유하고 서로에게 영향을 미치는 일련의 상호작용 과정'이라고 할 수 있다.[7]

3) 커뮤니케이션의 기본 구조

　의미를 공유하는 행위인 인간의 의사소통 과정은 어떤 차원의 것이든 대개 다섯 가지의 기본요소로 이루어져 있다: 화자(Sender), 전달내용(Message), 매체(Channel), 청자(Reciever), 효과(Effect) 또는 피드백.[8] 즉, 커뮤니케이션은 화자가 자신이 의도하는 메시지를 청자가 이해할 수 있는 방법으로 전달한다. 이때 커뮤니케이션의 각 기본 요소는 의사전달의 효율성에 영향을 미치는 부분들이다.[9]

　첫째, 화자(sender)에 있어서 화자의 태도, 신뢰성 및 기타 개인적 특성은 전달 내용을 이해하는데 영향을 미친다. 예를 들면, 화자가 성격적으로 배려심이 많을 경우, 청자의 입장을 고려해 자신의 의사를 전달하게 될 것이며, 그렇지 않을 경우 자신이 전달하려는 욕구가 우선하게 된다. 커뮤니케이션의 효율성에 영향을 미치는 화자와 청자의 차이점은 자아정체감의 차이, 역할인식의 차이, 가치관의 차이, 기분의 차이, 동기의 차이 등이 있다.[10]

　둘째, 전달내용, 즉 메시지는 커뮤니케이션의 핵심 요소이다. 메시지는 언어

---

[7] Richard M. Hodgetts and Steven Altman, *Organizational Behavior* (Philadelphia: W. B. Saunders, 1979), 295; 윤대혁, 「인간관계와 커뮤니케이션」, 77.
[8] 신응섭 외 5인, 「리더십의 이론과 실제」, 367.
[9] 윤대혁, 「인간관계와 커뮤니케이션」, 79-84.
[10] 의사전달의 효율성에 부정적 영향을 미치는 이러한 차이에 대한 더 자세한 설명은 다음을 참고하라. 신응섭 외 5인, 「리더십의 이론과 실제」, 370-1.

적, 비언어적 형태로 표현되어 전달되는데 메시지의 효과적 전달을 위해 필요한 다섯 가지 핵심 원리는 다음과 같다: 관련성의 원칙, 단순성의 원칙, 조직화의 원칙, 반복의 원칙, 초점의 원칙.[11] '관련성의 원칙'은 적절한 어휘, 상징 또는 제스처를 선택해 화자의 메시지를 청자로 하여금 관련 있고 중요한 의미를 지니는 것으로 만드는 것이다. '단순성의 원칙'은 의사전달의 효율성을 높이기 위해 상징, 단어 또는 제스처의 사용 횟수를 가능한 한 최소화함으로써 메시지를 단순하게 만들어서 전달하는 것이다. '조직화의 원칙'은 청자의 이해를 돕기 위해 화자가 자신의 메시지를 요점 중심으로 구조화하는 것을 말한다. '반복의 원칙'은 메시지 전달 시에 주된 요점을 적어도 두 번 반복하는 것을 말한다. 반복은 음성적인 커뮤니케이션의 경우 상황적으로 청자가 화자의 메시지를 분명하게 듣기 힘들거나 이해하기 어려운 내용일 경우에 매우 중요하다. '초점의 원칙'은 화자가 메시지의 핵심적인 요점에 초점을 두고 자신의 의사를 전달하는 것을 말한다. 구두적 표현에서는 적절한 얼굴표정과 함께 음조, 잠시 멈춤, 제스처 등을 적절하게 사용하는 것이 이에 속하며, 문서적 표현에서는 중요한 문장, 구절 또는 단어에 밑줄을 치거나 돋움체를 사용하는 방법이 이에 속한다.

셋째, 전달매체(Channel)는 메시지를 전달하는 수단으로 언어적, 비언어적 수단 및 기타 전자 매체 모두 포함된다. 이러한 여러 매체 가운데서 커뮤니케이션의 효율성을 높이기 위해서는 상황이나 청자의 특성, 메시지의 내용 등을 고려해 매체를 선택하는 일이 중요하다.

넷째, 청자의 메시지와 관련된 선지식이나 화자와의 기존 관계 그리고 청자의 성격적 특성 등은 의사전달의 효율성에 영향을 미친다. 사실 메시지의 전달 효과에 있어서 청자와 화자의 기존 인간관계는 메시지 내용보다 더 중요하다. 메시지

---

11) 윤대혁, 「인간관계와 커뮤니케이션」, 80.

내용이 조금 부족하여도 청자와 화자의 관계가 돈독하다면 보완이나 보충을 통해 부족한 부분을 메꿀 수 있다. 하지만 메시지와 전달매체 모두 최고의 수준이라 할지라도 기존 화자와 청자의 관계가 왜곡되어 있다면 메시지의 참된 의미와 커뮤니케이션의 원래 목적은 제대로 달성될 수 없을 것이다.

다섯째, 효과 또는 피드백이란 메시지에 대한 청자의 반응이다. 리더십에 있어서 커뮤니케이션의 효과를 높이기 위해서는 일방적인 전달이 아닌 쌍방적 의사소통이 바람직하다.

2. 커뮤니케이션의 기능과 유형

1) 커뮤니케이션의 기능

조직에 있어서 커뮤니케이션의 주요 목적은 다음에서 살펴볼 커뮤니케이션의 주요 기능을 결합해 조직의 목표를 효율적으로 달성하는데 있다.[12] 이러한 커뮤니케이션의 목표달성을 위한 커뮤니케이션의 주요 기능은 대체로 다음의 여섯 가지로 나누어 볼 수 있다.[13]

첫째, 조정과 통제의 기능이다. 의사소통은 조직구성원의 목표 달성을 위한 행동을 조정하고 통제하는 기능을 한다. 모든 조직에는 조직 목표달성의 효율성을 위해서 구성원이 지켜야 하는 권한범위와 공식적 지침들이 존재한다. 의사소통은 이러한 권한 범위와 공식 지침들을 구성원들에게 전달함으로써 구성원들의 행동을 조정, 통제하게 만든다.

---

12) 박영배, 「현대조직행동관리」, 307.
13) 안성호, 김일석, 「현대 리더십의 이해」, 202-3.

둘째, 동기유발을 촉진하는 기능이다. 의사소통은 구성원들이 조직의 목표를 달성하고자 하는 생각이나 감정을 갖게 만들고, 해야 할 일이 무엇이며, 어떻게 해야 효과적으로 더 잘 할 수 있는지를 알려준다. 즉, 커뮤니케이션은 동기부여의 촉매 역할을 수행한다.

셋째, 사회적 욕구 충족 기능이다. 조직 구성원들은 의사전달을 통해 자신들의 감정을 표출하며, 다른 사람과의 교류를 확대해 나감으로써 자신들의 심리적 사회적 욕구를 충족시킨다.

넷째, 정보전달의 기능이다. 의사소통은 개인과 집단에 정보를 전달함으로써 의사결정의 촉매제 역할을 한다. 즉, 의사소통은 조직의 목표달성에 필요한 여러 대안들에 대한 정보를 제공함으로 의사결정이 원활하게 이루어지게 한다.

다섯째, 조직체계의 유지 기능이다. 조직을 구성하는 구성원이나 조직 내의 여러 하부 조직은 상호작용과 협력을 통해 유지된다. 조직이 계속적으로 유지되기 위해서는 조직을 이루고 있는 구성원이나 하부조직의 의사와 정보를 전달하는 기능이 제대로 이루어져야 한다. 즉, 의사소통은 조직 유지의 필수요소이다.

여섯째, 효과적인 리더십 발휘 기능이다. 리더십의 영향력은 의사소통을 통해 이루어진다. 리더의 비전과 자질이 아무리 탁월하더라도 구성원들이 리더의 의견이나 리더십을 수용하지 않으면 실패한 리더십이 될 수밖에 없다.

2) 커뮤니케이션의 유형

커뮤니케이션의 유형을 분류하는 데는 여러 기준이 있다. 그리고 어떤 분류기준을 택하느냐에 따라서 커뮤니케이션의 유형은 달라진다. 따라서 다음에서는 분류 기준에 제시하고 그에 따른 커뮤니케이션의 유형을 살펴본다.14)

---

14) 박영배, 「현대조직행동관리」, 308-16.

(1) 목적에 따른 분류

커뮤니케이션의 목적이 무엇을 위한 것이냐에 따라 그 유형을 분류하면, 정보를 제공하기 위한 커뮤니케이션, 오락을 제공하기 위한 커뮤니케이션, 설득을 위한 커뮤니케이션으로 나눌 수 있다.

(2) 방식에 따른 분류: 구두, 비구두 언어적, 비언어적 방식

커뮤니케이션의 전달 방식, 즉 매체에 따른 유형은 구두적, 비구두 언어적 그리고 비언어적 커뮤니케이션으로 분류할 수 있다.

첫째, 언어적 방식은 구두 방식과 비구두 언어방식인 서면 방식과 전자 방식으로 나누어진다. 구두 방식의 종류에는 대면토론, 전화통화, 공식 프레젠테이션 등이 있다. 서면 방식에는 메모, 편지, 보고서, 컴퓨터 출력물, 서류, 편람, 핸드북 등이 있고, 전자 방식에는 e-mail, Fax, text, 카카오톡 등이 있다. 둘째, 비언어적 방식에는 몸짓, 접근거리, 중단, 안면이나 안구의 움직임, 용모 등이 있다.

(3) 형식에 따른 분류

커뮤니케이션의 형식에 따른 유형으로는 공식, 비공식 커뮤니케이션이 있다. 첫째, 공식적 커뮤니케이션은 조직 내 공식통로를 통해 규정된 방식으로 전달하는 것을 말한다. 공식 채널은 기본적으로 '문서' 위주로 메시지가 전달되기 때문에 채널의 풍부성이 대면적 의사소통보다 떨어진다.

둘째, 비공식적 커뮤니케이션에는 풍문, 가벼운 잡담 등이 있다. 그런데 일반적 생각과는 달리 훌륭한 기업일수록 예상 밖으로 비공식 채널이 대단히 잘 발달되어 있다. 예를 들면, 3M 같은 기업의 경우 엔지니어, 마케터, 고위 관리직, 재무 관리 담당자 등이 마치 일상적인 잡담을 나누듯이 자주 모여서 제품에 관해서 얘기를 나누고 있다. 비공식 채널이 활성화되어 있고 이것이 조직 문화 수준으로 조직

내에 깊이 뿌리내리고 있는 경우, 그 조직은 유동성, 탄력성이 높다. 조직 유동성이 높다는 것은 그만큼 급변하는 시장에 빠르게 대응할 수 있는 능력을 갖고 있다는 것이며, 따라서 공식 채널을 복잡하게 구성하는 것보다는 풍부한 비공식 채널이 더욱 활성화될 수 있도록 조직 문화를 조성해 나가는 것이 변화의 시대에 중요하다.

(4) 상하에 따른 분류

이에는 상의하달(Downward Communication), 하의상달(Upward Communication) 종적 커뮤니케이션과 측방전달(Lateral Communication)의 횡적 커뮤니케이션이 있다. 위로부터 작업 지침이나 목적, 목표 등이 아래로 전달되는 것이 하향 커뮤니케이션이고, 반대로 작업 진행 상황이나 새로 인지된 문제점 등을 위로 보고하는 것이 상향 커뮤니케이션 그리고 마지막으로 비슷한 레벨의 직원 사이에서 수평적으로 일어나는 커뮤니케이션이 측방 커뮤니케이션이다.

하향 커뮤니케이션에는 대표적으로 명령, 일반적 정보(편람, 핸드북, 게시판, 구내방송, 기관지, 기타 방법) 등을 들 수 있다. 하향 커뮤니케이션으로는 보고, 내부결재제도(품의), 인사제도(직장여론조사, 개별면접, 인사상담, 제안제도, 직원회의, 건의함 등) 등이 대표적이다. 그리고 횡적 커뮤니케이션으로는 동료나 관련부서 간의 사전협조, 사후통지, 회의 또는 위원회 등이 있다.15)

(5) 의도성에 따른 분류

화자의 의도 유무에 따라 커뮤니케이션을 분류하면, 의도적 커뮤니케이션과 비의도적 커뮤니케이션의 두 유형으로 나눌 수 있다. 관계의 질적 향상이나 조직의 내부적 결속을 다지는 데는 둘 다가 모두 유용한 접근 방법이다. 하지만 청자가

---

15) 안성호, 김일석, 「현대 리더십의 이해」, 229-30.

불편해하거나 의도에 대해 의심하는 경우가 있을 수 있기에 유의해야 한다.

(6) 상호작용 유무

커뮤니케이션에서 화자와 청자 사이의 상호작용이 있는가의 여부에 따라 커뮤니케이션은 일방적 커뮤니케이션과 쌍방적 커뮤니케이션으로 나눌 수 있다. 일방적 커뮤니케이션은 빠르고 쉽다. 쌍방적 커뮤니케이션은 느리고 어렵다. 그러나 화자의 메시지를 피드백을 통하여 확인할 수 있기에 실수와 문제발생이 적다.

(7) 커뮤니케이션 당사자의 수에 따른 분류

커뮤니케이션은 화자의 메시지가 정확하게 전달되는 일이 주요 목적이므로, 화자와 청자의 숫자에 따라서 매체의존도, 물리적 거리, 피드백 등이 달라진다. 커뮤니케이션 당사자의 수에 따라 대인 커뮤니케이션, 집단 커뮤니케이션, 매스 커뮤니케이션으로 나눌 수 있다.

첫째, 대인 커뮤니케이션에는 독백, 묵상, 판단 등의 개인 내적 커뮤니케이션(intrapersonal communication)이 있으며, 대화, 전화 등의 개인 간 커뮤니케이션(interpersonal communication)이 있다. 이의 특징으로는 물리적 근접성, 반응의 즉각성, 공감대 형성의 용이함을 들 수 있다.

둘째, 1차 집단, 정적 공동체, 비공식적 관계 등에서의 커뮤니케이션인 집단 커뮤니케이션(group communication), 2차 집단, 공식적 관계에서 일어나는 조직 커뮤니케이션(organization communication)이 있다. 공동의 목표 소유, 구성원의 역할 분담, 정기적이고 지속적인 상호작용 등을 그 특징으로 하고 있다.

셋째, 불특정 다수를 대상으로 하는 매스 커뮤니케이션이 있다. 대규모의 정보전달을 목적으로 하기 때문에 무엇보다 매체 의존도가 높다. 전자정보기술의 발달로 인해 이 영역의 매체는 다양해지고 영향력이 커지고 있다. 대표적인 경우가,

대형 블로거들의 영향력이나, 페이스북을 통한 자기 의견의 피력 등이 더욱 정치사회적으로 영향력을 확대해가고 있다.

3. 커뮤니케이션의 과정 및 장애 요인과 해결방안

1) 커뮤니케이션 과정16)

미국의 정치학자 라스웰(Harold Lasswel)의 커뮤니케이션 모형에서 따온 커뮤니케이션 요소를 바탕으로 커뮤니케이션의 과정 모형(Communication Process Model)을 간략하게 설정하면 다음과 같이 표현할 수 있다.

누가(화자, Sender) → 무엇을(내용, Message) → 어떻게(매체, Channel) → 누구에게(청자, Receiver) → 어떤 결과가 나왔는가? (효과, Effect)

이 다섯 가지 요소에다 잡음(noise), 피드백(feedback) 등의 요소를 추가하기도 한다.

이상에서 나열한 요소들을 커뮤니케이션 전달과정의 모형으로 표현하면 다음과 같다.17)

---

16) 안성호, 김일석, 「현대 리더십의 이해」, 204-7; 윤대혁, 「인간관계와 커뮤니케이션」, 78-84.
17) 신응섭 외 5인, 「리더십의 이론과 실제」, 367.

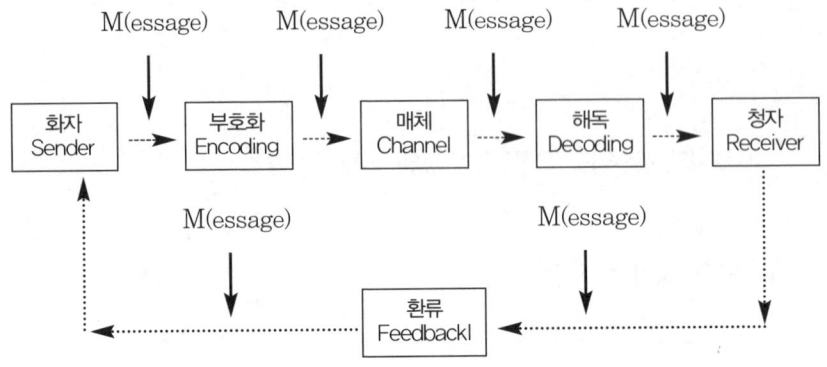

* 부호화(encording): 의도하는 의미; 해독(decording) -> 인식되는 의미

    화자가 전달하고자 하는 내용(message)을 부호화(encoding)의 과정을 거쳐 매체를 통해 청자에게 전달되는데, 청자는 이를 수용할 때 자신의 관점과 능력의 범위에서 해독(decoding)해서 화자가 전달하고자 하는 내용을 전달받는다. 그리고 경우에 따라 이를 환류(feedback) 과정을 통해 확인하거나 내용에 적합하게 반응한다. 각 커뮤니케이션 과정을 요소별로 간략하게 설명하면 다음과 같다.

  (1) 인코딩(encoding, 부호화) – 화자가 의도하는 의미
    인코딩은 인코딩하는 사람(source)의 말하고 쓰는 능력, 사안에 대한 입장, 내용을 어느 정도 파악하고 있는지 등의 영향을 받게 된다. 아무리 메시지를 정확히 이해하고 있다고 하더라도 그것을 글이나 말로 표현하는데 서툴다면(정확하게 인코딩하지 못한다면) 제대로 전달될 리가 없다. 마찬가지로 어떤 사안에 대해서 부정적인 생각을 갖고 있는 사람이라면 메시지의 특정 부분을 의도적 또는 무의식적으로 누락시킬 수 있다. 이처럼 인코딩 과정에서부터 왜곡이 일어날 소지가 많다.

(2) 내용(Message)

화자가 부호화해서 만들어낸 실체적 산물이 메시지다. 예를 들면, 메모를 띄웠다면 메모 그 자체가 메시지이고, 말로 전달했다면 말 자체가 메시지가 된다. 말을 할 때의 표정 같은 것도 일종의 메시지에 해당된다. 메시지는 의미를 전달할 때 사용된 상징체계 또는 메시지 내용 그 자체 그리고 그런 상징체계나 내용의 어떤 부분을 선택/조합해서 전달하느냐에 따라 그 의미가 달라질 수 있다.

(3) 매체(channel)

매체는 화자의 메시지가 전달될 수 있도록 선택하는 경로를 의미하는 것으로 크게 공식적인 채널(formal channel)과 비공식적인 채널(informal channel)의 두 종류가 있다. 업무와 관련된 메시지는 대개 회사의 조직체계에 바탕을 둔 공식적인 채널을 통해 전달된다.

(4) 해독(decoding) – 청자가 지각한 의미

해독은 전달된 메시지를 받은 사람 자신이 이해할 수 있는 형태로 변환하는 것을 의미한다. 디코딩 과정도 인코딩 때처럼 메시지 받은 사람의 개인적 성향이나 사안에 대한 이해 정도 그리고 문화적 배경 등이 영향을 미치게 된다. 왜곡될 소지가 있다.

(5) 환류(피드백, feedback)는 청자가 받은 메시지를 다시 화자에게 되돌려 보내는 것을 의미한다. 이렇게 함으로써 메시지가 제대로 전달되었는지 확인해 볼 수 있게 된다.

이와 같은 과정에서 중요한 것은 이렇게 여러 단계에 걸쳐서 메시지가 전달되고, 또 그 각 단계마다 메시지의 왜곡이 일어날 소지가 매우 많다는 것이다. 그와 같은 왜곡을 야기하는 요소는 다음과 같은 대표적인 것들이 있다.

2) 커뮤니케이션의 문제점(장애)과 해소방안[18]

(1) 커뮤니케이션 장애요인(문제점)

커뮤니케이션은 전달하는 측(알려주는 사람)과 전달받는 측(알아야 할 사람)으로 이루어져 있다. 이 과정에서 정보의 교환을 저해하는 요인은 크게 네 가지이다.[19]

i) 개인(주로 청자)의 지각장애 요소(personal barriers)

여기에는 개인 간의 심리적 거리를 형성하는 데 관여하는 요인인 기존의 커뮤니케이션 당사자가 지닌 기존의 관계 정도와 개인의 감정, 소극적 청취와 선입견, 불신, 위협 등이 속한다. 특히 해독(decoding)에 영향을 미치는 개인의 지각은 각자의 성장배경, 경험, 기대, 욕구, 가치관, 관심 등의 상이함으로 인해 화자의 내용이 청자에게 제대로 전달되는 것을 방해하기도 한다. 대표적인 개인의 효율적 의사소통을 방해하는 지각장애는 다음과 같은 것들이 있다.[20]

첫째, 고정관념(stereotype)이다. 어떠한 특질이나 행동을 다른 모든 구성원에게 일반화시키는 고정관념은 청자로 하여금 선택적 걸러냄(selective filtering)을 가져와서 효율적 의사소통을 저해하는 경우가 있다. 사람에 대한 고정관념이나 지역 특성에 대한 고정관념, 외모나 행동 특성 등에 따른 고정관념 등이 이에 속한다.

---

18) 의사소통 장애는 다음을 참고하라. 신응섭 외 5인, 「리더십의 이론과 실제」, 368-73; 윤대혁, 「인간관계와 커뮤니케이션」, 89-99; 박영배, 「현대조직행동관리」, 316-22.
19) Keith Davis and John W. Newstrom, *Human Behavior at Work*, 8th ed. (New York: McGrow-Hill, 1989), 7.
20) 윤대혁, 「인간관계와 커뮤니케이션」, 92-3.

둘째, 선택적 지각(selective perception)이다. 인간은 자신의 자아개념, 가치관, 선택에 일치하는 자각을 선택하려는 경향이 있다. 그렇기 때문에 청자는 메시지를 자신의 욕구, 경험, 동기, 성장배경 등에 따라 선택적으로 인식하게 됨으로 화자의 본래적 의도를 정확하게 이해하기 어렵다.

셋째, 현혹효과(halo-effect)이다. 현혹효과란 관찰한 지각내용(자질, 행동)이 관찰하지 않은 영역에까지 지각적 영향을 미치는 것을 말한다. 즉, 청자가 화자가 전하는 메시지의 내용을 화자를 관찰한 행동이나 태도로 미루어 짐작하고 해석해 받아들이는 문제가 올바른 의사소통을 방해한다.

넷째, 투사(projection)이다. 자신의 잘못이나 오류를 객관적인 근거 없이 타인에게 적용하려는 것을 투사라고 한다. 청자가 자신의 의사전달 상에 진실이 결여되어 왔을 경우, 화자의 말 역시 자신의 경우와 같으리라고 여기고 그 말을 평가 절하 하든지 아니면 거짓이라고 여기는 태도가 이에 속한다.

이밖에 비언어적인 의사전달의 문제점은 문화나 계층 또는 연령이나 성별 차이에 민감하지 못하여 범하는 의사전달의 실수가 이에 속한다. 예를 들면, 회교권에서의 왼손과 오른손의 엄격한 구별 사용, 태국인들의 경우는 부모와 스승, 승려만이 머리를 만질 수 있는데 귀엽거나 칭찬하거나 장난으로 상대의 머리를 만지는 행위는 전혀 다른 메시지를 전달하게 된다.

ii) 언어 자체로 의한 장애

통상 커뮤니케이션의 수단으로서 언어가 사용된다. 언어(말)는 편리하지만 반드시 올바르게 의사를 상대방에게 전할 수 있다고는 말할 수 없다. 그 이유는 커뮤니케이션 당사자의 개인적 배경(교육정도, 문화, 계층, 성별, 나이)에 따라 사용하는 단어가 다르거나 그 의미가 서로 조금씩 상이할 수 있다. 또한 언어는 본래의 의미를 벗어난다든지, 더해진다든지, 형태가 삐뚤어진 상태로 전해질 수 있다. 그리고 표현하는 내용과 실제 속마음이 다른 경우가 종종 있다. 이로 인해 의사전달의 어려움이 발생할 수 있다. 사실 의사소통에서 가장 중요한 요소는 표현되지 않은 것을 듣는 일이다.21)

iii) 화자의 전달 능력

커뮤니케이션 상의 문제점을 야기할 수 있는 또 다른 요소는 화자 가운데는 커뮤니케이션에 서툰 사람이 있다는 점이다. 조직 구성원 중에는 다른 사람과 대면해서 메시지를 전달하는 것을 부담스러워 하거나 글로써 어떤 메시지를 전달하는 것에 대해 두려움을 갖고 있는 사람이 상당수 있을 수 있다. 그런 경우 이들이 화자가 되든 청자가 되든 또는 커뮤니케이션 채널의 중간단계에 위치하든 간에 메시지의 왜곡을 야기할 가능성이 있게 된다.

iv) 물리적 장애

이는 커뮤니케이션 환경에 의한 의사전달 방해를 말한다. 여기에는 부적절한 매체선택으로 인한 의사전달 장애가 있으며, 의사전달의 상황적 분위기 역시 커뮤니케이션에 장애가 되는 경우도 있다. 이 밖에 외부의 소음이나 매체의 소음, 공간적 거리 및 벽이나 칸막이 등을 예로 들 수 있다.

(2) 커뮤니케이션의 문제점 해소방안

목회현장에서 종종 발견되는 의사소통의 문제점을 대체로 대인적 측면과 조직적 측면이 있다. 따라서 커뮤니케이션 문제의 해결방안 역시 대인 의사소통에서의 문제점 해소방안과 조직적 측면의 의사소통 문제 해소방안을 살펴보기로 한다.

---

21) 안성호, 김일석, 「현대 리더십의 이해」, 199.

i) 대인 간 의사소통의 문제 해소방안

대인 간 의사소통의 문제 해소방안을 화자와 청자를 중심으로 살펴보면 다음과 같다.22)

(i) 화자를 중심한 의사소통 문제 해소방안

첫째, 의사소통에 앞서 자신이 전달할 내용을 분명히 정리하라.

둘째, 의사소통 전 의사소통의 분명한 목표를 확인하고 그것을 누구에게 그리고 언제 할 것인지에 관한 물리적 인간적 여러 환경을 깊이 고려하라.

셋째, 표현할 때 가능한 군더더기나 과도한 수식어를 피하라. 설교 시에 수사적으로 필요한 경우가 있으나 의사전달의 측면에서 볼 때는 일반적으로는 평이하고 간단하게 알아듣기 쉬운 설교가 좋은 설교이다.

넷째, 평범한 단어를 사용하라. 목회자들 가운데 설교에서 신학전문 용어를 자주 사용하는 경우가 있는데 자제하는 것이 좋다. 자칫 전문용어는 자신의 불안전감을 보완하거나 방어하기 위해 사용하는 경우가 있다. 예를 들면, 의사들의 경우 평범한 용어가 아닌 전문용어로 자신과 환자 사이의 차별을 시도하는 경우이다.

다섯째, 편견 없는 표현이나 언어를 사용하라. 국가나 지역적 편견이나 사상적 편견 혹은 연령이나 성별에 대한 편견을 내포하는 용어의 사용은 절대 조심해야 한다.

여섯째, 전달하려는 내용에 담겨 있는 감정을 전달하려고 노력하라.

일곱째, 어조, 표정 등의 비언어적 표현이나 태도와 언어적 표현이 조화를 이루도록 노력하라.

여덟째, 청자가 메시지의 내용을 제대로 이해했는지를 확인하는 피드백을 받

---

22) 윤대혁, 「인간관계와 커뮤니케이션」, 97-8, 99-100.

으라. 목회자는 자신의 설교에 대해 피드백 그룹을 정해 상시 피드백을 받는 방법과 규칙적으로 설교에 관한 피드백 설문을 통해 피드백을 받는 방법이 있다.

(ii) 청자를 중심한 의사소통 문제 해소방안

첫째, 화자의 단어나 자구보다는 전달하려는 전체적인 의미를 파악하려고 노력하라.

둘째, 화자가 전달하려는 내용과 관련된 정보를 사용해 화자의 말에 집중하라.

셋째, 화자의 말을 끝까지 경청하고 예단을 하지 않도록 조심하라.

넷째, 객관적 내용과 표현되는 감정이 다를 경우 내용 자체보다 그 내용에 담긴 감정과 의미를 파악하려고 노력하라.

다섯째, 화자의 관점에서 자신이 이해한 말을 요약 재서술해 피드백을 주라. 이러한 방법은 의사소통의 내용이 중대하거나 매우 민감한 것일 경우 효과적이다.

ii) 조직 내 의사소통의 문제 해소방안

조직 내에서 의사소통의 어려움이 발생하는 이유는 대체로 다음의 다섯 가지이다. 첫째, 상급자와 하급자 사이의 순간적인 기분이나 보복이나 방어심리 등의 감정적 장애이다. 둘째, 의사소통 당사자 쌍방 간의 가치관의 차이로 인한 부호화와 해독의 문제이다. 셋째, 화자의 불완전한 표현이 조직 내 의사소통의 장애가 된다. 넷째, 전달되는 정보의 양이 너무 많은 경우 또한 합리적인 의사결정을 방해한다. 다섯째, 조직상의 결함, 즉 너무 방대하거나 의사전달 단계가 복잡하고 길어지면 정보의 누락현상이 발생해 문제가 된다.[23] 따라서 이러한 조직에서의 의사소

---

23) 박영배, 「현대조직행동관리」, 316-7.

통문제를 예방하고 해결하는 데 도움이 되는 방안은 다음과 같다.24)

첫째, 피드백의 활성화이다. 조직이 활성화되기 위해서는 하부조직 간에 또는 상하 간에 피드백이 활발히 일어나는 쌍방 의사소통체계가 갖추어져야 한다. 하향 피드백은 업무성과에 대한 솔직하고도 의미 있는 정보가 포함되어야 하며, 상향 피드백은 구성원들에게서 무슨 일이 일어나고 있는지를 제대로 파악할 수 있게 해야 한다.25) 이러한 피드백 촉진을 위해 지도자는 조직의 방어적인 분위기를 감소시키고 개방적이고 지지적인 의사소통 분위기를 조성해야 한다. 그리고 제도적으로 교회 내에 제안제도나 직접 건의할 수 있는 핫라인이나 비밀방 등의 설치가 도움이 되며 필요한 분야의 정기적인 의견조사가 도움이 된다. 예를 들면, 설교라든가 예배, 교육, 봉사 등의 주요 영역에서 필요한 부분은 의견조사를 통해 피드백을 받는 것이 도움이 된다.26)

둘째, 조직에서의 과중한 정보는 의사소통의 혼란과 좌절을 초래해 의사소통의 효율성을 떨어뜨린다. 따라서 과중한 정보의 문제를 예방하기 위해 지도자는 자료를 선별하여 필수적이고 중요하게 처리가 필요한 자료만을 구성원에게 보내도록 한다. 그리고 지도자는 조직의 비전 및 목적과 관련된 중요성의 정도에 따라 자료의 등급을 분류하도록 해야 한다. 정보의 중요도와 함께 긴급성도 아울러 고려해 정보의 긴급성과 중요도를 기준으로 구성원들에게 보내도록 한다.

셋째, 정보전달 왜곡을 감소시킨다. 이를 위해 지도자는 구성원과 자주 비공식 대화나 만남을 통해 조직의 비전과 설립 목적 등의 중요한 영역이 무엇인지를 알리도록 하며, 동시에 구성원들이 조직의 중요 의사결정에 참여하도록 한다. 이 밖에 중요한 정보는 반복해서 보내거나 둘 이상의 매체를 통하여 보내는 방법 등이 있

---

24) 윤대혁, 「인간관계와 커뮤니케이션」, 98-99; 박영배, 「현대조직행동관리」, 317-22; 신응섭 외 5인, 「리더십의 이론과 실제」, 378-81.
25) 신응섭 외 5인, 「리더십의 이론과 실제」, 380.
26) 윤대혁, 「인간관계와 커뮤니케이션」, 98.

다. 예를 들면, 중요한 메시지는 구두로 전달하고 다시 문서나 메일로 전달하는 방법이다.

넷째, 비공식적 의사소통에 주의를 기울인다. 조직 내에 비공식적 의사소통이 증가할 경우, 조직 내에 구성원들이 원하는 정보를 얻을 수 있는 기회와 정보를 전달할 수 있는 기회를 확대한다. 조직 내의 루머는 조직의 건강성의 지표가 되므로 리더는 루머에 대하여 방어적이되기보다는 상반되는 사실을 적시하여 해결하는 것이 좋다.27)

4. 목회사역에서의 커뮤니케이션

이제까지 살펴본 커뮤니케이션의 이해와 유형 및 과정과 장애요소 등은 궁극적으로 리더가 의사소통을 통해 다른 사람이 교회의 목적을 위해 행동하도록 자극하거나 태도를 변화시키기 위한 준비이다. 따라서 설교를 포함해 목회리더십에서의 커뮤니케이션은 본질적으로 설득이 중심이다. 이런 점에서 목회리더십의 커뮤니케이션은 교회의 비전과 전략 및 목표 달성에 도움이 되는 가치들을 교회 구성원들이 의사소통하는 전략적 혹은 설득적 의사소통이라고 할 수 있다.28) 목회사역에서 필요한 또 하나의 커뮤니케이션 영역은 목회갈등관리에서의 의사소통이다. 그리고 이 두 영역 공히 리더가 필요로 하는 의사소통의 중요한 기법은 경청, 즉 적극적인 청취이다. 여기서는 목회리더십에서 요구되는 설득과 갈등관리에 필요한 커뮤니케이션 그리고 모든 리더에게 필요한 경청에 관하여 알아본 다음, 마지막으로 목회지도자의 효과적인 커뮤니케이션을 위한 지침을 제시한다.

---

27) 박영배, 「현대조직행동관리」, 312-6.
28) 안성호, 김일석, 「현대 리더십의 이해」, 210.

1) 설득의 커뮤니케이션

설득과 관련해 커뮤니케이션의 주요 요소들 가운데서 화자(발신자), 청자(수신자) 그리고 메시지를 중심으로 효과적인 설득에 필요한 내용들을 살펴보면 다음과 같다.29)

(1) 화자(발신자)와 효과적인 설득

효과적인 설득을 위해 화자에게 요구되는 특성을 신뢰성과 유사성에 기초한 호감의 두 가지로 나누어 살펴볼 수 있다. 이 특성의 존재 유무는 화자의 의사전달 방법에 직접 영향을 미친다. 화자와 청자 사이에 신뢰성과 호감이 확보되었다면 화자는 자신의 주장을 바로 피력해도 효과가 있다. 하지만 그렇지 않을 경우는 자신과 반대되는 주장을 먼저 거론한 후, 이에 대한 반론을 들어 자신의 주장을 펴나가는 것이 설득에 효과적이다. 따라서 신뢰성과 유사성의 확보는 설득에 중요한 요소이다.30)

첫째, 신뢰성의 확보이다. 리더십의 핵심이 영향력이라고 할 때 화자인 리더의 신뢰성은 설득의 핵심적 요소이다. 리더의 신뢰성은 개인의 성품뿐만 아니라 리더가 지니고 있는 전문성과 밀접한 관련이 있다. 동일한 메시지를 들었더라도 그 분야의 전문가로부터 그 내용을 들은 집단은 이름 없는 사람으로부터 들은 비교집단보다 태도변화가 더 많이 일어난다. 전문성에 더해 리더의 진지함이 말하는 이의 신뢰성을 증진시키는 또 하나의 요소이다. 이러한 진지함은 화자의 의도와 결합되어 화자가 어떠한 의도를 지니고 있다는 사실을 청자가 알았어도, 화자의 설득에 대해 부정적인 태도를 누그러지게 만들 수 있다. 일반적으로 사람들은 화자의 의사소통이 의도성이 담긴 사실을 알게 되면 방어적이게 되어 잘 설득되지

---

29) 신응섭 외 5인, 「리더십의 이론과 실제」, 282-6.
30) Ibid., 382.

않는다.

둘째, 호감과 유사성의 확보이다. 설득은 청자가 화자에 대해 호감을 가지고 있으면서 화자와 유사성이 있음을 발견하면 좀 더 쉬워진다. 유사성의 확보는 호감을 증진시키는데 매우 중요한 요소이다. 인간관계의 친밀함은 유사한 신념, 태도, 행동, 취미 등의 공통요소를 발견하였을 때 방어적인 태도가 줄어들어 호감이 증대된다. 즉, 기존 자신이 지니고 있는 인지 구조와 일치할 때 사람들은 편안해하고 상대를 수용적으로 대하게 된다. 그렇지 않고 기존 자신의 인지구조에 상반되는 신념이나 태도를 접하게 되면 사람들은 불쾌함을 느끼거나 불편해 한다. 이런 현상이 바로 '인지부조화이론'(cognitive dissonance theory)이다.[31] 그러므로 화자인 리더가 의사소통에서 신뢰를 증진하려면 청자인 구성원들과 자신이 지닌 공통점을 파악해 제시할 수 있어야 한다. "나는 리더고, 그렇기에 당신들과 다르다"는 태도야 말로 설득을 위한 리더의 의사소통에서 가장 좋지 않은 접근이라고 할 수 있다.

(2) 메시지와 효과적인 설득

효과적인 설득을 위한 메시지의 특성은 주장할 내용과 기존 내용과의 차이 정도, 내용의 구조 배열, 내용의 참신성과 밀접한 관련이 있다.

첫째, 메시지 내용의 기존 견해와의 상이성 정도가 설득에 영향을 미친다. 일반적으로 사람들은 견해 차이를 실제보다 과장되게 인식하는 경향이 있다. 그리고 사람들이 자신들의 견해와 다른 주장을 수용할 경우는 자신들의 수용 범위 내에서 '조절과 동화'의 과정을 거쳐 설득된다. 따라서 화자의 주장이 자신들이 지니고 있는 기존의 견해와 비슷하거나 수용 범위 내에서 받아들여질 수 있다면 설득되지만 그렇지 않을 경우 설득이 어렵다. 따라서 리더는 자신이 전달할 메시지의 내용이

---

31) Ibid., 383.

기존의 견해와 상이 정도가 어느 정도인지를 인지하고 설득에 임해야 한다.

둘째, 메시지의 구조 배열이 설득에 영향을 미친다. 대립되는 두 주장 가운데서 리더는 양쪽 입장을 다 말해야 하는가, 아니면 어느 한쪽의 주장만 말할 것인가? 설득하려는 결론을 말할 것인가, 아니면 결론을 내리지 말아야 할 것인가? 이러한 상황에서 리더가 설득을 용이하게 하기 위해서는 대립되는 주장 모두를 말하는 것, 그리고 결론을 내리지 않는 것이 좋다. 왜냐하면 이러한 태도는 모두 구성원들로 하여금 리더를 보다 정직하고 믿을만한 존재로 인식되게 만드는 효과가 있기 때문이다. 그리고 앞서 말한 바와 같이 리더가 구성원들을 설득하기 위한 메시지 배열은 반대주장을 먼저 언급하고 문제점을 지적한 후, 자신이 말할 주장을 펴는 것이 효과적이다.

셋째, 정보의 참신성이 설득에 영향을 미친다. 사람들은 새로운 환경 자극에 더 관심을 기울인다. 의사소통 역시 새로운 내용인 경우는 태도변화, 즉 설득이 쉽다. 자신의 현재 입장과는 배치되는 주장을 들을 때, 그 내용이 새롭지 않다면 태도변화를 고려하지 않는다. 하지만 주장이 새로운 내용을 포함하고 있다면 태도변화를 고려하게 된다. 설교 역시 마찬가지이다. 끊임없이 목사가 설교의 참신성을 더하려는 이유는 바로 이 설득을 통한 영적성장이라는 태도변화가 쉽게 일어나도록 하기 위함이다.

(3) 청자(수신자)와 효과적인 설득

효과적인 설득, 즉 태도변화를 용이하기 하기 위해 청자에게 필요한 요소는 각성(깨달음), 성격 그리고 청자의 의지에 대한 개입이다.[32]

첫째, 청자의 각성이 설득에 영향을 미친다. 사람들이 리더의 의사전달에 관

---

32) Ibid., 385-6.

심을 가지기 위해서는 충분한 각성(깨달음)이 있어야 한다. 하지만 사람들의 안전감을 위협할 정도의 각성은 부정적인 효과를 준다(과도한 공포나 위협 등). 따라서 리더의 설득이 효과적이기 위해서는 청자의 각성을 유발할 적절한 보상과 불이익에 대해 분명히 알리도록 해야 한다.

둘째, 청자의 성격이 설득에 영향을 미친다. 일반적으로 자존심이 낮은 사람은 자존심이 높은 사람에 비해 설득이 비교적 쉽다. 하지만 이런 경우에도 자존심이 낮은 사람이 낮은 자존심으로 인해 쉽게 상처를 받을 경우, 오히려 합리적인 설득은 더 어렵게 될 수 있다. 따라서 리더는 구성원과 자신과의 사이에는 힘의 불균형이 있음을 염두에 두고, 설득할 경우 그 힘의 균형을 맞춘 후에 설득을 시도하는 것이 좋다. 지위의 힘이나 전문성의 힘 등으로 상대방을 일시적으로 압도할 수 있으나 그것은 진정한 설득은 되지 못하며 일의 효율성 역시 떨어진다.

셋째, 청자의 자발적 의지는 설득에 영향을 미친다. 사람들은 자신의 의지에 따라 어떤 행동을 하면 그 행동을 바꾸기 어렵다. 그리고 자발적 의지에 따라 자신의 의향을 공개적으로 표명하면 그것 역시 바꾸기 어렵다. 따라서 리더는 구성원과 자신의 주장 사이의 공통점을 찾거나 보상체계를 합리적이고 적절하게 마련해 청자가 자발적 의지에 따라 태도를 변화할 수 있도록 도와주어야 한다.

2) 갈등과 위기상황에서의 커뮤니케이션

갈등은 인간의 삶에서 불가피한 요소이다. 삶에서 무조건 갈등을 피하려는 자세는 온전한 삶의 성장과 성숙을 위해서 건강하지 못할 뿐만 아니라 불가능하기도 하다. 목회사역 역시 이러한 갈등에서 예외일 수 없다. 사역에서의 갈등은 목회자의 능력, 경험, 성품, 개인적인 사정 등을 고려하지 않고 닥쳐온다.[33] 이러한 사역

---

[33] 교회갈등과 목회리더십에 대한 자세한 내용은 앞의 13장을 참조하시오.

현장에서 다양하게 나타나는 갈등에 잘 대처하기 위해선 커뮤니케이션에 신중해야 한다. 그리고 모든 갈등에는 커뮤니케이션의 문제가 정도의 차이는 있지만 관련되어 있다. 물론 커뮤니케이션이 잘 이루어졌다고 해서 모든 갈등이 해소되는 것은 아니다. 하지만 어떤 갈등 상황에서도 커뮤니케이션만 제대로 된다면 적어도 인간적인 유대 관계마저 끊어지는 불행은 막을 수 있다. 먼저 갈등관리 목회리더십을 갈등상황의 커뮤니케이션에서 고려해야 할 네 가지 요소와 갈등의 건설적 해결을 위해 리더에게 필요한 기법에 대하여 살펴본 후, 위기상황에서의 의사소통 지침에 대하여 알아본다.

(1) 갈등상황의 대화에서 고려할 네 가지 요소

어떤 경우에도 무시하지 말아야 할 갈등상황에서의 대화에 네 가지 요소가 있다. 갈등의 주체인 '나', 상대인 '너', 갈등의 '주제'와 '상황'이 그것이다. '나'와 '너'는 서로 관련된 모든 것을 의미한다. 예를 들면, 나의 의견, 정보, 희망, 소원, 느낌 등이다. 그러나 많은 사람들이 갈등 상황에 빠지면 경황이 없어 네 가지 가운데 일부 또는 전체를 생략해 버리곤 한다. 이 네 가지를 간과한 대표적인 부정적 대화 자세는 희생, 공격, 계산, 회피로 나타난다.

i) '나'를 무시하는 것으로 '희생'을 들 수 있다

나에 대한 모든 것을 무시하고 "나는 괜찮아"하며 침묵한다. 갈등의 주제가 대수롭지 않거나 수양이 잘 되어 감정이 남지 않는 경우라면 상관없다. 그러나 상사나 동료로부터 업무에 방해받을 만큼 습관적으로 지시를 받아 스트레스가 쌓이고 감정이 생기는데도 불구하고 자신을 희생하는 것은 현명한 일이 아니다. 언젠가 감정의 응어리가 엉뚱한 모습으로 표출되어 또 다른 문제를 낳게 되고 최종적으로 업무 효율도 떨어뜨리기 때문이다. 희생에 익숙해진 사람들은 상대방의 이야기에 너무 빨리 동의하거나 복창하는 특징을 보이기도 한다.

ii) '너'를 무시하는 공격적인 사람들이 있다

상대의 의견, 희망, 느낌 등을 하찮거나 쓸데없는 것으로 여기고 자신의 의견만 절대적인 양 우기는 경우이다. 대개 직장 상사가 아랫사람을 대할 때 나타나는 현상이다. 이들은 회사 일을 대부분 옳고 그름이라는 이분법으로 생각하는데, 문제는 항상 자신의 의견이 옳다고 주장하는 것이다. "내 말을 들었어야지!" 하는 식으로 자신의 의견에 당위성을 부여한다. 고개를 약간 기울인 채 손가락으로 상대방을 가리키며 얘기하거나 얘기를 들을 때 입술을 꼭 다문다. 또 몸을 뒤로 젖히거나 두 팔을 포개기도 한다. 때로 상사가 무능해 보일 때 아랫사람에 의해 이런 현상이 빚어지기도 한다. 우유부단하거나 업무 능력이 떨어지는 상사에 대해 '너'를 무시하는 현상은 주로 표면으로 드러내지 않고 끼리끼리 험담으로 이어지는 게 다반사이다.

iii) 나와 너 그리고 상황을 무시하는 '계산'의 경우를 들 수 있다

인간미가 없다는 뜻에서 컴퓨터 같은 사람이라고 할 수 있다. 1980년대에 인기를 모았던 TV 드라마 <하버드대학의 공부벌레>에 나오는 킹스필드 교수 같은 사람이 바로 이런 유형이다. 근엄한 표정에 나비넥타이를 하고 안경 너머로 학생들을 노려보는 교수의 관심사는 오로지 그날 수업의 주제뿐이다. 또한 개인 신변에 일어난 상황들을 전혀 생각지 않고 '성숙한 사람은 감정적이어서는 안 된다'는 믿음이 밑바닥에 깔려 있다. 이러한 태도는 갈등을 악화시킬 뿐이다.

iv) 갈등의 네 가지 요소를 모두 무시하는 '회피'가 있다

회피하는 사람은 대화의 흐름을 바꾸기도 하고 무슨 일이든 심각해지지 않으려고 한다. 회피하는 사람은 갑작스레 웃음을 터뜨리며 너스레를 떨기도 하고 자연스럽지 못한 표정이나 행동을 취하며 허허거리기도 한다. 무조건 피하려는 자세로는 결코 갈등을 해결할 수 없다. 직장에서 무골호인(無骨好人)이라고 부르는 사람들이 주로 이런 경향을 보인다.

그러므로 리더가 갈등을 제대로 대처하려면 네 가지 요소를 제 몫만큼 인정하는 균형 감각이 필요하다. '나'라는 자신의 의견도 떳떳하게 발표하고, '너'라는 상대방 이야기도 귀담아 들으며, '주제'에 대한 명확한 전달과 '상황'에 민감해야 한다.

(2) 위기상황에서 리더에게 필요한 커뮤니케이션 지침

조직에서 그 어느 때보다 리더십을 필요로 하는 때는 바로 위기 상황이다. 변화의 급격한 속도, 불확실성, 변화의 질적 정도 등으로 인한 개인과 조직의 위기는 일반적 대응기제로는 해결이 불가능하기에 리더의 역할이 매우 중요하다.[34] 리더가 위기상황에서 의사소통에 유의할 점은 다음과 같다.[35]

첫째, 침착하게 행동하고 경청하라.

조직의 리더는 위기상황에서 무엇보다도 조직의 더 큰 동요를 막기 위해 침착해야 한다. 이를 통해 사람들의 두려움과 불확실성을 완화시킨다. 하나님의 능력을 의지하는 가운데 정확한 공감과 정확한 소통으로 위기의 원인과 정도를 파악하기 위해 경청하면서 희망적인 태도를 견지하도록 노력한다.

---

34) 위기의 본질, 진행과정, 성격과 종류 등에 관련된 자세한 설명은 다음을 참고하라. 양병모, 「기독교 상담의 이해」, 12장.
35) 안성호, 김일석, 「현대 리더십의 이해」, 234-6.

둘째, 구성원들의 감정을 공감하고 현장에 함께 하라.

위기상황에서 리더의 가시적 존재는 구성원들에게 상황이 통제되고 있음을 느끼게 해준다. 그리고 위기상황의 직면을 통해 조직의 시급하고도 긴요한 필요와 해결방안을 모색한다. 또한 리더의 공감적 태도는 조직의 위기에서 상실되기 쉬운 리더에 대한 신뢰감의 회복과 유지에 도움을 준다.

셋째, 진실을 말하라.

리더는 여러 경로로 위기의 원인과 상황 등에 관한 가능한 많은 정보를 수집하고 확인한 후 상황을 신속히 구성원들과 공유하도록 해야 한다. 조직의 위기 해결은 구성원들의 협조 없이는 불가능하다. 비록 일시적으로 사람들이 힘들어할지 모르지만, 리더는 사실을 직시하고 마음을 모으기 위해 진실을 말해야 한다. 물론 이러한 진실을 말하더라도 여전히 과거 행위의 비난이나 비관적인 태도를 취하는 일은 피해야 한다.

넷째, 미래의 비전을 심어주라.

위기가 진정 위험한 것은 당사자들이 절망할 때이다. 미래가 없는 위기는 멸망으로 향하나 미래가 존재하는 위기는 단어 그대로 '위험한 기회'이다. 따라서 리더는 자신 속에서 먼저 소망(희망)의 씨앗을 심고 이를 구성원들과 비전이란 이름으로 공유해 위기극복의 동력을 얻도록 해야 한다.

3) 적극적인 경청을 위한 지침[36]

신앙의 시작이 듣기에서 시작하는 것과 마찬가지로 커뮤니케이션의 시작 역시도 말하기가 아니라 듣기이다. 듣지 못하면 제대로 말하기가 어렵다. 여기서의 듣기는 자신이 관심을 집중해 듣는 적극적인 경청을 의미한다. 적극적 경청은 주

---

36) 이상욱, 「현대조직의 리더십 적용」, 97-9; 권석만, 「젊은이를 위한 인간관계의 심리학」, 509-12; 윤대혁, 「인간관계와 커뮤니케이션」, 102-4.

의를 집중하고, 상대의 말을 잘 따라가며, 적절히 반응하며 이루어진다.37) 하지만 적극적인 경청은 다음과 같은 이유로 쉽지 않다. 첫째, 사람은 말보다 생각의 속도가 더 빠르기 때문에 생각의 집중이 말의 속도에 맞추어 집중을 계속하기 어렵다. 그리고 들으면서 대답을 생각하기 때문에 듣기에 집중하기 어렵다. 일반적으로 사람은 1분에 머릿속으로는 700개의 단어를 처리하지만 말로는 125개 정도만을 처리한다. 둘째, 화자와 청자 사이의 상이한 성격이나 가치관 또는 기존의 관계의 정도가 정확한 의사전달을 방해하는 감정을 유발하기 쉽다.38) 셋째, 물리적 방해요소가 경청을 방해한다. 청자의 규모와 매체의 적절성 여부, 열린 공간인가 닫힌 공간인가, 화자와 청자의 거리 및 강단과 좌석 배치 등이 효과적인 청취에 영향을 미친다.

좋은 리더는 효과적인 경청의 능력을 갖춘 사람이다. 목회리더에게 필요한 적극적 경청의 기본적 지침은 다음과 같다.

첫째, 주목하라.

시선을 상대방에게 유지한다. 바른 자세를 유지한다. 주의를 산만하게 하는 행동은 피한다. 비언어적 반응을 통해 경청하고 있음을 나타낸다.

둘째, 확대해석을 피하라.

경청하는 사람이 말하는 사람으로부터 승인이나 동의를 얻고자 하는 강한 열망을 가지고 있거나 말하는 사람이 적대적이고 신뢰할 수 없다고 믿어질 때 이러한 확대해석이 일어날 가능성이 높다.

셋째, 판단하는 반응을 피하라.

판단반응은 상대의 메시지가 옳고 틀리다고 결정하거나, 말하는 사람이 좋고 나쁘다고 결정하는 것을 의미한다. 말하는 사람이 불안을 유발하는 말을 하거나 듣

---

37) 권석만, 「젊은이를 위한 인간관계 심리학」, 511.
38) 윤대혁, 「인간관계와 커뮤니케이션」, 102-3.

는 사람을 불편하게 느끼도록 만들 때 이러한 반응이 이루어진다. 판단 반응은 의사전달자가 말하고자 하는 바를 이해하기 어렵게 한다. 판단반응은 부정적일 경우 방어적 태도와 분노를 유발하게 된다.

넷째, 편향과 오해를 하지 않도록 노력하라.

공감이란 상대방의 감정과 지각을 이해하는 것을 의미한다. 공감이 부족한 이유는 상대방이 자신과 동일한 동기, 가치, 태도를 가지고 있다고 가정하는 경향 때문이다. 즉, 자신을 타인에게 투시하는 이러한 경향 때문에 공감이 어렵다. 또한 강한 고정관념을 가지고 있을 경우에도 공감을 이루기 어렵다. 자신의 고정관념과 조화되지 않으면 무시하거나 고정관념을 유지하기 위해 재해석하기 때문에 공감이 어렵다.

다섯째, 부연하여 설명하라.

듣는 이가 전달자의 말을 재진술하거나 부연설명을 하는 것은 두 가지 유익이 있다. 첫째, 상대방에게 당신이 주의 깊게 경청하고 있다는 것을 보여준다. 둘째, 당신이 상대방의 말을 이해했는지를 검증할 수 있다.

여섯째, 공감해주라.

공감은 상대로 하여금 정서적으로 안정되게 해주며, 보다 개방적으로 의사전달을 하도록 만든다. 공감에는 상대방의 감정을 반영하는 방법과 상대방의 의미를 반영하는 방법이 있다.

일곱째, 상대방의 생각을 드러내기 위해 탐색질문을 한다.

흥미와 주목을 타나내기 위해 비언어적 표현과 함께 침묵을 사용하거나 직접적으로 탐색하는 질문을 한다.

4) 바람직한 커뮤니케이션의 조건과 연설의 요소

(1) 바람직한 커뮤니케이션의 조건

바람직한 커뮤니케이션이란 전하고 싶은 내용을 전달받는 측에 충분히 전할 수 있는 상태를 말한다. 전하고 싶은 내용에는 사실이나 의견 이외에 감정이나 의지 등 정·동적인 것까지가 포함되어 이것들이 될 수 있는 한 정확하게 전달되어 지는 것이 중요하다. 이를 위해 다음의 요소들이 도움이 된다.

i) 진솔한 태도가 필요하다.

바람직한 커뮤니케이션을 하기 위해서는 전달하는 측과 전달받는 측의 진실하고 솔직한 태도가 중요한 요건이다. 먼저 진솔함을 위해 화자는 전해야 할 것, 전하는 편이 좋은 것은 마음이 내키지 않더라도 상대에게 받아들이기 쉬운 태도와 전달 방법으로 확실하게 전하는 태도를 지녀야 한다. 청자의 진솔함이란 전달하는 측이 솔직할 수 있게끔 마음을 쓰고 자신의 내면에 방어나 저항의 틀을 만들지 않고 솔직하게 상대의 말을 받아들이는 태도이다. 종종 상대가 솔직하게 이야기하지 않는 것은 솔직하게 들으려고 하는 이쪽의 태도에 문제가 있기 때문인 경우가 많다. 또 상대가 솔직하게 들으려고 하지 않는 것은 이쪽이 솔직하게 이야기하지 않는 경우가 많다. 우선 자신이 솔직하게 되도록 노력을 하고 상대도 솔직하게 되도록 하여 바람직한 커뮤니케이션의 기초를 만드는 것이 중요하다.

ii) 수용과 공감적 태도가 필요하다.

바람직한 커뮤니케이션은 솔직한 태도와 함께 수용과 공감적 자세가 필요하다. 조직의 리더는 이와 같은 수용과 공감적 태도를 통해 조직원들과 대등하고 자유롭게 어떠한 것이라도 함께 나누는 개방적이면서도 수용적인 분위기의 조직을 만드는 것이 중요하다. 이러한 리더의 태도는 조직의 건강성을 담보하며 혁신과 창조적 접근이 용이하도록 한다.

(2) 효과적인 연설의 조건

어떠한 조직이든 리더는 공식적이든 비공식적이든 연설할 기회가 자주 있다. 이럴 때, 리더가 구성원들이 느끼기에 진정성이 있는 의사전달을 하는 것은 리더십의 유지와 조직의 충성심을 유지하는 데 중요하다. 목회지도자는 설교라는 특수한 분야가 따로 하나의 학문 분야로 독립되어 있기에 설교학에서 이 부분을 매우 자세하게 배울 수 있다. 여기서는 일반적인 연설과 관련된 몇 가지 지침만을 언급하고자 한다.[39]

i) 청자들(청중, 교인)에게 열린 마음을 가져라

자칫 연설을 일방적 커뮤니케이션으로 여기는 것은 잘못된 생각이다. 연설 역시 쌍방적인 커뮤니케이션의 일종이다. 왜냐하면 연설문을 작성할 때부터 그리고 연설을 시작하고 마친 이후까지 연설자는 그 마음과 생각 속에서 끊임없이 청중과 대화하고 교감하기 때문이다. 좋은 연설을 하려면 청중에 대해 편안한 마음을 가져야 한다. 본인에게 가장 편안하고 자연스러운 자세로 자신의 톤과 스피드로 주의력을 집중해 말하도록 해야 한다. 화자가 편안해야 청자 역시 편안함을 느낀다.

ii) 청중과 정서적 연대감을 형성하라

청중을 연설에 귀 기울이도록 하는 방법은 어린아이의 관심을 끄는 방법과 유사하다. 즉, 목소리의 강도, 억양, 음량 등에 변화를 주거나 가까이 다가섬으로

---

[39] 안성호, 김일석, 「현대 리더십의 이해」, 233-4.

써 관심을 끌 수 있다. 따라서 화자는 말하는 동안 청중을 주시하면서 관심을 환기시키는 적절한 비언어적 요소를 사용해 청중과 긴밀한 정서적 연대감을 형성해야 한다.

iii) 주제와 관련한 화자의 열정이 전달되도록 하라

화자는 자신이 말하고자 하는 내용에 초점을 맞추기보다 자신이 말하려는 이유와 주제에 관해 느끼는 감정에 초점을 맞추는 것이 좋다. 화자는 자신이 먼저 말하고자 하는 주제에 몰입해야 하며, 주제는 누구보다도 먼저 화자 자신을 설득할 수 있어야 한다.

iv) 청중의 마음을 읽어라

앞서 언급한 바와 같이 연설은 쌍방적 커뮤니케이션이다. 그렇기 때문에 화자는 연설을 하는 내내 언어적 또는 비언어적 메시지를 통해 청중의 마음을 읽어 가면서 그에 맞추어 적절하게 연설해야 한다. 청중의 감정을 파악하고 그에 따라 말의 속도와 음성의 고저 강약에 변화를 주고 적절한 표정과 몸짓언어를 구사해야 한다.

효과적인 커뮤니케이션은 목회리더십의 본질적 요소이다. 목회지도자는 섬기는 교회의 비전과 비전 위에 세워진 목표를 중심으로 사람들을 격려하고 통합시키는 일을 한다. 그렇기 때문에 목회지도자는 효과적 리더십에 필요한 개방적 의사소통 분위기를 조성하기 위해 애써야 한다. 또한 능동적인 경청자가 되기 위해 애쓰며 대화의 내용 아래 흐르는 의미와 정서를 파악하는 분별력과 민감성을 지녀야 한다. 그리고 기꺼이 하나님의 사람들을 하나님의 목적으로 이끌기 위해 의사소통에 힘써야 한다.

제14장 미래 목회와 리더십

미래 목회는 미래사회의 변화와 불가분의 관계에 있다. 하지만 본 저서의 주요 주제가 교회와 목회사역 그리고 목회자이므로, 미래 사회의 변화에 대한 부분을 먼저 간략하게 살펴본 후, 교회조직과 목회사역에서의 패러다임의 변화에 대해 주로 살펴보고자 한다.

1. 미래사회의 변화

1) 미래사회 변화 추세[1]

유엔의 밀레니엄 프로젝트에서 조사해 보고한 미래연구보고서의 20가지 변화 가운데 대표적인 것 열 가지를 설명하면 다음과 같다.[2]

첫째, 세계 권력의 축이 아시아로 이동한다.

둘째, 극빈층의 규모와 비율이 감소할 것이다. 하지만 국지적으로 국가 내부와 국가들 간의 빈부격차는 계속해 커질 것이다.

---

[1] 본 저서 1장의 리더십의 중요성에서 제시하고 있는 미래의 변화 내용도 참고하라.
[2] 박영숙 외 3인, 「유엔미래보고서 2025」 (서울: 교보문고, 2011), 8-19.

셋째, 생필품의 가격이 지속적으로 상승할 것이다. 인구의 급격한 증가와 부의 축적으로 인한 소비의 확대 등으로 생산의 혁신이나 소비의 변화가 일어나지 않는 한 생필품의 지속적 가격상승은 불가피하다.

넷째, 세계 각지의 정보와 기술이 지역을 초월해 교환되면서 인터넷으로 연결되는 세계가 되었다. 정보의 양과 전파 범위가 이전과는 비교조차 할 수 없을 정도로 많아지고 빨라지고 있다. 이로 인해 2011년 아랍의 봄으로 일컬어지는 민주화 혁명이 가능했다. 즉, 인권에 대한 관심과 민주주의는 점점 확산되어갈 것이다.

다섯째, 점점 복잡해지는 사회에서 컴퓨터에 대한 의존도가 커진다. 이전 1980년대까지만 해도 인터넷이 마비되어도 사회적으로 큰 문제가 되지 않았지만, 오늘날에는 인터넷이 마비되면 사회적으로 심각한 혼란이 야기된다. 이러한 현상이 심화되어 오늘날 정보전쟁과 사이버 전쟁의 문제가 현실로 대두되고 있다.

여섯째, 과학기술 발전은 더욱 가속화될 것이며 사람들은 이러한 지식에 더욱 쉽게 접근할 수 있게 될 것이다.

일곱째, 평균수명이 길어져 의료비용이 증가하고, 의학적 미해결과제로 인해 인류의 건강에 대한 위협이 증가하고 있다. 대표적인 경우가 기존 항생제에 내성을 지닌 슈퍼박테리아를 들 수 있다.

여덟째, 고령화로 인한 퇴직과 사회구조 변화로 재정부담의 증가하고 세대 간 갈등이 커질 것이다.

아홉째, 가부장제는 점점 퇴조하고 양성평등이 확장될 것이다.

열째, 이산화탄소 배출의 증가로 인한 기후와 생태계의 변화가 가속화될 것이다.

2) 인간관계의 변화

현재 우리가 살고 있는 사회의 특징 중의 하나는 정보화이다. 정보전달 매체의 기술적 발달 뿐만 아니라 그것을 바탕으로 한 사회조직의 변화는 오늘날의 사회를 정보화 사회라고 칭할 정도가 되었다. 정보화 사회는 산업사회의 발달에 기초한 기술과 정보를 기반으로 하고 있기 때문에, 정보화 사회는 인간과 기계(전자, 전기를 포함한)의 연합사회라고 할 수 있다. 이러한 미래 사회를 특징짓는 정보화 사화의 모습을 인간관계적 측면에서 살펴보면 다음과 같다.3)

첫째, 정신노동의 가치가 중시된다.

정보화 사회에서는 산업분야에서 정신노동의 비중이 높아지고 지식산업 내지는 정보산업의 비중이 높아진다. 전통적 기계 산업이었던 여러 분야(선박, 자동차 등)들이 이제는 전자정보 산업으로 그 영역이 확대되어 가고 있다. 이러한 산업분야의 변화는 사회전반에 영향을 미치고 있다. 노동자들이 점점 화이트칼라가 되어 노동력이 불필요해짐에 따라 실직이나 취업의 어려움이 심해질 것으로 예상된다. 이와 함께 세계화의 추세에 맞추어 지적소유권 분쟁이나 특허분쟁이 점점 심각해질 것으로 예견된다.

둘째, 대면적/혈연적 인간관계가 익명적 비대면적 인간관계의 확장으로 변화되고 있다.

이러한 변화는 인간의 인격적 관계에 대한 정의를 변화시켜 전자통신 매체를 통한 익명적 인간관계가 가능할 뿐만 아니라 확장되고 있다.

셋째, 개인 인격체의 존중이 중요하게 된다.

정보화 사회는 개인의 성격과 권리가 강하게 요구된다. 정보화로 인한 열린사회는 개인의 정보욕구에 부응하기 위한 여러 가지 정보와 관련된 정보 요구권과 아울러 개인의 정보 보호역시 사회적 이슈가 되고 있다.

넷째, 여러 분야의 자동화 전산화로 인한 개인 여가 시간이 증대된다.

---

3) 윤대혁, 「인간관계와 커뮤니케이션」, 487-93.

자동화 전산화는 이전까지는 필수적이었던 인력이나 시설의 감소를 가져와 효율성 증대와 비용감소를 동시에 추구할 수 있게 만들었다. 이로 인해 개인이 직접해야 했던 여러 일들이 전산화를 통해 가정에서나 앉은 자리에서 바로 해결할 수 있게 되었다. 그리고 이러한 결과로 인해 생긴 시간들이 개인의 관심분야로 돌려지게 된다. 하지만 이로 인한 문제점 역시 적지 않다. 전산화 자동화는 노동인력의 수요를 감소시켜 직업과 노동 시장에서 문제가 발생할 수 있다.

다섯째, 국제화이다.

이전까지는 불가능했던 지역적으로 멀리 떨어져 있던 사람들과의 교류가 인터넷과 통신의 발달로 가능하게 되었다. 이로 인해 세계는 더욱 더 가까워졌고 서로를 좀 더 빨리 그리고 자세히 알 수 있게 만들었다. 이는 인간사회의 민주화와 인권의 향상으로 이어질 것이며, 최근 몇몇 국가에서 독재자들의 실각이 이를 증명한다. 또한 거대변화 중의 하나는 한정된 자원으로 인한 자원획득의 경쟁이 치열해질 것이며 전 세계적으로 고령화의 추세를 밟아갈 것이다.

3) 사회 조직의 변화

각 국가나 사회조직 마다 정도의 차이는 있을 수 있지만 미래 사회의 커다란 방향은 인권의 향상과 민주주의의 확장이다. 이러한 거대한 흐름은 정보화 사회가 바탕이 되기에 가능하다. 이러한 정보화 시대의 사회조직이 겪게 될 미래의 변화는 다음과 같다.[4]

첫째, 정보 관료주의의 형성이다. 정보화 사회에서는 권력이 지식, 즉 정보에서 나오기 때문에 사회조직 역시 정보의 가치를 중시하는 조직으로 변화를 이루어 간다. 즉, 미래의 조직에서 관료적 체제는 정보를 많이 가지고 있으면서 동시에 그

---

4) Ibid., 490-2.

것을 처리할 수 있는 능력이 뛰어난 사람이 더 많은, 더 상위의 위치를 차지하게 될 것이다.

둘째, 개방적이며 분권화되고 수평적이기에 비계층적인 구조의 조직이다. 이런 조직은 조직의 장의 지시나 통제보다는 정보를 많이 갖고 있는 구성원과 그 정보를 최대한 활용할 수 있는 능력을 소유한 구성원이 높은 평가를 받게 된다. 따라서 정보를 수집, 분석, 평가, 활용하는 새로운 조직이나 직업군이 각광을 받게 될 것이다.

셋째, 정형적이고 비탄력적인 조직보다는 임시적이고 목적적인 탄력적(ad hoc) 조직이 증가할 것이다. 정보화 사회에서 예기치 않은 상황이 돌출할 때 기존의 비탄력적 조직으로는 대응이 어렵고 쉽게 조직이 위기에 빠진다. 따라서 정보화 사회에 적합한 애드혹(Ad-hoc) 조직, 즉 임시위원회, 특수목적 팀 등이 늘어날 것이다.

넷째, 점조직 통제사회가 될 것이다. 정보화 사회는 조직에 속하거나 특정 집단에 속하지 않더라도 개인의 관계욕구를 충족시킬 수 있으며 동시에 통제에서 쉽게 벗어날 수 있게 만든다. 그리고 이렇게 무선과 유선으로만 연결된 인간관계는 자칫 특정 세력이나 정보 독점 계층에 의해 조작되거나 이용되기 쉬운 문제점이 있다. 왜냐하면 정보 검증이 쉽지 않고 검증되었더라도 그 최종적인 책임자를 찾기가 어렵기 때문이다. 따라서 쉽게 조작될 위험이 있으며, 사회에서 유리된 개인이 늘어날 가능성이 있다.

다섯째, 조직에서의 무인결재의 보편화이다. 무인결재의 장점은 시간과 장소의 한계를 벗어나 조직의 의사결정을 신속하게 만들며 불필요한 시간의 낭비를 줄이는 효과가 있다. 하지만 이러한 무인결재 시스템은 조직에서의 대면 관계를 줄어들게 하기 때문에, 실질적인 질적 인간관계를 어렵게 만들기도 한다.

2. 미래 교회의 도전과 과제

1) 미래 교회의 도전 – 21세기 목회환경의 변화

(1) 신사도시대적 특징

교회 성장학자로 잘 알려진 와그너(Peter Wagner)는 오늘날 기독교가 처해 있는 사회적 상황을 "신사도시대"(The New Apostolic Age)라고 부른다.5) 와그너가 이 시대를 그렇게 부르는 이유는 오늘날 교회를 둘러싸고 있는 사회적, 문화적, 종교적 상황이 마치 1세기 초기 기독교가 전파될 당시의 사도시대와 흡사하기 때문이다. 언어적으로 1세기의 라틴어 대신 오늘날은 영어가 세계 공용어가 되어 있으며, '모든 길은 로마로'를 외치며 문화경제가 동일권이 되어 서로 긴밀하게 연결되어 있었던 것처럼 오늘날도 정보통신의 발달로 문화적, 경제적으로 전 세계가 서로 긴밀하게 연결되어 있다.6)

(2) 포스트모더니즘의 영향

또한 오늘날 교회를 연구하는 학자들은 포스트모더니즘이 교회에 미치는 영향에 대해 주목하고 있다. 목회사회학자 조성돈은 포스트모던의 기저에 깔려 있는 개인주의와 참여적 욕구가 교회와 관련된 미래 사회의 변화에서 주목해야 할 내용이라고 지적하면서, 이러한 사회적 변화에 대응하기 위해 건강한 신앙공동체의 설립과 더불어 평신도의 사역참여를 확대하도록 해야 한다고 주장한

---

5) C. Peter Wagner, *The New Apostolic Churches* (Ventura: Regal, 1998), 18.
6) 에즈버리 신학교의 스나이더 교수가 제시하고 있는 1세기와 오늘날의 시대의 유사점 일곱 가지는 다음과 같다: 도시 중심의 문화, 전체적인 세계의 평화 유지 상태, 서구 문화와 영어로의 언어적 통일, 국제 여행과 교류의 빈번함, 급격한 사회적 변화와 인류의 보편성과 공동체성에 대한 관심의 증가, 기존의 세계관과 가치관의 변화 및 새로운 종교들의 발흥. 이에 대한 더 자세한 설명은 Snyder, 「새 포도주는 새 부대에」, 27–36.

다. 7) 평신도의 사역참여는 사역현장에서 목회자의 권한과 책임을 위임하고 공유함으로써 가능하다.

(3) 죄책감의 결여

전통적으로 죄책감은 사람들의 삶에 변화를 가져오고 신앙을 향하게 만드는 가장 중요한 동기였다. 그러나 미래 세대는 그 어느 세대보다 죄책감을 느끼지 않기 때문에 교회는 이제는 죄책감에 호소하던 영혼구원의 접근방법을 제고해보아야 한다. 8)

(4) 교회와 목회자에 대한 신뢰와 헌신의 감소

교단과 교회보다는 교회 자체의 신학과 목회자의 개인적 역량에 따라 신뢰와 헌신의 정도가 결정된다. 또한 현재 및 미래 세대는 교단과 교회 그리고 목회자에 대한 전통적인 의미의 헌신이나 충성 또는 신뢰를 찾아보기 어렵게 될 것이다.

(5) 고령화와 세대교체의 어려움

이와 동시에 우리나라 교회현상 중의 하나는 고령화이다. 70년대와 80년대에 회심한 신자들이 이제는 50대와 60대에 접어들면서 한국개신교는 급격한 고령화를 겪게 될 것이다. 이를 가속화시키는 요인 중의 하나는 젊은이들의 교회에 대한 관심의 감소이다. 이는 한국교회의 긍정적 세대교체의 전망을 어둡게 하고 있다.

(6) 불출석 교인의 증가

오늘날 소속 없는 신앙인은 약 100만 명으로 추산된다고 한다. 오늘날 한국

---

7) 조성돈, "포스트모던 시대의 리더십," 「월간목회」, 2013년 5월호 145-9, 6월호 145-9를 참조하시오.
8) http://careynieuwhof.com/2013/06/12-cultural-trends-church-leaders-cant-ignore-but-might/, 2013년 7월 30일 접속.

기독교인을 약 800만이라고 했을 때, 8명 중의 1명이 신앙인이지만 교회는 출석하고 있지 않다. 교회 불출석 교인들이 교회를 떠난 이유의 절반 이상인 57%가 '목회자와 교인에 대한 불만'을 꼽았다. 그리고 이들 가운데 교회 출석의사를 밝힌 비율은 약 67%이며 교회출석 시에 고려할 요소로 건강한 교회와 올바른 목회자를 꼽고 있다.9) 이런 점에서 볼 때, 지금은 어느 때보다도 교회다운 교회, 목회자다운 목회자가 요구된다고 하겠다.

(7) 교회의 대형화와 양극화

지난 10년 동안(2000-2010) 미국의 대형교회는 2배 이상 증가하였으나 교회 전체적으로는 교인 수가 감소했다. 즉, 소형교회는 교인이 감소했다. 복음주의 교회 역시 정체 내지는 감소세로 돌아서고 있다. 우리나라 역시 이러한 교회의 대형화에서 예외는 아니라. 한국의 교회 역시 초대형교회는 늘어나고 있는 반면, 영세한 교회는 더욱 어려운 상태에 처해 있다.10) 앞으로 교회는 기존 교인의 고령화와 사망으로 인한 자연감소를 새로운 세대가 충분히 채우지 못하기 때문에 자연히 더욱 감소할 것이다. 열린 예배가 늘어났으며 동시에 소그룹을 통한 교인교육과 선교활동을 중심으로 한 신앙생활은 증가했다. 교단의 전통보다 신학이 더 중요해진다. 교회의 갈등은 이전보다 더 표면화되며 심각해진다.11)

---

9) 2013년 4월 25일「크리스찬투데이」의 신태진 기자는 '갈 길 잃은 현대인의 영성'이라는 주제 세미나에서 실천신학대학원대학교 목회사회학 연구소 정재영 교수가 발표한 '소속 없는 신앙인 조사 결과보고서'를 주요 뉴스로 다루고 있다.
10) 김영철, "작은 교회 박람회,"「기독공보」, 2013년 10월 02일. "2009년 한 통계에 따르면 한국교회 5만 2,905개 중 93%에 해당하는 4만 9,192개가 소형교회라고 한다. 그런데 전체 교인 수는 정체 또는 감소 추세 속에 대형교회로의 '수평이동' 현상이 두드러져 양극화는 더욱 심해지고 있는 것으로 나타났다. 대형교회는 더욱 대형화되고 개척 교회나 작은 교회의 경우 훨씬 더 어려운 상황에 직면하고 있다."
11) David A. Roozen, "A Decade of Change in American Congregations 2000-2010," http://faithcommunitiestoday.org/decade-change, 2013년 7월 30일 접속.

2) 새 포도주는 새 가죽부대에

이상에서 살펴본 미래교회의 도전들에 대한 적절한 대응을 위해 선행되어야 할 일은 무엇보다 한국교회가 처해 있는 현 주소를 파악하여 적절한 대응 방안으로써 교회의 건강성을 회복하는 목회 패러다임을 모색하는 일이라고 할 수 있다.

(1) 한국교회의 현 주소: 자기 봉사와 양극화 현상

오늘날 한국교회 역시 1세기 초기 기독교회가 처했던 상황과 유사한 시대적 상황을 맞이하고 있다. 21세기의 한국 사회는 더 이상 기독교에 대해 호기심이나 호감을 가지고 있지 않다. 오히려 교회나 목회자가 관련된 사건이 발생하면 부정적인 태도를 보이고 있는 현상을 볼 수 있다. 이처럼 오늘날 한국교회는 초대교회가 처했던 것처럼 그 어느 때보다 더욱 치열하게 다른 종교들과 견주어 기독교의 우월성을 확인시켜야 하는 처지에 놓여 있다. 이러한 상황은 한국 교회에게는 어려움이자 새로운 기회이다. 이 도전을 잘 극복할 경우 한국교회는 성장과 성숙을 경험할 수 있을 것이다. 하지만 현실은 그렇지 않은 듯하다.

이미 한국교회는 1990년대 중반부터 전체 교인수의 정체 내지는 감소를 경험하고 있으나 이때부터 관심을 끌기 시작한 교회의 대형화 추세로 이러한 위기를 실감하지 못하고 있다. 즉, 전체 개신교인 수들은 줄어들고 있는데 초대형교회들의 숫자는 늘어가는 기형적인 현상으로 인해 교인들이 볼 때는 마치 한국교회들이 이전보다 더욱 성장하고 있다고 느끼게 된다.

한국 기독교회들은 점점 교회 밖에서의 복음전도를 위한 노력과 관심보다는 교회 자체의 문제들과 도전들에 더 큰 관심과 노력을 들이고 있다. 이와 같은 한국 교회의 '자기 봉사적'(self-serving) 경향에 더하여 기존의 대형교회들이 전도를 통해 새로운 신자들을 발굴하고 믿게 하기보다는 교인들의 수평이동으로 이동해 오는 기존의 신자들의 정착에 더 교회의 힘과 역량을 쏟고 있다. 이로 인해 한국교회는 전체 80%에 해당하는 작은 교회들은 더욱 더 열악한 재정적 인적 자원 부족의 어려움에 시달리는 반면, 대형교회는 인적 재정적 자원의 쏠림이 더해져서 시간이 지나갈수록 양극화는 심해지고 있다.

따라서 오늘날 21세기의 초엽에 서 있는 오늘날 한국교회는 어느 때보다 자기를 돌아보아 점검하고 교회를 향한 하나님의 뜻을 다시 한 번 되새겨야 할 시점에 와 있다. 이를 위해 먼저, 교회 전반에 영향을 미치는 현재 한국 목회사역의 전통적 패러다임에 대한 성찰이 필요하며 나아가 대안적 목회패러다임을 모색하는 일이 요구된다.

2) 전통적 목회 패러다임 전환의 필요성

전통적 목회 패러다임은 건물 중심의 제도화된 교회구조와 목사 중심의 목회 구조로 특징지을 수 있다.12) 이러한 전통적 목회 패러다임의 특징은, "사람중심이 아닌 프로그램 중심, 가정(공동체) 중심이 아닌 건물 중심, 교회 밖을 위해 존재하는 교회가 아니라 교회자체를 위한 교회, 삶을 중심으로 전도하는 교회가 아니라 설명을 중심으로 전도하는 교회, 이웃사랑을 위한 교회가 아니라 교회성장을 위한 교회, 만인사제의 교회가 아니라 성직자 중심의 교회"이다.13)

이러한 전통적 목회 패러다임 아래서 오늘날 교회가 지니는 한계에 대해 대표적 소그룹 사역 운동인 셀 교회 주창자인 네이버(Ralph Neighbour)는 자신의 저서 「셀교회 지침서」(*Where Do We Go From Here?*)에서 전 세계 전통적 목회 패러다임의 교회 3분의 1이 신자 50명 선에서 성장을 멈추며, 또 다른 3분의 1은 신자 수가 150명이 되면 성장을 멈추고, 28퍼센트에 해당하는 교회들은 350명 선에서 멈춘다고 말한다. 단지 전통적 목회 패러다임 교회의 5퍼센트만이 계속 성장하여

---

12) Snyder, 「새 포도주는 새 부대에」, 75-81, 93-4.
13) 김순성, "가정교회 소그룹 구조와 기능의 실천신학적 의의," 「복음과 실천신학」, 16권 (2008 봄): 19.

1,000명 내지 2,000명이 된 다음에 성장이 멈춘다고 지적하고 있다.14) 전통적 목회 패러다임 교회에서 가장 관심을 끄는 것은 초대형 교회들이다. "도시 전역에 걸쳐 교인들을 두고 있는 이 초대형 교회들은 마치 식료품 체인점인 초대형 마트들이 생겨나면서 동네의 구멍가게들을 몰아냈던 것처럼 지역 교회들의 영역을 침범하고 있다. 초대형 교회들의 호화롭고도 화려한 교회당 모습과 초현대식 시설들이 주는 만족감과 편리함은 있으나 교인 개개인의 상처받은 삶에는 아무런 영향을 끼치지 못하고 있다. 이런 교회는 익명성을 보장받기 원하는 사람들에게 매력적이며 교회는 주일 낮 예배 출석만으로 신앙적 만족을 누리려는 사람들로 붐빈다."15)

하지만 생명력 있는 교회는 이와는 달리 첫째, 성도 개개인이 영적으로 성장 성숙하며, 둘째, 확신과 소망을 가지고 교회가 열심히 불신자들이 예수 그리스도를 발견할 수 있도록 돕는 일을 하는 동시에, 셋째, 교회를 분열시키는 분란이나 갈등이 없는 교회이다.16) 그리고 이러한 생명징조를 바탕으로 하여 건강한 성장을 이루고 있는 교회들이 지니는 특징은 첫째, 담임목회자의 효율적인 리더십과 좋은 설교, 둘째, 영적 도전과 감동이 있는 회중 예배, 셋째, 삶을 나누고 상호 돌봄을 실행하는 살아 있는 소그룹 사역이 활성화되어 있다는 것이다.17) 따라서 이러한 역동적이며 생명력 있는 교회를 위해서는 전통적 목회패러다임에서 벗어나 새로운 시대와 세대에 적합한 유기적 목회 패러다임이 필요하다.

(3) 생명력 있는 교회의 특징과 유기적 목회 패러다임

미래 사회의 변화에 적절하게 대응하기 위해서 교회는 건강하게 살아 있는 유

---

14) Neighbour, 「셀교회 지침서」, 36.
15) Ibid., 42.
16) Donald J. MacNair, *The Practices of a Healthy Church* (Phillipsburg: P & R Publshing Company, 1999), 9.
17) 한만오, "건강한 미래형 소그룹 사역을 위한 효과적인 전략," 「복음과 실천신학」, 16권 (2008 봄): 34.

기체이어야 한다. 즉, 지체로 이루어져 있지만 그 지체들이 머리의 명령을 효율적으로 수행할 수 있도록 상호의존적인 동시에 협력적이어야 한다. 이처럼 유기적 구조를 지닌 목회패러다임인 동시에 교회의 지속적 갱신과 사회적 변화를 이루는 성서적 목회 패러다임의 대표적 형태 중의 하나가 소그룹 사역(혹은 셀 사역)이라 할 수 있다.18) 소그룹 사역은 회중 중심의 집합적 목회 패러다임에서 소그룹 중심의 집합적(에클레시아)이면서 동시에 분산적인(디아스포라) 구조의 변화를 통해 교인 개개인의 성장과 성숙을 도모하는 동시에 대 사회적 복음 전도와 영향력을 확대할 수 있는 유기적 구조이다. 이러한 소그룹 사역은 또한 모든 신자들을 사역자로 삼는 평신도의 직접 참여적 목회 패러다임이다. 이는 전문 목회자를 중심으로 한 지원 사역 패러다임에서 평신도 사역자를 발굴하고 활성화하는 직접 사역의 패러다임으로의 변화를 가능하게 한다. 포스트모던 사회의 특징은 기존의 절대 가치, 절대 명제에 기초한 무조건적 신뢰나 의존이 아니라 자신의 주관적 경험과 판단을 중요시한다. 따라서 사역분야 역시 간접적 사역 방식이 아닌 직접 참여적 사역방식을 통해 자신들의 영적 성장을 경험하기를 선호한다. 따라서 이러한 평신도 사역의 활성화를 위한 방안 중의 하나가 소그룹 사역의 활성화라고 할 수 있다.

　소그룹 사역은 또한 오늘날 한국교회의 취약점으로 지적되고 있는 교회의 도덕적 삶을 권장 유지 발전하도록 만드는 핵심적 역할을 할 수 있는 구조이다. 초대교회가 그 대표적인 예라고 할 수 있다. 초대 교회의 두 가지 탁월한 덕목은 교인들 간의 사랑과 도덕적 순결함이었다.19) 이 두 가지는 초대 예루살렘 교회 지도자였던 야고보가 참 종교를 규정할 때 강조하였던 덕목들이었다. "하나님 아버지 앞에서 정결하고 더러움이 없는 경건은 곧 고아와 과부를 그 환난 중에 돌보고 또 자기를

---

18) http://www.churchleaders.com/pastors/pastor-articles/159189-3-negative-church-trends-every-leader-should-know.html?p=3, 2013년 7월 30일 접속.
19) Kane, J. Herbert. *A Global View of Christian Missions*, rev. (Grand Rapids: Baker, 1975), 24.

지켜 세속에 물들지 아니하는 그것 이니라"(약 1:27). 도덕적으로 타락한 사회에 살고 있던 기독교인들은 자신들의 올바른 행실의 증거를 가지고 복음을 효과적으로 전달할 수 있었다. 복음이 죄로부터의 회개를 촉구하였기에 개종자들은 부도덕함을 그만두고 거룩함에 동참하도록 요구받았다(히 13:4-5; 약 1:19-4:12; 벧전 1:13-2:25; 벧후 2:; 유 4-23). 개종자들은 변화된 생활을 하게끔 되었고 그들의 애찬(유 12; 벧후 2:13)에서 나타난 대로 인종(행 13:1-3)과 사회계급(약 2:1-9) 그리고 성별(갈 3:28)을 초월한 자기희생적 사랑을 표현하고자 했다.[20]

이상에서 살펴본 21세기 목회환경의 변화에 따른 목회 패러다임의 구조적 변화와 함께 미래 한국교회의 건강한 목회를 위해 오늘날 시급히 해결해야 할 또 하나의 과제가 있다. 그것은 다름 아닌 건강한 영적 목회리더십의 회복이다. 목회자의 건강한 영적 리더십을 위해서 필요한 일은 다음에서 살펴볼 현대 목회자를 위협하는 내적 위험들을 극복하는 일이 필요하다.

(4) 현대 목회자가 극복해야 할 내면적 위협

한국교회는 산업화에 따른 사회적 변동과 복음에 대한 강한 열정으로 세계 교회사에 유래 없는 급속한 기독교의 증가를 경험했다. 하지만 한국교회는 성장기를 지나면서 성숙기에 적절하게 준비해야 할 내적 신앙의 충실과 갱신의 노력이 결여되면서 이전에는 드러나지 않았던 현재 겪고 있는 여러 가지 바람직하지 못한 문제들을 노출했다. 이러한 문제들 가운데는 외부적 원인에 의한 것도 있고 그렇지 않은 것도 있다. 하지만 내적 역량이 외부적 도전을 충분히 극복할 정도로 강하다면 외적 요소는 개인이나 조직을 위협하지 못한다. 하지만 외부적 도전보다 내적 도전내지는 위협이 심각할 경우, 그 개인이나 조직은 건강하지 못하고 어려움을 겪

---

20) Lim, D. S. "Evangelism in the Early Church." in *Dictionary of the Later New Testament & Its Developments*, 356.

게 된다. 따라서 건강한 리더십을 통한 미래 교회의 갱신은 목회자의 영성을 위협하는 요소들을 극복해내는 역량의 강화에 달려 있다고 하겠다.

오늘날 한국교회 목회자들의 건강한 목회를 위협하고 있는 문제들이 여럿 있지만 그 중 대표적인 것을 말하자면, '권위주의', '세상주의'(worldliness), '개인주의' 그리고 '경쟁주의'를 꼽을 수 있다.[21] 이들 문제들은 오늘날 예수 그리스도의 종 된 삶과 사역에서 제시된 진정한 목회자상을 따르며 건강한 목회를 지향하는 목회자들에게 심각한 위협 요인이 되고 있다.

i) 권위주의(Authoritarianism)

참 목회의 모본은 예수 그리스도의 사역이며 참 목회자상(image) 역시 예수 그리스도께서 지니신 목회자 상이다. 복음서에 나타난 예수 그리스도의 사역에서의 주된 목회자 상은 '종'(servant)과 '목자'(shepherd)의 상이다. 예수님께서 보여주신 이 두 가지 목회자 모두 권위주의와는 거리가 멀다. 하지만 오늘날 목회에서의 권위주의에 대한 유혹은 문화의 차이에 상관없이 기독교 지도자들에게 보편적인 현상이다.[22]

이러한 권위주의적 목회자 상은 한국의 유교적 문화구조에서 살아가는 한국 목회자로 하여금 참다운 목회자 정체성을 견지하기 더욱 어렵게 만든다. 권위에 복종하는 것이 오랜 동안 미덕으로 자리잡아온 사회에서 한국 기독교인들은 목회자와 평신도의 구분이 매우 엄격하며 목회자의 권위에 복종하는 것이 신앙의 올바른 자세라고 생각해 왔다. 그리고 유교의 가족주의의 영향으로 한국의 많은 교인들은

---

21) 목회자의 내면을 위협하는 요소들은 다음의 내용을 수정보완했다. 양병모, "Henri J. M. Nouwen의 저술에 나타난 목회자 정체성과 목회적 적용," 「복음과 실천」, 9권 (2005, 가을): 25-30. 이와 관련한 더 자세한 설명은 다음을 참고하라. Chung, "Socio-Structural Consciousness and Church Growth in Kore," 95-6; Park, "Evangelism and Mission in Korea," 56.
22) Brister, *Pastoral Care in the Church*, 148.

자신들을 영적인 아버지인 목회자의 자녀들로 간주하기도 한다.23)

이러한 유교적 영향 이외에 급격한 사회적 변동과 이동이 낳은 불안과 불안정감은 사람들로 하여금 쉽사리 권위적인 존재 안으로 도피하게 하거나 수동적인 추종자가 되게 만든다.24) 저술가이자 목사인 게츠(Gene Getz)는 자신의 저서 *The Measure of a Man*에서 불안감의 이슈가 목회자를 쉽사리 권위주의의 함정에 빠지게 만드는 것에 대해 다음과 같이 설명하고 있다. "불안감은 사람들을 두 가지 방향으로 이끌어간다. 한 방향은 물러나거나 퇴행하는 방향으로서, 이러한 사람들은 좀처럼 의사표현을 하지 않으며 모든 경쟁으로부터 물러나 버린다. 또 하나의 방향은 지배적이며 권위주의적이 되는 방향이다. 이러한 사람들은 자신들의 불안감을 감추기 위해 다른 사람들을 조정하려고 한다."25)

유교적인 문화의 영향과 사회 심리적 불안감 이외에, 한국인들의 전통적인 신관(神觀)과 전통적인 기독교의 신관이 또한 한국 목회자들을 권위주의에 쉽게 빠지게 한다. 즉, 유교와 무속적 관점의 신관과 전통적인 기독교 신관의 결합은 인격적이고 사랑의 하나님이 아닌 절대적이고 불변하시며 전지전능하신 하나님만을 보게 하여 이러한 하나님의 대리인으로서의 목회자 혹은 구약에서의 제사장으로서의 목회자는 교인들의 관점에서 권위주의적으로 비춰지게 된다.26) 하지만 근래에 와서 한국 사회가 전통적 권위에 대해 회의적으로 변해가며 권력의 남용에 대해 비판적으로 됨에 따라 목회자의 권위주의는 심각한 도전에 직면하고 있다.27)

---

23) Chung, "Socio-Structural Consciousness and Church Growth in Korea", 18-9.
24) Erich Fromm, *Escape from Freedom* (New York: Rinehart and Co., 1941), 241.
25) Gene A. Getz, *The Measure of a Man* (Ventura, Calif.: Regal Books, 1974), 129.
26) Stephen Sikyong Pak, "Adapting traditional Korean Leadership Models for Church Renewal" (Th.M. thesis, Fuller Theological Seminary, 1988), 13.
27) Young Whan Kihl, "The Legacy of Confucian Culture and South Korean Politics and Economics: An Interpretation," *Korean Journal*, vol. 34 (Autumn 1994): 45.

ii) 세상주의(Worldliness)

한국교회 목회자들을 위협하는 두 번째 요인은 사회와 교회 내에 팽배한 물질주의로 대표되는 세상주의적 사고방식이다.28) 세상의 기준에 따라 살려는 유혹은 다른 사람들과 마찬가지로 목회자들에게도 강렬하다. 하지만 목회자들이 세상의 성공 기준을 자신의 사역의 토대로 삼는다면, 자신들의 영적 지도자로서의 초월적이고도 변혁적인 특성을 상실하게 될 것이다.

한국목회자를 위협하는 '세상주의' 혹은 '세속주의'(secularism)의 원인으로는 다음의 세 가지 요인을 들 수 있다.29) 첫째는 한국사회의 급격한 변동으로 인한 불안감과 이를 극복하기 위한 소유에의 집착을 들 수 있다. 둘째는 유교적 영향으로 인한 위계적 사회질서 속에서의 사회적 위상의 추구를 들 수 있으며, 셋째는 한국사회에 뿌리 깊게 자리잡아온 기복적인 무속적 가치체계가 빚어낸 현세적이고도 물질적 축복의 신앙관 등을 들 수 있다.

iii) 개인주의(Individualism)

급속한 도시화와 근대화는 집단주의가 전통 한국사회의 중요한 특징이었음에도 불구하고 전통적 공동체 의식의 붕괴를 가져와, 개인주의가 오늘날 한국문화와 교회에 만연하는 결과를 초래했다.30) 도시와 민주적 체제에 적합한 새로운 공동체성이 뒷받침되지 않는 오늘날의 개인주의는 자기중심적이며 이기적이기에 공동체를 와해시키는 요인이 된다. 이러한 이기적 개인주의는 경쟁과 고립과 불신을 초

---

28) Park, "Evanglism and Mission in Korea," 56; 원호택, "권위주의와 물량주의를 극복하는 신행일치의 삶을 살자," 「목회와 신학」, 1992년 10월, 28.
29) Fromm, *Escape from Freedom* 120-1; 박봉배, "전통문화와 한국 목회자들의 윤리의식," 「목회와 신학」, 2993년 5월, 51-3; Andrew Woonki Kim, "Protestant Chrisitianity in South Korea: A Historical Sociology of Its Cultural Reception and Social Impact, 1910-1989" (Ph.D. diss., University of Toronto, 1996), 69.
30) Kim, *"The Explosive Growth of the Korean Church Today,"* 69.

래하여 교회의 상호의존적이며 협동적인 공동체적 본질을 심각하게 훼손시키게 된다.31)

한국교회 목회자들은 본질적 죄성의 한 요소인 이기주의를 공동체 정신으로 변화시키는 일에 부름 받았다는 사실을 간과해 왔으며, 한국교회의 교인들은 이웃에 대한 관심에 대한 강조보다는 자신과 자신의 가정과 자신들의 교회에만 자신들의 관심을 주로 쏟아왔다.32) 이러한 개인주의는 목회자로 하여금 다른 사람과의 관계를 수단적으로 만들어 진정한 협동사역을 어렵게 하며 그리스도 안에서 연합체로서의 교회 또한 어렵게 만든다. 이러한 개인주의는 나아가서 오늘날 목회자들을 경쟁적이고 고립되게 만들어 목회에 여러 가지 부정적 영향을 주는 심각한 외로움에 빠지게 한다.

iv) 경쟁주의(Competitiveness)

급변해온 정치 사회적 변동과 함께 한국전쟁과 경제개발은 사람들의 도시집중을 가져왔고, 이러한 도시집중은 도시과밀로 이어져 이전에는 경험하지 못한 극심한 경쟁 속으로 한국인들을 내몰았다.33) 이러한 극심한 경쟁 상황 가운데서 한국 사회의 전통적인 공동체 정신은 극심한 지역주의, 동문 동향 조직 등의 '새로운 부족 공동체'(neo-tribal communities) 형태로 변질되었다.34)

현대 사회에서 어느 정도의 경쟁과 비교는 자연스러운 것이며 어떤 면에서는 건강하기까지 하지만 과도한 경쟁은 공동체의 건강성에 부정적이다. 교회의 과도한 경쟁으로 인한 영향은 교파와 교파, 교회와 교회 사이에 존재하며 서로 회중들

---

31) John C. Harris, Stress, *Power, and Ministry* (Washington: The Alban Inistitute, 1977), 56-7.
32) Chung, "Socio-Cultural Consciousness and Church Growth in Korea," 100.
33) Kim, "The Explosive Growth of the Korean Church Today," 71.
34) Kwang-Ok Kim, "The Communal Ideology and Its Reality: With Reference to the Emergence of Neo-Tribalism," *Korean Journal*, vol. 38 (Autumn 1998): 19-37; Sang-Chang Paek, "Modernization and Psy-chopathology in Korea," *Korea Journal*, vol. 30 (August 1990): 29.

을 유치하기 위한 경쟁을 벌이기 때문에 교회들의 협동선교와 전도가 쉽지 않은 동시에 교회의 양극화를 심화시킨다.35) 이러한 과도한 경쟁 상황에서 목회자들은 서로가 서로를 성공과 성장을 방해하는 존재로 인식하게 되며 고립되고 영적 정서적으로 피폐하게 된다. 경쟁은 성취의 기쁨을 승리의 감동으로 변질시키며 자족하기보다는 다른 이들과의 비교 속에서 비로소 행복을 발견하게 만든다.36)

만약 사람들이 자기 가치를 끊임없이 다른 사람들과의 비교와 승리에서 찾는다면 결국은 자신을 실패자로 만드는 결과를 낳는다. 왜냐하면 이 세상의 어느 누구도 늘 승리하는 사람은 없기 때문이다.37) 이러한 경쟁에서의 실패는 '자기거부'(self-rejection)로 나타나며 이러한 자기거부는 끊임없이 목회자 자신으로 하여금 자신을 증명하기 위해 애쓰게 만든다. 이로 인해 영적인 지도자인 목회자는 눈에 잘 띄지 않는 하나님과의 관계보다는 사람들의 눈에 잘 드러나는 일과 사역에만 자신의 힘과 관심을 쏟게 된다.38)

오늘날의 한국교회는 갱신과 성숙을 위해 그 어느 때보다 건강하고 균형 잡힌 목회지도자가 필요한 시점이다. 그리고 그에 적합한 목회지도자는 하나님과 목회 상황에 대한 민감성을 지닌 사람이어야 한다. 이러한 목회지도자들이 이 땅에 넘쳐나기를 소원하면서 2,500여 년 전 중국의 철학자 노자(老子) 이이(李耳)의 지도자에 대한 견해를 소개하면서 본서를 마친다:

가히 최고의 지도자는 백성들이 궁극적으로는 지도자가 없어도 될 정도로 그

---

35) Park, "Evangelism and Mission in Korea," 56.
36) Schnase, *Ambition in Ministry*, 29.
37) Lou Benson, *Images, Heroes, and Self-Perceptions: The Struggle for Identity from Mask-Wearing to Authenticity* (Englewood Cliffs: Prentice-Hall, 1974), 247.
38) Henri J. M. Nouwen, *Life of the Beloved* (New York: Crossroad, 1992), 27-9.

들을 잘 돕는 자다. 그 다음은 백성이 사랑하고 칭송하는 지도자다. 그 다음은 백성이 두려워하는 지도자다. 가장 나쁜 지도자는 자기 생각 없이 남의 뜻에 휘둘리는 사람이다. 백성들은 그들을 신뢰하지 않는 지도자를 믿지 않는다. 최고의 지도자는 말을 거의 안하지만 백성들은 그의 말에 귀를 기울인다. 그리고 지도자가 그의 일을 끝낼 때 백성들은 자기들이 그 일을 해냈다고 말한다."39

---

39) Maccoby, 「우리는 왜 리더를 따를까」, 323.

참고자료

1. 단행본

강정애 외 4인. 「리더십론」. 서울: 시그마프레스, 2011.

고바야시 가오루. 「피터 드러커의 리더가 되는 길」. 남상진 역. 서울: 청림출판, 2004.

교회성장연구소 교회경쟁력연구센터 편. 「한국교회 경쟁력 보고서」. 서울: 교회성장연구소, 2006.

교회성장연구소. 「Church Planting: 한국의 교회개척에 대한 심층 연구보고서」. 서울: 교회성장연구소, 2003.

권석만. 「젊은이를 위한 인간관계의 심리학」. 서울: 학지사, 2004.

김광웅. 「창조! 리더십」. 서울: 생각의 나무, 2009.

김경훈 외 2인. 「한국인 트렌드」. 서울: 책바치, 2004.

김난도 외 5명. 「트렌드 코리아 2012」. 서울: 미래의 창, 2011.

김동훈. 「당신의 성격을 진단하라」. 서울: 물푸레. 2005.

명성훈. 「창조적 리더십」. 서울: 서울서적. 1991.

_____. 「교회개척의 원리와 전략」. 서울: 제네시스21. 1997.

문병하. 「크리스천 리더십」. 서울: 도서출판 목양. 2011.

박영배. 「현대조직관리」. 서울: 도서출판 청람. 2010.

박영숙 외 3인. 「유엔미래보고서 2025」. 서울: 교보문고, 2011.

박영철. 「셀 교회론」. 서울: 요단출판사. 2004.

사미자. 「종교심리학」. 서울: 장로회신학대학교출판부. 2001.

서성교. 「하버드 리더십 노트」. 서울: 원앤원북스. 2003.

신응섭 외 5인. 「리더십의 이론과 실제」. 서울: 학지사, 2005.

안성호, 김일석. 「현대 리더십의 이해」. 서울: 신광문화사. 2010.

양병모. 「기독교 상담의 이해」. 대전: 하기서원. 2011.

양춘희 외 2인. 「비즈니스 커뮤니케이션」. 서울: 북코리아. 2004.

LG경제연구원. 「2010 대한민국 트렌드」. 서울: 한국경제신문, 2007.

유성은. 「리더는 시간을 이렇게 쓴다」. 서울: 21세기북스, 1994.

윤대혁. 「인간관계와 커뮤니케이션」. 서울: 탑북스, 2010.

윤주병. 「종교심리학」. 서울: 서광사, 1986.

원호택. "권위주의와 물량주의를 극복하는 신행일치의 삶을 살자." 「목회와 신학」, 10월호 1992년.

이강옥 외 2인. 「21C 리더십의 새로운 패러다임」. 서울: 무역경영사, 2003.

이상욱. 「현대조직의 리더십 적용」. 서울: 시그마프레스, 2004.

이상호. 「조직과 리더십」. 서울: 북넷, 2009.

이성희. 「미래목회 대 예언」. 서울: 규장문화사, 1998.

이학종. 「조직개발론」. 서울: 법문사, 2002.

정숙희. 「그들은 왜 교회를 떠났을까?」. 서울: 홍성사, 2007.

정재영. 「소그룹의 사회학」. 서울: 한들출판사, 2010.

지용근 외 3인. 「인간관계론」. 서울: 박영사, 2004.

진재혁. 「리더가 죽어야 리더십이 산다」. 서울: 더난출판, 2002.

한홍. 「거인들의 발자국」. 서울: 비전과 리더십, 2004.

현유광. 「목사와 갈등」. 서울: 본문과 현장사이, 2001.

Aburdene, Patricia. 「메가트렌드 2010」. 윤여중 역. 서울: 청림출판, 2006.

Allender, Dan B. 「나를 찾아가는 이야기」. 김성녀 역. 서울: IVP, 2006.

Andre, Rae. *Organization Behavior: An Introduction to Your Life in Organizations*. Upper Saddle River: Prentice Hall, 2008.

Asimakoupoulos, Greg, John Maxwell, and Steve Mckinley. 「효과적인 시간 관리」. 노진준 역. 서울: 은성, 1995.

Augsburger, David. *Caring Enough to Confront*. Ventura: Regal, 1981.

Barna, George. *Today's Pastor*. Ventura: Regal Books, 1993.

_____. *The Power of Vision*. Ventura: Gospel Light, 1992.

_____. *Leaders on Leadership*. Ventura: Regal Books, 1997.

_____. 「물 밖의 물고기」. 김주성 역. 서울: 국제제자훈련원, 2006.

Barnette, Henlee S. *Christian Calling and Vocation*. Grand Rapids: Baker, 1965.

Bennis, Warren and Burt Nanus. *Leaders: The Strategies for Taking Charge*. New York: Harper & Row, 1985.

_____. 「리더와 리더십」. 김원석 역. 서울: 황금부엉이, 2005.

Benson, Lou. *Images, Heroes, and Self-Perceptions: The Struggle for Identity from Mask-Wearing to Authenticity*. Englewood Cliffs: Prentice-Hall, 1974.

Berger, Peter L. and Thomas Luckman. 「지식형성의 사회학」. 박충선 역. 서울: 홍성사, 1982.

Blackaby, Henry and Richard Blackaby. 「영적 리더십」. 윤종석 역. 서울: 두란노, 2002.

Blackaby, Henry and Claude King. *Experiencing God*. Nashville: Lifeway, 1990.

Blake, R. R. and A. A. McCanse. *The Leadership Grid Figure from Leadership Dilemmas*. Houston, TX: Gulf Publishing Company, 1991.

Bridges, Charles. *The Christian Ministry*. London: Banner of Truth, 1967.

Brister, C. W. *Caring for the Caregivers*. Nashville: Broadman, 1985.

_____. *Pastoral Care in the Church*. 3rd Ed. rev. and enl. New York: HarperSanFrancisco, 1992.

Browning, Don. *Religious Thought and the Modern Psychologies*. Philadelphia: Fortress Press, 1987.

Buechner, Frederick. *Wishful Thinking: A Theological ABC*. New York: Harper & Row, 1973.

Burger, Chester. *The Chief Executive: Realities of Corporate Leadership*. Boston: CBI Publishing Co., 1978.

Burns, James M. *Leadership*. New York: Harper & Row, Harper Torchbooks, 1978.

_____. 「역사를 바꾸는 리더십」. 조중빈 역. 서울: 방송통신대학교출판부, 2006.

Callahan, Kennon. *Effective Church Leadership*. New York: Harper & Row, 1990.

Capps, Donald. 「인간 발달과 목회적 돌봄」. 문희경 역. 서울: 이레서원, 2001.

Carretto, Carlo. *Letters to Dolcidia*. Maryknoll: Orbis, 1991.

Cavanagh, Michael. *The Effective Minister*. New York: Harper & Row San-Francisco, 1986.

Cedar, Paul and Ted W. Engstrom. 「긍휼의 리더십」. 이득선 역. 서울: 쉐키나, 2008.

Chambers, Oswald. *My Utmost for His Highest: An Updated Version*. Grand Rapids: Discovery House, 1992.

Chandler, Charles. *Minister's Support Group: Alternative to Burnout*. Nashville: Convention Press, 1987.

Chaney, Charles L. *Church Planting at the End of the Twentieth Century*. Wheaton: Tyndale House, 1991.

Cherniss, Cary. *Staff Burnout: Job Stress in the Human Service*. Beverly Hills: Sage, 1980.

Clinton, J. Robert. *The Making of a Leader*. Colorado Springs: NavPress, 1988.

Collins, Gary R. 「가정의 충격」. 안보헌, 황희철 역. 서울: 생명의 말씀사, 1997.

Covey, Stephen R. *The Seven Habits of Highly Effective People*. New York: Simon & Schuster, 1989.

_____. *Principle-Centered Leadership*. New York: Simon & Schuster,

1991.

Cribbin, James J. *Leadership: Strategies for Organizational Effectiveness*. New York: AMACOM, 1981.

Criswell, W. A. *Criswell's Guidebook for Pastors*. Nashville: Broadman, 1980.

Cullinan, Alice R. *Sorting It Out: Discerning God's Call to Ministry*. Valley Forge: Judson Press, 1999.

Dale, Robert D. *Ministers as Leaders*. Nashville: Broadman Press, 1984.

_____. *Pastoral Leadership*. Nashville: Abingdon, 1986.

_____. *Good News From Great Leaders*. Alban Institute, 1992.

_____. *To Dream Again: How to help Your Church Come Alive*. Nashville: Broadman, 1981.

Daman, Glenn. 「중소형교회 성공 리더십」. 김기현, 민경식 역. 서울: 대한기독교서회, 2006.

Davis, Keith and John W. Newstrom. *Human Behavior at Work*, 8th ed. New York: McGrow-Hill, 1989.

Dayton, Edward R. and Ted W. Engstrom. *Strategies for Leadership*. Old

Tappan: Fleming H. Revell Company, 1975.

De Pree, Max. 「리더십은 예술이다」. 윤종석 역. 서울: 한세, 2003.

_____. 「성공한 리더는 자기 철학이 있다」. 이영진 역. 서울: 북플래너, 2010.

_____. 「권력 없는 리더십은 가능한가」. 윤방섭 역. 서울: IVP, 1999.

Downey, Michael. *Understanding Christian Spirituality*. New York/Mahwah: Paulist, 1997.

Downton, J. V. Rebel *Leadership: Commitment and Charisma in a Revolutionary Process*. New York: Free Press, 1973.

Drucker, Peter F. *Managing the Non-Profit Organization: Principles and Practices*. New York: HarperBusiness, 1992.

_____. *The Practice of Management*. New York: Harper & Row, 1954.

_____. *The Effective Executive*. New York: Harper Colophon Books, 1985.

_____. *Management: Tasks, Responsibilities, Practices*. New York: Harper & Row, 1974.

Dudley, Carl S. *Making the Small Church Effective*. Nashville: Abingdon, 1978.

Engstrom, Ted W. *The Making of a Christian Leader: How To Develop Management and Human Relations Skills.* Grand Rapids: Zondervan, 1976.

Engstrom, Ted W. and R. Alec MacKenzie. 「크리스찬의 시간관리」. 보이스사 편집부 역. 서울: 보이스사, 1980.

Erikson, Erik H. *Childhood and Society.* 2d rev. ed. New York: W. W. Norton, 1963.

_____. *Insight and Responsibility.* New York. W. W. Norton, 1964.

Faulkner, Brooks R. *Burnout in Ministry.* Nashville: Broadman, 1981.

Finzell, Hans. *The Top Ten Mistakes Leaders Make.* Wheaton, IL: Victor Boks, 1994.

Fisher, Roger and William Ury with Bruce Patton. *Getting Yes.* 2nd ed. New York: Penguin, 1991.

Flynn, Leslie B. *When the Saints Come Storming In.* Wheaton: Victor Books, 1988.

Ford, Leighton. *Transforming Leadership.* Downers Grove: InterVarsity, 1991.

Fowler, James W. *Stages of Faith: The Psychology of Human Development and the Quest for Meaning*. New York: HarperSanFrancisco, 1981.

Fromm, Erich. *Escape from Freedom*. New York: Rinehart and Co., 1941.

Galvin, Kathleen M. and Cassandra Book, *Person to Person*. 5th ed. Lincolnwood: National Textbook Co., 1994.

Gangel, Kenneth O. *Competent to Lead*. Chicago: Moody Press, 1974.

_____. *Feeding & Leading*. Grand Rapids: Baker Books, 2000.

_____. *Lessons in Leadership from the Bible*. Winona Lake: BMH Books, 1980.

Gangel, Kenneth O. and Samuel L. Canine, *Communication and Conflict Management in Churches and Christian Organizations*. Broadman and Holman Pub, 1992.

Gardner, John W. *On Leadership*. New York: The Free Press, 1990.

Gerkin, Charles V. 「목회적 돌봄의 개론」. 유영권 역. 서울: 은성, 1999.

Getz, Gene A. *The Measure of a Man*. Ventura: Regal Books, 1974.

Gibb, C. A. *Leadership: Psychological Aspects*. New York: MacMillan, 1974.

Gorman, Julie A. *Community That Is Christian*. Wheaton: Victor Books, 1993.

Greenleaf, Robert K. *Servant Leadership*. New York: Paulist Press, 1977.

_____. 「서번트 리더십 원전」. 강주헌 역. 서울: 참솔: 2006.

Grenz. Stanley J. 「조직신학」. 신옥수 역. 고양: 크리스챤다이제스트, 2003.

Grove. Andrew S. *High Output Management*. New York: Random House, 1983.

Harbaugh, Garry L. *Pastor as Person*. Minneapolis: Augusburg, 1984.

Harris, John C. Stress, *Power, and Ministry*. Washington: The Alban Inistitute, 1977.

Hart. Archibald D. *Coping with Depression in the Ministry and Other Helping Professions*. Waco: Word, 1984.

Hastings Wayne A. and Ronald L. Potter. 「마음을 움직이는 리더」. 양승일 역. 서울: 생명의 말씀사, 2006.

Hateley. Barbara J. *Telling Your Story, Exploring Your Faith: Writing Your Life Story for Personal Insight and Spiritual Growth*. St. Louis: CBP Press, 1985.

Hawkins, Don, et al. *Before Burnout: Balanced Living for Busy People*. Chicago: Moody, 1990.

Hayford, Jack, et al. *Seven Promises of a Promise Keeper*. Colorado Springs: Focus on the Family, 1994.

Hendricks, Howard, William Hendricks. 「철이 철을 날카롭게 하는 것같이」. 전의우 역. 서울: 요단출판사, 2001.

Henrix, Olan. *Management for the Christian Leader*. Milford: Mott Media, 1981.

Herbert, Kane, J. *A Global View of Christian Missions*. Revised. Grand Rapids: Baker, 1975.

Hersey, Paul. 「상황을 이끄는 리더가 성공한다」. 이영운 역. 서울: 횃불, 2000.

Hersey, Paul and Kenneth H. Blanchard. *Management of Organizational Behavior*. Englewood Cliffs: Prentice Hall, 1982.

Hersey, Paul, Kenneth H. Blanchard, and Dewey E. Johnson. *Management of Organizational Behavior*. 7th ed. Upper Saddle River: Prentice Hall, 1996.

Hiltner, Seward. *Preface to Pastoral Theology*. Nashville: Abingdon Press, 1958.

Hocker, Joyce L. and William W. Wilmot. *Interpersonal Conflict*, 4th ed. Madison: Brown & Bench Mark, 1995.

Holmes, Urban T. 「목회와 영성」. 김외식 역. 서울: 대한기독교서회, 1988.

Hodgetts, Richard M. and Steven Altman. *Organizational Behavior*. Philadelphia: W. B. Saunders, 1979.

Howell, Jr., Don N. *Servants of the Servant: A Biblical Theology of Leadership*. Eugene: Wipf & Stock Publishers, 2003.

Jones, Bruce W. *Ministerial Leadership in a Managerial World*. Wheaton: Tyndale House, 1988.

_____. 「목회 리더십과 경영」. 주상지 역. 서울: 생명의 말씀사, 1994.

Iorg, Jeff. 「성공하는 리더의 9가지 성품」. 서진영 역. 서울: 요단, 2010.

Kaldor, Peter and Rod Bullpitt. 「목회자 충격보고서」. NCD 출판부 역. 서울: 도서출판 NCD, 2004.

Koontz, Harold and Cyril O'Donnell. *Management: A Systems and Contingency Analysis of Managerial Functions*. New York: McGraw-Hill, 1976.

Kotler, Philip and Alan Andreasen. *Strategic Marketing for Nonprofit Or-*

ganizations. Englewood Cliffs: Prentice-Hall, 1987.

Kotter, John P. 「변화의 리더십」. 신태균 역. 서울: 21세기북스, 2003.

_____. *Leading Change*. New York: Harvard Business School Press, 1996.

Kuhn, Thomas S. 「과학혁명의 구조」. 김명자 역. 서울: 까치글방, 2002.

Leas, Speed. *Moving Your Church through Conflict*. Washington: Alban Institute, 1985.

Leas, Speed and Paul Kittlaus. *Church Fights*. Philadelphia: Westminster, 1973.

_____. *Time Management: A Working Guide for Church Leaders*. Nashville: Abingdon, 1978.

Lee, Robert and Russell Galloway. *The Schizophrenic Church*. Philadelphia: Westminster, 1969.

Love, J. Richard. *Liberating Leaders from the Superman Syndrome*. Lanham: University Press of America, 1994.

Luecke, David S. and Samuel Southard. *Pastoral Administration: Integrating Ministry and Management in the Church*. Waco: Word, 1986.

Luthans, Fred. *Organizational Behavior*. 6th ed. New York: McGrow-Hill, 1992.

Maccoby, Michael. 「우리는 왜 리더를 따를까」. 권오열 역. 서울: 비전과 리더십, 2010.

MacNair, Donald J. *The Practices of a Healthy Church*. Phillipsburg: P & R Publishing Company, 1999.

Madsen, Paul O. *The Small Church-Valid, Vital, Victorious*. Valley Forge: Judson Press, 1975.

Malphurs, Aubrey. 「침체된 교회 부흥 전략」. 남성수 역. 서울: 아가페, 2000.

_____. 「21세기 교회개척과 성장과정」. 홍용표 역. 서울: 예찬사, 1996.

Maslach, Christina. *Burnout: The Cost of Caring*. Englewood Cliffs: Prentice-Hall, 1982.

Maxwell, John. 「존 맥스웰 리더십 불변의 원칙」. 홍성화 역. 서울: 비즈니스북스, 2010.

_____. *Developing the Leader Within You*. Nashville: Thomas Nelson, 1993.

Maxwell, John and Jim Dornan. 「존 맥스웰의 위대한 영향력」. 정성묵 역. 서울: 비즈니스북스, 2010.

McCarty, Doran. *Leading the Small Church*. Nashville: Baptist Sunday School Board. 1991.

McGrath, Alister E. *Spirituality in an Age of Change*. Grand Rapids: Zondervan. 1994.

McSwain, Larry L. and William C. Treadwell, Jr. *Conflict Ministry in the Church*. Nashville: Broadman. 1981.

McGregor, Douglas. *The Human Side of Enterprise*. New York: McGraw Hill, 1960.

McNeil, John T. *A History of the Cure of Souls*. New York: Harper & Row. 1951.

Means, James E. *Leadership in Christian Ministry*. Grand Rapids: Baker Book, 1993.

Merton, Thomas. *New Seeds of Contemplation*. New York: New Directions. 1972.

Miller, Calvin. *The Empowered Leader*. Nashville: Broadman & Holman Publishers. 1995.

Mischel, Walter. 「성격심리학」. 손정락 역. 서울: 교육과학사, 1996.

Mobert, David O. *The Church as a Social Institution*. Grand Rapids: Baker, 1984.

Montgomery, Cynthia A. 「당신은 전략가입니까」. 이현주 역. 서울: 리더스북, 2013.

Naisbitt, John. *Megatrends 2000*. New York: William Morrow & Company, 1990.

Nanus. Nurt. *Visionary Leadership*. San Francisco: Possey-Bass Publishers. 1992.

Narramore. Clyde M. *The Psychology of Counseling*. Grand Rapids: Zondervan, 1960.

Neighbour, Ralph W. 「셀교회 지침서」. 정진우 역. 서울: NCD. 2001.

Niebuhr, H. Richard. *The Purpose of the Church and Its Ministry*. New York: Harper & Row. 1956.

Northouse, Peter G. *Leadership-Theory and Practice*. 4th ed. London: Sage, 2007.

Northous, Peter G. 「리더십 이론과 실제」. 5판. 김남현 역. 서울: 경문사, 2011.

Nouwen. Henri J. M. *The Wounded Healer*. New York: Doubleday & Company. 1972.

_____. *In The Name of Jesus: Reflections on Christian Leadership*. New York: Crossroad. 1999.

_____. 「예수님의 이름으로」. 윤종석 역. 서울: 두란노, 1999.

_____. *Walk with Jesus*. Maryknoll: Orbis, 1990.

_____. *Life of the Beloved*. New York: Crossroad, 1992.

Oden, Thomas C. *Pastoral Theology*. San Francisco: HarperCollins, 1983.

Osborne, Cecil G. *The Art of Getting along with People*. Grand Rapids: Zondervan. 1980.

Oswald. Roy M. *Clergy Self-Care: Finding a Balance for Effective Ministry*. Washington: Alban Institute, 1991.

Oswald, Roy M. and Otto Kroeger. 「MBTI로 보는 다양한 리더십」. 최광수, 이성옥 역. 서울: 죠이선교회, 2003.

_____. *Personality Type and Religious Leadership*. Washington: Alban Institute, 1996.

Palmer. Donald D. *Managing Conflict Creatively*. Pasadena: William Carey Library, 1990.

Perry, Jr. Charles E. *Why Christians Burnout*. Nashville: Thomas Nelson, 1982.

Perry, Lloyd M. *Getting the Church on Target*. Chicago: Moody Press, 1977.

Peters, Thomas J. and Robert Waterman. In *Search of Excellence: Lessons from America's Best-Run Companies*. New York: Warner Books, 1982.

Peterson, Eugene H. *The Contemplative Pastor*. Grand Rapids: William B. Eerdmans, 1989.

Phillips, E. Larkin. Stress, *Health and Psychological Problem in the Major Profession*. Lanham: University Press of America, 1982.

Pines, Ayala M., Elliot Aronson, and Distsa Kafry. *Burnout: From Tedium to Personal Growth*. New York: Free Press, 1981.

Pollard, Harold R. *Developments in Management Thought*. New York: Crane Russack, 1974.

Rassieur, Charles L. *Stress Management for Ministers*. Philadelphia: Westminster, 1982.

Robinson, Jerry and Roy Clifford. *Leadership Roles in Community Groups*. Urbana-Champaign: University of Illinois, 1975.

Rogers, Carl. *On Becoming a Person*. Boston: Houghton Mifflin, 1961.

Rothauge, Arlin J. *Sizing Up a Congregation for New Member Ministry*. New York: Seabury Professional Service, 1984.

Rush, Myron. *Managing To Be the Best*. Wheaton: Victor Books, 1989.

Sanders, Oswald. *Spiritual Leadership*. Chicago: Moody, 1967.

Sanford, John A. *Ministry Burnout*. New York: Paulist, 1982.

Schmidt, Warren H. 외 11인. 「갈등은 창조적으로 푸는 협상의 기술」. 이상욱 역. 서울: 북21, 2001.

Schnase, Robert. *Ambition in Ministry: Our Spiritual Struggle with Success, Achievement, and Competition*. Nashville: Abingdon, 1993.

Segler, Franklin M. *A Theology of Church and Ministry*. Nashville: Broadman, 1960.

Shawchuck, Norman. *How To Manage Conflict in the Church*. Vol. 2. Glendale: Spiritual Grow Resources, 1983.

Shawchuck, Norman and Roger Heuser. *Managing the Congregation*. Nashville: Abingdon, 1996.

_____. *Leading the Congregation*. Nashville: Abingdon, 1993.

Schaller, Lyle E. *The Decision-Makers*. Nashville: Abingdon, 1974.

_____. *The Pastor and the People*. Nashville: Abingdon, 1973.

_____. 「중형교회 컨설팅 보고서」. 임종원 역. 서울: 요단, 1999.

Schwarz, Christian A. and Christoph Schalk. 「자연적 교회 성장 실행지침서」. 이준영, 오태균 역. 서울: NCD, 2000.

Short, Mark. 「목회자 타임테크」. 박두헌 역. 서울: 토기장이, 1994.

Skovhold, Thomas M. 「건강한 상담자만이 남을 도울 수 있다」. 유성서 외 2인 역. 서울: 학지사, 2003.

Snyder, Howard A. 「새 포도주는 새 부대에」. 이강천 역. 서울: 생명의 말씀사, 1981.

Stagner, Ross. *The Dimensions of Human Conflict*. Detroit: Wayne State University, 1967.

Steere, David A. *Spiritual Presence in Psychotherapy: A Guide for Caregivers*. New York: Brunner/Mazel, 1997.

Stevens, Paul R. and Phil Collins. 「평신도를 세우는 목회자」. 최기숙 역. 서울: 미션월드 라이브러리, 2000.

Stogdill. Ralph M. *Handbook of Leadership: A Survey of Theory and Research.* New York: The Free Press, 1974.

Sugden, Howard F. and Warren W. Wiersbe, *When Pastors Wonder How.* Chicago: Moody. 1973.

Switzer. David K. *Pastoral Care Emergencies: Ministering to People in Crisis.* New York: Paulist. 1989.

Thrall. Bill, Bruce McNicol, and Ken McElrath. 「리더십 사다리」. 이경아, 성상현 역. 서울: 푸른솔. 2003.

Tidwell, Charles A. *Church Administration: Effective Leadership for Ministry.* Nashville: Broadman. 1985.

Yukl, Gary. 「현대조직의 리더십 이론」. 이상욱 역. 서울: 시그마프레스, 2004.

Wagner. C. Peter. *Church Planting for a Greater Harvest.* Ventura: Regal Books. 1990.

_____. *The New Apostolic Churches.* Ventura: Regal, 1998.

Walton, Richard E. *Interpersonal Peacemaking. Confrontations and Third Party Consultation.* Reading: Addison-Wesley, 1969.

Warren, Rick. 「새들백교회 이야기」. 김현회, 박경범 역. 서울: 디모데, 1996.

Webster, Douglas D. 「기업을 닮아가는 교회」. 오현미 역. 서울: 기독교문사, 1995.

White, Ernest O. *Becoming a Christian Leader*. Nashville: Convention Press, 1985.

Wick, Calhoun W. *The Management Side of Ministry*. Toledo: Wick Press, 1968.

Wilkes, C. Gene. *Jesus On Leadership*. Nashville: LifeWay, 1996.

Williams, Daniel Day. *The Minister and the Care of Souls*. New York: Harper & Brothers, 1961.

Willimon, William H. *Clergy and Laity Burnout*. Nashville: Abingdon, 1989.

Wise, Carroll A. *Pastoral Psychotherapy: Theory and Practice*. New York: Jason Aronson, 1980.

Wolff, Richard. *Man at the Top*. Wheaton: Tyndale, 1969.

Wright, H. Norman. *How to Get along with Almost Anyone*. Dallas: Word, 1989.

Yperem, Jim Van. 「교회 안의 갈등과 분쟁, 어떻게 해결할 것인가?」 김종근 역. 서울: NCD, 2003.

2. 논문, 에세이 및 기타 자료

김보경. "교단별 교회 개척 현황." 「목회와 신학」. 2008년 5월, 46-7.

김순성. "Calvin의 목회원리와 실천: 송영으로서의 목회." 한국복음주의 실천신학회. 「복음과 실천신학」. 20권 (2009): 180-206.

_____. "가정교회 소그룹 구조와 기능의 실천신학적 의의." 「복음과 실천신학」. 16권 (2008 봄): 9-32.

김영철. "작은 교회 박람회." 「기독공보」. 2013년 10월 02일.

박관희. "개척교회의 자립주기와 그 특성 연구." 「한국기독교신학논총」. 76권 (2011 7월): 321-45.

박봉배. "전통문화와 한국 목회자들의 윤리의식." 「목회와 신학」. 5월 1993. 51-3.

박영철. 김현철. 홍순석 진행. "개척교회의 공동체성 만들기." 91-101. 목회와 신학 편집부 편. 「교회개척」. 서울: 두란노아카데미, 2010.

박창현. "한국교회의 개척방식의 문제점과 그 대안." 교회성장연구소. 「Church Plating」. 133-64.

배태훈. "교회 개척목회자가 들려주는 교회개척 10계명." 210-22. 목회와 신학 편집부 편.「교회개척」. 서울: 두란노 아카데미, 2010.

서정하. "한국 기독교 목회자의 리더십 행위가 성도들의 조직시민행동과 정통성 지각에 미치는 영향." 박사학위 논문, 홍익대학교 대학원, 2003.

양병모. "지역교회갈등의 해결방안 및 제안."「복음과 실천」, 39권 (2007 봄): 403-31.

_____. . "교회갈등의 주요 원인과 특성."「복음과 실천」, 37권 (2006 봄): 315-41.

_____. . "Henri J. M. Nouwen의 저술에 나타난 목회자 정체성과 목회적 적용."「복음과 실천」, 9권 (2005. 가을): 13-52.

이신철. "회심자 중심의 교회개척."「개혁신학과 교회」, 12권 (2002): 245-64

정일웅. "한국 교회 성장방안 연구."「한국교회의 갈길과 교회 문화」, 한국교회문제연구소 편. 서울: 여수룬, 1996, 31-68.

조성돈. "포스트모던 시대의 리더십."「월간목회」, 2013년 5월, 145-9, 6월, 145-9.

최승호. "교단별 교회 개척 정책에 대한 평가 및 제언."「목회와 신학」, 2008년 4월, 85-9.

한만오. "건강한 미래형 소그룹 사역을 위한 효과적인 전략."「복음과 실천신학」, 16권 (2008 봄): 33-67.

한평옥. "선교 1 세기를 맞는 한국 교회의 전망." 「교회문제연구」. 5권 (1986): 31

Anderson, Paul. "Making Delegation Work." *Leadership*. vol. 4 (Fall 1985): 108-9.

Bangs, Arthur J. "The Application of the Cognitive Therapy Model to the Treatment of Burnout among Members of Active Religious Communities." *Journal of Pastoral Counseling*. vol. 21 (Spring-Summer 1986): 9-21.

Berkley, James. "The Unfinished Pastor." *Leadership*. vol. 5 (Fall 1984): 128-9.

Beatty, Richard W. and David O. Ulrich. "Re-engineering the Mature Organization." In *Managing Change*. Ed. Todd D. Jick. Homewood: Richard D. Irwin, 1993. 70-74.

Blizzard, Samuel. "Russell Dage Foundation Report." *The Christian Century*. vol. 15 (April, 1956): 509.

Booth, Glenn. "Picking Up the Pieces After Conflict." *Church Administration*. vol. 39 (November 1996): 16-7.

Branson, Steven R. "Equipping Chrisitians in Principles of Conflict Management." D.Min. diss., Southwestern Baptist Theological Seminary. 1987.

Burns. James M. "Form Transactional to Transformational Leadership, Learning to Share the Vision." *Organizational Dynamics*. vol. 18. no. 3 (1990): 319-36.

Bullard, Jr.. George. "To Be or Not to Be Involved." *Associational Bulletin*, vol. 23 (January/February 1989): 13-4.

Carter, John D. "Maturity." In *Wholeness and Holiness*. Ed. H. Newton Malony. Grand Rapids: Baku Book House, 1983, 184-8.

Chung, Byung Kwan. "Socio-Structural Consciousness and Church Growth in Korea." Th.M. thesis. Fuller Theological Seminary, 1989.

Coleman, David. "Are We Stuck?" *Growing Churches*. vol. 4 (July-September 1994): 25.

Conger, J. A. and J. g. Hunt. "Overview Charismatic and Transformational Leadership: Taking Stock of the Present and Future." *Leadership Quarterly*. vol. 10 (1999): 121-7.

Daniel, Stephen and Martha L. Rogers. "Burn-out and the Pastorate: A Critical Review with Implications for Pastor." *Journal of Psychology and Theology*. vol. 9 (Fall 1981): 232-47.

De Pree, Max. "리더십의 3가지 필수사항." 스티븐 코비 외. 「리더십」. 김윤창 역. 서울: 베이스캠프미디어, 2008. 133-59.

Doohan, Helen. "Burnout: A Critical Issue for the 1980s." *Journal of Reli-*

gious and Health. vol. 21 (Winter 1982): 352-8.

Fichter. Joseph H. "The Myth of Clergy Burnout." *Sociological Analysis*, vol. 45 (Winter 1984): 373-82.

Freudenberger. Herbert J. "Staff Burn-Out." *Journal of Social issues*. vol. 30 (1974): 159-65.

George. James M. "The Call to Pastoral Ministry." *Rediscovering Pastoral Ministry*. Ed. John MacArthur. Jr. Dallas: Word. 1995.

Gerig, Donald. "Are We Overworked?" *Leadership*, vol. 7 (Summer 1986): 22-5.

Graen, George B., Fred Dansereau. and T. Minami. "An Empirical Test of the Man in the Middle Hypothesis Among Executives in a Hierarchical Organization Employing a Unit-Set Analysis." *Organizational Behavior and Human Performance*, vol. 8 (1972): 262-85.

Hart. Archibald D. "Recovery from Stress and Burnout." In *Pastors at Risk* ed. H. B. London. Jr. and Neil B. Wiseman. 157-72. Wheaton: Victor, 1993.

_____. "Understanding Burnout." *Theology News and Notes*, vol. 31 (March 1984): 20-1.

Hauerwas, Stanley and William Willimon. "The Limits of Care: Burnout as an Ecclesia Issue." *Word & World*. vol. 10 (Summer 1990): 248

Hay. Aubrey D. "Conflict: Early Warning Signs." *Church Administration*. vol. 39 (November 1996): 8-9.

Hinson, E. Glen. "The Church and Its Ministry." In *Formation for Christian Ministry*. Eds. Anne Davis and Wade Rowatt, Jr. Louisville: Review an Expositor. 1988. 15-28.

House. E. J. and B. Sharmir. "Toward the Integration of Transformation, Charismatic and Visionary." In Martin Chemers and Roya Ayman. eds.. *Leadership Theory and Research*. San Diego: Academic Press. 1993. 82-102.

House. R. J. "A Path-Goal Theory of Leader Effectiveness." *Administrative Science Quarterly*. vol. 16. no. 2 (1971): 321-9.

Jago. Arthur. G. "Leadership: Perspectives in Theory and Research." *Management Science,* vol. 28. no. 3 (1982): 315-36.

Jeffries. Jeanette. "Grow through Positive Management of Conflict and Criticism." *Church Media*, vol. 12 (Summer 1997): 14-5.

Kehl. D. G. "Burnout: The Risk of Reaching Too High." *Christianity Today*, vol. 20 (November 1981): 26-8.

Kihl. Young Whan. "The Legacy of Confucian Culture and South Korean

Politics and Economics: An Interpretation." *Korean Journal*, vol. 34 (Autumn 1994): 37-53.

Kim, Andrew E. "A History of Christianity in Korea: from Its Troubled Beginning to Its Contemporary Success." *Korea Journal*, vol. 35 (Summer 1995): 34.

Kim, Andrew Woonki. "Protestant Chrisitianity in South Korea: A Historical Sociology of Its Cultural Reception and Social Impact, 1910-1989." Ph.D. diss., University of Toronto, 1996.

Kim, Kwang-Ok. "The Communal Ideology and Its Reality: With Reference to the Emergence of Neo-Tribalism." *Korean Journal*, vol. 38 (Autumn 1998): 19-37

Krayvill, Ronald S. "Handling Holy Wars." *Leadership*, vol. 7 (Fall 1986): 30-8.

Leas, Speed. "Inside Church Fight." interviewed by Marshall Shelley and Kevin Miller. *Leadership*, vol. 10 (Winter 1989): 15.

Lim, D. S. "Evangelism in the Early Church." In *Dictionary of the Later New Testament & Its Developments*, 353-9.

McBurney, Louis. "A Psychiatrist Looks at Troubled Pastors." Interviewed by Paul D. Robbins and Harold L. Myra. *Leadership*, vol. 1 (Spring 1980): 107-20.

_____. Louis and David McCasland. "The Danger of Aiming Too High." *Leadership*, vol. 4 (Summer 1984): 30-5.

Nuss, Daryl. "Helping Young Leaders Avoid Burnout." *Christian Education Journal*, vol. 11(Winter 1980): 63-73.

Olsen, David C. and William N. Grosch. "Clergy Burnmout: A Self Psychology and Systems Perspective." *Journal of Pastoral Care*, vol. 45 (Fall 1991): 297-304.

Paek, Sang-Chang. "Modernization and Psy-chopathology in Korea." *Korea Journal*, vol. 30 (August 1990): 29.

Pak, Stephen Sikyong. "Adapting traditional Korean Leadership Models for Church Renewal." Th.M. thesis, Fuller Theological Seminary, 1988.

Park, Keun-Won. "Evangelism and Mission in Korea: A Reflection from an Ecumenical Perspective." *International Review of Mission*, vol. 74, no. 293 (January 1985): 55.

Peterson, Eugene H. "The Pastor's Sabbath." *Leadership*, vol. 6 (Spring 1985): 52-8.

Polhill, John. "Toward a Biblical View of Call." *Preparing for Christian Ministry*. Eds. David P. Gushee and Walter C. Jackson. Wheaton:

Victor Books. 1996.

Pree, Max De. "리더십의 3가지 필수사항." Steven Covey. et al. 「리더십」. 김윤창 역. 서울: 베이스캠프미디어, 2008. 135-45.

Religious News Service. "Expert Say Clergy Stress Doesn't Have to Result in Burnout." *Christianity Today*. vol. 28 (November 1984): 71-2.

Robinson. Haddon. "A Profile of the American Clergyman."" *Christianity Today*. vol. 23 May 1980, 28.

Rowell, Ed. "Who Ya Gonna Call?" *Leadership*, vol. 17 (Winter 1996): 50.

Stagg, Frank. "Understanding Call to Ministry." in *Formation for Christian Ministry*, Eds. Anne Davis and Wade Rowatt, Jr. Louisville: Review and Expositor, Southern Baptist Theological Seminary, 1988.

Stagg, Paul L. "An Interpretation of Christian Stewardship." in *What is the Church?* Ed. Duke K. McCall Nashville: Broadman. 1958.

Schaller, Lyle E. "Foreword." In Speed Leas, *Leadership & Conflict* (Nashville: Abingdon. 1982). 7.

Taylor, Daniel A. "Burnout among Southern Baptist and United Methodist Ministers and Professional Religious Education Workers in Dallas and Terrant Counties, Texas." Ph.D. diss., East Texas State

University, 1982.

Taylor, John Lee. "Finding Good in Conflict." *Church Administration*, vol. 39 (November 1996), 13-5.

Wald, Jack and Ann Wald. "The Facts and Feelings of Overwork." *Leadership*, vol. 4 (Spring 1983): 85-9.

Waldman, D. A., B. M. Bass and F. J. Yammarino, "Adding to Contingent-Reward Behavior: The Augmenting Effect of Charismatic Leadership." Group and Organization Studies, vol. 15 (1990): 381-94.

White, Ernest. "Ministers are Human." In *Formation for Christian Ministry*, eds. Anne Davis and Wade Rowatt, Jr., 61-78. Louisville, TN: Review and Expositor, Southern Baptist Theological Seminary, 1985.